DIETER JUNG / BERNDT WENZEL / ARNO ABENDROTH

Die Schiffe und Boote der deutschen Seeflieger

1912–1976

MOTORBUCH VERLAG STUTTGART

Einband und Umschlagkonzeption: Siegfried Horn

Der Schutzumschlag zeigt folgende Abbildungen:
Vorderseite: Ha-139 auf der Katapultbahn der *Schwabenland* (Archiv Lufthansa).
Rückseite: 1918: Das zweisitzige Schulflugzeug Nr. 2017 vom Typ Hansa-Brandenburg W 11 bei der Seeflugstation Flensburg wird nach Bruchlandung am 27. 8. 1918 geborgen (Foto Sandhofer). — 1932/1945: Flugsicherungsschiff *Immelmann* mit einer erbeuteten britischen Short »Stirling« (Sammlung Froger). — Bundesmarine: Ein SAR-Hubschrauber vom Typ Sikorsky S-58 übernimmt einen Mann vom Flugsicherheitsboot *Fl. 7* (Foto Fröhling, 23. 7. 1974).

ISBN 3-87943-469-7

1. Auflage 1977

Eine Abteilung des Buch- und Verlagshauses Paul Pietsch GmbH & Co. KG

Satz und Druck: Becht-Druck, 7403 Ammerbuch-Pfäffingen
Bindung: Großbuchbinderei E. Riethmüller & Co., 7 Stuttgart 1
Printed in Germany

Inhalt

ABKÜRZUNGS-VERZEICHNIS

a.D.	=	außer Dienst
BC	=	Bomber Command (brit.)
BG	=	Bomber Group (brit.)
BRT	=	Brutto-Register-Tonnen (Raummaß, 1 BRT = 2,83 m^3)
B & W	=	Burmeister & Wain
CC	=	Coastal Command (brit.)
DB	=	Daimler-Benz
DM	=	Dieselmotor
D.V.S.	=	Deutsche Verkehrsflieger-Schule
DWK	=	Deutsche Werke Kiel
Exp.-M.	=	Expansions-Maschine
FA	=	Frontovaja Aviatsija (sowjet.), Frontfliegerkräfte
F.d.Luft	=	Führer der Marineluftstreitkräfte
Fl.Ers.Abtlg.	=	Flieger-Ersatz-Abteilung
FS	=	Flugzeugmutterschiff
F-Staffeln	=	Fernaufklärer-Staffeln
Ft-Anlage	=	Funkentelegraphie-Anlage
FuG	=	Funkmeß-Gerät
Gen.d.Fl.	=	General der Flieger
Gen.d.Lw.b.Ob.d.M.	=	General der Luftwaffe beim Oberbefehlshaber der Kriegsmarine
GFM	=	Generalfeldmarschall
HD	=	Humbold-Deutz
Höh.Fl.Ausb.Kdo.	=	Höheres Flieger-Ausbildungs-Kommando
i.D.	=	in Dienst, im Dienst
Kdo.	=	Kommando
Kdr.d.L.D.Verb.	=	Kommandeur der Luft-Dienst-Verbände
KHD	=	Klöckner-Humboldt-Deutz
kn	=	Knoten (Seemeilen pro Stunde)
Ktpt.	=	Katapult
Kümo	=	Küstenmotorschiff
Kümose	=	Küstenmotorsegler

L CWL	=	Länge in der Konstruktions-Wasserlinie
LG	=	Luftgau
L.G.-Träger	=	Leuchtgranaten-Träger
LF	=	Luftflotte
LK	=	Luftkreis
L pp.	=	Länge zwischen den Loten
LS	=	»Luftschutzgruppe«, vormals Gruppe Flieger der Marineleitung (= BSX)
L üa	=	Länge über alles
Luftfl.Kdo.	=	Luftflotten-Kommando
Lz.Gr.See	=	Luftzeuggruppe See
M	=	Maschine
MAN	=	Maschinenfabrik Augsburg — Nürnberg
MAST	=	Marine-Ausrüstungs-Stelle
Maureb	=	Marineausrüstungs- und -reparaturbetrieb
MBSK	=	Marine-Bergungs- und Seedienst-Kommando
MFG	=	Marine-Flieger-Geschwader
MGB	=	(brit.), Motorkanonenboot
MTB	=	(brit.), Motortorpedoboot
MWM	=	Motorenwerke Mannheim
Mz-Staffeln	=	Mehrzweck-Staffeln
NJ	=	Nachtjagd
NJL	=	Nachtjagd-Leitschiff
Otto	=	Benzinmotor, nicht umsteuerbar
PFF	=	Pfadfinder-Maschinen
Schr.	=	Schraube
S.E.S.	=	Seeflug-Erprobungsstelle
SHM	=	Seiner Majestät Hilfsschiff
SMS	=	Seiner Majestät Schiff
SNDF	=	Seenotdienstführer
TR	=	Torpedorohr
VMF	=	Vojenno Morskoj Flot (sowjet.), sowjetische Seekriegsflotte
Zyl.	=	Zylinder
III	=	dreifach (Exp.-M.)
IV	=	vierfach (Exp.-M.)

Geleitwort

Der »Arbeitskreis Erich Gröner« stellte sich keine leichte Aufgabe, als er begann, aus zahllosen Aussagen, Aufzeichnungen und Akten, die jede für sich immer nur ein winziges Fragment waren, eine möglichst weitreichend zusammengefaßte Rekonstruktion des »Seewesens« der Luftwaffe durchzuführen. Diese Aufgabe war um so schwieriger, als mit den Jahrzehnten, die zu überbrücken waren, nicht nur die Erinnerung in zunehmendem Maße verblich, sondern auch die Zahl der beteiligten Akteure auf ein sehr geringes Maß zusammenschrumpfte. Um so mehr ist es zu begrüßen, daß nun — trotz allem — der erste Wurf vorliegt.

Mögen hier und da Lücken und Schwächen festgestellt werden: Die Arbeit ist getan und wird der Öffentlichkeit unterbreitet.

Sie *soll* zu hilfreicher Kritik herausfordern und ehemalig Beteiligte dazu anregen, die Aussagen zu ergänzen und — wenn irgend möglich — zu berichtigen.

Der Arbeitskreis hatte eine glückliche Hand, indem er eine sonst ermüdende Aneinanderreihung von trockenen technischen Daten und Tabellen vermied und durch Einfügung historischer Rückblicke (z. B. Auseinandersetzung Göring - Raeder, Bestimmungen, Organisationspläne, Schilderung der örtlichen Kriegslage, Flüchtlingsprobleme usw.) eine Auflockerung erreichte, die der Arbeit zugute kommt.

Eine unbekannte, aber sehr hohe Zahl von Menschen in Uniform und in Zivil hat das aufgeführte Gerät des Seewesens bedient und oft unter Aufopferung des eigenen Lebens eingesetzt.
In Dankbarkeit wollen wir ihrer gedenken.

General der Flieger a.D.
General d. Lw. beim Oberbefehlshaber
der Kriegsmarine

Vorwort

Vor 25 Jahren unternahm Erich Gröner einen ersten Versuch, mit seinem Buch »Die Schiffe der deutschen Kriegsmarine und Luftwaffe 1939—45 und ihr Verbleib« einen ersten Überblick über die im 2. Weltkrieg eingesetzten Schiffe zu geben. Nach seinem Tode 1965 konnte das umfassende Tabellenwerk »Die deutschen Kriegsschiffe 1815—1945« (kurz DDK) als Ergebnis seiner lebenslangen Forschungsarbeit erscheinen. Die kontinuierliche Fortführung dieser Arbeit setzte sich der »Arbeitskreis Erich Gröner« zum Ziel, der sich nach seinem Tode aus seinen Freunden und Schülern in Berlin bildete. Die Aufgabe, weitere Untersuchungen auf diesem Gebiet anzustellen, ergab sich, da die weitgehend erhalten gebliebenen deutschen Marineakten erst Mitte der 60er Jahre aus London an das Bundesarchiv/Militärarchiv zurückgegeben und damit wieder benutzbar wurden. Viele der bisher veröffentlichten Daten, die aus anderen Quellen gewonnen wurden, müssen an Hand dieser Originalakten überprüft werden. Besonders notwendig aber war und ist es, die Kapitel, die in DDK aus Mangel an Unterlagen nur unvollständig dargestellt werden konnten, zu überarbeiten. Dies haben wir in den vergangenen 10 Jahren versucht. Zur Darstellung der Ergebnisse eignet sich die Form der bisherigen Veröffentlichungen nicht, denn der inzwischen mehrfach überarbeitete »Verbleib« hat den Charakter eines Grundrisses, der einen Überblick nur über die wichtigsten Einheiten und Daten gibt. DDK wiederum ist als Tabellenwerk angelegt, das versucht, präzise ermittelte Daten in übersichtlicher Form verfügbar zu machen. Bei der Arbeit der vergangenen Jahre war es nun oft notwendig, aus Aktenbruchstücken ein Bild zu rekonstruieren. Das Ergebnis muß also mit den notwendigen Einschränkungen und Hinweisen dargestellt werden, etwas, das in einem Tabellenwerk kaum möglich ist. Wir hoffen, in der jetzt gewählten Form einer Monographie einer bestimmten Typengruppe den Weg gefunden zu haben, der es ermöglicht, Tatsachen und Fakten und daraus abgeleitete Schlüsse und Vermutungen klar zu trennen. Ferner gibt uns diese Art der Darstellung die Möglichkeit, Einsatzberichte, Originalpläne und Fotos neben den beibehaltenen Tabellen und Skizzen im Maßstab 1 : 1250 aufzunehmen, wonach oft gefragt wurde.

Das Thema dieses ersten Bandes, die Schiffe und Boote der Seeflieger, haben wir an den Anfang gestellt, weil Erich Gröner auf Grund seiner Tätigkeit im Schiffserkennungsdienst der Luftwaffe stets selbst ein großes Interesse an diesen Fahrzeugen gezeigt hat, eine umfassende Darstellung aber erst mit Hilfe der Akten von Marine, Luftwaffe und in einigen Fällen des Heeres möglich geworden ist. Leider weisen die Luftwaffenbestände große Lücken auf und sind oft nur bruchstückhaft erhalten. Zusammenhänge mußten daher oft nur erschlossen und Lücken durch Vermutungen gefüllt werden. Wir möchten den Band daher ausdrücklich als ersten Versuch einer zusammenfassenden Darstellung kennzeichnen und sind für Ergänzungen und Berichtigungen stets dankbar.

Bei unseren Arbeiten im Bundesarchiv/Militärarchiv, Freiburg, haben uns die Herren Oberarchivrat Noack (Luftwaffe), Oberarchivrat Dr. Maierhöfer (Kriegsmarine), Oberarchivrat Dr. Sandhofer (Kaiserliche Marine) und Archivoberamtmann Meyer (Heer), bei den Arbeiten im Staatsarchiv Bremen Herr Archivrat Dr. Müller stets unermüdlich beraten und geholfen, wofür wir sehr herzlich danken.

Wertvolle Hinweise in Einzelfragen erhielten wir von den Herren Capitain B. d'Assiginies, Dipl.-Ing. W. Baum, K. Bertram, Flugkapitän a.D. K. Born, Frau M. Fieguth, Herrn Oberstlt. a.D. C. Hess, Dr. G. Klietmann, Kapitän z. See a.D. W. Lessing, Henri Le Masson, E. A. Meyer, Oberstlt. a.D. R. Schrank (†), Donald Schroth, Kapitän Schumacher/DGzRS, H.-U. Stamm und P. Tamm.

Ohne die Hilfe, die viele Werften leisteten, wären vor allem die technischen Daten vieler Schiffe kaum zu ermitteln gewesen. Ein besonderer Dank gebührt Herrn Walter Brauer und der Krögerwerft, die viele Pläne und Fotos zur Verfügung stellten. Weitere Unterlagen und Baulisten erhielten wir von folgenden Werften und Be-

hörden: Abeking & Rasmussen, D. W. Kremer Sohn, Lürssen, Norderwerft, Rheinwerft Walsum, Schlichting-Werft und Wasserstraßendirektion Hamburg.
Weitere Fotos und Pläne stellten zur Verfügung: Bundesarchiv/Militärarchiv, Freiburg; Club »Aquatörn« Strehlau + Hofe, Freiburg; Frihedsmuseet Kobenhavn; Finska Angf. Akt.; Lufthansa-Archiv; Marineschule Mürwik/Historische Sammlung; Norsk Sjøfartsmuseum, Oslo; National Maritime Museum, Greenwich; Rederiet Odfjell; Staatsarchiv Bremen und die Herren Arndt, Breyer, H. Christiansen, D. Dunn, Friese, Froger, Fröhling, Greger, Hückstädt, Kludas, Kugler, Lindenborn, Maass, v. Münching, Neelsen, Schweizer, Sandhofer und Siersdorfer. Alle übrigen Fotos stammen aus den Sammlungen der Autoren.
Mit der Anfertigung von Karten, Diagrammen und Fotos und durch kritische Durchsicht des Manuskripts halfen uns Frau Dr. I. Jung und die Herren W. Kähling, N. Kelling, M. Maass und E. Mahlo.
Neue Skizzen fertigte wie stets in zuverlässiger Weise Herr F. Mrva, während die Übernahme älterer Skizzen von E. Gröner und P. Mickel aus früheren Veröffentlichungen durch das Entgegenkommen von Herrn V. Schwartz vom J. F. Lehmanns Verlag, München, möglich wurde.
Wir danken allen Genannten und Herrn W. Schilling vom Motorbuch Verlag sehr herzlich — ohne ihrer aller Hilfe wäre dieses Werk nicht zustande gekommen.
Wie stets bitten wir alle Benutzer dieses Buches um eine kritische Einstellung hierbei und sind für alle Hinweise auf Unstimmigkeiten und Lücken und jede Ergänzung dankbar.

Berlin 1976

Dr. Dieter Jung	Berndt Wenzel	Arno Abendroth
Kolibriweg 20a	Bramwaldweg 7	Böttgerstraße 11—13
1000 Berlin 47	1000 Berlin 20	1000 Berlin 65

Marineflieger im Ersten Weltkrieg

Im wesentlichen verlief die Entwicklung der deutschen Seefliegerei in vier technisch und organisatorisch charakteristischen Abschnitten:

— Entwicklung und Aufbau der Marineflieger und Marineluftschiffahrt von 1911 bis 1919 und ihr Einsatz im 1. Weltkrieg,
— Neuaufbau der Marinefliegerstreitkräfte in der Reichsmarine von 1919 bis 1935,
— Die Marineflieger von 1935 bis 1945 innerhalb der Luftwaffe-See und der operativen Luftwaffe.
— Aufbau der Marineflieger der Bundesmarine.

Die Kaiserliche Marine befaßte sich schon sehr früh mit Überlegungen über die Verwendung des zu Beginn des Jahrhunderts aufgekommenen Luftfahrzeuges, in dem man ein wirksames Seekriegsmittel sah. Dabei wurde der Schwerpunkt der Untersuchungen zunächst auf die Verwendung des Luftschiffes gelegt, mit dessen Entwicklung auch das Heer beschäftigt war. Der Admiralstab ging zuerst von der Bedeutung aus, die den neuen Luftfahrzeugen in der Aufklärung, Sichten und Melden, beizumessen war. Erst später wurde das Aufspüren von U-Booten, Orten von Minenfeldern und schließlich die Zerstörung von Hafen- und Industrieanlagen in die Aufgabenstellung einbezogen, nachdem auch die Tragfähigkeit der Luftschiffe erkannt wurde.
Als der Zeppelinbau die ersten brauchbaren Luftschiffe fertiggestellt hatte, ließ die Kaiserliche Marine eigenes Personal bei dem Friedrichshafener Werk ausbilden und das *erste Marine-Luftschiff »L 1« im Oktober 1912* von einer eigenen Besatzung nach Berlin-Johannistal überführen.

Erst im Jahre 1912 bekam der Marineoberingenieur Loew den dienstlichen Auftrag, bei der Kaiserlichen Werft in Danzig eine Flugversuchsstelle einzurichten. Sie wurde in Putzig bei Danzig aufgebaut und gleichzeitig die *erste Marinefliegerstation der Deutschen Marine*. Von hier aus wurde nun erstmals ein Amphibien-Flugzeug erprobt. Anfangs gab es zunächst häufig Rückschläge, da die an den Rädern montierten Schwimmkästen den Belastungen bei Start und Landung nicht standhielten. Erst nach einem Seeflugzeugwettbewerb im September 1912, durch den die deutsche Flugzeugindustrie auf die besonderen Probleme der Marine aufmerksam gemacht werden sollte, ließ man den Plan des kombinierten Land- und Seeflugzeuges fallen und entwickelte nur noch reine Wasserflugzeuge mit Schwimmern. Hierbei dienten angekaufte englische und amerikanische Marineflugzeuge teilweise als Vorbild.
Die organisatorische Straffung des Marineluftabwehrwesens begann mit der Einrichtung einer Abteilung Luft (LU) beim Werftdepartment des Reichsmarineamtes um die Jahreswende 1912/13. Von diesem Dezernat aus wurden nun alle technischen Belange — Entwicklung, Beschaffung und Ausrüstung — gelenkt; in ihm waren sowohl das Luftschiff- als auch das Fliegerwesen vertreten. Gleichzeitig wurde ein Personaletat für das Jahr 1913 aufgestellt und damit die Grundlage für die Durchführung der Kabinettsorder vom 3. Mai 1913 geschaffen, in der die Aufstellung einer Marineluftschiffabteilung und einer Marinefliegerabteilung zum 1. Juni 1913 befohlen war.
Die Marinefliegerabteilung bekam ihren Standort in Kiel-Holtenau; die zuerst in Hamburg-Fuhlsbüttel stationierte Marineluftschiffabteilung verlegte später nach Nordholz bei Cuxhaven. Beide Standorte sind bis heute mit der Entwicklung der Marinefliegerei eng verbunden geblieben. (Kiel-Holtenau — MFG 5; Nordholz — MFG 3 »Graf Zeppelin«).
Im Herbst 1913 bestätigten die ersten zusammen mit Luftschiffen und Flugzeugen durchgeführteen Flottenmanöver trotz des Verlustes eines Luftschiffes die Überlegenheit dieser hinsichtlich Reichweite und Flugdauer, die für die guten Aufklärungsergebnisse als entscheidend angesehen wurden. Das Flugzeug hingegen erwies sich in seiner Entwicklung als für den Fronteinsatz noch nicht ausgereift. Im August 1914 wurde erneut ein Seeflugzeugwettbewerb ausge-

schrieben, zu dem sich eine Vielzahl von Flugzeugfirmen mit ihren Typen zur Teilnahme gemeldet hatten. Der Wettbewerb wurde jedoch mitten in der Vorbereitung in Warnemünde vom Ausbruch des I. Weltkriegs überrascht und ein Teil der angelieferten Flugzeuge sogleich von der Marine beschlagnahmt: mit 35 beschränkt einsatzfähigen Flugzeugen und 25 ausgebildeten Flugzeugführern trat nun die Kaiserliche Marine in den Weltkrieg ein.
In den ersten Kriegsmonaten wurde dann der Ausbau des Marineflugwesens mit äußerster Energie vorangetrieben und seine Organisation gefestigt. Bis zum Ende des 1. Weltkriegsjahr waren eine Reihe von Dienststellen und Einheiten aufgestellt.
Zuerst zu nennen ist hier der Stab des Befehlshabers der Marineluftfahrtabteilung, zunächst mit Sitz in Wilhelmshaven, später ab 1916 in Berlin. Ihm war das bereits erwähnte Dezernat für Luftschiff- und Fliegerwesen zur Wahrnehmung der technischen Aufgaben zugeordnet. Seine Hauptaufgabe war die Bereitstellung von Personal, Material sowie die Ausbildung von fliegendem und technischem Fachpersonal. Ihm untergeordnet wurde im Verlauf des Krieges:

1. die 1. Marinefliegerabteilung in Kiel-Holtenau mit Land- und Seeflugstationen im gesamten Ostseebereich,
2. die 2. Marinefliegerabteilung in Wilhelmshaven mit Land- und Seeflugstationen im Nordseebereich,
3. das Marine-Freiwilligen-Fliegerkorps in Berlin-Johannistal,
4. die Marine-Luftschiffabteilung Nordholz bei Cuxhaven mit ihrem im Laufe des Krieges sehr erfolgreichen Kommandeur, Korvettenkapitän Peter Strasser, dem späteren Führer der Luftschiffe.

Während des Krieges wurde dann noch die Feldfliegerstaffel beim Marinekorps in Flandern aufgestesllt. Die Seefliegerstaffeln beim Marinekorps in Flandern wiederum gingen hauptsächlich aus der 2. Marinefliegerabteilung in Wilhelmshaven hervor. Anfang 1915 wurden die Marinefliegerabteilungen in *Seefliegerabteilungen* umbenannt. Ihnen oblag nun auch die Ausbildung des notwendigen Personals auf Weisung des Befehlshabers der Marineluftfahrtabteilungen.

Dem Dezernat für Luftschiff- und Fliegerwesen wurde als Außenstelle in Warnemünde/Ostsee eine Marinefliegerversuchskommando und ein Ausrüstungskommando zugeordnet. Diesen Stellen war es vor allem zu verdanken, daß die Seefliegerabteilungen im Laufe des Krieges mit technisch gut entwickelten Flugzeugtypen ausgerüstet wurden. Der taktische Einsatz der Marinefliegerverbände lag in den Händen der örtlichen Befehlshaber. Die Seebefehlshaber verfügten meist über einen Kommandeur der Flieger. Es gab im Laufe des Krieges fünf Fliegerkommandeure als Führer für den taktischen Einsatz, nämlich:

beim Befehlshaber der Hochseestreitkräfte,
beim Festungsgouverneur in Wilhelmshaven,
beim Befehlshaber der Ostseestreitkräfte,
beim Befehlshaber der Baltischen Gewässer
und
beim Marinekorps in Flandern.

Damit sind auch die Kriegsschauplätze gekennzeichnet, an denen die Marineflieger im 1. Weltkrieg gekämpft haben.
Hinzu traten später noch die Schwarzmeerflieger, die personell und materiell von der 1. Seefliegerabteilung in Kiel-Holtenau betreut wurden, einsatzmäßig jedoch von den dortigen örtlichen Seebefehlshabern geführt wurden. Seefliegerstationen wie Varna, Constanza, Xanthi und viele andere sind während des Krieges in diesem Raume bekannt geworden.
Im November 1918 besaß die nunmehr zu einer eigenen Waffengattung herangereifte Marinefliegerei eine Personal- und Materialstärke von 10 000 Offizieren, Unteroffizieren und Mannschaften und 2500 in Dienst gestellten Flugzeugen, während das Marineluftschiffwesen über 6000 Offiziere, Unteroffiziere und Mannschaften mit 78 i. D. befindlichen Luftschiffen verfügte.
Während des Krieges wurde auch schon die Bedeutung des Schiffes als Stützpunkt und Transportmittel für Flugzeuge erkannt.
Bordflugzeuge waren nur in beschränkter Anzahl zum Einsatz gekommen. Diese Flugzeuge waren mit einer Heißvorrichtung versehen. Bekannt geworden ist während des Krieges das Bordflugzeug des Hilfskreuzers *Wolf* unter dem Namen *Wölfchen.*

Durch den Umbau geeigneter Handelsschiffe zu sogenannten Flugzeugmutterschiffen (FS) konnte man der Flotte bei Unternehmungen Flugzeuge mitgeben, um so mittels Flugzeug den Luftraum zu erschließen, der für Aufklärung, Verteidigung und Angriff eine neue Dimension bedeutet. Im Einsatz wurden die mitgeführten Wasserflugzeuge dann von ihren Mutterschiffen zum Start ausgesetzt und bei der Rückkehr wieder an Bord genommen. So wurde bereits sehr früh mit der Verwirklichung dieses Gedankens begonnen:
am 17. 7. 1915 kam die *Answald* als *F.S.I* i.D.,
am 02. 7. 1915 kam die *Santa Elena* als *F.S.II* i.D.,
am 17. 7. 1918 wurde das ehemalige Transportschiff *Oswald* als *F.S.III* i.D., gestellt. Diese drei Schiffe hatten Flugzeughangars im Gegensatz zu dem *Glyndwr,* das die Flugzeuge frei an Deck hatte und am 16. 12. 1914 i.D. gestellt wurde. Das gleiche galt für die *Adeline Hugo Stinnes 3,* die 1914 als Kohlendampfer der U-Bootsuch-Hfl. in Dienst kam und später dann drei Flugzeuge erhielt, die frei auf dem Deck standen.
Die Hauptschwierigkeit im Einsatz dieser Flugzeugmutterschiffe ergab sich aus der Wetterabhängigkeit beim Aufsetzen der Flugzeuge. Jedoch auch in ihrer Marschgeschwindigkeit konnten sie mit den Kampfeinheiten der Flotte nicht Schritt halten.
Die Erfahrungen, die man mit den Flugzeugmutterschiffen sammelte, führten zu Überlegungen, Kampfschiffe zu Flugzeugmutterschiffen umzubauen. Ausgeführt wurde nur der Umbau des kleinen Kreuzers *Stuttgart,* der vom Februar bis Mai 1918 durchgeführt wurde.
Den Kampfeinheiten der Flotte an Geschwindigkeit ebenbürtig wurde *SMS Stuttgart al*s Flugzeugkreuzer am 16. Mai 1918 in Dienst gestellt und übernahm unter dem Befehlshaber der Aufklärungsschiffe, *Admiral Hipper,* die Sicherung der II. Minensuchflottille in der Nordsee.

KRIEGSEINSÄTZE DER FLUGZEUGMUTTERSCHIFFE

Nachstehend werden die Flugzeugmutterschiffe der Kaiserlichen Marine, die während des Krieges im Einsatz waren, abgehandelt, an Hand von Kriegstagebüchern ihre Einsätze geschildert sowie mit Hilfe amtlicher Unterlagen die Planungen dieser Waffe bis Ende des Krieges skizziert.

SMH ANSWALD

Answald war ein Frachtschiff der Hamburg-Bremer-Afrika-Linie. Das Schiff wurde 1914 auf der Kaiserlichen Werft, Danzig, zum Flugzeugmutterschiff umgebaut. Es erhielt zwei Hangars an Oberdeck zum Unterstellen der Flugzeuge, eine Heißeinrichtung zum Aus- und Einsetzen der Flugzeuge sowie leichte Seeziel- und Luftabwehrgeschütze. In der Zeit vom 25.—28. August 1914 wurden

SMH Answald = F.S.I, 1916: Hallentore an Steuerbord geöffnet, achterer Ladebaum klar zur Übernahme. Auf der achteren Halle ein Seeflugzeug. (Sammlung Drüppel)

Versuche und Übungen mit Flugzeugen durchgeführt. Während der Seerprobung war die *Answald* dem Chef des Trosses der Hochseeflotte in Wilhelmshaven unterstellt.
Außer zur Unterbringung von zunächst zwei Flugzeugen sollte das Flugzeugmutterschiff *Answald* noch zu anderen Aufgaben herangezogen werden: »Es hatte zu Abgabe an Torpedoboote 800 Tons enthärtetes bzw. destilliertes Wasser, 100 Tons Trink- bzw. Waschwasser, 1500 feuerfeste Steine, Turbinenöl, Schnelldampferschmieröl, Cylinderöl, 500 kg Talg, 200 kg Twist und 200 kg Chamoterde an Bord. Durch Aufstellen eines größeren Backofens kann auch frisches Brot abgegeben werden. Außer Ballast führt das Schiff 1100 ts Maschinenkohle zur Abgabe mit sich. Ein Lazarett mit 10 Betten, ein Zivilarzt und Apotheke befinden sich an Bord.«
Die Handhabung der Flugzeuge sollte wie folgt ablaufen:
»Der Dampfer ist mit zwei Hallen versehen worden für die Aufnahme von zwei fertigen Flugzeugen. Aus diesen Hallen wird der Flugapparat auf die Plattform, welche bis zur Bordwand an Steuerbord reicht, gerollt. Von dort ist der Apparat mit einem Ladebaum, welcher 12 m von der Bordwand freiführt, zu Wasser zu lassen. Durch besonders angefertigte Haken kann der Apparat auf langen Bambusstäben frei gehalten werden ... Zum Reparieren der Flugzeuge ist eine Anzahl zweckentsprechender Maschinen und Materialien an Bord ...«
Nach dieser Ausrüstung könnte man den Eindruck gewinnen, es habe sich bei *SMS Answald* eher um ein Versorgungsschiff im herkömmlichen Sinne, als um ein Flugzeugmutterschiff, einer neuartigen Waffe in der Seekriegsführung, gehandelt.
Nach Ende der ersten Erprobung in der letzten Augusthälfte gab das Kommando der Marinefliegerabteilung folgendes Urteil ab, das den Charakter dieses Schiffstyps treffend schildert:

»Der Eigenart der Dampfer entsprechend ist ihre Brauchbarkeit eine nur bedingte. Beide entsprechen einander ziemlich bei einer Geschwindigkeit von ca. 11 sm und einem Kohlenvorrat für 4 Wochen. ›*Santa Elena*‹ hat bessere Unterkunftsmöglichkeiten, da für 2500 Zwischendecker eingerichtet. Zur Unterbringung von Kranken und Verwundeten also geeignet, an Bord 1000 eiserne Betten ohne Matratzen pp., während ›*Answald*‹ hierfür keine Möglichkeiten bietet ... Bei einigem Seegang wird mit der Möglichkeit eines Ein- und Aussetzens von Flugzeugen nicht zu rechnen sein, da diese hochbordigen Schiffe jedenfalls starke Schlingerbewegungen machen und es mir fraglich erscheint, ob ein Flugzeug, das dem Wind eine so bedeutende Angriffsfläche bietet, sich unbeschädigt wird ein- und aussetzen lassen.«

Damit waren dem Einsatzspektrum der Schiffe Grenzen gesetzt! Auf Forderung des Ostseebefehlshabers wurde die Answald im Oktober 1914 in seinen Bereich verlegt.
Nach erneutem Umbau, die Flugzeughangars wurden zur Aufnahme von 4 Flugzeugen vergrößert, wurden am 17. Juli 1915 Kriegsflagge und Wimpel gesetzt, und *SMS Answald* stellte als Hilfskriegsschiff in Dienst. Am 14. August 1915 wurde *Answald* nach Libau verlegt und meldete am 20. August 1915 das erste Flugzeug kriegsbereit. Nach einer Werftliegezeit wurde *Answald* am 12. Mai 1916 der Küstenschutzdivision in Swinemünde und der IV. Flottille unterstellt. Sie kam dort bei der Überwachung der neutralen Sundgewässer und bei der Errichtung nächtlicher Lichtsperren zum Einsatz. Nennenswerte Einsätze von *SMS Answald* fanden bis Kriegsende nicht mehr statt.
SMS Answald wurde 1919 brit. Beute. Ab 1922 fuhr das Schiff unter brit. Flagge als *Vulcan City.* 1933 wurde die ehemalige *Answald* dann verkauft und abgebrochen.

SMH SANTA ELENA

Die *Santa Elena* war ein Dampfer der Hamburg-Südamerikanischen Dampfschiffahrtsgesellschaft und wurde für diese 1907 bei Blohm & Voss, Hamburg unter der Bau-Nr. 196 erbaut.
Das Schiff war mit einer F.T.-Einrichtung ausgerüstet. Am 3. 8. 1914 wurde die *Santa Elena* von der Marine gemietet und kam am 23. 8. 1914 i.D.
Sie wurde anschließend bei der Kaiserlichen Werft Danzig zum Flugzeugmutterschiff umgebaut. Die Ausrüstung entsprach der von *SMH Answald.* Das Schiff wurde nach seiner Ablieferung eingehend

erprobt und erhielt im Sommer 1915 nochmals eine Hallenvergrößerung. Am 2. Juli 1915 setzte das neue Flugzeugmutterschiff endgültig die Kriegsflagge und war von da an *SMH Santa Elena* mit der taktischen Bezeichnung *F.S.II.*
Am 1. August 1915 bekam die *Santa Elena* ihre ersten beiden Flugzeuge an Bord. Am 3. August lief das Schiff dann in Libau ein und wurde dem Führer der Aufklärungsschiffe der östlichen Ostsee unterstellt. In der darauf folgenden Zeit wurden Probe- und Aufklärungsflüge im Raume Libau-Memel durchgeführt.
Am 23. September 1915 führten Flugzeuge von *SMH Santa Elena* die ersten Bombenangriffe auf russische Seefliegerstationen durch, genannt sei nur Arensburg an der Westküste der Insel Ösel. In der folgenden Zeit unternahmen die Flugzeuge weitere Bombenangriffe auf Seefliegerstationen und beteiligten sich auch an Bombenangriffen größerer Verbände auf russische Städte, bei denen vor allem die Zivilbevölkerung zu leiden hatte. Bevorzugtes Ziel war die Stadt Riga, auf die am 10. Oktober 1915 ein erfolgreicher Angriff geflogen wurde.
Vom 19. Februar 1916 an flogen die Flugzeuge von *SMH Santa Elena* Aufklärung im nördlichen Teil des Rigaer Meerbusens. Auch wurden ab April 1916 wieder Angriffe auf russische Seefliegerstationen geflogen. Am 22. April 1916 beteiligten sich die Flugzeuge von *SMH Santa Elena* an einem Großangriff von insgesamt zehn Flugzeugen auf die Seefliegerstation Papensholm.
Während des Ösel-Unternehmens ankerte *SMH Santa Elena* in der Tagga-Bucht und erhielt für die Zeit vom 12. 10 — 20. 10. 1917 folgende Aufgaben zugeteilt:

1. Flugstation für Seeaufklärung und Landerkundung,
2. Stützpunkt für Flugzeuge von Windau-Libau und Angernsee,
3. Nachrichtenübermittler für den Kommandeur der Marineflieger beim Sonderverband.

Diese Aufgaben entsprachen im wesentlichen den Aufgaben, die den Flugzeugmutterschiffen generell gestellt waren.
Ende November 1917 verlegte das Schiff in den Öresund zur Überwachung des neutralen Fahrwassers. In der Zeit vom 12. Februar bis 7. November 1918 startete *SMH Santa Elena* von Wilhelmshaven Reede und verschiedenen anderen Positionen aus in der Nord-

SMH Santa Elena = F.S.II: Auf beiden Hallenpodesten steht je ein Seeflugzeug klar zum Aussetzen. (Bundesarchiv/Militärarchiv)

SMH Santa Elena auf dem Marsch mit geschlossenen Hallentoren. (Bundesarchiv/Militärarchiv)

Decksaufnahme von *SMH Santa Elena.* Achterer Ladebaum klar zur Flugzeugübernahme. (Bundesarchiv/Militärarchiv)

see Flugzeuge zur Aufklärung und Sicherung der eingesetzten Minensuchverbände. Das zunehmende Verminen der Deutschen Bucht durch die Alliierten machte es erforderlich, die Minensucher immer weiter in die Nordsee hinauszuschicken, wohin ihnen die landgestützten Flugzeuge etwa von den Seefliegerstationen Borkum oder Helgoland aus nicht mit der gleichen Flugdauer zu folgen im Stande waren, wie die Flugzeuge eines Flugzeugmutterschiffs. Den Flugzeugen fiel dabei vor allem die Aufgabe zu, die Minensuchverbände vor feindlichen Seestreitkräften zu warnen und die britischen Aufklärungsflugzeuge an der Einsichtnahme in die deutsche Minensuchtätigkeit zu hindern.
Bei Kriegsende lag die *SMH Santa Elena* in Bremerhaven. Dort wurde das Schiff am 15. 9. 1919 amerikanische Beute. Anschließend ging die *Santa Elena* in britischen Besitz über und fuhr unter dem alten Namen. 1920 wechselte das Schiff abermals die Flagge und fuhr dann als *Santa Elena* unter französischen Farben. 1922 wurde die *Santa Elena* umgetauft und erhielt den Namen *Linois.* 1942 fuhr das Schiff abermals unter neuer Flagge, diesmal als *Orvieto* für Italien. Dort wurde es im September 1943 deutsche Beute und fuhr nach langen Jahren wieder unter deutscher Flagge.
Im August 1944 sank die *Orvieto x Santa Elena* bei einem Angriff im Hafen von Marseille. 1945 wurde das Schiff dann gehoben und anschließend abgebrochen.

SMH OSWALD

Die *Oswald* wurde 1905 bei J. L. Thompson & Sons, Sunderland für die britische Imperial SS. Co, Manchester als S/S *Oswestry* gebaut. Bei Kriegsausbruch wurde das Schiff als Prise aufgebracht und kam im August 1914 als Embargoschiff zur Marine.
Ab Sommer 1917 wurde die *Oswestry* dann in *Oswald* umbenannt und diente als F-Boot-Mutterschiff.
Vom 19. 9. 1917 bis 8. 11. 1917 nahm die *Oswald* am Ösel-Unternehmen teil, dem ersten großen Landungsunternehmen des zwanzigsten Jahrhunderts. Die *Oswald* unterstand in dieser Zeit dem Führer der Transportflotte des Sonderverbandes Freg.-Kpt. v.

SMH Oswald x *Oswestry* mit offenen Hallentoren. Auf dem vorderen Hallendeck ist ein Seeflugzeug abgestellt. (Sammlung Fröhling)

Schlick und wurde innerhalb der Transportflotte als Dampfer *P = Oswald* geführt.
Das P kann für »Pionier« stehen, da das Pionier-Landungskommando (Pilako) einen großen Dampfer für das Landungsunternehmen gestellt haben soll. Außerdem spricht auch noch für diese Vermutung, daß alle übrigen Dampfer der Transportflotte römische Zahlen aufwiesen.
Während des Ösel-Unternehmens beteiligte sich die Oswald an verschiedenen Operationen, wie Landungsunternehmen in der Taggabucht, bei der Landung auf Dagö und der Insel Ösel. Am 8.11.1917 verließ die *Oswald* dann mit

1 Schute
5 Pferdebooten
3 Motorbarkassen
2 Pinassen
und
3 Brandungsbooten an Bord

den Kriegsschauplatz bei Ösel und kehrte nach Libau zurück.
Das Schiff wurde in der Zeit von Februar bis Juli 1918 auf der Kaiserlichen Werft Danzig zum Flugzeugmutterschiff umgerüstet. Am 17. Juli 1918 stellte das Schiff als *SMH Oswald* mit der taktischen Bezeichnung *F.S.III* in Kiel in Dienst.
Anschließend erhielt *SMH Oswald* vier Flugzeuge und wurde vom 21. Juli 1918 an zur Öresundüberwachung eingesetzt.

SMH Oswald unterstand in der Zeit der IV. Torpedoboot-Flottille Ende Oktober 1918 wurde das Flugzeugmutterschiff speziell zur Sicherung gegen feindliche U-Boote beim Heimgeleiten eigener U-Boote im südlichen Kattegatt eingesetzt.
Das Schiff wurde am 18. 1. 1919 an England zurückgegeben. Es wurde 1924 an die japanische Dairen Kisen K. K. als *Eian Maru* verkauft und wurde am 25. 7. 1945 von amerikanischen Bombern vor Mikuriya versenkt.

SMH GLYNDWR

Die *Glyndwr* wurde 1904 von A. Rodger Co., Port Glasgow als S/S *Craigronald* erbaut, 1911 an die Scarisbrick SS. Co., Cardiff verkauft und von ihr in *Glyndwr* umbenannt.
Bei Kriegsausbruch fiel die *Glyndwr* in Danzig in deutsche Hand und wurde im August 1914 zum Embargoschiff erklärt. Es wurde auf der Kaiserlichen Werft Danzig zum Flugzeugmutterschiff umgebaut und am 16. Dezember 1914 in Dienst gestellt.
Mit zwei Flugzeugen wurden vor allem Schulflüge von Bord unternommen, bei denen Flugschüler die Marinepilotenprüfung ablegten. Nach erneutem Umbau und Beseitigung von Mängeln erfolgte am 11. Januar 1915 die zweite Indienststellung in Danzig.
Am 28. März verlegte *Glyndwr* nach Memel und nahm von dort aus den regelmäßigen militärischen Dienst auf. Ihre Hauptaufgabe bestand in der Aufklärung sowie in der Beteiligung ihrer Flugzeuge an Angriffen auf See- und Landziele. Dabei wurden auch Angriffe gegen Libau geflogen. Nachdem Libau von deutschen Truppen besetzt war, verlegte *Glyndwr* am 22. Mai dorthin und nahm von dort die Aufklärungstätigkeit wieder auf.
Auf dem Verlegungsmarsch nach Windau lief das Schiff vor Lyserort am 4. Juni auf eine Mine und wurde anschließend schwer beschädigt nach Danzig gebracht und dort am 23. 6. 1915 außer Dienst gestellt. Die Marineleitung wollte jedoch auf das Schiff nicht verzichten und verfügte Anfang 1915 seine Wiederherstellung.
Als das in der Schichau-Werft, Danzig, liegende Schiff am 25. November besichtigt wurde, hegte man starke Zweifel an seiner Wie-

SMH Glyndwr mit drei frei an Deck abgestellten Flugzeugen.

Die frühere *Glyndwr unter* griechischer Flagge als *Agia Varvara* im Einsatz für die Alliierten im 2. Weltkrieg.
(Sammlung National Maritime Museum, Greenwich)

derverwendbarkeit. Dennoch erfolgte am 16. Dezember 1915 mit großer Flaggenparade die dritte Indienststellung der *Glyndwr.*
Bis zu seinem Einsatz am 9. April 1916 wurde das Schiff mehreren Erprobungen unterzogen und machte auf verschiedenen Werften Liegezeiten durch. Anschließend kam es im Öresund zum Einsatz und seine Flugzeuge nahmen wieder den Aufklärungsdienst auf. Außerdem legte die *Glyndwr* nachts im Sund Scheinwerfersperren. Die letzte Kriegstagebucheintragung über Flugzeugstarts erfolgte am 2. September 1916. Anschließend wurde das Schiff, wohl als Folge seiner schweren Beschädigung, nur noch zum Scheinwerferdienst im Sund herangezogen. Am 21. Januar 1919 wurde es an England zurückgegeben, wo es nach Grundreparatur zunächst als *Akenside* wieder in den Handelsdienst trat. Aber schon Anfang der 20er Jahre wurde es nach Griechenland verkauft und lief noch während des 2. Weltkrieges unter dieser Flagge als *Agia Varvara* als Transporter in britischem Dienst. Es überstand den Krieg und wurde erst Mitte der 50er Jahre abgebrochen.

ADELINE HUGO STINNES 3

Die *Adeline Hugo Stinnes 3* wurde 1909 vom Bremer Vulkan für die Adeline Hugo Stinnes 3-Dampfschiffahrtsgesellschaft m.b.H. erbaut. Bei Kriegsausbruch 1914 wurde das Schiff als Kohlendampfer der U-Bootsuch-Halbflottille eingesetzt. Später erhielt es dann zeitweilig 3 Flugzeuge, die ohne Hallen frei auf den Luken abgestellt waren, mit dem Ladegeschirr zu Wasser gelassen wurden und auch so wieder an Bord kamen.
Über Kriegseinsätze als Flugzeugmutterschiff liegen z. Zt. keine Informationen vor, und das Schiff wird in der »Liste der requirierten Hilfsschiffe 1914—1919« auch nur als Kohlendampfer geführt. Es wurde also offenbar nur aushilfsweise zum Flugzeugeinsatz herangezogen.
Am 30. 7. 1919 wurde das Schiff an Belgien abgeliefert. 1921 wurde es hier in *Tervaete* umbenannt und 1926 als *Willem René* von der SABAG an W. und R. Geurts, Antwerpen, verkauft. Während der Depression wurde es 1933 als erstes belgisches Schiff von der so-

Adeline Hugo Stinnes 3 vor Ausbruch des 1. Weltkrieges. (Sammlung Lindenborn)

Adeline Hugo Stinnes 3 unter finnischer Flagge als *Myllykoski* am 20. 7. 1963 im Nordostsee-Kanal. Das Aussehen des Schiffes hatte sich in 60 Jahren nicht wesentlich verändert. (Foto Kludas)

wjetischen Regierung geschartert und zum Holztransport von Igarka am Yennisei nach Cardiff eingesetzt. Kurz darauf wurde es als *Myllykoski* nach Finnland verkauft, wo das Schiff den 2. Weltkrieg überstand und erst 1964 abgebrochen wurde.

SMS STUTTGART

Mit zu Flugzeugmutterschiffen umgebauten Dampfern unterschiedlicher Größe hatte man bis zum Jahr 1917 eingehende Erfahrungen gesammelt. Eines hatten die Dampfer jedoch gemeinsam; ihre geringe Marschgeschwindigkeit. Diese geringe Geschwindigkeit der Dampfer aber ließ mit der wachsenden Notwendigkeit gemeinsamer Operationen von Flugzeugen und Schiffen der Flotte das Vorhandensein von Flugzeugmutterschiffen vermissen, die auf Grund ihrer Seeausdauer, Geschwindigkeit und Anzahl der mitgeführten Flugzeuge in der Lage waren, der Hochseeflotte zu folgen und sie während ihrer Operationen schlagkräftig zu unterstützen.
Das Kommando der Hochseestreitkräfte brachte auf Grund dieser Erfahrungen seine Wünsche dem Reichsmarineamt am 2. 12. 1917 zum Ausdruck. Das Reichsmarineamt untersuchte in der folgenden Zeit die kleinen Kreuzer *Danzig, Stettin, Stuttgart, Augsburg, Kolberg* und *Straßburg* auf ihre Verwendbarkeit als Flugzeugmutterschiffe. Die Schiffsbaukommission bot dagegen als Ersatzlösung Handelsschiffe in dem geforderten Geschwindigkeitsbereich an:
die Passagierdampfer

Imperator (52 117 BRT, 18 kn)
Cap Polonio (20 576 BRT, ca. 18 kn)
Prinz Friedrich Wilhelm
(17 082 BRT, ca. 18 kn)
Johann Heinrich Burchard
(19 980 BRT, 18 kn)
Victoria Luise (16 703 BRT, 17,5 kn)

und den kleinen Seebäderdampfer *Kaiser* (1916 BRT, 18 kn).
Die Abteilung A I des Reichsmarineamtes gab nach ihren Untersuchungen dann folgendes abschließendes Urteil ab: »... Hiernach kann als schnelles Flugzeugmutterschiff nur ein Kleiner Kreuzer in Frage kommen; denn *Victoria Luise* (ex Schnelldampfer

SMS Stuttgart nach Umbau als Flugzeugmutterschiff 1918 (Halle geschlossen). (Sammlung Drüppel)

Eine Maschine ist neben *SMS Stuttgart* gewassert (August 1918). (Bundesarchiv/Militärarchiv)

Die gleiche Situation wie auf dem Bild oben, etwas später: die Maschine wird eingesetzt. (Bundesarchiv/Militärarchiv)

Deutschland) mit ca. 17 000 BRT ist zu groß und *Kaiser* zu klein und nicht schnell genug . . .«.

Die Kleinen Kreuzer waren also in die engere Wahl genommen. Jedoch sah das Reichsmarineamt noch Schwierigkeiten in der Unterbringung der Flugzeuge, da man auf keinen Fall auf die achteren 10,5 cm-Geschütze verzichten wollte. Der einzige damals vorstellbare Unterbringungsort war eine Plattform zwischen dem hinteren Schornstein und dem Großmast.

Durch die erneut vom Reichsmarineamt aufgebauten Schwierigkeiten ließ sich die Flotte jedoch nicht beirren und forderte am 29. 12. 1917 erneut dringlich den Umbau der Kleinen Kreuzer *Stettin* und *Stuttgart*. Nach diesem erneuten Vorstoß der Flotte erging am 20. 1. 1918 vom Chef des Admiralstabes der Marine die Mitteilung an das Kommando der Hochseestreitkräfte, daß die Kleinen Kreuzer *Stettin* und *Stuttgart* als schnelle Flugzeugmutterschiffe dem kaiserlichen Kommando zugeteilt und zur Aufnahme von Flugzeugen eingerichtet würden.

Nach Vorschlägen des Kommandos der Hochseestreitkräfte vom 21. 1. 1918, wie *SMS Stuttgart* am schnellsten und zweckmäßigsten wenigstens zur Aufnahme von drei Flugzeugen hergerichtet werden könnte, teilte das Reichsmarineamt am 24. Januar endgültig mit, daß *SMS Stuttgart* nach den Vorstellungen des Kommandos bei der Kaiserlichen Werft Wilhelmshaven umgebaut würde.

SMS Stuttgart war am 22. 9. 1906 bei der Kaiserlichen Werft Danzig vom Stapel gelaufen. Am 1. 2. 1908 wurde der Kleine Kreuzer *Stuttgart* dann als Artillerieschulschiff in Dienst gestellt. Bei Kriegsausbruch 1914 kam der Kreuzer zum Kommando der Hochseestreitkräfte. In der Zeit von Februar bis Mai 1918 wurde *SMS Stuttgart* dann zum »Seeflugzeugträger« umgebaut. Am 16. Mai 1918 schließlich erfolgte die Indienststellung als Flugzeugmutterschiff in Wilhelmshaven. *SMS Stuttgart* erhielt zwei Flugzeuge und übernahm unter dem Befehlshaber der Aufklärungsschiffe, Admiral Hipper, die Sicherung der II. Minensuchflottille in der Nordsee.

Im Sommer 1918 wurden mit der *Stuttgart* Erfahrungen im Einsatz gesammelt, die sich auf weitere Projekte niederschlagen sollten. Am 5. 11. 1919 wurde das Flugzeugmutterschiff *SMS Stuttgart* aus der Liste der Kriegsschiffe gestrichen und am 20. 7. 1920 als britische Kriegsbeute ausgeliefert, um anschließend abgebrochen zu werden.

PROJEKTE

Die Erfahrungen mit den verschiedenen Flugzeugmutterschiffen veranlaßte verschiedene Flottenkommandos, über den Wert derartiger schwimmender Flugstützpunkte Stellungnahmen abzugeben. Genannt sei hier an dieser Stelle auszugsweise die Stellungnahme des Sonderverbandes (Ösel-Unternehmen unter Vizeadmiral Schmidt) vom 5. Dezember 1917:

»1. Die Zweckmäßigkeit und Notwendigkeit von Flugzeugmutterschiffen, die eine Flotte bei Operationen zu begleiten imstande sind, hat die Albion-Unternehmung voll erwiesen.
2. Die Vorschläge und Anregungen des Koflieg. für die Konstruktionseigenschaften eines solchen Flugzeugmutterschiffes sind beachtenswert.
3. Ob in diesen Vorschlägen angeführte »Flugzeugkreuzer« der Zukunft sich wirklich als militärisch notwendig zeigen oder ob es nicht genügen wird, unsere späteren Aufklärungstypen mehr als bisher zur Verwendung einzelner Flugzeuge auszurüsten, sei dahingestellt.
4. Die Notwendigkeit aber, möglichst bald noch in diesem Kriege in enger Fühlungnahme mit den in Frage kommenden Frontstellen auf Grund der reichen Kriegserfahrungen auf diesem Gebiet an die Durchkonstruktion eines modernen Flugzeugmutterschiffes heranzugehen, wird durchaus anerkannt ...«

Den Hoffnungen aller Kommandos auf einen den Flottenbedürfnissen zugeschnittenen Neubau wurde aber ein rasches Ende bereitet. Die Abteilung A V des Reichsmarineamtes vertrat nämlich die Auffassung, daß mit dem Umbau von *SMH Oswald* und *SMS Stuttgart* den Forderungen voll entsprochen wurde. Außerdem beabsichtigte die Abteilung, mit den beiden neuen Schiffen erst einmal Erfahrungen im Einsatz zu sammeln. Die Erfahrungen mit *SMS Stuttgart* führten dann schließlich doch zu neuen Überlegungen. In einem Bericht des Kommandos der Hochseestreitkräfte an das Reichsmarineamt vom 12. 8. 1918 hieß es u. a.:

»... Als großer Nachteil muß jedoch die geringe Zahl der mitzunehmenden Flugzeuge bezeichnet werden ... bei regnerischem Wetter ist nur auf die Verwendung der beiden Hallenflugzeuge bei längeren Unternehmen zu rechnen. Dieser Übelstand wird sich auf einem Kleinen Kreuzer wegen der geringen Schiffsbreite nicht beheben lassen. Mit zwei Flugzeugen kann eine ausreichende Aufklärung für einen Verband während des Tages nicht durchgeführt werden, die Bereitstellung eines zweiten Flugzeugkreuzers ist dafür erforderlich. Die Flugzeugmutterschiffe sind ihrer geringen Geschwindigkeit wegen für den Begleitdienst unbrauchbar, sie eignen sich lediglich für die Verwendung als vorgeschobene Flugstationen in mehr stationärem Betrieb« ...

Das Kommando empfahl daher, vom Umbau *SMS Stettin* Abstand zu nehmen und ein größeres Schiff mit einer Mindestzahl von vier Flugzeugen vorzusehen. In die nähere Wahl kam der Große Kreuzer *Roon*. Unterstützt wurde diese Forderung vom Chef des Admiralstabes, der darauf hinwies, daß die Verwendung der *Roon* als Schulschiff auch von anderen Kadettenschulschiffen übernommen werden könnte. Admiral Scheer unterstrich weiter die Dringlichkeit dieser Maßnahme mit dem Hinweis auf die zunehmende Minenverseuchung in der deutschen Bucht.

Nach Verhandlungen des Kommandeurs der Marineflieger, Kapitän zur See Kranzbühler, mit Vertretern der Kaiserlichen Werft Kiel am 27. 8. 1918 kam man überein, daß sechs große und vier kleine Flugzeuge, mindestens aber vier große und vier kleine Flugzeuge nach entsprechenden Umbauten auf der *SMS Roon* untergebracht werden könnten. Als frühesten Umbaubeginn stellte die Werft Anfang 1919 in Aussicht.

Am 16. 9. 1918 wurde die Ostseestation, der *SMS Roon* unterstand, von dem beabsichtigten Umbau zum Flugzeugmutterschiff unterrichtet und aufgefordert, die anderweitige Unterbringung der Seekadetten zu klären.

Außerdem untersuchte man den Umbau weiterer Handelsschiffe zu Flugzeugmutterschiffen. So betrachtete der Kommandeur der Marineflieger die Dampfer *Bremen* (13 175 BRT, Länge ü. a. 173,8 m, 15 Kn) und *Königin Luise* (13 000 BRT, Länge ü. a. 166,3 m, 15 Kn) als geeignet für die Aufnahme von zehn Flugzeugen. Ein anderer Vorschlag sah vor, Sperrbrecher als stationäre Flugstationen umzu-

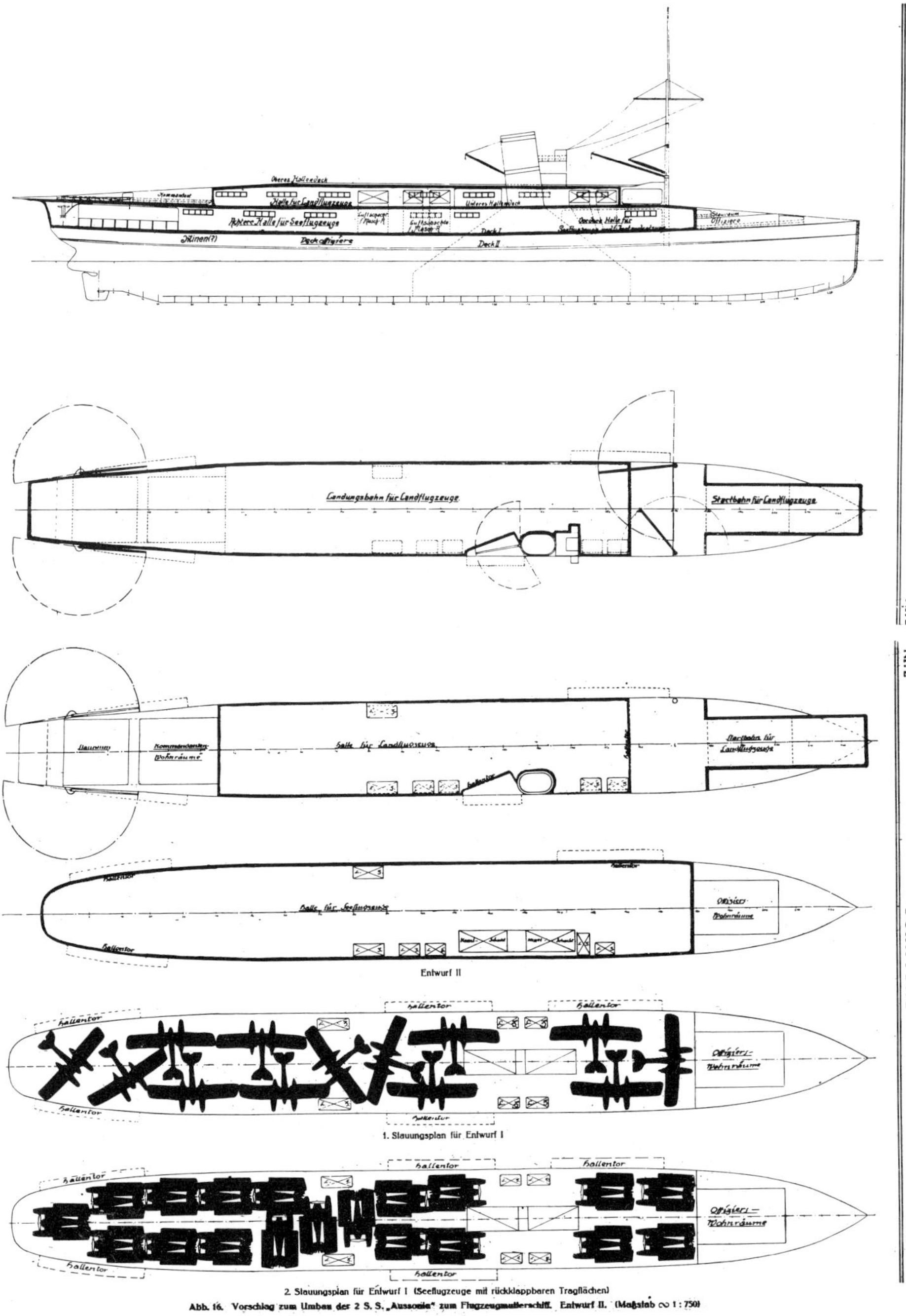

2. Stauungsplan für Entwurf I (Seeflugzeuge mit rückklappbaren Tragflächen)

Abb. 16. Vorschlag zum Umbau des 2 S. S. „Aussonia“ zum Flugzeugmutterschiff. Entwurf II. (Maßstab ∞ 1 : 750)

Umbauprojekt *Ausonia* 1918 (aus »Schiffbau«, 1920 pp. 54/55)

bauen. Die Ostseestation bot dem Admiralstab und dem Reichsmarineamt am 1. Oktober 1918 den Sperrbrecher *Wigbert* als Ersatz für *SMH Answald* an.
Eine Denkschrift des Kommandeurs der Marineflieger vom 11. 10. 1918 über die »Verwendung von Landflugzeugen von Schiffen aus« stellt wahrscheinlich das erste amtliche deutsche Dokument über den Bau von Flugzeugträgern dar. Es wurde vorgeschlagen, die schon untersuchten Dampfer *Bremen* und *Königin Luise* zu solchen Schiffen umzubauen. Sollte dieser vorhandene Schiffsraum nicht ausreichen, dann sollte auf ein »Spezialschiff«, die *Ausonia,* zurückgegriffen werden. Die *Ausonia* war ein auf italienische Rechnung von Blohm & Voss, Hamburg erbautes Passagierschiff, das durch den Kriegsausbruch nicht mehr zur Ablieferung kam.
In einer handschriftlichen Stellungnahme der Abteilung Luft (LU) des Reichsmarineamtes zum Projekt *Roon* heißt es u. a.:
» . . . Der Entwurf ist durch inzwischen vorgelegten Plan eines Flugzeugdampfers *Ausonia* durch Leutnant z. S. d. R. Reimpell (1. Seeflieger-Abteilung) überholt. Dieser Neuentwurf ist technisch gesehen so weit durchgearbeitet, daß er nach Ansicht von LU allen anderen Umbauprojekten vorzuziehen ist . . . «
Leutnant z. S. Reimpell promovierte im November 1918 an der Technischen Hochschule Berlin über das Thema: »Die Unterbringung von Flugzeugen an Bord«. Mit der Erwähnung der *Ausonia* im Bericht der Abteilung Luft (LU) im Reichsmarineamt dürfte, allen bisherigen Veröffentlichungen widersprechend, eindeutig nachgewiesen sein, daß die *Ausonia* als Flugzeugmutterschiff in die engere Wahl als mögliches auszuführendes Projekt gelangt war.
Fast vier Wochen vor Abschluß der Waffenstillstandsverhandlungen gab das Reichsmarineamt seine endgültige Entscheidung bekannt:
»1. Große Dampfer kommen in Übereinstimmung mit der Ansicht des Kommandos der Hochseestreitkräfte nicht in Betracht, der Umbau von Sperrbrechern ist davon unabhängig.
2. *SMS Roon* ist als Ausbildungsschiff unabkömmlich. Für weitere Vorstöße, für die die Flugzeugmutterschiffe nicht ausreichen, müssen die Kreuzer der Flotte herangezogen werden.
3. Das *Ausonia*-Projekt kommt zur Zeit nicht in Betracht.«
Damit endet das Kapitel der Flugzeugmutterschiffe.

Zwei Pinassen schleppen gemeinsam ein zu Bruch gegangenes Seeflugzeug der Seeflugstation Flensburg ein. (Vermutlich Juli 1918).
(Foto Joh. Sandhofer)

Flugsicherungsboot der Seeflugstation Flensburg, ursprünglich Chefboot des Stationsleiters. Im Hintergrund Heck des Großen Kreuzers *Hertha.* (Sammlung Sandhofer, Juli 1918)

Schnellboot des Kommandeurs der Flieger 1918 in Wilhelmshaven. Herkunft, technische Daten und Verbleib dieses Bootes konnten bisher nicht ermittelt werden. Im Hintergrund *SMS Stuttgart* mit offener Flugzeughalle.
(Sammlung Drüppel)

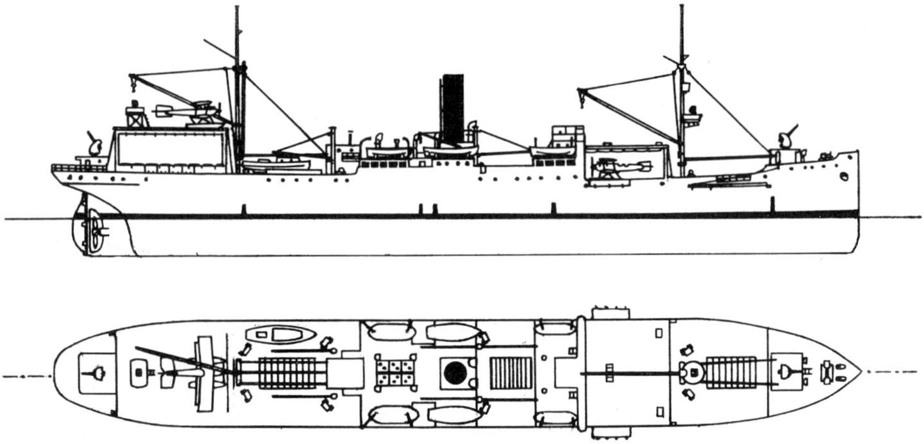

Flugzeugmutterschiff *Answald* (Grö)

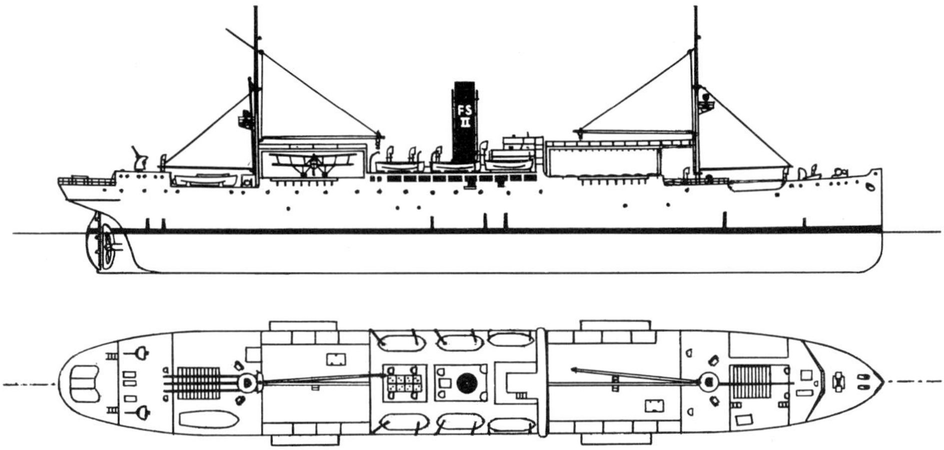

Flugzeugmutterschiff *Santa Elena* (Grö)

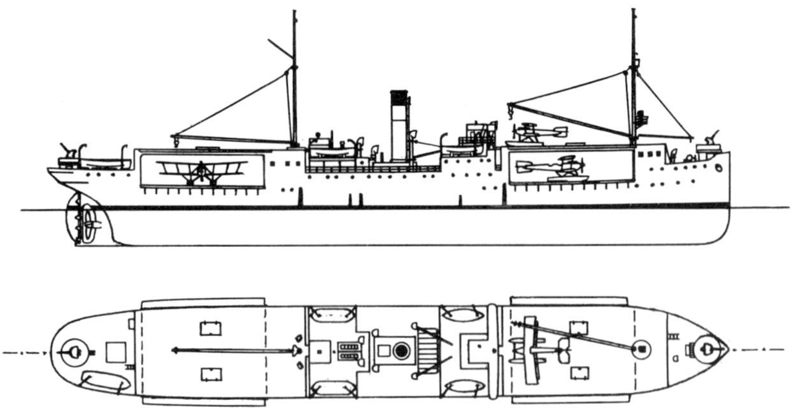

Flugzeugmutterschiff *Oswald x Oswestry* (Grö)

Name	*Answald* = *F.S.I.*	*Santa Elena* = *F.S.II*	*Oswald* = *F.S.III*
Schiffstyp und Bauart	*S/S*, 4 Luken 2 Decks, 7 Abteilungen	*S/S*, 4 Luken 2 Decks, 9 Abteilungen	*S/S*, 4 Luken 1 Deck, 7 Abteilungen
Eigner	Hamburg-Bremer Afrika-Linie, Bremen	HSDG, Hamburg	Imperial SS. Co., Manchester (Sivewright Bacon & Co.)
Bauwerft, Bau-Nr.	Bremer Vulkan, Vegesack, 520	Blohm & Voss, Hamburg, 196	J.L. Thompson & Sons, Sunderland
Stapellauf	9. 1909	16. 11. 1907	11. 1905
Umbauwerft	Kaiserliche Werft, Danzig	Kaiserliche Werft, Danzig	
Umbauzeit	1914, 1915	1914	1918
BRT	5401	7415	3657
t	ca. 13 200	ca. 13 900	7640
Länge (m)	133,6 üa 128,1 pp	137,3 üa 131,4 pp	112,5 üa 107,3 pp
gr. Breite	16,6	16,7	15,3
Tiefgang	7,4	7,0	6,7
Seitenhöhe	9,3	8,9	8,3
Antriebsanlage	2 Verbund-Masch. 3 Zyl.-Kessel 1 4flügl. Schraube ∅ 6400 mm	1 steh. 4 zyl. 4fach Exp.-Masch. 3 Zyl.-Kessel, 15 atü 1 4flügl. Schraube ∅ 6500 mm	1 steh. 3 zyl. 3fach Exp.-Masch. 2 Zyl.-Kessel, 1 4flügl. Schraube ∅ 6100 mm
PS	3650 i	2800 i	2200 i
kn	13,5	ca. 11	10
Waffen	2–8,8 L/45 Flak 2, später 3 Seeflugzeuge	2–8,8 L/45 Flak 3, später 4 Seeflugzeuge	2–8,8 L/45 Flak 4 Seeflugzeuge
Besatzung	6,101	7,115	4,91

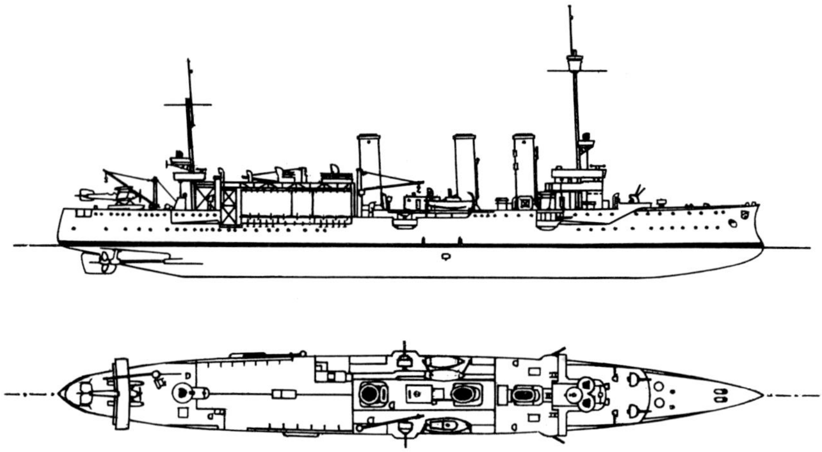

Flugzeugmutterschiff *Stuttgart* (Grö)

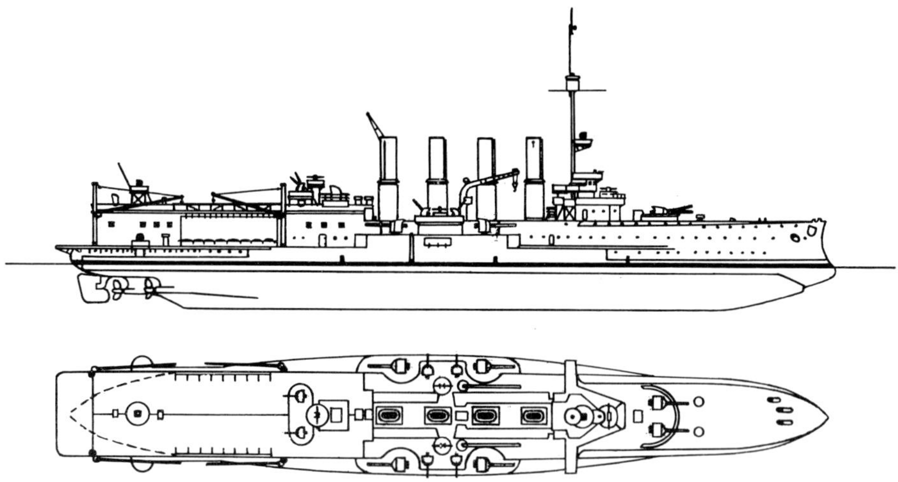

Umbauprojekt *Roon 1918* (Grö)

Name	*Glyndwr*	*Adeline Hugo Stinnes 3*	*Stuttgart*
Schiffstyp und Bauart	*S/S*, 4 Luken 6 Abteilungen	*S/S*, 4 Luken 2 Decks, 8 Abteilungen	Kleiner Kreuzer 14 Abteilungen
Eigner	Scarisbrick SS. Co., Cardiff	Adeline Hugo Stinnes 3 DS. GmbH (Hugo Stinnes, Hamburg)	Kaiserliche Marine
Bauwerft, Bau-Nr.	A. Rodger & Co., Port Glasgow	Bremer Vulcan, Vegesack, 529	Kaiserliche Werft Danzig
Stapellauf	10. 1904	1909	22. 9. 1906
Umbauwerft	Kais. Werft Danzig	–	Kaiserliche Werft Wilhelmshaven
Umbauzeit	1914, 1915	–	2. – 5. 1918
BRT	2425	2709	2500
t	ca. 6000		4002
Länge (m)	100,7 üa 95,6 pp	104,2 üa 99,7 pp	117,4 üa 116,8 CWL
gr. Breite	13,4	13,8	13,3
Tiefgang	5,8	6,0	5,4
Seitenhöhe	7,1	6,7	7,8
Antriebsanlage	1 steh. 3 zyl. 3fach Exp.-Masch. 2 Zyl.-Kessel 12,6 atü 1 4flügl. Schraube ⌀ 5200 mm	1 steh. 3 zyl. 3fach Exp.-Masch. 2 Zyl.-Kessel 14,0 atü 1 4flügl. Schraube ⌀ 5100 mm	2 steh. 3 zyl. 3fach Exp.-Masch. 11 Marinekessel 16 atü 2 4flügl. Schrauben ⌀ 4000 mm
PS	1600 i	1700 i	13 898 i
kn	10	11	24,0
Treibstoff	571 t Kohle		880 t
Fahrstrecke			4170 sm/12 kn
Waffen	2–5,2; 4–3,7 ab 1915: 2–10,5 L/45 4 Seeflugzeuge	3 Seeflugzeuge	4–10,5 L/45 2– 8,8 L/45 Flak 2 TR–45 3 Seeflugzeuge
Besatzung	4,87	(6,21)	14, 308

S/tg Bleibtreu

Eigner:	Stettiner Portland Cement Fabrik, Züllchow
Werft:	Stettiner Maschinenbau AG. Vulkan, Stettin, Bau-Nr. 330, 1912
Abmessungen:	70 BRT, 20,6 m Länge reg., 5,12 m Breite, 2,50 m Tiefgang, 2,80 m Seitenhöhe
Antrieb:	1 steh. Verbund-M., 1 Flammrohrkessel 10 atü, 1 Schraube 220 PSi, 8 kn, 15 t Kohle, 550 sm/8 kn
Besatzung:	8 Mann
Schicksal:	6. 8. – 3. 10. 1914 Hilfsminensuchdiv. Swinemünde 7. 10. 16 Schulschiff II. Seeflieger-Abt. Wilhelmshaven 5. 12. 1918 re an Eigner 27. 8. 1940 Unternehmen »Seelöwe« 2. 1946 noch in Eckernförde

S/tg Martha

Eigner:	Carl Cohn
techn. Ang.:	28 t, 100 PSi, 9 kn, 5 Mann Besatzung
Schicksal:	1917 Schulschiff I. Seeflieger-Abt. (Ostsee), Verbleib unbekannt

Flugzeugbergungsprahm K 142

Eigner:	Kaiserliche Werft Kiel für Seeflugwesen
Werft:	Nobiskrug, Rendsburg, Bau-Nr. 91, 1918
Abmessungen:	26,5 m Länge, 7,70 m Breite, 0,38 Tiefgang, 1,50 m Seitenhöhe
Besatzung:	1 Mann

Flugzeugbergungsprahm K 152

Eigner:	Kaiserliche Werft Kiel für Seeflugwesen
techn. Ang.:	500 Ldt, 1 Mann Besatzung

TAKTISCHE DIENSTSTELLEN DER MARINEFLIEGER 1918

Kommandeur der Flieger
der Hochseestreitkräfte

mit
- S Helgoland
- S Borkum
- S Norderney
- S List a. Sylt
- S Kreuzer *Stuttgart*
- S Mutterschiff *Santa Elena*

Kommandeur der Flieger
beim Festungsgouverneur
Wilhelmshaven

mit
- L Tondern
- L Nordholz
- L Barge b. W'haven
- L Wangeroog
- L Hage

S = Seeflugstation
L = Landflugstation

Kommandeur der Flieger
der Ostseestreitkräfte

mit
- S Apenrade
- S Flensburg
- S Holtenau
- S Warnemünde
- S Bug a. Rügen
- S Putzig
- L Kiel

Kommandeur der Flieger
b. Befehlshaber d. balt.
Gewässer

mit
- S Libau
- S Windau
- S Reval
- S Papenholm
- S Mutterschiff *Answald*
- S Mutterschiff *Oswald*
- S Mutterschiff *Glyndwr*

Der Aufbau der Marineflieger nach 1918

Durch den Friedensvertrag von Versailles wurde die Militärluftfahrt für das Deutsche Reich verboten, sämtliches Luftfahrtgerät mußte zerstört oder als Reparation an die Siegermächte abgeliefert werden. Lediglich für anfallende Minenräumaufgaben durften noch kleine Marinefliegereinheiten beibehalten werden. Auch sie mußten dann im Laufe der Jahre 1919—1920 aufgelöst werden. Immerhin konnten durch diese Zugeständnisse die Seeflugstationen Kiel-Holtenau und Norderney erhalten werden. Sie wurden später bei den durchgeführten Sprengungen der Fliegerhorste und Anlagen von der mit der Überwachung zur Einhaltung der Vertragsbedingungen beauftragten Alliierten Kontrollkommission vergessen.
In einem vom 6. Mai 1920 datierten Tagesbefehl des Chefs der Heeresleitung wurde dann die Auflösung der jungen deutschen Fliegertruppe offiziell besiegelt.
Im Reichswehrministerium hatte man die Hoffnung auf das Wiedererstehen der deutschen Fliegertruppe jedoch nicht aufgegeben. So versuchte man einen Stamm aktiver Fliegeroffiziere, Unteroffiziere und Mannschaften unterzubringen. Es gelang, daß ab 1920 ca. 120 ehemalige Fliegeroffiziere des Heeres und etwa 20 ehemalige Marineflieger in der Reichswehr weiter Dienst taten.
Die deutschen Seefliegerkräfte hatten aufgehört zu existieren. Die Lage entsprach nun endgültig den Friedensvertragsbedingungen. Da geschah für die Weltöffentlichkeit etwas Überraschendes. Am 16. April 1922 schlossen die deutsche und sowjetische Delegation in Rapallo einen Sondervertrag. Die Verträge von Rapallo kosteten die damals junge deutsche Republik zwar das Vertrauen im Westen, halfen aber durch die jahrelange Zusammenarbeit der Reichswehr mit der Roten Armee, den Beschränkungen der deutschen Wehrhoheit zu entgehen.

Infolge dieser Verträge entstand eine deutsche Militärfliegerschule in Lipezk/Sowjetunion, die mit 50 Jagdflugzeugen des Typs Fokker D XIII belegt war. Die Verbindung zur Roten Armee stellte die »Sondergruppe Moskau« unter der Leitung des »Herrn von der Lieth« dar. Hinter »Herrn von der Lieth« verbarg sich Oberst a.D. von der Lieth-Thomsen, der im Ersten Weltkrieg Chef des Generalstabes des kommandierenden Generals der Luftstreitkräfte gewesen war.
Der Schulbetrieb in der Sowjetunion begann im Sommer 1925, nachdem am 25. Mai 1925 an Bord des Dampfers *Edmund Hugo Stinnes 4* die 50 Fokker D XIII von Stettin aus nach Leningrad in Marsch gesetzt wurden.
Auch die deutsche Marineleitung beschaffte in dieser Zeit bei den Ernst-Heinkel-Werken in Warnemünde ihre ersten 10 Seekampfflugzeuge des Typs S 1 / He 1, eine Weiterentwicklung der Hansa-Brandenburg W 29. Die Konstruktion und der Bau der Einzelteile erfolgte in Warnemünde. Die Endmontage und das Einfliegen dagegen wurde in Stockholm durchgeführt. Die Flugzeuge wurden dann in große Kisten verpackt und durch die Firma des Kapitänleutnant a.D. Bücker im Freihafen von Stockholm abrufbereit gelagert. Die noch in der Marine tätigen Flugzeugführer konnten ihr fliegerisches Wissen ab 1924 dann wieder bei der Firma »Aerosport G.m.b.H.« (Direktor Bachmann) in Warnemünde vervollständigen. Außerdem begann gleichzeitig in Warnemünde die Neuausbildung von fliegendem Personal für die Marineleitung. Da aus Tarnungsgründen bei der Ausbildung sehr vorsichtig verfahren werden mußte, verlangte die getarnte »Inspektion der Flieger (In 1)« im Truppenamt des Reichswehrministeriums von den Offiziersanwärtern bereits vor ihrem Eintritt in die Reichswehr die Ausbildung zum Flugzeugführer. So konnten jährlich ca. 40 Offiziersanwärter auf den »zivilen« Fliegerschulen ausgebildet werden.
Nachdem die Bestimmungen für den Flugzeugbau nach den Pariser Verhandlungen am 22. Mai 1926 gelockert wurden, erteilte der Fliegerstab der Marineleitung schon kurze Zeit später eine Ausschreibung an die deutsche Luftfahrtindustrie zur Durchführung des »Deutschen Seeflugwettbewerbs 1926« in Warnemünde. Ziel war es, eine größere Anzahl moderner Seeflugzeugkonstruktionen zu erhalten. Die deutsche Industrie meldete schließlich 17 Konstruktio-

nen, von denen dann 10 am Wettbewerb teilnahmen.
Die Ausschreibung der »Gruppe BSx« (Gruppe »Flieger« der Marineleitung) blieb vorläufig eine Ausnahme. Um aber die von der Luftfahrtindustrie gebauten Flugzeuge auch militärisch zu erproben, bemühte sich die Marine um eine eigene Erprobungsstelle. Der von der Sowjetunion angebotene Seefliegerstützpunkt Odessa befriedigte die Marineleitung nicht und wurde abgelehnt.
1926 hatte Kapitän zur See Lohmann die kurz vor dem Konkurs stehenden Caspar-Flugzeugwerke in Travemünde erworben. 1928 ging das Flugzeugwerk dann auf die »Luftschutzgruppe« der Marineleitung über. Die Caspar-Flugzeugwerke führten von diesem Augenblick an den Namen »Seeflug-Erprobungsstelle (S.E.S.) Travemünde«. Später wurde die Erprobungsstelle unter der Leitung des Korvettenkapitäns a.D. Moll aus Tarnungsgründen dem Reichsverband der deutschen Luftfahrtindustrie angegliedert. Ihre Bezeichnung lautete von nun an »Reichsverband der Deutschen Luftfahrtindustrie, Gruppe Flugzeugbau, Travemünder Erprobungsstelle«.
Zuständig für den Aufbau der neuen Erprobungsstelle war die Gruppe BSx der Marineleitung, die später dann den Namen LS führte. Geleitet wurde die Gruppe seit 1925 von Kpt. z. S. Lahs. Von BSx gingen die ersten getarnten Aufträge für Marineflugzeuge an die Firmen Heinkel, LFG, Caspar sowie die Auslandsniederlassungen der Firmen Dornier, Junkers und Rohrbach.
Aufgabe der neuen Erprobungsstelle war es, die neuen Flugzeugkonstruktionen auf ihre Eignung zu prüfen, ihre Eigenschaften zu vermessen und die Einsatzerprobung durchzuführen.
1927 wurde im Auftrag der Marineleitung von Dornier das Großflugboot »Do X« entwickelt und in einem Zweigwerk der Firma Dornier in Altenrhein/Schweiz gebaut. Es handelte sich hierbei um ein seetüchtiges Versuchsflugboot, das als Fernaufklärer, Minenleger und Torpedoflugzeug erprobungsweise Verwendung finden sollte. Aus Tarnungsgründen wurde das Flugboot von der Deutschen Lufthansa AG als Passagierflugzeug der Weltöffentlichkeit präsentiert.
In diesem Zusammenhang wurde von der Marineleitung 1927 bei den Flenderwerken-Lübeck ein 100-t-Schwimmdock (Bau-Nr. 173) für die Erprobungsstelle Travemünde in Auftrag gegeben. Das Schwimmdock wurde mit einer Katapultanlage der Deutschen

Werke, Kiel, versehen und diente zugleich als schwimmende Reparaturwerkstatt für Flugzeuge bis zu einer Größe der »Do X«.
In dieser Zeit wurde auch wieder der Gedanke, Flugzeuge mit an Bord von Schiffen zu nehmen, aufgegriffen. Die Firmen Ernst Heinkel und die Deutschen Werke, Kiel, bauten darauf die ersten Katapult-Prototypen. Das Heinkel K-1 Preßluft-Katapult wurde auf einem eigens dafür gebauten Schleuderprahm (später *SCHL-PR 11*) in Travemünde erprobt. Die erste Seerprobung erfolgte dann in Zusammenhang mit dem Norddeutschen Lloyd. Das neue Lloyd-Passagierschiff T/S *Bremen* erhielt 1929 eine verbesserte Heinkel-Katapultanlage Typ K-2. Der erste erfolgreiche Abschuß eines Flugzeuges fand am 22. 7. 1929 (Seeflugzeug Heinkel He-12; Code: D-1771; Flugkapitän v. Studtnitz) vor der nordamerikanischen Küste statt.
Die Katapultanlage der Deutschen Werke Kiel wurde auf dem bereits erwähnten Flugzeug-Schwimmdock in Travemünde erprobt. Es war für den Einbau auf Kriegsschiffen gedacht und wurde nach eingehender Erprobung für diesen Verwendungszweck freigegeben. Die Erprobung der neuentwickelten Seeaufklärungsflugzeuge von Schiffen aus und die Erprobung der Heinkel-Katapultanlagen erfolgte unter Mitwirkung der Hapag, des Norddeutschen Lloyd und der Deutschen Lufthansa AG. Die Reedereien nahmen auf ihren Mittelmeer- und Nordatlantikfahrten Marinepersonal und Flugzeuge mit. Bei diesen Fahrten wurden auch die ersten praktischen Versuche mit dem Kiwull'schen Schleppsegel durchgeführt.
Die Lufthansa führte dann ab 1933 in der Nordsee systematische Versuche mit dem Schleppsegel und der Heinkel-Katapultanlage durch. Unter Mitwirkung der Marineleitung wurden auf dem Lufthansa-Versuchsschiff *Westfalen* Lande- und Abschußversuche mit einem Dornier-Wal-Flugboot durchgeführt. Die *Westfalen* drehte bei ausgelassenem Schleppsegel in die betreffende Landerichtung und der Dornier-Wal konnte bei fahrendem Schiff wie an einem flachen Strand auf das Segel auflaufen, wo er dann an den Kran genommen und an Bord gehievt wurde.
Am 1. Oktober 1929 übernahm Kapitän zur See Zander die Leitung der »Luftschutzgruppe«. Er führte den Aufbau der Marineluftwaffe auf der Grundlage der Arbeit des Kpt. z. S. Lahs systematisch weiter.

Der Schleuderprahm *Schl.Pr.11* zur Erprobung der Heinkel-Katapulte mit einer Heinkel He-60.

Die Reichsmarine beteiligte sich am Aufbau der »zivilen« Verkehrsfliegerschulen. Die Ausbildung von Flugzeugführern erfolgte von nun an an der »Deutschen Verkehrsfliegerschule (D.V.S.)« List-Sylt und Warnemünde.
Die fliegerische Ausbildung von Seeoffiziersanwärtern vor ihrem Eintritt in die Marine wurde auf ein Jahr verlängert. In Warnemünde wurde in zweijährigen Lehrgängen, unter der Tarnbezeichnung »Funkversuchskommando«, eine kontinuierliche Ausbildung junger Seeoffiziere als Flugzeugführer und Beobachter in Seeflugzeugen aufgenommen. Die Jagdfliegerausbildung der Marineoffiziere wurde ebenfalls in Lipezk/Sowjetunion durchgeführt. Der Ausbau weiterer See- und Landflugplätze, sowie der Bodenorganisation erfolgte. Zu nennen sind hier der Ausbau von

Norderney,
Wangerooge,
Wilhelmshaven,

Mariensiel,
List,
Holtenau,
Travemünde,
Warnemünde und
Bug;

ferner die Neuanlagen der Stützpunkte
Helgoland,
Pillau,
Nest.

In diese Zeit fällt auch das erste Beschaffungsprogramm für Flugsicherungsschiffe.

Kpt. z. S. Zander gab am 30. September 1932 die Leitung der »Luftschutzgruppe« an Fregattenkapitän Wenninger ab. In dieser Zeit war nach Aufbau und Bodenorganisation, Ausbildung, technischer Entwicklung sowie technischen Erkenntnissen aufgrund von Übungen mit den Seestreitkräften das Gerippe einer Marineluftwaffe geschaffen worden, das nach Wegfall der Tarnung sofort und ohne Zeitverlust die Aufstellung einer großen, allen Erfordernissen Rechnung tragenden Marineluftwaffe ermöglichte.
Im November 1932 schon erklärte sich die Marineleitung, auf Grund gewonnener Erfahrungen, bereit, an der Ausarbeitung einer gemeinsamen Spitzenorganisation der Luftstreitkräfte der Marine und des Heeres mitzuarbeiten.
Am 24. Januar 1933 erfolgte dann die Trennung der »Inspektion der Flieger« von der »Inspektion der Waffenschulen«. Die »Inspektion der Flieger« wurde damit selbständig, unterstellt blieb sie aber dem Truppenamt.
Am 8. Februar 1933 befahl der neue Reichswehrminister v. Blomberg schließlich die Aufstellung des zentralen Fliegerführungsstabes der Heeres- und Marineleitung, unter dem Tarnnamen »Luftschutzamt« im Reichswehrministerium.
Am 1. Oktober 1933 wurde dann schließlich offiziell eine »Seefliegerübungsstaffel« aufgestellt.
Am 26. Februar 1935 wurde auf Erlaß Hitlers die »Reichsluftwaffe« mit Wirkung ab 1. März 1935 selbständiger Truppenteil neben Reichsheer und Reichsmarine.

Mit einer Stärke von

20 Land- und Seefliegerstaffeln,
20 Land- und Seefliegerschulen
der Behelfskampfstaffel der Lufthansa

und der

Flugbereitschaft des RLM

trat die neugeschaffene Luftwaffe im März 1935 in die Öffentlichkeit.

Die Marinefliegerei war mit dieser Entscheidung Teil der Luftwaffe geworden. Das gesamte, von der Reichsmarine mühsam ausgebildete Personal und Material wurde im Luftkreis VI — der Luftwaffe See — unter dem Führer der Seeluftstreitkräfte (Fd Luft) zusammengefaßt. Der Fd Luft wurde taktisch der Marine unterstellt, personell und materiell und in Ausbildungsfragen unterstand er jedoch der Luftwaffe. Das bedeutete, daß die Marine auf die Auswahl und Ausbildung des Personals und auf die Entwicklung neuer Flugzeuge keinen unmittelbaren Einfluß mehr ausüben konnte. Der Aufbau dieser Kieler Dienststelle begann bereits 1934.

Am 1. 4. 1934 wurde die Aufstellung des Luftkreiskommando — See, Kiel, befohlen, unter der Leitung des Vizeadmirals Zander. Der Tarnname lautete »Luftamt Kiel«, der Leiter führte die Tarnbezeichnung »Präsident des Luftamtes Kiel«.

» . . . Gem. o. a. Verfügung (La Nr. 500/34 g. Kdos La II ZA v. 10. 2. 34) ist am 1. 7. 1934 der Stab des Führers der Marineluftstreitkräfte (Fd. Luft) in Kiel aufzustellen.

Dem Fd. Luft werden mit diesem Tage seiner Aufstellung unterstellt:

I) Stab u. Geschw. (See) Fl. G. / 116 Holtenau
II) 1. Aufklärungsstaffel (See) Fl. 1/116 in Holtenau
III) 1. Jagdstaffel (See) Fl. 1/136 in Holtenau
IV) 1. Mehrzweckstaffel (See) Fl. 1/286 in List/Sylt
V) Fliegerhorsttrupp Holtenau mit kl. Bildstelle
VI) Fliegerhorsttrupp List mit kl. Bildstelle

Fd. Luft untersteht dem L.K. VI (See) ab 6. 7. 1934. . . . «

Im Rahmen der Straffung der Organisation der Luftwaffe wurden die Luftkreise im Frühjahr 1938 aufgelöst. Im Deutschen Reich

gliederte sich die Luftwaffe ab Februar 1938 wie folgt in drei Luftwaffengruppen und zwei Luftwaffenkommandos:
Luftwaffengruppe 1 (Ost) in Berlin unter Gen. d. Fl. Kesselring,
Luftwaffengruppe 2 (West) in Braunschweig unter Gen. d. Fl. Felmy,
Luftwaffengruppe 3 (Süd) in München unter Gen. d. Fl. Sperrle
sowie das
Luftwaffenkommando Ostpreußen mit Sitz in Königsberg unter der Leitung des Generalleutnant Keller.
Luftwaffenkommando — See — Kiel unter der Leitung des Gen. d. Fl. Zander.
Die Marine versuchte ihren Einfluß durch die Schaffung der Dienststelle des Generals der Luftwaffe beim Oberbefehlshaber der Kriegsmarine (Gen. d. Lw. b. Ob. d. M.) und durch die laufende Abkommandierung von Marineoffizieren zur Ausbildung als Beobachter und Flugzeugführer zur Luftwaffe zu sichern. Diese Offiziere taten ca. vier Jahre Dienst im Luftkreis VI (See) und kehrten dann wieder zur Marine zurück. 1939 wurde das Luftwaffenkommando — See — Kiel vom Oberbefehlshaber der Luftwaffe aufgelöst. An seine Stelle trat die bereits erwähnte Dienststelle Gen. d. Lw. b. Ob. d. M.:

Der Reichsminister d. Luftfahrt 27. 2. 1939
und
Oberbefehlshaber der Luftwaffe
Gen.Qu. / Genst. 2. Abt. (I)

I) Mit dem 31. 3. 1939 wird das *Luftwaffenkommando — See — Kiel* aufgelöst.
Die mit Genst. 2. Abt. Nr. 1500/38 g.K. (I) vom 24. 5. 38 Ziff. 5 (Berichtigung gem. Genst. 2. Abt. Nr. 1500/38 g.K. (I) 5. Ang. vom 12. 7. 38) befohlene Aufstellung des *Luftgaukommandos See* unterbleibt.
Die Verfügung ist dahingehend zu berichtigen.
Mit der Durchführung der Auflösung wird das Luftflottenkommando 3 beauftragt.

II) Mit RLM, Genst. 2. Abt. Nr. 300/39 g. Kdos (I) vom 30. 1. 1939 ist mit Wirkung vom 1. 2. 1939 der
General der Lw. beim Ob. d. M. und Befehlshaber der Marinefliegerverbände

geschaffen worden. Ihm werden mit Wirkung vom 1. 4. 1939 unterstellt:

1) Der Führer der Seeluftstreitkräfte (Fd. Luft)
2) Der Kommandeur der Luftzeuggruppe See mit allen ihm unterstellten Einheiten
3) Der Kommandeur der Luftdienstverbände mit den Luftdienstverbänden I—III und den Luftdienst-Kommandos 61—68

III) Im einzelnen wird befohlen:

3) *Der Kommandeur der Luftzeuggruppe See* ist ab 1. 4. 1939 truppendienstlich dem Gen. d. Lw. b. Ob. d. M. unterstellt. Die Gruppe »Schiffe und Boote« wird in die Luftzeuggruppe See eingegliedert.

An der truppendienstlichen Unterstellung der Nachschubeinheiten, an der Regelung des materiellen Nachschubs für die Marinefliegerverbände, Seefliegerschulen einschl. Blindfluglehrgang (See), Seefliegerhorste und Luftdienstkommandos 61—68 sowie, an der Betreuung der Seefliegerhorstwerften ändert sich vorläufig nichts.

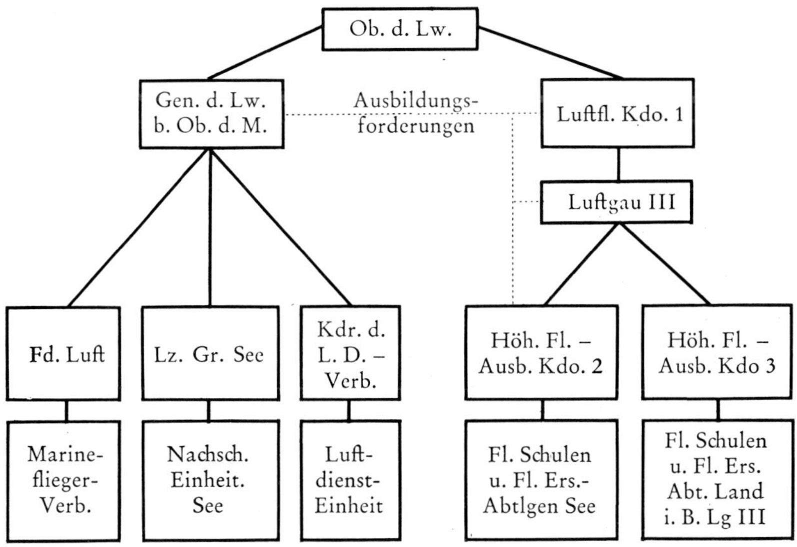

(Anlage zu Gen.Qu.Genst. 2. Abt. Nr. 680/39 g. Kdos. [1])

Der Oberbefehlshaber der Luftwaffe versprach der Marine damals bei der Umgliederung bis 1942 die geforderten 62 Staffeln für den Luftkreis VI (See) aufzustellen.
Dieses *62-Staffel-Programm* sah folgendermaßen aus:

25	Mz-Staffeln (16 He 115 u. 9 Stuka - See)
9	F-Staffeln (BV - 138)
9	Fern-Mz-Staffeln (Ju 88)
6	Träger-Mz-Staffeln (Fi 167)
4	Träger-Stuka-Staffeln (Ju 87)
2	Träger-Jagd-Staffeln (Bf 109)
7	Bordflieger-Staffeln (Ar 196)
62	Staffeln = 752 Flugzeuge

Auf einer Konferenz zwischen Vertretern der Luftwaffe und der Kriegsmarine im Januar 1939 war auf Verlangen der Luftwaffe eine klare Abgrenzung der Luftkriegsführung der beiden Wehrmachtsteile festgelegt worden. Danach zeichnete die Luftwaffe für die operative Luftkriegsführung über See verantwortlich. Das 62-Staffel-Programm für den Luftkreis VI (See) wurde auf 21 Staffeln zusammengestrichen, wofür dann innerhalb der Luftwaffe 13 Seekampfgeschwader aufgestellt werden sollten. Die Marineluftwaffe als selbständiger Teil der Flotte hatte damit faktisch aufgehört zu existieren.
Nach der Konferenz am 24. 10. 1939 zwischen der Marine und Luftwaffe versuchte die Marineleitung noch einmal, durch das direkte Eingreifen des Ob. d. M., Großadmiral Dr. h.c. Raeder, die Lage zu Gunsten der Kriegsmarine zu beeinflussen.
Raeder schrieb am 31. 10. 39 an den Ob. d. Lw. Göring:

> » . . . Die von mir verantwortlich geführten Seekriegsoperationen sind in stärkstem Maße von den Leistungen einer mit Seetaktik vertrauten Nah- und Fernaufklärung abhängig. Auf einem Seekriegsschauplatz, z. B. dem der Nordsee, ist eine wirkungsvolle Überwasserkriegsführung nur dann denkbar, wenn alle dem Seekrieg dienenden Kampfmittel unter einheitlicher Führung und Leitung – in der Nordsee dem Gruppenbefehlshaber West – eingesetzt werden. Eines der wichtigsten Kampfmittel ist das

Flugzeug, das durch die Möglichkeit einer schnellen und weiträumigen Aufklärung und Sicherung gegen Überraschungen ein unentbehrlicher Bestandteil von Seestreitkräften geworden ist . . .«

Weiter versuchte Raeder in seinem Brief den weiteren Abbau von Marinefliegerstaffeln zu verhindern und besseres Flugmaterial zu erhalten:

»... Die künftige Entwicklung des Seekrieges im Bereich der Nordsee kann noch keineswegs eindeutig übersehen werden . . . Zur schnellen und wirkungsvollen Parade derartiger Unternehmungen ist nur das Flugzeug befähigt, und zwar durch möglichen Soforteinsatz aus der Aufklärung heraus und durch den Einsatz bereitgestellter starker Angriffsverbände. Das Fliegercorps X hat in der zurückliegenden Zeit seine hohe Einsatzbereitschaft bewiesen. Ich bin der Überzeugung, daß auch nach Einsetzen einer intensiveren Luftkriegsführung gegen England und bei stärkster Anspannung aller Kräfte der Luftwaffe in diesem Kriege zu jeder Zeit für die auf See anfallenden Kampfaufgaben Verbände des Fliegercorps X zum Einsatz bereitstehen werden . . . «

Weiter spricht Raeder dann die Ausrüstung an:

»... liegt der Schwerpunkt der Kampfführung gegen feindliche Seestreitkräfte auch für die nächste Zukunft auf dem Einsatz der Bombe. Dafür ist jedoch das an der Front befindliche Flugzeugmuster »He 115« nicht geeignet. Ich habe deshalb für diese Zwecke einen kampfkräftigen Ablösetyp für die »He 115« gefordert und es wurde mir durch ihren Generalstab das Muster »Do 217« zur Verfügung gestellt. Nach der Auslieferung dieser Flugzeuge werden dann auch die Marinefliegerverbände im Stande sein, den Waffeneinsatz aus der Aufklärung heraus unter günstigen oder solchen Gelegenheiten durchführen, bei denen das Heranführen von Kampfverbänden der Luftwaffe zeitlich oder lagemäßig nicht mehr möglich ist . . .
. . . Daß im übrigen neben diesem Mehrzwecktyp ein Flugboot größter Flugdauer zum Einsehen weit abgelegener Seegebiet erforderlich ist, bedarf keiner weiteren Begründung.

Aus diesen Gründen kann ich mich mit dem Vorschlag, ... den Umfang der Marinefliegerverbände (abgesehen von den Bordfliegerstaffeln und den Trägerstaffeln) auf 6 F- und 9 M-Staffeln zu beschränken, nicht einverstanden erklären ... Es ist dabei unmöglich, den Aufstellungsgang der Marinefliegerverbände dadurch zu unterbrechen, daß bereits jetzt die durch mich zur Verfügung gestellten weiteren 3 M-Staffeln dem Fliegercorps X zugeführt werden ... «

Die Antwort des Ob. d. Lw., Generalfeldmarschall Göring, vom 15. 11. 39 war dann eindeutig:

» ... Ihren Ausführungen entnehme ich, daß sich diese Kampfhandlungen auf bestimmte Gelegenheiten beschränken, somit neben der Aufklärungs-, Sicherungs- und Überwachungstätigkeit *nur als gelegentliche Aufgaben zu betrachten sind.* Wir stimmen darin überein, daß für die Fernaufklärung über See das Flugboot beibehalten werden soll. Für die Nahaufklärung dürfte das Flugzeug He 115 ausreichend sein ...

... Ich werde darüber hinaus das X. Fliegerkorps zu einem besonders kampfkräftigen Instrument machen, indem ich dessen Verbände mit den neuzeitlichsten Flugzeugen, die mit einer allen Gegebenheiten der Seekriegsführung aus der Luft Rechnung tragenden Bewaffnung ausgestattet sein werden, ausrüsten lasse.

Ich habe diese Verfügung getroffen, weil ich von der mir von Ihnen grundsätzlich bestätigten Auffassung nicht abweichen kann, daß alle wesentlichen Kampfhandlungen in der See- und Handelskriegsführung aus der Luft im Nordseeraum und darüber hinaus nur durch unter einheitlichem Befehl stehende Verbände der Luftwaffe durchgeführt werden können, um nachhaltige Erfolge zu erzielen.

Diese Auffassung ist es, die mir Ihren Vorschlag des Ersatzes des Flugzeugmusters He 115 durch das dem OKM seinerzeit unter anderen Voraussetzungen angebotene Flugzeugmuster Do 217 unannehmbar macht. Die Do 217 ist in ihren Leistungen und ihrer Bewaffnungs- und Seeausrüstungsmöglichkeiten ein Typ, der für die *Luftangriffsführung* über See besonders geeignet ist. Bei der Luftrüstungslage in diesem Kriege kann ich es nicht ver-

antworten, wenn ich dieses Hochleistungsflugzeug nicht an der Stelle einsetze, an der seine Eigenschaften voll ausgenutzt werden können. Ich werde deshalb diesen Typ ohne jede Ausnahme dem X. Fliegerkorps zuführen und hoffe damit, nach diesen Ausführungen auch in Ihrem Sinne zu handeln.
Im Hinblick auf die oben erwähnten Aufgaben der der Kriegsmarine taktisch unterstellten Fliegerverbände und der früher gestellten Leistungs- und Ausrüstungsforderungen glaube ich, daß ein Ersatz der He 115 zunächst nicht dringlich ist . . . «

Auch zur Infragestellung der Streichung weiterer Marinefliegerverbände nimmt Göring eine ablehnende Haltung ein:

» . . . Auf Grund der Tatsache, daß die Luftwaffe einen großen Teil der von der Kriegsmarine früher verantwortlich betreuten Aufgaben übernommen hat, bin ich zu dem Vorschlag einer Beschränkung der der Kriegsmarine taktisch unterstellten Fliegerverbände auf

6 F-Staffeln und 9 M-Staffeln

gekommen.
Daß diese Stärke für den Aufklärungs-, Sicherungs- und Überwachungsdienst ausreicht, entnehme ich Ihrem Schreiben, in dem Sie auf weitere He 115-Staffeln zu Gunsten der von Ihnen geforderten Kampfverbände verzichten . . . «

Die schwimmenden Verbände der Luftwaffe bis 1945

Bis zum Ende des 1. Weltkrieges wurden die im Zusammenhang mit dem Einsatz von Seeflugzeugen auftretenden seemännischen Aufgaben mit Hilfe vorhandener, nicht eigens für diese Zwecke konstruierter Schiffe und Boote der Kaiserlichen Marine und angemieteter privater Fahrzeuge bewältigt.
Bei dem Aufbau der Luftwaffe kam es nun zum ersten Mal in größerem Umfang zur Entwicklung von besonderen Schiffstypen für derartige Aufgaben. Hierbei ging die Luftwaffe überwiegend eigene Wege. Man griff zwar in einigen Fällen auf bewährte Konstruktionen der Marine zurück — so z. B. bei einigen kleineren Typen der Flugbetriebsboote. Man übernahm sogar die bewährte Konstruktion der Pionier-Sturmboote des Heeres, als während des 2. Weltkrieges die Küstenbereiche, die versorgt werden mußten, stark zunahmen und damit der Bedarf an Flugbetriebsbooten in nicht vorhergesehenem Maße stieg. Besonders gegen Ende des 2. Weltkrieges führte der Mangel an Sicherungsfahrzeugen bei der Kriegsmarine auch dazu, daß Luftwaffenfahrzeuge an die Marine abgegeben wurden. Schließlich hatte es einen vereinzelten Austausch von Einheiten auch bereits vor Beginn dieses Krieges gegeben. Insgesamt spielte aber dieser Austausch von Konstruktionsplänen und fertigen Einheiten nur eine untergeordnete Rolle — die Eigenentwicklungen dominierten.
Hierbei wurden für die folgenden Aufgabengebiete Konstruktionen entwickelt:

Flugboot-/Fernaufklärer-Einsatz
Flugzeugbergung
Seenotdienst
Betriebsaufgaben
Schulung
Luftabwehr

Die ersten Um- und Neubauten erfolgten von 1928—1935 für die Deutsche Verkehrsfliegerschule, Warnemünde. Nach der offiziellen Gründung der Luftwaffe als drittem Wehrmachtsteil am 1. 3. 1935 übernahm das Luftkreiskommando VI (See) (LK VI) in Kiel die bis dahin fertiggestellten Schiffe und Boote. Das LK VI war am 1. 3. 1934 unter dem Befehl des Vizeadmirals (ab 1. 10. 1934 Generalleutnant der Luftwaffe) Zander aufgestellt worden. Als Nachschubeinheiten (See) unterstanden dem LK VI:

— die Luftzeuggruppe (Lz) im Luftkreis VI in Kiel, aufgestellt am 1. 1. 1936
— das Luftzeugamt Travemünde, aufgestellt am 1. 10. 1936
— der Luftpark (See) Holtenau, aufgestellt am 1. 10. 1934
— der Luftpark (See) Nordenham, aufgestellt am 1. 10. 1934
— der Luftpark (See) Swinemünde, aufgestellt am 1. 1. 1936
— der Luftpark (See) Tönning, aufgestellt am 1. 4. 1936
— der Luftpark (See) Ribnitz (Ersatzpark), aufgestellt am 1. 2. 38
— die Luftwaffen-Munitionsanstalt Diekhof, aufgestellt am 1. 6. 1934
— die Luftwaffen-Munitionsanstalt Hesedorf, aufgestellt am 1. 5. 1937

Mit der Auflösung der Luftkreise im Frühjahr 1938 wurde das LK VI (See) am 4. 2. 1938 in das Luftwaffenkommando (See) mit einer besonderen Gruppe Schiffe, die alle Einheiten der Luftwaffe im See- und Küstengebiet bearbeitete, umgewandelt.
Am 1. 4. 1939 erfolgte eine Neuorganisation der Küste. Das Luftwaffenkommando (See) wurde aufgelöst und seine bisherigen Funktionen verteilt auf

— den mit dem 12. 9. 39 geschaffenen General der Luftwaffe beim Oberkommando der Kriegsmarine, General Ritter, Berlin und den ihm friedensmäßig unterstellten Führer der Marineluftstreitkräfte (F. d. L.), Gen. Major Geisler und den Kommandeur der Luftdienstverbände (Oberst H. Becker).
— das dem Chef AW unterstellte Höhere Flieger-Ausbildungs-Kommando II, Warnemünde.
— die Luftgaue I, II und XI hinsichtlich der Bodenorganisation und Verwaltung.

Zwangsläufig ergaben sich durch die räumliche Trennung dieser Dienststellen erhebliche Verzögerungen und eine Erschwerung in der Zusammenarbeit.
Die Luftzeuggruppe See unter Generalmajor Moll (ab 26. 8. 39) wurde bei dieser Umorganisation dem General der Luftwaffe beim Ob. d. M. truppendienstlich unterstellt und blieb mit erweiterten Aufgaben für den »Versorgungsbereich See« zuständig. Hierzu zählten:

— die Marinefliegerverbände
— die Seefliegerschulen
— die Flieger-Ausbildungsbataillone See
— die Luftdienstverbände I, II und III
— die Erprobungsstellen der Luftwaffe Travemünde und Tarnewitz
— die Seefliegerhorstkommandos.

Der Stab der Luftzeuggruppe See umfaßte 7 Gruppen, darunter die Gruppe Lz VI = Schiffe, und die Nachschubdienststellen Luftzeugamt (See) Travemünde, die Luftparks (See) Tönning, Holtenau und Swinemünde, und die Luftwaffen-Munitionsanstalten Diekhoff und Hesedorf.
Zum Aufgabenbereich der Gruppe Lz VI traten 1939 hinzu:

— Nachschubbereich und Bootswerft beim Luftzeugamt (See) Travemünde
— die FT-Anlagen der Schiffe und Boote
— die Berederung der ab September beschlagnahmten Hilfsschiffe
— die Versorgung mit Betriebsstoffen für die Schiffe und Boote seit Kriegsbeginn.

An Luftwaffeneigenen Seefahrzeugen waren am 1. 1. 1939 590, am 1. 1. 1940 659 Einheiten vorhanden. Dazu wurden in diesem Zeitraum 45 polnische und 25 Handelsfahrzeuge übernommen.
Am 13. 8. 1940 wurde die Gruppe Lz VI gemäß Verfügung Genst. 2. Abt. Nr. 7888/40 geh. in das Kommando der Schiffe und Boote der Luftzeuggruppe See (Oberst H. Schantz) umgewandelt.
Im Sommer 1944 kam es zur letzten großen Umorganisation des

Seedienstes der Luftwaffe. Mit dem 29. 8. 1944 wurden folgende Einrichtungen aufgelöst

— General der Luftwaffe beim Ob. d. M.
— Inspizient beim General der Luftwaffe beim Ob. d. M.
— Luftzeuggruppe See
— Luftwaffen-Sanitätsabteilung beim General d.Lw. beim Ob.d.M.
— Luftwaffen-Inspektion 16

Gleichzeitig wurde die Dienststelle des Generals des Seewesens der Luftwaffe mit dem Inspizienten des See- und Seenotdienstes der Luftwaffe eingerichtet. Ersterem wurden zunächst in jeder Hinsicht folgende Einrichtungen unterstellt:

— das Kommando der Schiffe und Boote mit unterstellten Einheiten
— der Luftpark Kiel-Holtenau
— die Seegeräteausgabestelle Nantes
— die Luftmunitionsanstalt Diekhof
— alle übrigen im Bereich des bisherigen General d. Lw. beim Ob. d. M. eingesetzten Nachschub- und Versorgungsdienste der Luftwaffe.

Doch bereits am 24. 11. 1944 wurde mit dem Befehl Nr. 14.717/44 g.Kdos. des Ob. d. L. diese Unterstellung aufgegeben und die weitere Umgliederung des Kommandos der Schiffe und Boote in Kommando der Luftwaffen-Versorgung See befohlen. Dem neuen Kommando wurden unterstellt.

— Kdo. der Schiffe und Boote mit unterstellten Einheiten
— Luftzeugamt 2/XI (See), vormals Luftzeugamt Travemünde
— Luftpark 4/XI, Kiel-Holtenau, vormals Luftpark Kiel-Holtenau
— Außenstelle des Luftparks 4/XI als Flieger-Geräte-Ausgabestelle (FL Gast) Schiffe und Boote Swinemünde, vormals Luftpark (See) Swinemünde.

Die Aufgaben des neuen Kommandos bestanden in erster Linie in der Versorgung der unterstellten Einheiten sowie ähnlicher mit see-

eigentümlichem Gerät ausgestatteter Verbände und Seefliegerhorste nach Weisung des Generalquartiermeisters der Luftwaffe, Generalleutnant Dietrich von Criegern.
Mit Befehl des Oberkommandos der Luftwaffe vom 20. 12. 1944 sollte das Luftzeugamt 2/XI (See), der Luftpark 4/XI Kiel-Holtenau und die Luftwaffen-Munitionsanstalt 8/XI dann truppendienstlich und territorial dem zuständigen Luftgaukommando, fachlich und einsatzmäßig dem Chef des Nachschubwesens (Chef NSW) der Luftwaffe unterstellt werden, dem damit die gesamte bisher dem Kommando der Luftwaffe, Versorgung See, obliegende Steuerung und Durchführung der Versorgung mit see-eigentümlichem Gerät übertragen werden sollte. De facto kam es jedoch in Übereinkunft mit dem Chef NSW nicht dazu, da das frühere Kommando der Schiffe und Boote als einzige Dienststelle in der Lage war, die über das gesamte Kriegsgebiet verstreuten, für eine solche Versorgung in Frage kommenden Einheiten zu übersehen. Außerdem entsprach die Durchführung der Versorgung bis zur Truppe nicht den Aufgaben und organisatorischen Möglichkeiten des Chef NSW. Dies geht aus einem Schreiben des Oberquartiermeisters der Luftflotte Reich an das OKL-Genst. Gen.Qu. 2. Abt. vom 5. 2. 45 hervor, in dem um Beibehaltung des bisherigen Zustandes, d. h. Steuerung und Durchführung der gesamten Versorgung mit see-eigentümlichem Gerät durch das Kommando der Luftwaffe, Versorgung See, gebeten wird, das auch Verbindung mit den zuständigen Marine-Kommando-Dienststellen halten sollte.
Bei der letzten Umorganisierung des Seedienstes der Luftwaffe am 13. 4. 45 wurden dann die Einrichtungen des Generals des Seewesens der Luftwaffe, die GAST der Schiffe und Boote, Swinemünde, und die Bootswerft der Luftwaffe Kiel-Holtenau aufgelöst. Nur die unbedingt erforderlichen Aufgaben dieser Dienststellen sollten vom Kommando der Luftwaffe, Versorgung See, und dem Luftpark 4/XI Kiel-Holtenau übernommen werden.
Somit kann man die Gruppe Lz VI Schiffe und das daraus hervorgegangene Kommando der Schiffe und Boote und Kommando der Luftwaffen-Versorgung See als die zentrale Einrichtung bezeichnen, die während der Existenz der Luftwaffe für Aufbau, Einsatz und Unterhaltung der schwimmenden Verbände verantwortlich war. Leider konnten Akten gerade dieser Kommandos bisher nur in

Reichskriegsflagge

Reichsdienstflagge

geringfügigen Bruchstücken aufgefunden werden, so daß viele Fragen bisher offenbleiben müssen.
Eine häufig gestellte Frage, nämlich die nach Flaggenführung und Status der Schiffe und Boote der Luftwaffe, kann jedoch beantwortet werden. Es ist bekannt, daß die Einheiten noch während des Norwegen-Unternehmens (»Weserübung«) unter der Reichsdienstflagge liefen. Später erschienen dann Fotos, die vor allem Flugbetriebsboote unter der Reichskriegsflagge zeigten. Dies führte immer wieder zu der Annahme, daß diese Einheiten zum Aufnahmezeitpunkt an die Kriegsmarine abgegeben waren. Daß dies nicht notwendig so sein mußte, zeigt der nachstehend im Wortlaut wiedergegebene Auszug aus der L. Dv. 1805 in der Ausgabe vom Februar 1943:

»Kriegsdienstanweisung für die Führer der Seefahrzeuge der Luftwaffe

I. Geltungsbereich
Die Anweisung gilt für alle Seefahrzeuge der Luftwaffe. Alle früheren Dienstanweisungen treten hiermit außer Kraft.

II. Flaggenführung
1. Sämtliche Seefahrzeuge der Luftwaffe, ob bewaffnet oder unbewaffnet, deren *Führer* ein *Soldat* ist, führen die *Reichskriegsflagge.*
2. Sämtliche Seefahrzeuge der Luftwaffe, ob bewaffnet oder unbewaffnet, deren *Führer nicht Wehrmachtsangehöriger* ist, führen die *Reichsdienstflagge.*
3. Die nicht unter Ziffer 1. und 2. fallenden Motorboote, ferner die Segel- und Ruderboote, die ihrer Größe nach den Kriegsbooten entsprechen, führen die Reichskriegsflagge, wenn sie von Soldaten besetzt sind und wenn sich ein uniformtragen-

der Offizier oder Wehrmachtsbeamter im Offiziersrang im Boot befindet.

III. Unterstellung
... B 2. ... Das Kommando der Schiffe und Boote der Luftwaffe teilt jedes Schiff einem bestimmten Seefliegerhorst zu.

IV. Einsatz
Der Einsatz der Seefahrzeuge erfolgt durch die Dienststellen, denen sie jeweils zugewiesen sind, im Einvernehmen mit den zuständigen Marinebefehlshabern.
Die Dienststellen, die den Einsatz anordnen, sind für die Erteilung der erforderlichen Anweisungen an die Kapitäne und Bootsführer zur Vermeidung von Gefahrengebieten verantwortlich.

V. Verhalten im Kriegsgebiet und dem Feinde gegenüber.
1. Kriegshandlungen, die Kriegsschiffen vorbehalten sind, dürfen von Schiffen und Booten der Luftwaffe nicht vorgenommen werden. Gegen den Feind ist jedoch dann Gewalt anzuwenden, wenn die Gefahr eines Angriffes besteht oder das Schiff einem Angriff ausgesetzt ist.
2. Bei jedem feindlichen Angriff oder Angriffsversuch ist von den Abwehrwaffen — auch durch zivile Besatzungsmitglieder — Gebrauch zu machen.
3. Wegnahme durch den Feind ist mit allen Mitteln, nötigenfalls durch Selbstversenkung, zu verhindern. Entsprechende Maßnahmen sind an Bord vorzubereiten und in die Alarmrolle aufzunehmen. ...

VI. Verhalten in neutralen Hoheitsgewässern.
A. Die unter der Kriegsflagge fahrenden Seefahrzeuge der Luftwaffe werden im neutralen Ausland wie Kriegsschiffe behandelt.
B. 1. Die unter der Reichsdienstflagge fahrenden Seeefahrzeuge der Luftwaffe genießen im Ausland Exteritorialität. Sie unterliegen nicht der Durchsuchung und Beschlagnahmung durch Kriegsfahrzeuge oder Behörden neutraler Staaten. Diese Flugsicherungsschiffe und Boote dürfen daher zur

Hilfeleistung für notgelandete Flugzeuge in neutrale Hoheitsgewässer einlaufen.

2. Neutrale Staaten sind völkerrechtlich nicht verpflichtet, Staatsfahrzeugen unter der Reichsdienstflagge, wenn sie einen ihrer Häfen anlaufen, wie Kriegsschiffe nach Ablauf der 24-Stunden-Frist zu internieren. Bei nicht wohlwollender Neutralität besteht jedoch die Gefahr der Internierung, der Aufenthalt ist daher in solchen Fällen nicht über 24 Stunden auszudehnen, es sei denn, daß zwingende Gründe hierfür vorliegen.
3. Spätestens beim Einlaufen in neutrale Häfen, nach Möglichkeit schon, wenn der Entschluß hierfür gefaßt ist, ist die Reichsvertretung in dem betreffenden Land (Botschaft, Gesandtschaft, Konsulat) zu benachrichtigen. Den fremden Behörden gegenüber ist, nötigenfalls mit Nachdruck, auf sofortiger Verbindung mit der Reichsvertretung zu bestehen. Das uneingeschränkte Recht dazu bildet einen Grundsatz des Völkerrechts.
4. Kriegsflugzeuge und ihre Besatzungen sind, auch wenn sie aus Luft- oder Seenot in neutrales Gebiet eintreten, der Gefahr sofortiger Internierung ausgesetzt. Dieses trifft auch auf solche Kriegsflugzeuge und ihre Besatzungen zu, die sich im Schlepp von Flugsicherungsschiffen oder Booten befinden, welche die Reichsdienstflagge führen (z. B. bei Schleuderschiffen).
5. Vor dem Einlaufen in einen neutralen Hafen sind alle an Bord befindlichen Geheimsachen in versiegelten Paketen im Geheimschrank zu verschließen und bei Gefahr der Internierung der nächstgelegenen Auslandsvertretung des Deutschen Reiches (Botschaft, Gesandtschaft, Generalkonsulat oder von Berufskonsul geführtem Konsulat) zu übergeben. Besteht hierzu keine Möglichkeit, so sind sie vor der Internierung zu vernichten.
6. Vor dem Einlaufen in neutrale Hoheitsgewässer hat der Kapitän bzw. der Bootsführer die Besatzungsmitglieder zu unterrichten, welche Aussagen sie im Falle etwaiger Vernehmungen durch Behörden des neutralen Staates zu machen und wie sie sich bei etwaigen sonstigen Gesprächen

während der Anwesenheit im neutralen Ausland zu verhalten haben.

VII. Bordwaffen

...

2. Befindet sich zur Bedienung der Abwehrwaffen ein Flakkommando an Bord, so gilt folgende Regelung:
   a) *Auf Schiffen, welche die Reichskriegsflagge führen,* ist die leichte Flugabwehrgruppe dem Kommandanten des Schiffes, dem sie zugeteilt ist, in bezug auf Schiffsdienst, Schiffsordnung und militärische Angelegenheiten unterstellt. Die Befehlsgewalt geht dann auf den 1. Offizier über, wenn derselbe bei Abwesenheit des Kapitäns dessen Stellvertreter ist. Militärische Weisungen des Kommandeurs der leichten Flugabwehrgruppen beim Kommando der Schiffe und Boote der Luftwaffe gehen über die Schiffsleitung.
   b) *Auf Schiffen, welche die Reichsdienstflagge führen,* ist die leichte Flugabwehrgruppe dem Kapitän des Schiffes, dem sie zugeteilt ist, in bezug auf Schiffsdienst und Schiffsordnung unterstellt. Die Befehlsgewalt geht nur dann auf den 1. Offizier über, wenn derselbe bei Abwesenheit des Kapitäns dessen Stellvertreter ist.
   In allen militärischen Angelegenheiten ist der Kommandoführer auf Schiffen unter der Reichsdienstflagge selbständig. Er erhält seine diesbezüglichen Weisungen nur von der militärischen Dienststelle, der er jeweilig unterstellt ist bzw. vom Kommandant der leichten Flugabwehrgruppe beim Kommando der Schiffe und Boote der Luftwaffe.
   Falls für bestimmte Schiffe vom Kommando der Schiffe und Boote der Luftwaffe keine Sonderregelung befohlen ist, befiehlt den Einsatz der Waffen gegen Seeziele der Kapitän des Schiffes und gegen Luftziele der Kommandoführer.
   Der Kapitän hat dafür Sorge zu tragen, daß alle eingehenden Funksprüche und Mitteilungen über die Bewegung feindlicher und eigener See- und Luftstreitkräfte

dem Kommandoführer unverzüglich zur Kenntnis gebracht werden.

...

IX. Rechts- und Versorgungsbestimmungen für die Zivilbesatzungen

1. Die Zivilbesatzungen tragen Borddienstkleidung oder Zivil. Das Tragen von militärischen Uniformen ist ihnen verboten. Zur Bekleidung ist an Bord stets die gelbe Armbinde mit dem Aufdruck »Deutsche Wehrmacht« zu tragen. Der Träger dieser Armbinde ist Kombattant im Sinne des Völkerrechts.
2. Auch zivile Besatzungsmitglieder haben im Falle der Wegnahme durch den Gegner Anspruch auf Behandlung als Kriegsgefangene nach Maßgabe des internationalen Abkommens über die Behandlung von Kriegsgefangenen vom 27. Juli 1929.

...

X. Tagebuchführung

Neben dem Logbuch haben die Führer der Seefahrzeuge der Luftwaffe ein Tagebuch nach Muster eines Kriegstagebuches zu führen, in das alle Ereignisse und Maßnahmen von militärischer Bedeutung einzutragen sind. Dieses Tagebuch ist unter Verschluß zu halten und als Geheimsache kenntlich zu machen.«

Soweit Auszüge der wesentlichen Teile der Kriegsdienstanweisung für die Führer der Seefahrzeuge der Luftwaffe. Es sei an dieser Stelle noch angemerkt, daß bisher kein KTB eines dieser Fahrzeuge in der in Absatz X geforderten Form gefunden werden konnte.
Nachfolgend soll nun die für die auf p. 56 genannten Aufgabengebiete entwickelten Schiffe und Boote, ihre Technik und ihre Einsätze, dargestellt werden.

FLUGBOOT- UND FERNAUFKLÄRER-EINSATZ

Zivile Seeflieger

Die zivilen Seeflieger stellen ein Stück Luftfahrtgeschichte dar. Schon in den Kindertagen der Luftfahrt wurde der Wunsch immer stärker, die Ozeane und insbesondere den Atlantik in der Luft zu überqueren. Rekordflüge wagemutiger Luftfahrtpioniere, von denen nur Charles Lindbergh genannt sei, der im Mai 1927 in 33 Stunden von New York nach Paris flog, ließen immer wieder nach neuen Wegen suchen, da die technische Realisierung damit nicht mehr von der Hand zu weisen war.
Das Hauptproblem lag in der geringen Reichweite der Flugzeuge, wenn die Mitnahme von Nutzlasten gefordert wurde. Außerdem hielt man es damals für zweckmäßig, Schwimmerflugzeuge zu verwenden, um bei Notfällen einen Verlust des Flugzeuges zu vermeiden. Das Gewicht der Schwimmer verringerte wiederum die Nutzlast oder aber die Reichweite.
Die Deutsche Lufthansa verfolgte in dieser Zeit trotz der geringen Reichweite die Entwicklung von Schwimmerflugzeugen und Flugbooten. Aus dem I. Weltkrieg lagen bereits die Erfahrungen mit Seeflugzeugen und Flugzeugmutterschiffen vor. Da die Flugboote und Schwimmerflugzeuge unterdessen erheblich verbessert worden waren, schien es möglich, ein geeignetes Flugzeug auf See neben einem Mutterschiff landen zu lassen. Probleme warf lediglich der Start aus dem Wasser mit voller Nutzlast auf. Als mögliche Lösung dieses Problems bot sich das von Ernst Heinkel entwickelte Katapult und damit der Katapultstart an.
Mit dieser Konzeption ging die Lufthansa daran, Versuche zur Überwindung des Atlantiks in der Luft anzustellen.
Die ersten Schritte, die zu dieser Entwicklung führten, waren der Versuch, die Postbeförderung über den Atlantik zu beschleunigen. Zunächst war, auf Grund des technischen Standes der Flugzeuge, lediglich an eine Beschleunigung des Postdienstes auf dem europäischen Festland zu denken. So bemühte sich die Lufthansa in die-

sem Sinne erst einmal darum, Anschlußdienste mit Flugzeugen an die Transatlantischen Postdampfer durchzuführen. Solche Flüge fanden erstmalig 1928 von Berlin, Frankfurt und München zum Schnelldampfer *Columbus* in Bremerhaven statt.
Auch auf der anderen Seite des Ozeans und insbesondere in Südamerika sah die Lufthansa ihre Aufgabe darin, die Weiterbeförderung der Post im Anschluß an die Dampfer mit Hilfe von Flugzeugen zu beschleunigen. Durch die Gründung der Syndicato Condor Ltda. und mit der Erteilung der Postlizenz im September 1927 durch die brasilianischen Behörden konnte für Südamerika ein wichtiger Stützpunkt geschaffen werden. Mit der Eröffnung der Fluglinie Rio de Janeiro nach Porto Alegre und Natal (Brasilien) war das erste Glied einer zukünftigen Beförderungskette geschaffen worden.
Auch auf der europäischen Seite trieb man den Luftpostdienst voran. 1928 setzten Erprobungsflüge mit Dornier-Wal-Flugbooten von Cadiz nach den Kanarischen Inseln ein, die schließlich 1930 zu einer spanischen Luftpostkonzession führten. 1929 war die Schnellpostlinie Berlin — Marseille — Sevilla mit 15 Stunden Flugdauer eingerichtet worden.
Flugzeug und Schiff arbeiteten ab 1930 in der Weise zusammen, daß die Lufthansa die Post mit Landflugzeugen von Berlin über Marseille — Sevilla nach Cadiz und weiter mit einem Dornier-Wal-Flugboot nach Las Palmas brachte. Dort erfolgte die Übergabe der Post an die Hamburg-Süd-Schnelldampfer *Cap Arkona* und *Cap Polonio,* die die Post dann nach der Überquerung des Südatlantik bei Fernando Noronha an Flugboote der Syndicato Condor übergaben.
Im Nordatlantik begann die Lufthansa mit Versuchen, Flugzeuge an Bord von Schiffen mitzunehmen. Hier entwickelte sich eine Zusammenarbeit zwischen Lufthansa, Norddeutschem Lloyd und Hapag. Auf Mittelmeerfahrten im April 1927 führte der Lloyddampfer *Lützow* eine Junkers F-13 »Blechesel« mit sich, die über den verschiedenen angelaufenen Häfen Rundflüge veranstaltete. Gleiche Versuche wurden im Frühjahr 1928 mit dem Hapagdampfer *Oceana* durchgeführt. Die Junkers F-13 wurde mit dem Ladegeschirr der Dampfer ausgesetzt und anschließend auch so wieder an Bord genommen.
Parallel dazu verliefen Versuche mit der Firma Heinkel. Ernst Hein-

kel befaßte sich seit Anfang der zwanziger Jahre mit der Entwicklung von Flugzeugkatapulten für die Marine. Es ging bei dieser Entwicklung darum, Flugzeuge mit voller Nutzlast in die Luft zu bringen und Kraftstoff zu sparen. Bei den Wasserstarts von Schwimmerflugzeugen und Flugbooten wurde erstens sehr viel Kraftstoff verbraucht, was die Reichweite beeinflußte, und zweitens wurden Leitwerk und Leitwerksträger durch Spritzwasser stark beansprucht, was sich wiederum auf die Lebensdauer der Zelle bemerkbar machte. Durch den Katapultstart konnten die Flugzeuge sehr viel mehr Treibstoff laden und damit ihre Reichweite erhöhen.

Heinkel erhielt vom Reichsverkehrsministerium den Auftrag über den Bau eines Katapults für den Lloyd-Schnelldampfer *Bremen*. Das Katapult blieb Reichseigentum, wie alle späteren Katapulte auf der Europa und den vier Lufthansaschiffen auch, um so die Erfahrungen für die Marine zu sichern.

Auf ihrer Jungfernfahrt nahm die *Bremen* ein Schwimmerflugzeug des Typs Heinkel He-12 (D - 1771) mit, das am 22. 7. 1929 ca. 400 km vor New York erfolgreich von Flugkapitän v. Studtnitz gestartet wurde. Der Vorteil des Heinkel-K-2-Katapults lag darin, daß das Schiff beim Start des Flugzeuges seine Fahrt nicht zu verringern brauchte, da das Katapult zwischen den Schornsteinen drehbar angebracht war. Das Katapult bestand aus einem genieteten Fachwerkträger mit einer Länge von 27 m. Die Heinkel He-12 wurde mit 110 km/h abgeschleudert, wobei 200 kg Post befördert werden konnten.

Die Postflüge von der *Bremen* fanden nun regelmäßig statt. Im Winter wurden sie eingestellt, am 23. April 1930 jedoch wieder aufgenommen. Am 22. August 1930 nahm auch der Lloyd-Schnelldampfer *Europa* den Flugdienst auf. Die *Europa* erhielt ein verbesseres, ebenfalls genietetes, drehbares Heinkel-K-4-Katapult und ein Junkers Ju 46 Ganzmetall-Schwimmerflugzeug an Bord.

Unterdessen fanden über dem Südatlantik Versuchsflüge mit Dornier-Wal-Flugbooten statt, um den Postdienst schneller abzuwickeln. Die Reichweite der Flugboote war jedoch nicht groß genug. In dieser Situation nahm der Gedanke, die Strecke durch ein Katapult- oder Flugsicherungsschiff zu halbieren, immer festere Formen an. Die Südatlantik-Überquerung mußte natürlich an der engsten Stelle erfolgen. Als geeigneter Ausgangspunkt bot sich Bathurst in Britisch-

Gambia an. Bis dorthin führten 1931 die Probeflüge. Gleichzeitig erfolgten Erkundungen der Wetterverhältnisse. Zu diesem Zweck und als schwimmende Funkstation kaufte die Lufthansa 1931 den niederländischen Lotsenschoner *Albatros* als *Orion*, der unter der Führung von Kapitän Dettmering fuhr.
Bei Dornier liefen gleichzeitig Entwicklungen, die Wal-Flugboote zu verbessern und ihre Reichweite herauszusetzen (10 t-Wal). 1932 begann dann die Geschichte der Katapultschiffe der Lufthansa mit der Charterung der *Westfalen* des NDL. Ihr Einsatz sollte aus politischen Gründen schon im Jahre 1938 wieder eingeschränkt werden, doch auch ein technisches Ereignis kündigte zu diesem Zeitpunkt das baldige Ende der Katapultschiff-Ära an. Im August 1938 brachte eine Focke-Wulf FW 200 »Condor« im ersten Direktflug von Berlin nach New York den Beweis, daß die Zukunft dem viermotorigen Transatlantikflugzeug mit einziehbarem Fahrwerk und nicht mehr den Schwimmerflugzeugen und Flugbooten gehörte.

Die Katapultschiffe

DIE FLUGSICHERUNGSSCHIFFE DER LUFTHANSA

Die Deutsche Lufthansa besaß vier Flugsicherungsschiffe, die *Westfalen*, *Schwabenland*, *Ostmark* und *Friesenland*. Bevor die Lufthansa daran ging, die Idee der Schiffe in die Tat umzusetzen, mußten die Hauptelemente der Flugsicherungsschiffe — Schleppsegel, Krananlage und Katapult — gründlich erprobt werden. Mit dem sogenannten Kiwullschen Schleppsegel wurde ein Mittel gefunden, Seeflugzeuge, die bereits auf dem Wasser gelandet waren, über Heck an Bord des Schiffes zu nehmen, indem das Flugzeug auf das Segel rollte und somit zwischen Schiff und Flugzeug eine halbstarre Verbindung hergestellt wurde. 1929 wurden auf dem Dampfer *Lützow* eingehende Versuche mit dem Kiwullschen Schleppsegel durchgeführt. Die ersten Erfahrungen mit den neuen Katapulten sammelte, wie bereits oben erwähnt, die Lufthansa auf der *Bremen* und *Europa*. Zuvor jedoch hatte Heinkel das Prototypenkatapult K 1 von Land aus auf der Erprobungsstelle See-Travemünde eingehend er-

probt und mit dieser neuen Technik erste Erfahrungen gesammelt. Anzunehmen ist, daß in dieser ersten Erprobungsphase das Heinkel-Katapult auch auf See erprobt wurde. Man kann bislang nur vermuten, daß für diese Erprobungszwecke ein spezieller Prahm gebaut wurde. Es läßt sich jedenfalls ein solches Gerät nachweisen, mit dem Namen *Schl. Pr. 11* (siehe Foto p. 47). Die Autoren konnten leider bis zum heutigen Tage weder Herkunft, Verwendung noch Verbleib klären. In der Schiffsbestandsliste vom 1. 1. 1941 der Luftzeuggruppe See läßt sich ein »Katapultprahm« nachweisen, der mit *Schl. Pr. 11* identisch ist.
Die Krananlage für die Flugzeugmutterschiffe wurde erstmalig auf der *Westfalen* erprobt und damit erste Erfahrungen gesammelt, die dann zu einer konstruktiven Veränderung der Kräne für die weiteren Schiffe führte.
Die seemännische Besatzung für die Schleuderschiffe stellte der Norddeutsche Lloyd, das Fachpersonal und der Kapitän dagegen wurde von der Lufthansa gestellt. 1938 schloß die Lufthansa dann mit dem Lloyd einen Vertrag über die Bewirtschaftung der Lufthansaschiffe *Westfalen* — unterdessen vom Lloyd an die Lufthansa verkauft —, *Schwabenland* und *Friesenland.*
Die *Ostmark* taucht seltsamerweise in dieser Vereinbarung nicht mehr auf.

S/S WESTFALEN

Die *Westfalen* war 1906 bei J. C. Tecklenborg in Wesermünde für den Norddeutschen Lloyd erbaut worden. Sie fuhr bis zu ihrer Auflegung im Nordamerika-Dienst, wurde 1932 von der Lufthansa gechartert und 1933 angekauft. Mit dem Umbau zum Flugsicherungsschiff wurde die Deutsche Schiff- und Maschinenbau AG (Deschimag), Bremen beauftragt.
Die Umbauarbeiten sahen folgendermaßen aus:

— Einbau eines Flugzeughebekrans
— Einbau eines Katapults für 15 Tonnen Startgewicht
— Einbau einer leistungsfähigen Funk- und Peilanlage

— Einbau der notwendigen Vorrichtungen für die Unterbringung und Verpflegung der Mannschaft sowie zur Aufrechterhaltung der Flugsicherungsaufgaben während einer langen Seeliegezeit, wie beispielsweise Wohn-, Kühl- und Vorratsräume, Werkstätten, Treibstofflager
— Einbau zweier mit je einem Generator von 80 Kw verbundenen Dieselmotoren von je 145 Ps zur Energieversorgung der Flugtechnischen Anlagen.

Zum Einbau gelangte ein Heinkel-K-6-Katapult. Dieses Katapult stellte gegenüber den auf der *Bremen* und *Europa* verwendeten Katapulten eine erhebliche Weiterentwicklung dar, denn mit dieser Anlage gelang es am 17. Februar 1933 erstmalig, ein Flugboot von mehr als 10 Tonnen Gewicht in die Luft zu bringen (Daten der Katapulte siehe Tabelle p. 94).
Das Landesegel war von der Firma Kraft & Weichert nach Patenten des Direktors Hein der Deschimag gefertigt worden.
Die Krananlage baute die Maschinenfabrik Becker, Berlin. Der Kran bestand aus einer Gitterkonstruktion mit einem Ausleger, der für die Übernahme von Flugbooten auf hoher See besonders entwickelt worden war. Die Maximallast betrug 15 Tonnen, die Höhe des Kranes über Deck 13,5 m.
Außerdem war in der Gitterkonstruktion des Kranes ein leistungsfähiger Scheinwerfer für den Nachtflugbetrieb installiert.
Das Anbordnehmen der Flugboote sah folgendermaßen aus:
Am Heck des Schiffes war das aufrollbare Schleppsegel befestigt, auf das das Flugboot bei geringer Geschwindigkeit des Katapultschiffes hinaufgleiten konnte. Erhöhte das Mutterschiff die Fahrt, zog sich das Segel straff und hob das Flugboot so weit aus dem Wasser, daß es vom Seegang nicht mehr beeinträchtigt wurde. Nunmehr konnte das Flugboot ohne Schwierigkeiten am Kran befestigt werden. Der Kran selbst hatte einige Spezialanforderungen zu erfüllen. Dazu gehörte, daß jede ruckartige Belastung vermieden werden mußte. Dieser Fall konnte leicht eintreten, wenn das Flugboot bereits am Haken hing, aber der Wasseroberfläche noch so nahe war, daß es durch Seegang oder Schiffsbewegungen zu einem plötzlichen Durchsacken kam. Dieser Mangel führte dann schließlich zur Konstruktion einer Seilspannvorrichtung, die das tragende Seil immer

Die *Westfalen* nach Umbau im 2. Weltkrieg. Der über die Backbordwand hinausverlegte Schornstein ist deutlich erkennbar und erinnert an ähnliche Lösungen zur Schaffung eines freien Flugdecks auf japanischen und US-Flugzeugträgern. (Sammlung Arndt)

straff hielt, dem Haken jedoch ein federndes Nachgeben entsprechend den Bewegungen des Flugbootes ermöglichte. Zu einem geeigneten Zeitpunkt, während sich die Maschine gerade auf dem höchsten Punkt eines Wellenberges befand, wurde der Haken festgesetzt und damit das Flugboot in seiner augenblicklichen Lage fixiert. Danach begann, während die See wieder absackte, das Hubwerk im Schnellgang zu arbeiten, so daß die nächste Welle das Flugboot bereits nicht mehr erreichte.

Am 3. Mai 1933 lief die *Westfalen* von Kiel aus zur ersten Erprobung. Am 6. Oktober 1933 folgte die zweite Versuchsreihe unter Leitung des Flugleiters der Lufthansa, Freiherrn von Buddenbrock. Kommandant des Schiffes war Kapitän Dettmering. Nach dieser erfolgreichen Erprobung nahm die *Westfalen* dann im Februar 1934 ihren Dienst im Südatlantik auf.

Die *Westfalen* hatte ihre Katapultanlage am Bug. Das brachte beim praktischen Flugbetrieb einige Schwierigkeiten mit sich. Das Flugboot mußte nämlich vom Heck zum Bug transportiert werden, weil

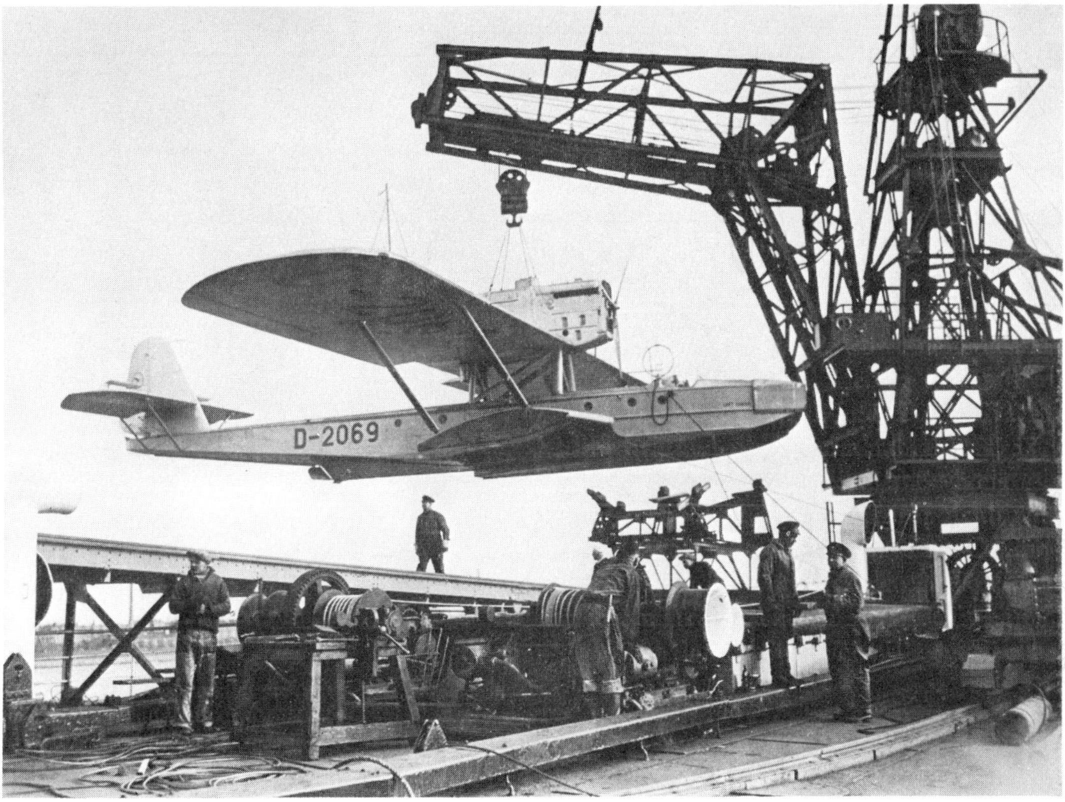

Ein Dornier-Wal am Becker-Kran der *Westfalen.* (Lufthansa-Archiv)

Katapultschiff *Westfalen* im 1. Aussehen mit einer etwas geschwungenen Transport- bzw. Abstellbahn an der Steuerbordseite. Auf dem Katapult ein Dornier-Wal. (Lufthansa-Archiv)

der Kran das Flugboot nicht direkt auf das Katapult setzen konnte. Zu diesem Zweck installierte man in der Längsrichtung des Schiffes seitlich an der Brücke vorbei eine Schienenlaufbahn. Da das Flugboot nicht am Mast und am Schornstein (die Brücke behinderte wegen ihrer geringen Bauhöhe nicht) vorbei kam, mußte man mit einem Trick arbeiten: Der Kran setzte das Flugboot auf einem Transportwagen ab, der wie eine Drehscheibe konstruiert war. Mit dem Flugbootheck voran wurde der Wagen nach vorn geschoben und das Flugboot an der richtigen Stelle mit seinem Heck in die Lücke zwischen Mast und Sornstein gedreht. Sobald es quer zum Schiff stand, lief der Wagen weiter und drehte die Maschinen nunmehr mit den Propellern zum Schiffsbug wieder aus der Lücke heraus. Hierbei schwenkte die linke Tragfläche vor den Schornstein, das Leitwerk machte keine Schwierigkeiten mehr und das Flugboot befand sich in der Startrichtung auf dem Vorschiff.
Diese Methode funktionierte in der Praxis. Sie war etwas umständlich und wurde deshalb bei den späteren Schiffen vermieden.
Stationiert war die *Westfalen* in den Mallungen des Südatlantiks. Verwendet wurden für den Postflug nur 10 t-Wale (*Passat* und *Monsun)* von Dornier. Anfangs flog die Lufthansa in einem 14-Tage-Rhythmus, ging dann später aber zu einem Wochen-Flugrhythmus über.
Nachdem die Lufthansa ihr zweites Schiff fertiggestellt hatte, wurde die *Westfalen* nach Fernando Noronha vor der brasilianischen Küste verlegt. Nach dem Entzug der Konzession für den Luftpostverkehr seitens der USA wurde die *Westfalen* erst einmal arbeitslos, da die neue *Friesenland* für den Südatlantikflug frei wurde. Die *Westfalen* kehrte nach Deutschland zurück und wurde aufgelegt. Nach Kriegsausbruch wurde die alte *Westfalen* reaktiviert und zunächst dem Seefliegerhorst Hörnum/Sylt zugeteilt.
Am 1. Mai 1941 wurde sie nach Norwegen verlegt und diente dort den Fernaufklärungsgruppen als Schleuderschiff in Drontheim und im Altafjord. Das Schiff wurde während des Krieges für die Luftwaffe bei der Seebeck-Werft, Bremerhaven umgebaut. Die Umbauarbeiten umfaßten folgende Punkte:
— Die *Westfalen* erhielt ein glattes Deck
— Der Mast wurde entfernt
— Der Schornstein wurde nach Backbord verlegt (siehe Skizze 95)

Durch diese Umbaumaßnahmen konnte der Flugbetrieb an Deck erheblich vereinfacht werden, vor allen Dingen fiel die oben beschriebene umständliche Drehung völlig weg. Das Flugboot wurde jetzt in einem Zuge vom Heck zum Bug transportiert. Weitere Unterlagen konnten dazu jedoch bislang nicht aufgefunden werden.
Am 7. September 1944 sank die *Westfalen* in Folge zweier Minentreffer im Skagerrak bei Stora Pölsan an der schwedischen Küste bei Göteborg, wobei 150 Menschen den Tod fanden.

MS SCHWABENLAND

Das Schiff wurde 1925 bei der Deutschen Werke AG, Kiel unter der Bau-Nr. 180 für die DDG Hansa, Bremen erbaut und kam als S/S *Schwarzenfels,* hauptsächlich für Indien in Dienst. Im Juli 1934 kaufte die Lufthansa die *Schwarzenfels,* um sie zum zweiten Flugsicherungsschiff umbauen zu lassen.
Als Motorschiff zeigte es gegenüber dem Dampfer *Westfalen* erhebliche technische Verbesserungen, die dem späteren Dienst zugute kamen. Da die Flugstützpunkte zu jeder Zeit fahrbereit sein mußten, erforderte der Dampfer eine dauernde Kesselbeheizung. Das Motorschiff dagegen konnte jeder Zeit in Betrieb genommen werden und verbrauchte während der Liegezeit kaum Brennstoff.
Auch der Flugbetrieb stellte gegenüber der *Westfalen* eine erhebliche Verbesserung dar. Bei den Umbauarbeiten wurde die Katapultanlage nicht mehr auf dem Vorschiff, sondern am Heck untergebracht. Das von Decksaufbauten freie Achterschiff besaß neben der Schleuderbahn zwei Abstellbahnen, auf denen die Flugboote ruhten, die noch nicht für den Abschuß vorgesehen waren.
Beim Transport der Flugboote war es nicht mehr notwendig, diese um den Schornstein und Mast herumzudrehen, um sie auf die Schleuderbahn zu bringen. Die Ausführung des ersten Teiles der Katapultanlage als Drehscheibe, mit Hilfe derer die Verschiebung der Flugboote an Deck möglich war, stellte eine weitere Verbesserung dar. Die Katapultanlage lag höher als der Aufsetzpunkt der Transport- bzw. Abstellbahn. Dieses war notwendig, um den Abschuß durch abgestellte Flugboote nicht zu behindern. Das abgestellte Flugboot

Katapultschiff und Schwimmender Flugstützpunkt *Schwabenland*, 1. Aussehen. (Lufthansa-Archiv)

Der geschwungene, ansteigende Bereich der Transport- und Abstellbahn auf der Steuerbordseite der *Schwabenland*, die beim Umbau vor der Antarktis-Expedition 1938/1939 entfernt wurde. Auf dem Katapult ein Dornier-Wal. (Lufthansa-Archiv)

Die Blohm & Voss Ha 139 »Nordmeer« am Kampnagel-Kran der *Schwabenland*. Darunter die Arbeitsbühne zum Ausbringen des Schleppsegels. (Lufthansa-Archiv)

mußte dann aber zum Abschuß auf das Höhenniveau der Katapultanlage gebracht werden. Diese Tatsache erklärt das geschwungene Ansteigen der Transport- bzw. Abstellbahn auf der Steuerbordseite des Schiffes. Nachdem das Flugboot auf Katapulthöhe gebracht war, wurde es mit Hilfe des als Drehscheibe ausgeführten Teils der Schleuderbahn auf das Katapult geschoben.
Der Kran wurde unmittelbar neben dem Katapult installiert. Der Heckkran war so ausgerüstet, daß der Ausleger, wenn der Kran nicht im Einsatz war, auf das Deck des Schiffes gesenkt wurde. Diese Ausführung war notwendig, weil sonst beim Abschuß über Heck der Kran einen Start der Flugboote wegen ihrer großen Spannweite unmöglich gemacht hätte. Der Kran stellte eine Weiterentwicklung des Becker-Kranes dar und war von der Hamburger Kranfirma Kampnagel AG gebaut. Seine Hebekraft betrug 12 Tonnen, seine Prüflast 15 Tonnen. Auf dem Kran war ein starker Scheinwerfer für den Nachtflugbetrieb montiert.
Das Katapult selbst war eine Weiterentwicklung des Heinkelkatapults der Westfalen. Zum Einbau gelangte das Heinkel-K-7-Katapult, und es war in der Lage, ein Flugboot mit einem Fluggewicht bis zu 14 t bei einer Abfluggeschwindigkeit von 150 km/h abzuschleudern. Das Schleppsegel war nicht mehr am Oberdeck montiert, sondern auf einer Arbeitsbühne am Heck des darunter liegenden Hauptdecks, was das Anbordnehmen der Flugboote erheblich erleichterte.
Da das Schiff ohne Ladung zum Einsatz kam, war es notwendig, zum Ausgleich der recht erheblichen Zusatzgewichte, die hauptsächlich im oberen Teil des Schiffes gelagert waren, einen Sandballast von 3000 Tonnen in den unteren Laderäumen des Schiffes sachgemäß zu verteilen, um genügende Stabilität und weiche Schiffsbewegungen auch bei hohem Seegang sicherzustellen.
Die *Schwabenland* erhielt wie die *Westfalen* eine starke Funk- und Peilanlage. Im Herbst war das Schiff fertiggestellt und nahm seinen Dienst auf der Position vor Bathurst auf. An Bord der *Schwabenland* befand sich ebenfalls eine metereologische und ozeanographische Station der Deutschen Seewarte. Ab 1935 lief ohne Unterbrechung ein wöchentlicher Postdienst von und nach Südamerika. Zwei Monate nach Aufnahme des Flugbetriebes konnte bereits der Nachtflugverkehr eröffnet werden.

1935 wurden dann auch die verbesserten Wale erprobt, die Dornier Do 18. Diese Flugboote hatten eine maximale Flugdauer von 36 Stunden. Zum Einsatz im Luftpostdienst kamen die Do 18-Flugboote *Aeolus, Monsun, Zephyr, Zyklon, Pampero.*
Ab Sommer 1936 verlegte die *Schwabenland* in den Nordatlantik auf die Position Azoren. Im September/Oktober 1936 wurde die erste Versuchsreihe mit den Do 18-Flugbooten *Aeolus* und *Zephyr* aufgenommen. Der Nordatlantikdienst stellte sich als wesentlich härter heraus. Für den Nordatlantik entwickelte die Hamburger Flugzeugbau Firma Blohm & Voss ein leistungsfähigeres, viermotoriges Schwimmerflugzeug, die Ha 139. Mit den Flugzeugen *Nordmeer, Nordwind* und ab 1938 mit der verbesserten *Nordstern* wurde dann der regelmäßige Nordatlantik-Luftpostdienst eröffnet. Nach der Indienststellung der *Friesenland* wechselte die *Schwabenland* Mitte 1937 nach Port Washington bei New York über. 1938 verweigerte die Regierung der USA die Erteilung der Postbeförderungslizenz. Mit dieser Boykottmaßnahme wurde die *Schwabenland* arbeitslos. Sie wurde daraufhin von der Lufthansa an die Deutsche Antarktische Expedition verchartert.
Am 17. Dezember 1938 lief die *Schwabenland* mit den 10 t-Walen *Passat* und *Boreas* an Bord in Richtung Süden aus. Die Aufgabe war, ein Gebiet zwischen 18° Ost und 11,5° West vom Eisrand bis etwa 78° Süd möglichst lückenlos zu fotografieren. Diese Aufgabe konnte vom 19. 1. — 4. 2. 1939 mühelos bewältigt werden. Leider wurden die 11 600 Negative dieser Reihenbilder nach einer Erstauswertung beim Brand des Geophysikalischen Institutes in Leipzig im Kriege vernichtet. Die *Schwabenland* befand sich bei Kriegsausbruch bereits wieder in Deutschland.
Kriegsaufnahmen der *Schwabenland* zeigen das Schiff in einem umgebauten Zustand, und zwar, wie auch auf *Westfalen*, veränderte Abstell- und Transportbahnen und eine geänderte Schleuderbahn der Katapultanlage (s. Fotos p. 79). Die geschwungene Abstellbahn wurde durch eine kipp- und drehbare Bahn ersetzt. Zusätzlich wurde eine Abstellbahn schräg von den Aufbauten Steuerbordseite zur Backbordseite hin installiert. Der Höhenausgleich von der Abstellbahn zur Schleuderbahn erfolgte durch eine Kippbewegung der Abstellbahn. Die Abstellbahn auf der Backbordseite wurde gänzlich entfernt und die Katapultanlage völlig an die Backbord-

Schwabenland nach dem Umbau. Die kippbare, wippenähnliche Abstellbahn, die an die Stelle der geschwungenen Aufschleppe trat, ist hinter dem achteren Flakstand klar erkennbar.

Backbordansicht der *Schwabenland* in der gleichen Situation im Herbst 1940. Das Schiff wurde in einem Kanalhafen von dem Seelöwe-Schlepper *0 10 S* verholt, wobei sich einem PK-Bildberichter die Möglichkeit zu einer Bildserie bot, aus der diese beiden Aufnahmen stammen.

seite gelegt. Mit diesen Umbauten konnte der Flugbetrieb wahrscheinlich erheblich verbessert werden. Ort und genaues Datum des Umbaus sind bisher unbekannt, doch ist aus folgenden Gründen der Zeitraum zwischen Außerdienststellung und Antarktisexpedition hierfür wahrscheinlich: 1.) Ein Foto der *Nordstern* in Zivilfarben kurz nach dem Start von der *Schwabenland* (Luftfahrtgeschichte, Heft 3/1974, p. 24) zeigt ein kleines Stück des Schiffshecks in offenbar umgebautem Zustand. 2) Erich Gröner brachte bereits in der 1. Ausgabe des »Taschenbuch der Handelsflotten« 1939 die *Schwabenland* nach einer Fotoauswertung in umgebautem Zustand ohne geschwungene Abstellbahn.
Am 12. 10. 1939 wurde die *Schwabenland* der Luftwaffe als Schleuderschiff zugeteilt. Zunächst war das Schiff an der Westfront stationiert und diente, wie später auch, den Fernaufklärungsgruppen der Marineflieger der Luftwaffe als Schleuderschiff. Die *Schwabenland* wurde aber dringend im norwegischen Raum benötigt. Hier sollte sie mit den anderen Schleuderschiffen zur Bekämpfung der allierten Geleitzüge für die Sowjetunion eingesetzt werden. Die Rückführung aus dem Westen warf auf Grund der großen Luftaktivitäten der britischen Luftwaffe einige Probleme auf. Das wertvolle Schiff mußte unter sicherem Geleit in die Heimat zurückgeführt werden. Auch die Aktivitäten der Royal Navy machten dieses Unternehmen zu einem Sicherheitsrisiko. Über die Rückführung vom Westeinsatz sind KTB's der Geleitfahrzeuge erhalten geblieben, die den Kanaldurchbruch schildern. Nachfolgend soll der Verlauf des Geleits am 7. August 1942 wiedergegeben werden:

Bei der Rückführung vom Westeinsatz ging die *Schwabenland* in der Nacht vom 5./6. August von Le Havre nach Boulogne. Hier wurde das Geleit 2322 aus der 2. und 12. R-Flottille, der 8. M-Flottille und der 15. und 18. V-Flottille zusammengestellt, das am 6. um 23.00 Uhr aus Boulogne auslief. Voraussicherung fuhren 6 Boote der 12. R-Fl. Die Begleitschiffe *Von der Groeben* und *Brommy* standen als Leuchtgranatenträger (L. G.-Träger) hinter den Außenbooten an beiden Flügeln des Verbandes. Um das Geleitobjekt, die *Schwabenland,* bildeten 4 M-Boote der 8. M-Fl. und 2 Schiffe der 15. V-Fl. einen engen Vollgürtel. Achtersicherung an der Grenze der Sichtweite fuhr das Führerboot der 15. V-Fl. mit 4 Booten der

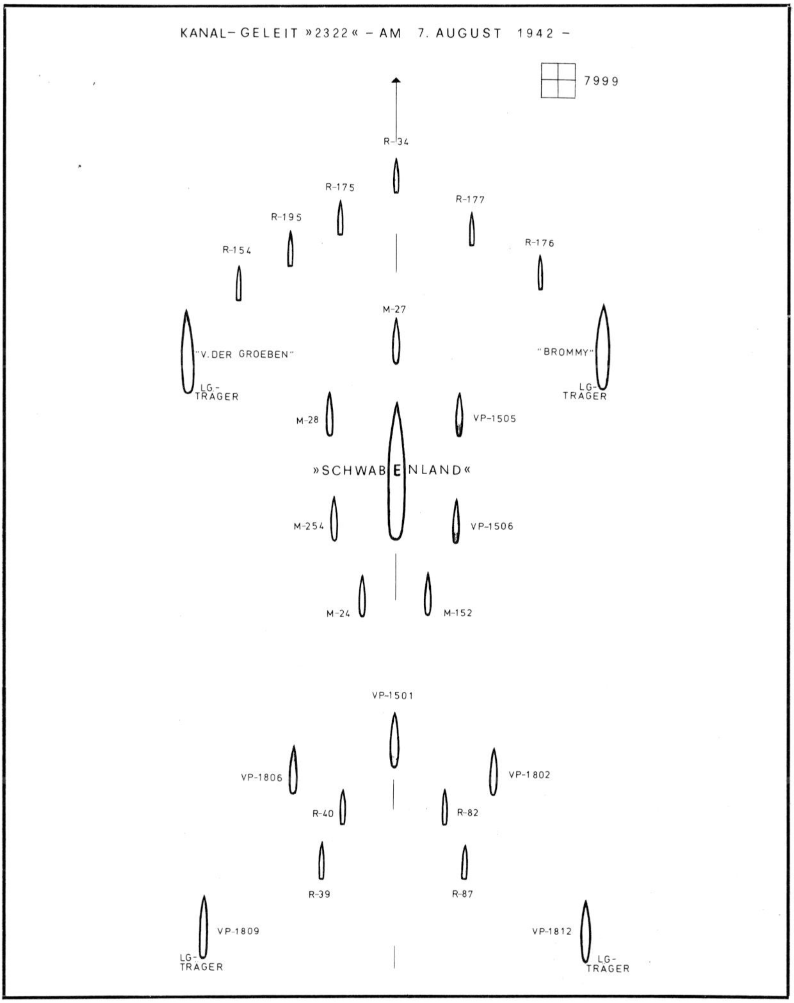

Kanalgeleit *Schwabenland* am 7. August 1942.

18. V-Fl als LG-Träger und je 2 R-Booten der 2. und 12. R-Fl. als Aufklärergruppe. Diese Achtersicherung stand unter der Führung von Oblt. z. See Anhalt. Während des Kanaldurchbruches entwikkelten sich drei Gefechte mit kleineren britischen Flotteneinheiten:

1. Gefecht

Ab 23.59 Uhr erfolgte Feindortung. Gegen 01.00 Uhr schoß *Von der Groeben* kurz nach Passieren von Punkt »Herz 232« nach der 5. Feindortung erste Leuchtgranaten. In ihrem Licht wurden erst 3, dann 6 britische *m*otor*t*orpedo*b*oats (MTB) und *m*otor*g*un*b*oats (MGB) und durch die Voraussicherung beschossen. Der Gegner lag bei 120° an der Grenze der eigenen Reichweite. Um 01.08 Uhr drehte die Voraussicherung auf Kurs 73° und eröffnete um 01.10 erneut das Feuer. Von 5 nach Steuerbord ablaufenden MTB's wurde ein Boot durch konzentriertes Feuer von *R 34, R 175, R 176, R 177* und *Brommy* in Brand geschossen. Der Feindverband lief weiter nach Steuerbord ab und geriet dort in das Feuer der M- und V-Boote. Das 6. Boot des englischen Verbandes lief voraus und später nach Backbord ab. Es erhielt durch *R 194, R 195* und *Von der Groeben* starke und wirkungsvolle Treffer. Nach diesem Angriff wurde ein MTB als vernichtet, ein weiteres als wahrscheinlich versenkt betrachtet.

2. Gefecht

Über den Zeitraum des 2. Gefechts differieren die Angaben. Nach dem Bericht der 8. M-Fl. soll er von 01.45 — 01.55 erfolgt sein, nach den übrigen Unterlagen wurden erst um 02.13 Uhr backbord voraus dunkle Schatten gesichtet, die im Schein von Leuchtgranaten dann als 3 britische MTB's erkannt wurden. Es entwickelte sich ein Feuergefecht mit allen R-Booten, die sich auf das Mittelboot der britischen Gruppe konzentrierten. Der Gegner erhielt zunächst schweres Feuer von *R 195*, danach von *R 175, 34* und *177. R 34* versuchte ein Ramming und passierte in nur 5—8 m Abstand unter Dauerfeuer von 6—800 Schuß 2 cm-Panzerbrand- und Sprenggranaten. Die letzten 3 Magazine waren Volltreffer auf dem gegnerischen Boot. Während des Passierens warf der Matr. Ogfr. Schönhoff 2 Handgranaten auf das MTB und beschoß es im Ablaufen noch mit 110 Schuß aus dem MG 34 achtern. *R 34* gab dann als Funkmeldung an den Geleitführer:

»1 S-Boot auf Schutzobjekt durchgebrochen, aber schwer beschädigt.« Das 3. in Sicht stehende MTB verschwand im aufkommenden Nebel, erhielt aber noch 3 Minuten schweres Feuer von *R 194* und *Von der Groeben* und sackte dann langsam mit verminderter Fahrt an der Backbordsicherung entlang. Nachdem die MTB's die Voraussicherung durchbrochen hatten, wurden sie von den M-Booten der

inneren Sicherung unter Feuer genommen, und zwar vor allem von *M 24* und *M 27* (s. Aufstellung Munitionsverbrauch). Das 3. MTB soll nach Angaben der 8. M-Fl. nach dem ersten 10,5-Treffer gesunken sein. Ein feindlicher Torpedo, der an *Schwabenland* vorbeilief, wurde von *M 257* gesichtet, ein weiterer lief unter *M 254* durch. *M 27* erhielt 2 Kanonen- und 17 MG-Treffer. An Bord von *M 24* befand sich ein Kriegsberichter, der Sonderführer M. A. Maat Heinz Kramer, von dem möglicherweise Schilderungen des Geleits existieren.
Beim Ablaufen gerieten die englischen Boote noch in das Feuer von *V 1505* und *V 1506*, die ihrerseits zwei bzw. einen 4-cm-Bofors-Treffer und einige MG-Treffer erlitten. Für dieses Gefecht wurden 2 Feindboote als mit Sicherheit vernichtet gemeldet.

3. Gefecht
Gegen 03.15 Uhr wurden an Backbord in etwa 2000 m Entfernung mitlaufende Gegnerboote festgestellt. Es kam nur zu einem kurzen Anlauf des Gegners von 03.42 — 03.45 Uhr, nach dem ein MGB als versenkt gemeldet wurde. Bei diesem 3. Anlauf wurde nur noch geringe Angriffsbereitschaft der britischen Boote festgestellt.

Die einzigen Ausfälle auf deutscher Seite bestanden in einem Schwer- und fünf Leichtverletzten. Als Erfolge wurde die Versenkung von 5 britischen MTB's bzw. MGB's gemeldet, von denen drei später anerkannt wurden: *R 39* schoß ein MTB in Brand. Ein MTB wurde gemeinsam durch *M 27, M 28* und *Von der Groeben* vernichtet, das dritte durch *Brommy, R 34, R 175, R 176, M 27* und *M 152* in Zusammenwirken mit *V 1501, V 1506* und *V 1505*. Nach den britischen Verlustmeldungen lassen sich zwei der versenkten Boote als *MTB 43* und *MTB 237* identifizieren.
Der doppelte Erfolg — geglückte Durchführung der Geleitaufgabe ohne Schäden an der *Schwabenland* und Versenkungserfolge — wurde mit sehr hohem Munitionsaufwand in den drei Nachtgefechten errungen. Die nachstehende Übersicht gibt gleichzeitig einen Überblick über die eingesetzten Waffen und den Anteil der einzelnen Boote:

Einheit	10,5 cm	8,8 cm	3,7 cm	2 cm	1,5 cm	13,2 mm	8 mm
12. R-Fl. (Kptl. Maurer)							
R 34				900			200
39				450			1500
40				100			–
175				1200			150
176				500			
177				800			
194				660			
195				1500			
2. R-Fl.							
R 82 (Oblt. z. S.				360			70
Succo)				790			1550
87 (Stabsobstm.							
Fug)							
8. M-Fl.							
M 27	130			1600			300
28			80	160			
257 (Reichhardt)	30		194				
152 (Oblt. Wolff)							200
24 (Oblt. Hinkel)	99			1240			
15. V.-Fl.							
V 1501			265	730	200		
1505 (Lt. Mandix)			63	1437		209	86
1506				1690	320		
18. V-Fl.							
V 1802 (Lt. Meinhardt)			150	2750		400	
1806 (Fähn.							
Engellandt)			158	1750		390	
1809		122	30	300		100	
1812		72	155	1250		140	260
Von der Groeben	6		55	950			350
Brommy	keine Angaben						
Schwabenland			360	1000			800
	265	186	1510	22117	520	1239	5466

Insgesamt wurden also rd. 450 Schuß der schweren und 31 000 Schuß der leichten Waffen des Geleits abgegeben.

Nach dem gelungenen Durchbruch durch die Kanalenge wurde die *Schwabenland* am 14. 9. 42 nach Tromsö zum Norwegeneinsatz ver-

Schwabenland nach der Torpedierung am 24. 3. 1944 im Egersund auf Strand gesetzt. Eine der beiden an Bord befindlichen BV-138 ist dabei ins Meer gestürzt.

legt. Über die folgenden 18 Monate liegen bisher keine Unterlagen oder Berichte vor. Am 24. 3. 1944 erhielt das Schiff vor Egersund einen Torpedotreffer durch das britische U-Boot *Terrapin* (LtCdr. Martin). Schwer beschädigt konnte es aber noch auf Strand gesetzt (s. Foto) und später geborgen werden. Ab 7. 2. 1945 diente es als nicht mehr seefähiges Lagerschiffder MAST Oslo, ab 15. 1. 1946 als Wohnschiff in Oslo/Sandvika. Ende des Jahres wurde die *Schwabenland* noch einmal schwimmfähig gemacht und am 31. 12. 1946 mit Gasmunition im Skagerrak von den Engländern versenkt.

MS. OSTMARK

Da sich die Katapultschiffe auf dem Südatlantik bewährten, entstanden sehr bald Pläne für ein drittes Flugsicherungsschiff, um eines für den Nordatlantik frei zu bekommen. Die Lufthansa entschloß sich aber diesmal, das Problem nicht durch einen Umbau zu lösen, sondern ein Schiff nach den Bedürfnissen des Luftpostdienstes in Bau zu geben. Auf Grund der Neukonstruktion für den reinen Küstenbetrieb konnte das Schiff erheblich kleiner als seine Vorgänger sein. Die *Ostmark* lief am 15. April 1936 bei den Kieler Howaldts-Werken vom Stapel. Die Ablieferung erfolgte am 16. Mai 1936. Die Erfahrungen, die man bisher mit den beiden Vorläufern gemacht hatte, kamen bei der *Ostmark* voll zur Anwendung. Sie besaß beispielsweise nur ein Deck und darüber ein sogenanntes Aufbaudeck, das fast bis zum Heck verlängert war. Auf diesem Aufbaudeck befand sich die 41,5 Meter lange Katapultanlage. Die Anlage war ein wiederum von Heinkel verbessertes Katapult K 9. Der Bau der Großteile des Katapults erfolgte, wie bei den Katapulten K 6 und K 7, bei der Firma Friedrich Krupp in Essen. Der Zusammenbau des Schienenträgers erfolgte bei den Kieler Howaldts-Werken bzw. bei den früheren Mustern auf der jeweiligen Bauwerft des Schiffes. Das Katapult war ebenfalls in der Lage, Flugzeuge mit einem Startgewicht bis zu 15 Tonnen abzuschleudern. Hinter der Katapultanlage lag noch eine etwa 20 m lange Abstellbahn mit einer Drehscheibe von 6 m Durchmesser. Diese Drehscheibe war notwendig, um die mit der Nase nach achtern abgesetzten Flugboote in Startposition zu bringen. Unter der Abstellbahn war eine Werkstatt eingerichtet. Die *Ostmark* hatte zwei nebeneinanderstehende, wie bei einem Flugzeugträger wegklappbare Signalmasten, an denen sich auch die ebenfalls wegklappbaren Auspuffrohre befanden. Diese Anordnung machte einen Schornstein überflüssig.

Am Heck war ein von der Hamburger Kranfirma Kampnagel AG entwickelter Spezialkran installiert. Der Kran hatte eine Tragkraft von 15 Tonnen und war ebenfalls schwenkbar montiert. Die Kransäule war als Mast ausgebildet und trug einen Scheinwerfer für den Nachtflugverkehr. Ebenfalls am Heck war das Schleppsegel montiert. Da die *Ostmark* jedoch in Küstengewässern operierte, stellte das Schleppsegel nur eine zusätzliche Sicherheitseinrichtung dar und kam selten zur Anwendung. Das Schleppsegel wurde von der Firma Friedrich Beilken in Vegesack hergestellt.

Ebenso wie ihre Vorgänger erhielt die *Ostmark* eine Funk- und Peilstation.

Im Vorschiff der *Ostmark* befanden sich elf stehende Behälter von

Ostmark mit einer DO-18 am Haken. Die Signalmasten befinden sich in Arbeitsstellung.

Ostmark mit weggeklappten Signalmasten. (Lufthansa-Archiv)

je 17 000 Liter Inhalt für Flugbenzin. Mit dieser Anlage war es möglich, die Flugzeuge an Bord aufzutanken.

Die Indienststellung der *Ostmark* erfolgte am 2. Juni 1936 für den Südatlantikdienst. Das Schiff war in Bathurst stationiert. Die *Ostmark* blieb bis zum Herbst 1939 auf ihrer Position. Bis zu dieser Zeit wurden im Südatlantikdienst annähernd 500 Ozeanflüge durchgeführt.

Die *Ostmark* wurde auf ihrer Position vom Ausbruch des II. Weltkrieges überrascht. Sie befand sich aber z. Zt. der ersten Kampfhandlungen im neutralen Bolama/Portugiesisch-Guinea und traf schließlich am 6. September 1939 in Las Palmas ein. Am 1. 9. 1940 wurde es dort nach dem RLG beschlagnahmt. Am 3. September 1940 unternahm das Schiff einen Durchbruchversuch zu der inzwischen von deutschen Truppen besetzten französischen Küste. Der Durchbruch gelang und die *Ostmark* traf am 19. September 1940 unbeschädigt in der Girondemündung ein. Hier wurde es dem Marinebefehlshaber Westfrankreich, Kpt. z. See Schall-Emden, unterstellt. Am 23. September wollte das Schiff seine Reise in Richtung Brest fortsetzen. Am 24. September wurde die *Ostmark* auf der Fahrt nach Brest, im Geleit der Minensuchboote *M 6* und *M 12*, in der Nähe der Île d'Yeu von dem britischen Unterseeboot *Tuna* torpediert. Auf Grund des Torpedotreffers sank die *Ostmark* kurze Zeit später. Die Besatzung konnte bis auf ein Mitglied gerettet werden.

MS. FRIESENLAND

Die *Friesenland* entstand als viertes Flugsicherungsschiff der Lufthansa, sie war eigens für den Nordatlantikdienst konstruiert.

Das Schiff wurde von den Kieler Howaldts-Werken gebaut und lief am 16. März 1937 von Stapel. Am 13. Mai 1937 wurde die *Friesenland* der Lufthansa übergeben. Am 16. Juni 1937 fand in Swinemünde die erste Erprobung des neuen Schiffes statt.

Das Schiff war, wie bereits erwähnt, eigens für den Nordatlantik erbaut worden. Es war deshalb wesentlich größer und seegängiger als die *Ostmark*. Die *Friesenland* verfügte außerdem über eine stärkere Motorenanlage und war erheblich schneller als ihre Vorgänger.

Die Blohm & Voss Ha-139 »Nordwind« über der *Friesenland*.
(Lufthansa-Archiv)

Katapultstart eines Dornier-Wal auf der *Friesenland*. (Lufthansa-Archiv)

Da für den Nordatlantikdienst wesentlich schwerere Flugzeuge vorgesehen waren, mußte die Katapultanlage dieser Tatsache Rechnung tragen. Die Heinkel-K-10-Katapultanlage stellte gegenüber der K 9 eine weitere Verbesserung dar. Sie war in der Lage, Flugzeuge bis zu einem Gewicht von 17 Tonnen abzuschleudern. Die Anlage war wieder auf dem Achterschiff montiert worden, während das Vorschiff alle Merkmale eines Frachtschiffes aufwies. Der Abschuß erfolgte über Heck, so daß eine Drehung der Flugzeuge überflüssig wurde. Die Gleisverlängerung hinter der Schleuderbahn diente als Abstellbahn. Die Transportanlage bestand aus drei parallelen und je mit einer Drehscheibe versehenen Schienenpaaren und gestattete ein schnelles Verschieben der Flugzeuge an Deck. Besondere Stoßstangen, eine Neukonstruktion, erleichterten die schwierige Verschiebearbeit und erhöhten gleichzeitig die Geschwindigkeit der Arbeitsvorgänge. Die mittlere Bahn führte über eine Wippe auf eine geneigte Ebene zur offenen Werkstatt auf dem Hauptdeck. In dieser überdachten Werkstatt konnte ein Flugzeug überholt werden (bei den anderen Schiffen war das nur an Land möglich), und gleichzeitig konnte ungehindert ein anderes gestartet werden. Die Werkstatt konnte außerdem bei stürmischem Wetter seitlich mit Planen verschlossen werden.
Die Katapultanlage hatte eine Länge von 41,5 Metern. Die Startgeschwindigkeit eines 18-Tonnen-Flugzeuges betrug 150 km/h, die in 1,52 Sekunden erreicht wurden.
Noch ein Wort zur Katapultanlage. Es wird in verschiedenen Veröffentlichungen behauptet, daß die *Friesenland* nur über *zwei* Drehscheiben verfügte. In einem Aufsatz von Dipl.-Ing. Prof Dr. Heinrich Herner in der Zeitschrift Schiffbau — Schiffahrt und Hafenbau, Heft 17 vom 1. September 1937 wird aber ausführlich beschrieben, daß die *Friesenland* doch über *drei* Drehscheiben verfügte, wie im Generalplan vorgesehen. Die Drehscheibe auf der Backbordseite (Schleuderbahn) und die Drehscheibe der mittleren Transportbahn, die in die Werkstatt führte, hatten einen Antrieb, einen 6-PS-Elektromotor. Die Drehscheibe auf der Steuerbordseite dagegen wurde von Hand angetrieben.
Der Kran der *Friesenland* war wiederum von der Kampnagel AG, Hamburg gebaut und stellte gegenüber seinen Vorläufern eine Weiterentwicklung dar. Er war für Flugzeuge von 18 t Startgewicht

ausgelegt und verfügte über eine Tragkraft von 15 Tonnen. Bei Belastungsversuchen hob der Kran jedoch mühelos 20 t.
Er war auf 2,4 m nach Steuerbord aus Mitte Schiff achtern montiert und konnte ebenfalls das Traggerüst mit dem Ausleger flach an Deck niederlegen, um einen reibungslosen Flugbetrieb zu gewährleisten. Der Vorgang des Ablegens oder Aufrichtens dauerte nicht einmal fünf Minuten.
Die *Friesenland* verfügte ebenfalls über eine Betankungsanlage für die Flugzeuge. Sie bestand aus zehn horizontal liegenden Behältern von je 25 000 Litern Inhalt.
Am 19. August 1937 ging die *Friesenland* nach eingehender Erprobung in der Nordsee auf ihre Position bei den Azoren in Dienst und löste die *Schwabenland* ab.
Kommandant des Schiffes war Kapitän Dettmering; ferner bestand die Besatzung aus 14 Offizieren, 8 Unteroffizieren, 26 Mannschaften und 34 Mann Flugpersonal.
Mit der *Friesenland* und der *Schwabenland* führte die Lufthansa bis in den November 1937 insgesamt sieben Hin- und Rückflüge durch. Durch den Einsatz der zwei Flugsicherungsschiffe war es überflüssig geworden, den Flugzeugen nachzufahren.
Im Dezember 1937 kehrte das Schiff nach Deutschland zurück, um bei den Howaldtswerken-Hamburg umgebaut zu werden.
Für das Jahr 1938 rechnete die Lufthansa mit der offiziellen Genehmigung für den Postdienst seitens der Regierung der USA. Als diese nicht erteilt wurde, verlegte die *Friesenland* im Februar 1938 nach Fernando Noronha für den Südatlantikdienst. Im Sommer 1938 begann die Lufthansa mit einer Reihe planmäßiger Flüge, die nicht mehr den Erprobungscharakter trugen, sondern bereits einen regelmäßigen Dienst nach Flugplan simulierten. Zu diesem Zwecke wurde im Juli die *Friesenland* wieder in den Nordatlantik verlegt. In der Zeit vom 21. Juli bis zum 20. Oktober 1938 fanden insgesamt vierzehn dieser Hin- und Rückflüge statt.
Als auch für 1939 die Genehmigung für den offiziellen Postdienst ausblieb, sah die Lufthansa ihre Bemühungen für den Nordatlantik vorerst für gescheitert an.
Bereits am 28. 11. 1938 ging die *Friesenland* nach kurzem Aufenthalt in der Heimat, wieder in See und löste die *Westfalen* auf ihrer Position bei Fernando Noronha im Südatlantik ab. Bis zum August

Friesenland im Kriegseinsatz. Auf der Back einer der 2-cm-Flakstände.

1939 blieb das Schiff auf dieser Position und schleuderte nur noch die drei viermotorigen Schwimmerflugzeuge vom Typ Ha 139 sowie die beiden neuen von Dornier entwickelten Flugboote des Typs Do 26 (*Seeadler* und *Seefalke*) ab.
Im August 1939 kehrte sie nach Deutschland zur Überholung zurück. Kurz vor ihrem Auslaufen in den Südatlantik wurde sie vom Kriegsausbruch überrascht. Am 5. 9. 1939 wurde die *Friesenland* von der Luftwaffe übernommen und zunächst dem Seefliegerhorst Hörnum/Sylt zugeteilt. Später wurde das Schiff für das Norwegen-Unternehmen abgestellt. Sie schleuderte vor Travemünde im Frühjahr 1940 Nachschubflugzeuge in Richtung Norwegen. Der Schleuderstart erwies sich für diese Flüge als sehr nützlich, da die Flugboote bedeutend schwerer beladen werden konnten, als beim Wasserstart.

Im September 1940 wurde die *Friesenland* nach Drontheim verlegt. Nach kurzem Einsatz im Norden kam sie Ende Oktober zur Westküste Frankreichs, erst in den Raum Brest, dann nach Bordeaux. Aber bereits im September 1941 wurde das Schiff wieder nach Drontheim rückverlegt. Der Kanaldurchbruch erfolgte wie bei den anderen Schleuderschiffen unter Geleitschutz. In der Nähe Vlissingen wurde das Geleit von britischen Flugzeugen angegriffen. Im Verlauf des Angriffs erhielt die *Friesenland* auf dem Achterschiff einen Bombentreffer, der einen Brand verursachte. Nach kurzer Reparatur in Bremerhaven ging die *Friesenland* dann nach Drontheim und verlegte wenig später am 26. 11. 1941 nach Tromsö, wo sie bis zum Frühjahr 1943 verblieb. Im Juli 1943 verlegte sie in den Bille-Fjord. Am 19. September 1944 wurde die *Friesenland* bei einem sowjetischen Fliegerangriff schwer beschädigt. Sie erhielt einen Treffer durch einen Lufttorpedo am Bug. Das Vorschiff wurde dabei vollkommen zerstört. Der Kiel wurde durchschlagen und die Bordwand an beiden Seiten von unten bis oben aufgerissen, so daß der Bug nur durch die Platten des Oberdecks mit dem übrigen Schiff verbunden war. Das Schiff wurde vom Kapitän aus Sicherheitsgründen auf den Strand gesetzt, da die Gefahr bestand, daß das Maschinenschott nachgeben würde. Aber das Schott blieb dicht. Nach etwa vier Wochen fuhr die *Friesenland* mit Schlepperhilfe und Geleit zur Bogenbucht, etwa 15 Seemeilen vor Narvik. Hier wurde das Schiff dem Marine-Reparatur- und Ausrüstungsbetrieb (Maureb) als Werkstattschiff zugeteilt. Trotz seiner großen Beschädigung unternahm es zahlreiche Fahrten zwischen Bogen, Narvik und dem Skjomen, einem Fjord südlich von Narvik, wo ein U-Boot-Stützpunkt existierte. Ende März 1945 wurde die *Friesenland* im Marinedock in Bogen eingedockt und der Bug durch einige Profilleisten mit dem Schiff fester verbunden; außerdem wurde der Fockmast entfernt, um den Bug zu entlasten.

Erst im April 1946 erklärten die Engländer die *Friesenland* zur Beute und wollten es zum Mutterschiff für Flugboote umbauen (Depotschiff für Sunderland-Flugboote der Royal Air Force). Da man die Überfahrt über die Nordsee mit dem beschädigten Vorschiff für zu gefährlich hielt, schleppten die Engländer das Schiff erst nach Wilhelmshaven, wo der Bug abgetrennt wurde und ein behelfsmäßiger, aus dünnen Blechen bestehender, stumpfer Bug angeschweißt wurde. Ende September ging die *Friesenland* dann noch unter deutscher Besatzung nach der Reede von Rosyth im Firth of Forth und Anfang November 1946 nach Burntisland/England. Am 19. März 1947 schließlich erfolgte die offizielle Übergabe an die Royal Air Force (RAF). Die RAF hatte offensichtlich aber doch keine Verwendung für das Schiff und verkaufte es im Dezember 1949 an die Reederei Alva S.S. Co., London. Es erfolgte anschließend in Hamburg der Umbau der *Friesenland* zum Fruchtschiff. Ab 1950 fuhr es dann unter Panamaflagge mit neuen Namen *Fairsky.* 1952 ging das Schiff in italienischen Besitz über und fuhr als *Castel Nevoso.*

1969 wurde das Kühlschiff, seit Ende 1968 wieder unter Panamaflagge als *Argentina Reefer*, nach 32 Dienstjahren in Faslane von Shipbreaking Industries Ltd. abgewrackt.

	K 4	K 6	K 7	K 9	K 10
Leistungen					
Abfluggewicht (t)	3,5	14	14	15	18
Abfluggeschwindigkeit	110 Km/h	150 Km/h	150 Km/h	150 Km/h	150 Km/h
Beschleunigung (max.)	3,0 g	3,5 g	3,5 g	3,5 g	3,5 g
Beschleunigung (mittl.)	?	2,8 g	2,8 g	2,8 g	2,8 g
Beschleunigungsdauer	?	1,52 sek	1,52 sek	1,6 sek	1,52 sek
Betriebsdruck; (atü)	85	160	160	170	170
Abmessungen					
Länge – Beschleunigungsstrecke	20 m	31,6 m	31,6 m	31,6 m	31,6 m
Länge – Bremsstrecke	3 m	5,0 m	5,75 m	5,5 m	5,75 m
Gesamtlänge (m)	27,32	41,2	41,5 m	41,5	41,5
Breite des Katapults	?	2,0 m	2,2 m	2,2 m	?
Höhe der Träger (m)	2,38	1,44	0,5	–	?
Hub des Kolbens	?	5,7 m	5,4 m	?	?
Gewicht der Katapultanlage (t)	24	58	93	96	ca. 96
Baujahr	1930	1932	1933	1936	1937
eingebaut auf	*Europa*	*Westfalen*	*Schwabenland*	*Ostmark*	*Friesenland*

Leistungen und Abmessungen der verschiedenen Katapulttypen.

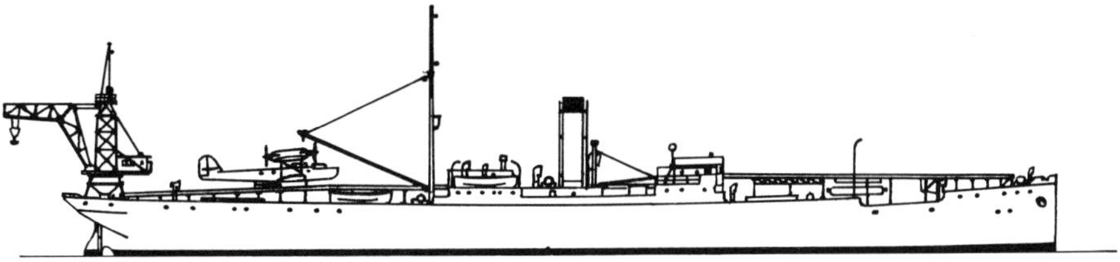

Flugstützpunkt *Westfalen,* 1. Form (Grö/Mrv)

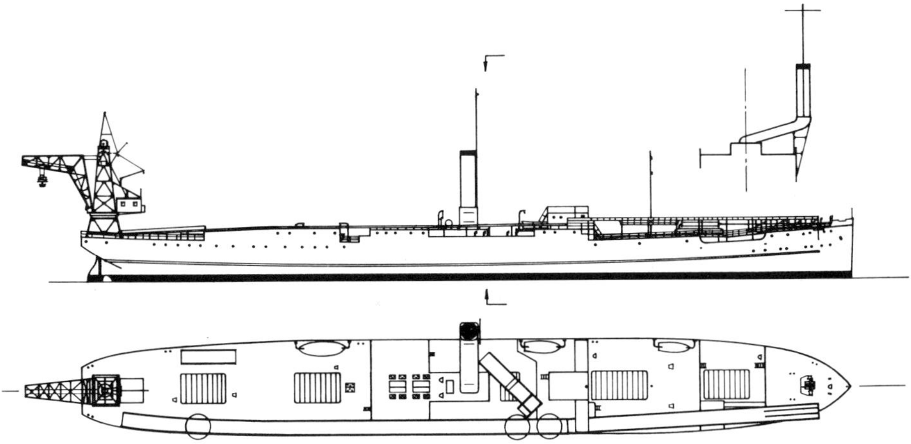

Westfalen nach Umbau im 2. Weltkrieg mit freiem Oberdeck (Mrv)

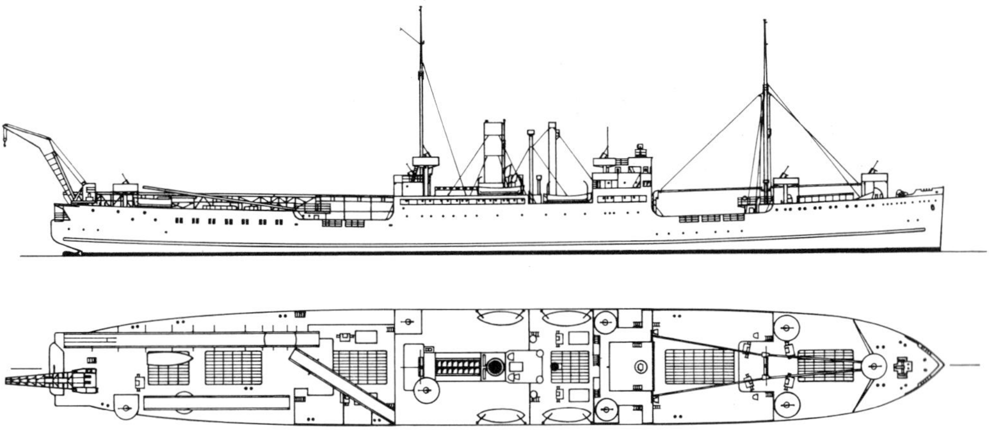

Flugstützpunkt *Schwabenland;* Kriegsaussehen, nachdem beim letzten Umbau die tiefergelegene Abstellposition neben dem Katapult und die ansteigende Aufschleppe entfernt worden waren. (Mrv)

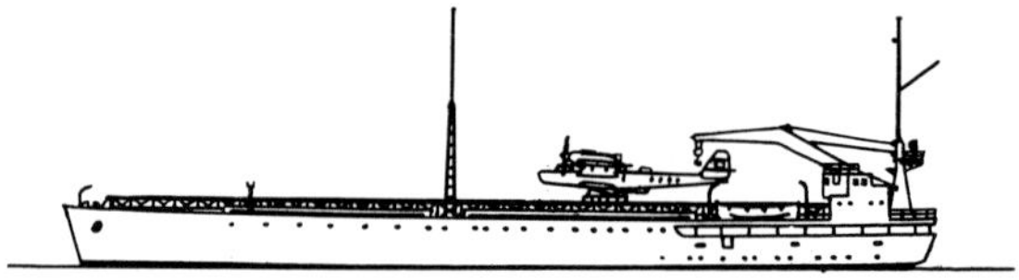

Flugstützpunkt *Ostmark*, Backbordseite (Grö)

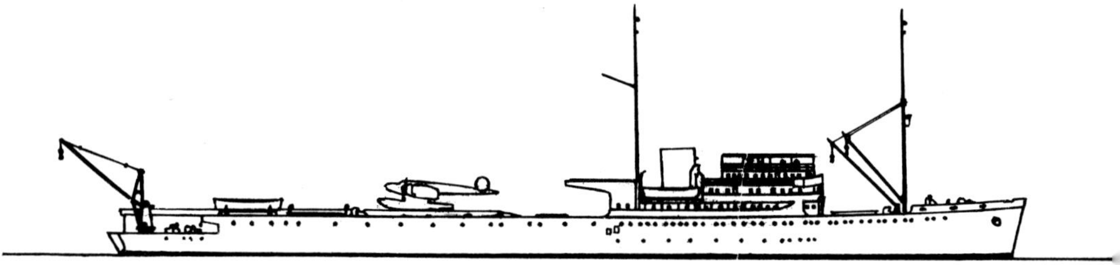

Flugstützpunkt *Friesenland* (Grö)

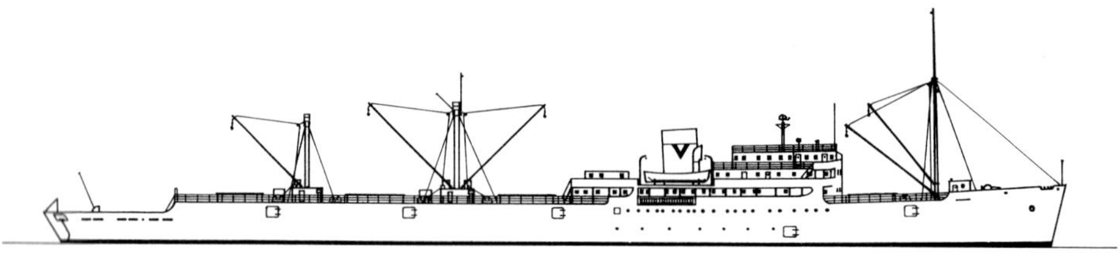

Friesenland nach Umbau zum Fruchtschiff *Fairsky*. (Mrv)

Name	*Westfalen*	*Schwabenland*	*Ostmark*	*Friesenland*
Schiffstyp und Bauart	*S/S* Flugstützpunkt 3 Decks	*M/S* Flugstützpunkt 2 Decks	*M/S* Flugstützpunkt 1 Deck	*M/S* Flugstützpunkt 2 Decks
Eigner	Deutsche Lufthansa AG. Berlin	Deutsche Lufthansa AG. Berlin	Deutsche Lufthansa AG. Berlin	Deutsche Lufthansa AG. Berlin
Bauwerft, Bau-Nr.	Joh. C. Tecklenborg AG. Geestemünde, 208	Deutsche Werke AG. Kiel 180	Howaldswerke Kiel 747	Howaldswerke Kiel 755
Stapellauf	11. 1905	3. 1925	15. 4. 1936	16. 3. 1937
Umbauwerft	Deschimag		–	–
Umbauzeit	Frühj. 1933 194.	1934 1937/8	–	–
BRT	5367	8188	1280	5434
t			1780	6813
Länge (m)	130,5 üa 124,8 pp	147,0 üa 142,7 pp	78,0 üa 74,0 pp	140,5 üa 133,7 pp
Breite	16,1	18,4	11,3	16,6
Tiefgang	8,5	9,9	4,7	8,2
Seitenhöhe	9,4	10,7	5,4	9,0
Antriebsanlage	1 steh. 4 zyl. 4fach Exp.-M. 4 Kessel 15,5 atü 1 Schr.	2 6zyl. 4takt DKW-DM 2 Schr.	2 1ozyl 2takt MAN-DM 2 Schr.	2 9zyl. 2takt MAN-DM 2 Schr.
PS	2750 i	3600 e	1800 e	5800 e
kn	11,5	11	13,5	16
Waffen	 1 Ktpt. K 6 1 Beckerkran 15 t	8–2 u. 3,7 Flak 1 Ktpt. K 7 1 Kampnagel- kran 15 t	 1 Ktpt. K 9 1 Kampnagel- kran 15 t	2 Flak 1 Ktpt. K 10 1 Kampnagel- kran 20 t
Besatzung	47 + 38	9,56 +	5,24 + 18	15,34 + 34

Nachdem Erfahrungen über den routinemäßigen Einsatz von Flugbooten durch Katapultschiffe aus dem Nord- und Südamerikadienst der Lufthansa vorlagen, gab die Luftwaffe 1937 den Auftrag zum Bau des ersten luftwaffeneigenen Schleuderschiffs an H. C. Stülcken Sohn, Hamburg. Es sollte zum Katapultieren von Flugzeugen von 3,5—18 t Fluggewicht in flachem und beengtem Fahrwasser dienen und wurde mit einem Heinkel-Katapult ausgerüstet. Bei einer Schiffslänge von 70,25 m über alles betrug die Länge der Startgleitbahn 44,20 m, die des Beschleunigungsweges 31,5 m. Es wurde damit eine maximale Abschußgeschwindigkeit von 150 km/h erreicht. Auf dem Achterdeck wurde ein feststehender Kampnagel-Drehkran mit einer Tragkraft von 18 t und einer Hubhöhe von 20 m eingebaut. Das Schiff bot damit Übernahme- und Startmöglichkeit für Do 18, Do 24 und BV 138. Diese konnten hinter der Startbahn auf einem mittleren Abstellgleis und auf einem Abstellgleis an Steuerbordseite untergebracht werden. Im Bereich des Steuerbordgleises lud das Heck des Schiffes weiter aus, so daß das Schiff von oben gesehen stark asymmetrisch wirkte. Die Abnahme des ersten Schiffes *Sperber* erfolgte am 26. 11. 1938.

Bei Kriegsausbruch wurde das Schleuderschiff von Großenbrode nach Hörnum verlegt und, wie schon erwähnt, die *Friesenland* und bis Jahresende auch die beiden älteren in der Heimat befindlichen Katapultschiffe *Schwabenland* und *Westfalen* der Lufthansa gechartert bzw. mit Beschlag belegt. Es wurde jedoch sehr schnell klar, daß die Einrichtungen des Schleuderschiffs *Sperber* nicht mehr genügten, um Flugzeuge der neueren Baumuster in den geforderten kurzen Zeitabständen zu starten. Daher wurde noch 1939 die Konstruktion eines leistungsfähigeren Schleuderschiffs SP II durch Stülcken eingeleitet, von dem zunächst 4 Einheiten gebaut werden sollten. Diese sollten vom Frühjahr 1941 an in Jahresabständen zur Ablieferung kommen. Der Bau der ersten beiden Schiffe konnte aber erst 1940 an F. Schichau, Königsberg, vergeben werden, nachdem die KM dort eine Helling hierfür freigegeben hatte.

Die neuen Schiffe waren mit 98,30 m Länge über alles um 40 % länger als die *Sperber.* Die Heinkelschleuder konnte daher eine Startgleitbahn von 60,5 m mit einem Beschleunigungsweg von

Luftwaffen-Schleuderschiff *Sperber* mit einer BV-138 vor dem 2. Weltkrieg. An der Backbordseite der Brücke der Luftwaffen-Adler in halbplastischer Ausführung.

BV-138 auf dem Katapultschlitten der *Sperber;* in der linken Bildhälfte die asymmetrische Verbreiterung des Decks an der Steuerbordseite. (Sammlung Kelling)

Schleuderschiff *Bussard* (Klasse SP II)

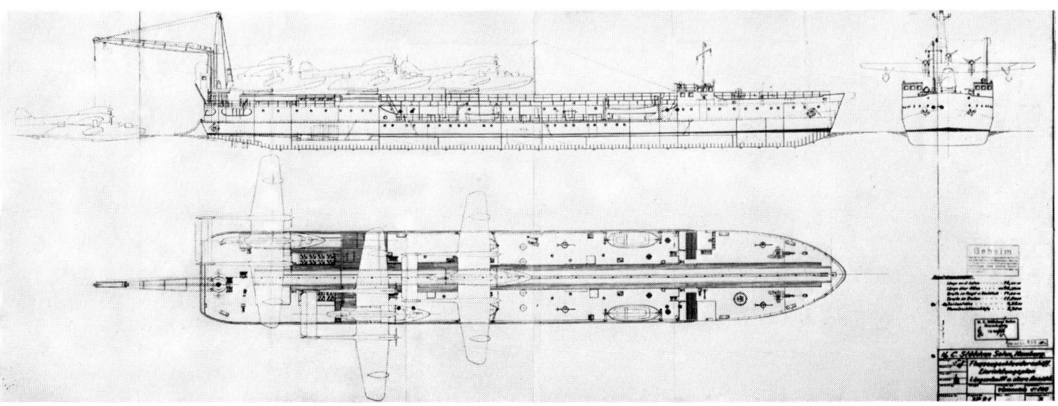

Backbordansicht der *Bussard* während der Probefahrten. Kran in Arbeitsstellung. Im Gegensatz zur *Sperber* führt das Schiff den Luftwaffenadler nicht nur an der Brücke, sondern auch am Bug, doch offenbar nicht in halbplastischer Ausführung.

Bussard kurz nach der Indienststellung im Juni 1942; Kran beigeklappt. (Archiv Gröner)

Bussard nach Umbau zum niederländischen Saugbagger *Ahoy* um 1952. (Sammlung v. Münching)

Falke kurz nach der Indienststellung auf dem Marsch, Kran beigeklappt.

Falke im Einsatz vor der norwegischen Küste 1944. Drei BV-138 befinden sich auf den Abstellplätzen (s. Plan p. 99). Man beachte die inzwischen weiter nach vorn vorgezogene Bordwand unterhalb der Flugboote. Neben dem Schleuderschiff ein Flugbetriebsboot aus der Klasse C III mit vierstelliger Nummer, möglicherweise eines der in Norwegen gebauten Boote.

44,5 m aufweisen. Damit wurde eine Abschußgeschwindigkeit von 180 km/h erreicht, was ein höheres Abschußgewicht von 20 t zuließ. Kranausrüstung und Abstellbahnen entsprachen denen der *Sperber*, doch hatte man auf die Ausladung des Decks in Höhe der Steuerbord-Abstellbahn verzichtet (s. Plan p. 99) und stellte die Maschinen versetzt und seitlich überhängend ab. Da im ersten Kriegswinter Eisbeschädigungen an den Voith-Schneider-Propellern der *Sperber* aufgetreten waren, wurde für die Klasse SP II ein besonderer Propellerschutz konstruiert, den dann auch die *Sperber* erhielt. — Die beiden Einheiten der Klasse unterschieden sich vor allem dadurch, daß *Bussard* noch teilweise genietet, *Falke* jedoch vollkommen geschweißt wurde.
Die beiden neuen Schiffe wurden am 1. 5. und 22. 11. 1942 abgenommen. Zu den weiteren, ursprünglich geplanten Bauten kam es auf Grund der angespannten Werftsituation nicht mehr, obwohl in der Liste der Schiffe und Boote vom 1. 10. 40 sogar die Registriernummern SP 21—29 für diese Klasse vorgesehen waren.
Beide Schiffe verlegten jeweils kurz nach der Abnahme an die Küste des Skagerrak bzw. die Westküste Norwegens. Sie stießen hier zu den Lufthansa-Schiffen, die schon als Stützpunkte für BV-138-Ketten dienten. Diese Flugzeuge waren vor allem zur Aufklärung im Bereich der Nordsee und des Nordmeeres eingesetzt. Der Katapultstart machte ein volles Betanken der Flugzeuge und damit eine längere Flugdauer (normale Flugdauer 6,5 Stunden ≙ 1250 km Reichweite; bei Katapultstart 18 Stunden ≙ 3900 km) möglich. Außerdem wurden die Maschinen beim Katapultstart vom Seegang unabhängig, womit sich die Behinderungen durch das Wetter nicht mehr so einschneidend wie sonst bei Seeflugzeugen bemerkbar machten. Unter diesem Gesichtspunkt setzte man auch in der Ostsee ab Februar 1945 die *Sperber* für die 3. Staffel der 22. Fernaufklärergruppe in Kopenhagen ein. Man bemühte sich sogar noch um eine Nachschulung der meisten Besatzungen für den Nachtkatapultstart. Während sich bei Kriegsende keines der Lufthansaschiffe mehr in einsatzfähigem Zustand befand, überstanden alle Schleuderschiffe der Luftwaffe die Kriegseinsätze. Keines der Schiffe wurde jedoch danach mehr für den Zweck eingesetzt, zu dem es entworfen war. Die *Falke* wurde als Kriegsbeute der UdSSR zugeteilt und soll angeblich den Namen *Aeronaft* erhalten haben. Nach Angaben des so-

wjetischen Flugboot-Konstrukteurs und offiziellen Historikers des sowjetischen Flugzeugbau Schawrow wurde jedoch weder dieses noch ein anderes Schleuderschiff nach dem 2. Weltkrieg zu Versuchen, sowjetische Flugboote zu katapultieren, benutzt. Bei dem damaligen Mangel an Handelsschiffstonnage wurde das Schiff vermutlich für einen anderen Zweck umgebaut, evtl. zum Tanker oder zum Bergungsschiff. Der angegebene Name (= Fliegerluftschiffer) hat daher wenig Wahrscheinlichkeit.
Eine ungewöhnliche Verwendung fand die *Bussard*. Bis 1950 lag sie als Eigentum der Fa. Heygen, Gent, in Antwerpen, die sie 1947 aus amerikanischen OMGUS-Beständen gekauft hatte. Im Sommer 1950 wurde das Schiff durch die Boele & Oosterwijk N. V, Rotterdam, angekauft und bei der N.V. Scheepswerven v/h Fa. Schram & Zn., Papendrecht, zum Saugbagger *Ahoy* umgebaut. Hierbei wurde der ursprüngliche Voith-Schneider-Antrieb entfernt, und der Deutz-DM (900 PSe) auf der Backbordseite durch einen Werkspoor-DM (1000 PSe) ersetzt. Die beiden Diesel dienten nun zum Betrieb der Pumpen und des Dynamos, ein kleiner Elektromotor (150 PSe) für die Verholwinschen. Die Treibstoffkapazität von 230 t Öl und 120 t Flugbenzin wurde beibehalten, ebenso der Kampnagelkran, der gelegentlich weiter zu Bergungen u. ä. eingesetzt wurde. In ähnlicher Weise war auch die *Sperber* noch im November 1949 in Wilhelmshaven als Schwimmkran eingesetzt. Das spätere Schicksal aller drei Schiffe ist trotz ihrer Größe und ihres unverwechselbaren Aussehens unbekannt.

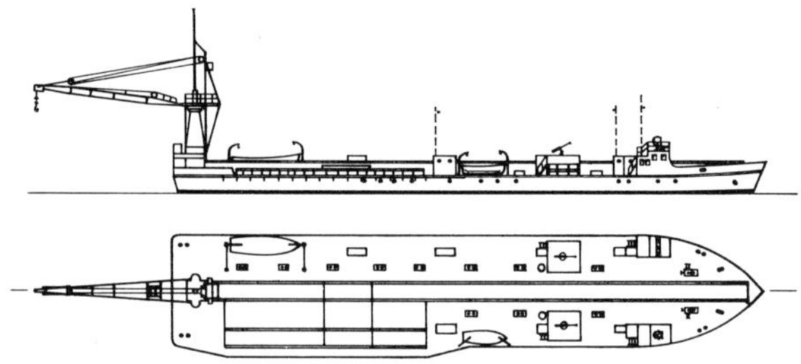

Schleuderschiff *Sperber* (Klasse SP I) (Mrv)

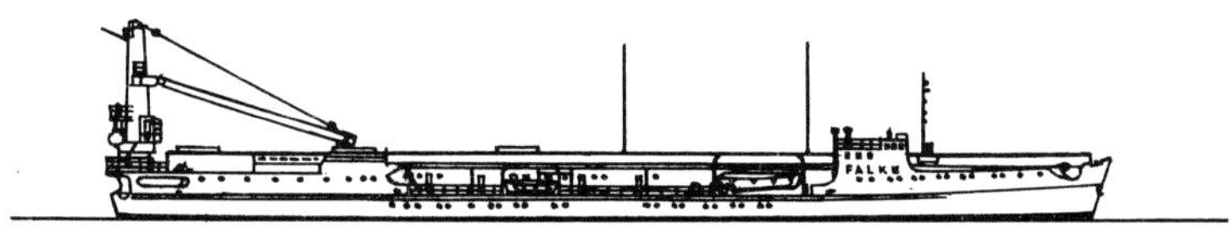

Schleuderschiff *Falke,* ähnlich *Bussard* (Klasse SP II) (Grö)

Klasse	SP I	SP II
Name, Kennung	*Sperber = SP 11*	*Bussard = SP 21* *Falke = SP 22*
Bauwerft, Bau-Nr.	H. C. Stülcken Sohn, Hamburg, 726	F. Schichau, Königsberg 1500, 1502
Stapellauf	1938	1941; 29. 7. 1940
t	1086	2040
Länge (m)	70,3 üa 67,2 pp	98,3 üa 95,0 pp
gr. Breite	14,6	14,0
Tiefgang	1,6	2,2
Seitenhöhe	3,9	4,3
Antriebslage	2 8zyl. 4takt-MWM-DM 2 Voith-Schn.-Prop. ⌀ 1800 mm	2 8zyl. 4takt-KHD-DM 2 Voith-Schn.-Prop. ⌀ 2400 mm
PS	640 e bei n = 450	1800 e bei n = 450
kn	8	12
Fahrstrecke	700 sm/8 kn	5200 sm/12 kn
Treibstoff		230 t Öl
Waffen	2–2 Flak 1 Katapult 18 t 1 Kampnagelkran 18 t	4–2 Flak 1 Katapult 20 t 1 Kampnagelkran 20 t
Besatzung	2, 18	3, 51

FLUGZEUGBERGUNG

Bereits im 1. Weltkrieg hatten die den Marinefliegern zur Verfügung stehenden kleinen Barkassen in einzelnen Fällen nicht ausgereicht, um allein ein havariertes Wasserflugzeug einzuschleppen. Mit zunehmender Größe und wachsendem Gewicht der neuen Flugzeugkonstruktionen entstand daher zunehmend die Forderung nach Schiffen, die mit einem leistungsfähigen Kran Seeflugzeuge direkt an Bord nehmen und einbringen konnten. Zwei Wege wurden bei der Konstruktion beschritten:

A) Der Bau von Schiffen mit größtmöglicher Seetüchtigkeit und hoher Geschwindigkeit zum Einsatz auf offener See: Flugsicherungsschiffe

B) Der Bau von Einheiten mit geringem Tiefgang und besonderem Propellerschutz zum Einsatz auch in flachen Gewässern: Bergungsprähme.

A) Flugsicherungsschiffe

DAS MATERIAL

Nachdem erste Versuche mit einem Fahrzeug der Gruppe B, der *Phoenix,* im Jahre 1932 nicht auf Anhieb ein zufriedenstellendes Ergebnis erbracht hatten, wurde im Herbst 1933 im Rahmen des Arbeitsbeschaffungsprogramms der neuen Regierung der Auftrag für ein Flugsicherungsschiff an die Norderwerft A.G., Hamburg, auf Grund ihrer Erfahrung im Bau von Bergungsschiffe und Dienstfahrzeugen vergeben.
Auch bei diesem Schiff war die oben skizzierte Aufgabentrennung noch nicht klar herausgearbeitet. Einerseits wurde Einsatzfähigkeit im Wattenmeer der schleswigschen Westküste gefordert, andererseits größtmögliche Seetüchtigkeit und hohe Geschwindigkeit für den Einsatz bei ungünstigem Wetter in der Deutschen Bucht, um

auch dort notgelandeten Wasserflugzeugen Hilfe bringen zu können. Das Fahrzeug wurde unter Aufsicht des Germanischen Lloyd für die Klasse »Kleine Küstenfahrt mit Eisverstärkung« gebaut und wie die Marineneubauten zu diesem Zeitpunkt bereits weitgehend elektrisch geschweißt.

Zum Aufschleppen der Flugzeuge befand sich auf dem bis zur Wasserlinie herabgezogenen, mit einer Heckklappe abgeschlossenen Achterdeck eine Slipbahn mit zwei gummigepolsterten Rollbändern. Zum Aufsetzen der Flugzeugschwimmer wurden diese Rollbänder nach hinten herabgelassen. Das Aufholen der Maschine erfolgte mittels Winden. Der Aufnahme von Flugzeugen der Muster He 42, He 60, He 114, Ar 196 und W 34 dienten außerdem zwei Ladepfosten an der Achterkante des Maschinenschachtes mit je einem 4-t-Ladebaum. Das breite, für die genannten Funktionen erforderliche Plattgattheck ergab sehr günstige Widerstandsverhältnisse und bis zur kontraktlichen Geschwindigkeit von 15 kn kaum Trimmänderungen.

Das Schiff wurde am 10. März 1934 zu Ehren des erfolgreichsten Seefliegers des Ersten Weltkrieges und früheren Kommandanten der Do X, Ministerialdirektor Friedrich Christiansen, in Anwesenheit einer großen Zahl von Fliegern des 1. Weltkrieges auf den Namen *Krischan* getauft.

Denselben Namen mit dem Zusatz II und III erhielten auch die beiden folgenden Flugsicherungsschiffe, die am 18. 5. 34 und 12. 2. 35 in Auftrag gegeben und 1935 fertiggestellt wurden. Sie stellten Schritte auf dem Wege zum endgültigen Typ des Flugsicherungsschiffes der Luftwaffe dar. Beide Schiffe führten noch die Aufschleppvorrichtung, wie sie für *Krischan (I)* beschrieben wurde, jetzt mit 3 statt 2 Rollbändern. Die Ladepfosten waren jedoch durch einen feststehenden Kampnagel-Drehkran von 7,5/10 t Tragkraft auf der *Krischan II* und einen fahrbaren Kampnagel-Portaldreh-Wippkran von 12 t Tragfähigkeit auf *Krischan III* ersetzt. Diese Kräne dienten zur Übernahme von Flugzeugen vom Heck oder von der Seite her.

(Einen festen Kran zur Handhabung von Flugbooten des Musters BV 138 führte auch bereits das Flugzeugbergungsschiff *B + V Kranich,* das Blohm + Voss für den Eigenbedarf zur gleichen Zeit aus dem Fahrgastschiff *Reichspräsident* der Hadag umbaute. Dieses

Vorbereitung zum Stapellauf des Flugsicherungsschiffes *A* am 10. März 1934 auf der Norderwerft, Hamburg. Vorn das Orchester des Deutschen Luftsport-Verbandes (DLV). (Sammlung H. Christiansen)

Krischan nach Indienststellung im Frühjahr 1934 mit einer He-5 an Bord. Am Heck über dem Heimathafen die Initialen der *D*eutschen *V*erkehrsflieger*s*chule (DVS). (Sammlung H. Christiansen)

Krischan II, später *Gunther Plüschow,* währen der Erprobung. (Foto Norderwerft)

Bernhard von Tschirschky ex *Krischan III* mit der He-60 D-IKUX an Bord.

Das Bergungsschiff der Werft Blohm & Voss, Hamburg, *B. & V.-Kranich* mit einer Ha-139 mit geändertem Leitwerk auf der Elbe.

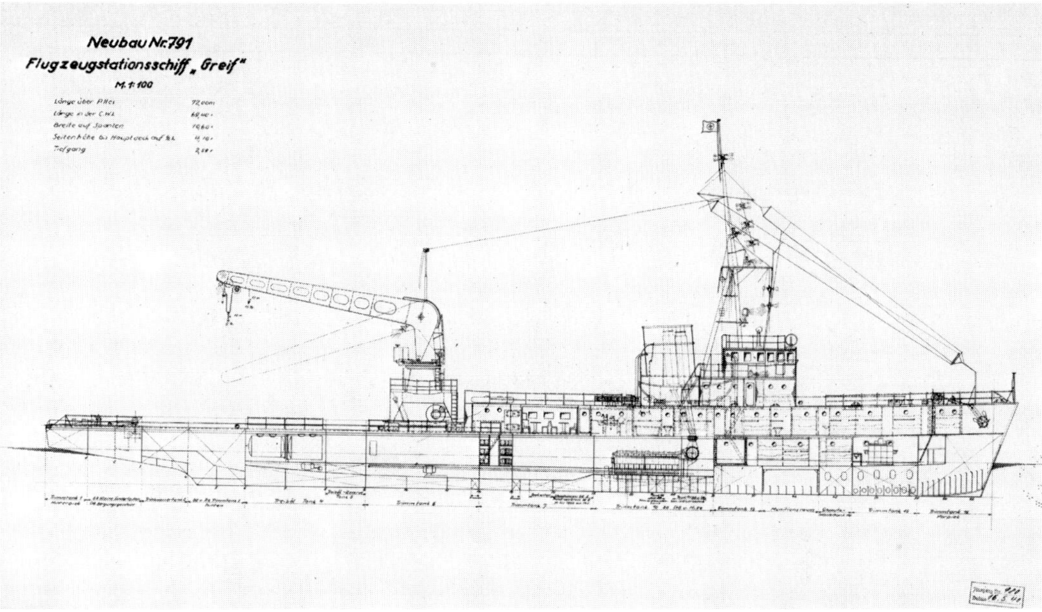

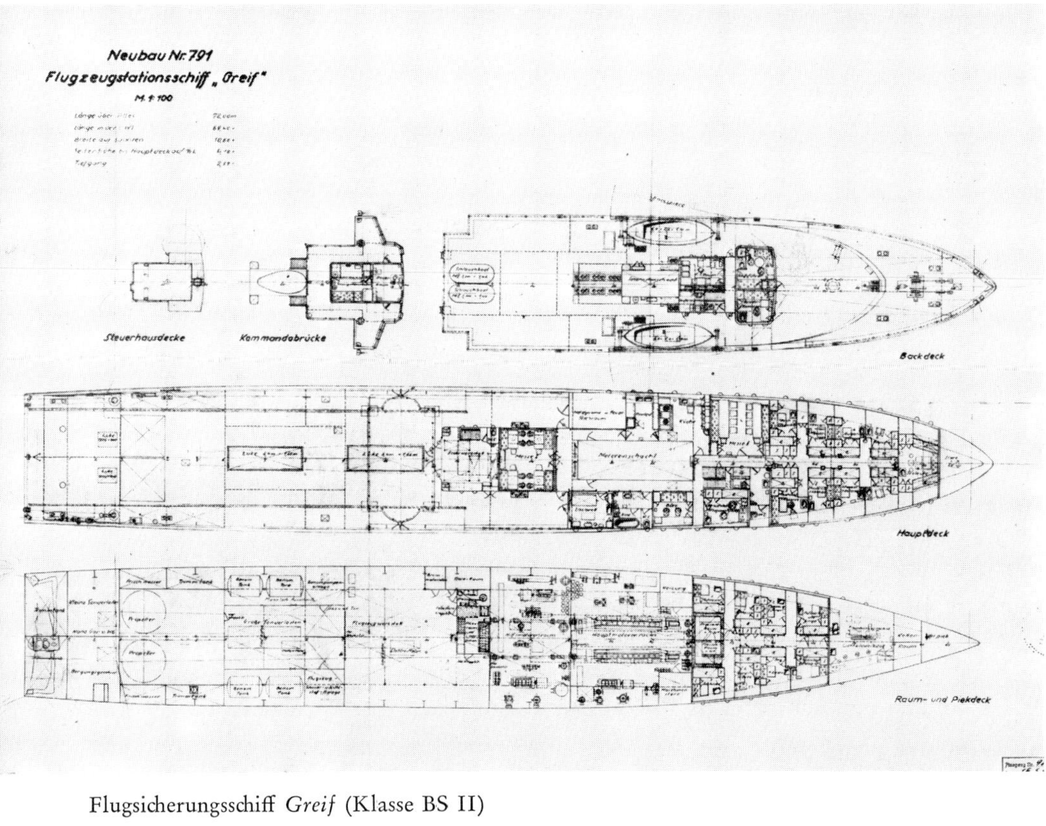

Flugsicherungsschiff *Greif* (Klasse BS II)

Schiff war zuvor als Rheinschlepper *Luwen 3* in Duisburg beheimatet gewesen, aber ursprünglich 1917 als Minensuchboot *M 77* der Kaiserlichen Marine gebaut und als solches 4 Jahre lang eingesetzt gewesen. Dieses vielseitige Schiff diente im 2. Weltkrieg zeitweilig als Hilfsflugsicherungsschiff und war vom Januar 1942 bis Februar 1943 in Norwegen (Tromsö, Billefjord) eingesetzt. Es war noch 1961 in Hamburg vorhanden).

Die beiden Flugsicherungsschiffe *Krischan II* und *Krischan III* führten außerdem Vorräte zum Betanken und Munitionieren von Flugzeugen auf See mit. *Krischan III* erhielt hierzu auch einen Torpedoklarmachraum am Ende des Aufbaus auf Steuerbordseite und konnte zwei der bereits genannten Flugzeuge bzw. der größeren Typen H 59, Do 15 Wal und Do 18 an Deck nehmen. Der Fahrbereich war gegenüber der *Krischan* mit 1500 sm/15 kn auf 4500 sm/15 kn (*Krischan II*) bzw. 3000 sm/16 kn (*Krischan III*) gestiegen, was ebenfalls den Schritt zum hochseegängigen Bergungsschiff dokumentiert.

Krischan wurde am 23. 3. 34 von der Deutschen Verkehrsfliegerschule in Dienst gestellt. Nach Abschluß der Erprobungen der beiden folgenden Neubauten und Übernahme durch das Reichsluftfahrtministerium (RML/LC) wurden die drei Schiffe vom Luftkreiskommando VI (See) (LKK VI/See) als Flugsicherungsschiff A (= *Krischan*) am 1. 7. 34, Flugsicherungsschiff B (= *Krischan II*) am 10. 3. 35 und Flugsicherungsschiff C (= *Krischan III*) am 7. 11. 35 in Dienst gestellt.

Die Besatzungen wurden vom LK VI zusammengestellt. Mit dem 13. 8. 1936 wurden als endgültige Bezeichnungen bestimmt:

Flugsicherungsschiff A = *Krischan*
Flugsicherungsschiff B = *Gunther Plüschow*
Flugsicherungsschiff C = *Bernhard von Tschirschky*

Gleichzeitig wurde als Name für das wiederum bei der Norderwerft im Bau befindliche Flugsicherungsschiff D *Peter Strasser* bestimmt. Als dieses Schiff 6 Monate später, am 20. 2. 1937, vom Stapel lief, erhielt es jedoch den Namen *Hans Rolshoven.* Es ist denkbar, daß die Verwechslungsmöglichkeit des vorgesehenen Namen mit Gregor Strasser für diese Änderung der Namenswahl den Ausschlag gab.

Zwischen den drei Flugsicherungsschiffen *Krischan I — III* und *Hans Rolshoven* liegt zeitlich in der Entwicklungsreihe dieses

Schiffstyps noch das Versuchs- und Bergungsschiff *Greif*, das nach Namengebung und Luftwaffen-Klassenbezeichnung (BS II) jedoch deutlich von den übrigen Flugsicherungsschiffen abgehoben ist. Es entstand 1937 bei den Oderwerken, Stettin, einer ebenfalls auf dem Gebiet des Dienst- und Spezialfahrzeugbaues erfahrenen Werft, die jedoch bisher nicht für die Luftwaffe gearbeitet hatte. Das Schiff unterschied sich von den drei früheren Norderwerft-Bauten durch die lange, bis über die Mitte nach hinten geführte Back, einen Dreibeinmast hinter der Brücke und einen fahrbaren MAN-Portaldrehkran mit 13 t Tragkraft. Auf dem Achterdeck fehlte die Aufschleppvorrichtung mit Rollbändern. Statt ihrer konnte eine 8×6 m große aufblasbare Auflaufmatte am Heck zum Abfangen anlaufender Flugzeuge ausgebracht werden. Während sich diese Einrichtung auf Dauer offenbar nicht bewährte, finden sich die übrigen genannten Merkmale bei allen nun folgenden Fllugsicherungsschiffen wieder.

Mit der *Hans Rolshoven*, die als Klasse K IV bezeichnet wurde, war das Aussehen der späteren Flugsicherungsschiffe erreicht. Gegenüber den Vorgängern machte die lang durchgezogene, bis hinter den Schornstein geführte Back das Schiff seetüchtiger. Auf dem niedrigen, gegenüber der *Krischan III* stark verkürzten Achterdeck diente ein fahrbarer Kampnagel-Portaldrehkran von 7,5/10 t Tragkraft der Flugzeugübernahme. Auf dem Hauptdeck gab es Abstellmöglichkeiten für zwei, auf dem Bootsdeck für ein Flugzeug. Diese Zunahme der Abstellkapazität wurde bei dieser und den folgenden Klassen durch Verzicht auf die Aufschleppvorrichtung über Heck erreicht, eine Entwicklung, die bereits auf der *Greif* eingeleitet wor den war.

Nun trat eine Pause von etwa zwei Jahren im Bau von Flugsicherungsschiffen ein. Kurz vor Kriegsausbruch wurden bei der Norderwerft die Klasse K V mit den Schiffen F und G und bei Schichau, Königsberg, die Klasse K VI mit Schiff E bestellt. Im Jahresbericht 1939 der Luftzeuggruppe See, Kiel, wird die Geschwindigkeit der älteren Flugsicherungsschiffe als zu gering und ihre Krananlage als wenig leistungsfähig bezeichnet. Zur Verbesserung der Lage sollte die Norderwerft nun neben den im Bau befindlichen Schiffen F und G auch die Fertigstellung des Schiffes E = *Hans Albrecht Wedel* durchführen. Gleichzeitig wurde ihr als Mob-Auftrag der Bau einer weiteren Einheit (H) der Klasse K V übertragen.

Karl Meyer bei der Bergung einer BV-138 in Norwegen. (Sammlung Kelling)

Flugsicherungsschiff *Max Stinsky.* Zu beachten ist die gegenüber *Karl Meyer,* dem 1. Schiff dieser Klasse, veränderte Form des Dreibeinmastes.

Flugsicherungsschiff *Immelmann.* Das Schiff ist von *Max Stinsky* an der etwas anderen Brückenfront zu unterscheiden.

Hans Albrecht Wedel Ende 1940 in der Ausrüstung, davor *Hans Rolshoven.*

Hans Albrecht Wedel. Das wichtigste Unterscheidungsmerkmal gegenüber dem 2. Schiff der Klasse, *Richthofen,* stellt der Kran dar. (S. auch folgendes Foto)

Richthofen mit einer Do-24 am Haken. (Sammlung Froger)

Der wesentliche Unterschied dieser beiden neuen Schiffsklassen gegenüber den früheren bestand neben etwas vergrößertem Fahrbereich (bei 16 kn betrug er für K IV 3800 sm, für K V 4600 sm und für K VI 4100 sm) vor allem in Einrichtungen zur Betreuung des Typs von Flugzeugen BV 138. Anstelle der bisher verwendeten Kampnagel-Kräne erhielten die Schiffe E, F und G einen fahrbaren MAN-Portaldrehkran mit 18 t Tragfähigkeit, der jedoch größere Schwierigkeiten bereiten sollte. Das Flugsicherungsschiff F = *Karl Meyer* der Norderwerft, das erst am 22. 8. 40 endgültig abgenommen wurde, hatte bereits kurze Zeit später Kranhavarie. Im Jahresbericht 1940 der Luftzeuggruppe See heißt es, daß der MAN-Kran konstruktive Schwächen aufweise, deren Beseitigung der Firma nicht gelängen. Die Liste des Kommandos der Schiffe und Boote der Luftzeuggruppe See führt daher unter dem 1. 10. 40 den Mob-Auftrag für das Schiff H und ein weiteres, 1941 bei der Norderwerft auf Stapel zu legendes Schiff I mit je einem Kampnagel-Kran von 18 t Tragfähigkeit auf. Das Kennblatt Ia/5 der Klasse K V vom 1. 7. 42 führt dann jedoch auch für das Schiff H = *Immelmann* und das zu diesem Zeitpunkt noch im Bau befindliche Schiff I = *Boelcke* MAN-Kräne auf. Dies deutet darauf hin, daß eine Beseitigung der konstruktiven Mängel schließlich doch gelang. Doch ist dies sonst bisher nicht belegbar.

Die Fertigstellung des Flugsicherungsschiffes E = *Hans Albrecht Wedel* erfolgte, soweit feststellbar, schließlich mit großer Verzögerung doch in Königsberg. Die Abnahme fand am 22. 9. 41 statt. Schichau erhielt noch weitere Aufträge für Schiffe der Klasse VI. Die Bauliste verzeichnet für die Bau-Nummern 1526 und 1527 Stapellaufdaten mit nur 9 Tagen Abstand am 1. und 10. 3. 42. Sehr wahrscheinlich trugen diese Schiffe die Bezeichnungen Flugsicherungsschiff K und L. Ein Skizzenblatt aller Flugsicherungsschiffe, angefertigt von der Gruppe E 8 des Entwicklungsamtes des RLM, führt unter dem 12. 6. 42 in der Klasse K VI nach *Hans Albrecht Wedel* nur *Mölders* als Namen auf. Eine neue Aufstellung der Dienststelle E 8 VI vom 1. 11. 42 nennt dann nur *Richthofen* als im Bau befindliche Einheit dieser Klasse. Es liegt nun ein FT des Seenotdienstführers 5 (SNDF 5) vom 25. 9. 42 vor, nach dem Kapitän Haack vom Flugsicherungsschiff *Phönix* sofort zur Schichauwerft, Königsberg »zum Stapellauf des neuen Fl.S.S. *Richthofen* am 27. 9.

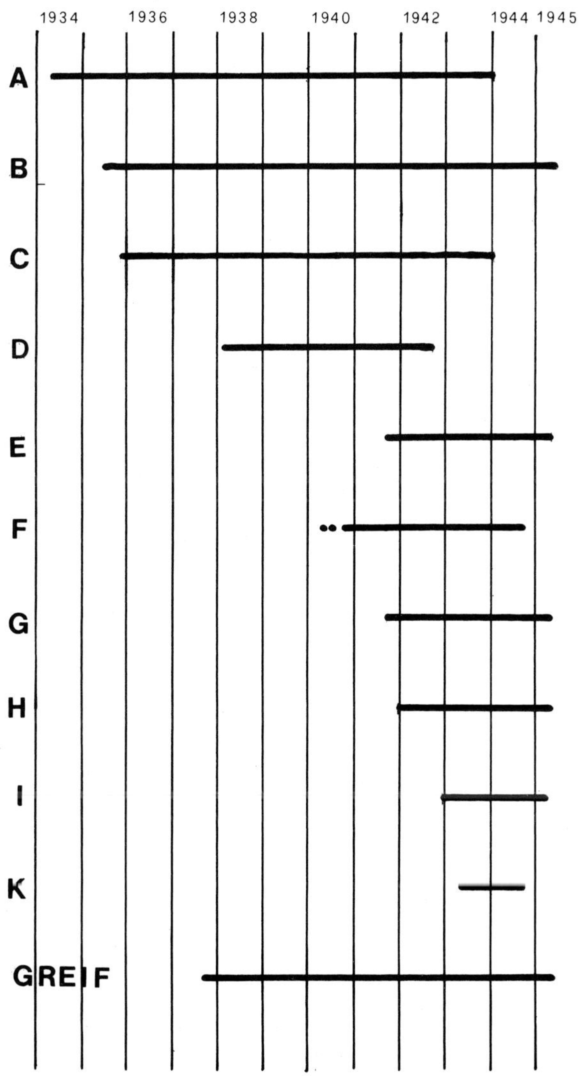

Übersicht über die Flugsicherungsschiffe der Luftwaffe, die einsatzbereit wurden:

A = *Krischan*
B = *Gunther Plüschow*
C = *Bernhard von Tschirschky*
D = *Hans Rolshoven*
E = *Hans Albrecht Wedel*
F = *Karl Meyer*
G = *Max Stinsky*
H = *Immelmann*
J = *Boelcke*
K = *Richthofen*

42« in Marsch gesetzt werden sollte, da er als Kapitän dieses Schiffes vorgesehen war. Damit handelt es sich augenscheinlich bei den Stapellaufdaten in der Schichau-Bauliste nur um Soll-Daten, die nicht eingehalten werden konnten. Nach den E 8-Unterlagen ist klar, daß zunächst *Mölders* als Namen vorgesehen war, diese Absicht aber zwischen dem 12. 6. und 27. 9. 42 geändert wurde. Wie im Falle *Strasser/Rolshoven* könnten hier politische Motive bestimmend gewesen sein.

Für das nächste Schiff konnte die Namensabsicht *Hermann Köhl* gesichert werden. Ob dieses Schiff aber überhaupt noch vom Stapel lief, ist nach den jetzt gewonnenen Erkenntnissen sehr fraglich. Sicher ist wohl, daß das bisher angenommene Datum 10. 3. 42 nicht zutreffen kann. Da nichts über den Verbleib bekannt ist, erhebt sich sogar die Frage, ob der Auftrag über Bauvorbereitungen noch hinausgekommen ist.

Das bereits erwähnte Skizzenblatt vom 12. 6. 42 führt noch ein *Schiff* O einer neuen Klasse VII als Projekt an, das mit 96 m Länge erheblich größer als die nur 80 m lange Klasse VI geworden wäre. Wahrscheinlich handelt es sich hier um das »größere tropenfähige Flugsicherungsschiff«, dessen Entwicklung 1940 durch das RLM in Angriff genommen wurde, um den erweiterten Aufgaben nach Ausdehnung des Bereichs über die Atlantikküsten gerecht werden zu können. Der Auftrag für dieses Schiff wurde noch an Schichau, Königsberg, vergeben, wo ihm die Bau-Nr. 1554 zugeteilt wurde. Der Bau wurde jedoch nicht begonnen.

In der Abfolge der Flugsicherungsschiffe fehlen bisher die Schiffe M und N, über die nichts in Erfahrung gebracht werden konnte. In der Schichau-Bauliste sind jedoch auch die Bau-Nr. 1569—1572 mit Flugsicherungsschiffen belegt, über die sonst nichts bekannt ist. Es wäre also möglich, daß die Schiffe M und N zu dieser Gruppe gehört haben, deren Bau nicht mehr begonnen wurde.

1943 war schließlich unter der Bau-Nr. 758 bei der Norderwerft der Bau eines *Seenotschiffes A* geplant. In den Abmessungen sollte das Schiff etwa der *Hans Rolshoven* entsprechen, jedoch nur die halbe Antriebsanlage dieses Schiffes erhalten. Es ist nicht klar, an welchen Einsatz man bei Konzeption dieses Seenotschiffes gedacht hatte.

Die fünf vor Beginn des zweiten Weltkrieges vorhandenen Flugsicherungsschiffe waren in das Seenotsystem der Luftwaffe eingegliedert (s. Übersicht p. 180). In der Nordsee waren *Bernhard von Tschirschky* in List/Sylt und *Gunther Plüschow* in Borkum stationiert, in der Ostsee lag *Greif* in Travemünde, *Hans Rolshoven* in Bug/Rügen und *Krischan* in Kolberg. Außerdem diente das modernste Schiff, die *Hans Rolshoven,* als Begleitschiff bei Auslandsbesuchen von Wasserflugzeugen der Luftwaffe. So wurde auf Befehl des Oberbefehlshabers der Luftwaffe, Generalfeldmarschall Göring, vom 4. — 20. 5. 1938 zur Internationalen Luftfahrtausstellung in Helsingfors, auf der auch Deutschland Erzeugnisse seiner Luftfahrtindustrie zeigte, die 2. Staffel der Küstenfliegergruppe 106 mit sechs Do 18 entsandt. Der Staffel war als Begleitschiff die *Hans Rolshoven* zugeteilt. Sie ankerte während dieser Zeit im Hafen von Helsingfors. Vom 1. — 12. 7. 1935 unternahm die Küstenaufklärungsstaffel (M) 1./106 — Basis Norderney — mit neun Maschinen vom Typ He 60 unter Führung des Staffelkapitäns, Hauptmann Hermann Busch, einen Auslandsflug und Freundschaftsbesuch nach Reval (Estland) und Malmö (Schweden). *Hans Rolshoven* lief während der Liegezeit der Staffel in Bug und Pillau aus Kiel aus und stand am 1. 7. 38 weisungsgemäß vor Reval, um die Staffel per Funkpeilung ohne Verletzung der Luftsperrgebiete in den Hafen zu bringen. Danach machte sie vier Tage im Marinehafen von Reval fest. Am 6. 7. lief das Schiff nach Malmö aus, wo es am 7. 7. um 12.00 während der Landung der Staffel im Industriehafen festmachte. Die Flugzeuge wurden während des Besuchs bis zum 12. 7. in der Nähe des Schiffes an Bojen vertäut.

Nach Kriegsausbruch wurde die leistungsfähigere *Hans Rolshoven* nach Borkum verlegt und gegen die alte *Gunther Plüschow* ausgetauscht. Die beiden nun in der Nordsee stationierten Flugsicherungsschiffe, *Hans Rolshoven* und *Bernhard von Tschirschky,* nahmen zusammen mit der provisorisch in Dienst gestellten *Karl Meyer* dann an der Operation »Weserübung« im April 1940 teil. Beide transportierten identische Ladungen für die einzurichtenden Einsatz-Horste Bergen und Drontheim-See. Über den Ablauf der Unternehmung gibt das KTB des Olt. z. See Rudloff, der als Supercargo auf *Hans Rolshoven* eingeschifft war, Auskunft. (Eingeklammerte Zufügungen von den Verfassern):

»8. 4. 40	10.00 Wilhelmshaven Einsteigen auf R. An Bord außer Besatzung 3 Offiziere und 48 Mann Luftwaffe in Uniform (Major Baek mit Stabs- und Bodenpersonal für Einsatzhorst-Kommandantur Bergen). Stichwort BRESLAU 10.38 an Bord. Mit Kapitän (Teich) Kurs, Verteidigungs- und Versenkungsrolle festgelegt, Urlaubssperre für die Mannschaft erlassen.
9. 4. 40	07.00 Seeklar, Kurs Hornsriff, Fahrt 18 Meilen. Von Hornsriff Kurs 30° bis an die Grenze der dänischen Hoheitsgewässer, Kurs 0° bis zum Limfjord. Vom Limfjord Kurs auf Lindesnes. 10.05 S-Boot längsseits. Erbittet Abschleppen von zwei havarierten S-Booten. Unter Hinweis auf anderweitige Befehle abgelehnt. Ab 10.00 dicker Nebel. Gegen Absicht des Kapitäns, Fahrt zu verlangsamen und Nebelsignale zu geben, protestiere ich, da Aufgabe dann nicht befehlsgemäß durchgeführt werden kann. Es wird mit 18 Meilen und ohne Nebelsignale weitergefahren. Im Laufe des Abends Aufkommen sehr starken Seeganges. Fahrt muß auf 15—20 Seemeilen verringert werden. Kurs wegen Nebel in etwa 8—10 Meilen Abstand längs der norwegischen Küste. Während der Nacht keine besonderen Ereignisse.
10. 4. 40	05.30 Zusammentreffen mit Flugsicherungsschiff *von Tschirschky* (mit MG-Munition, 24 064 l B 4-Kraftstoff in Tanks, 1 Schwimmwagen für He 115 und div. Ausrüstung für Drontheim-See, d. h. gleicher Ladung wie *Rolshoven*) und einem deutschen Handelsdampfer. 06.30 Marstein passiert, *von Tschirschky* folgt in 2—3 Meilen Abstand. 07.15 Durch norwegisches Wachboot angehalten. Kapitän des Wachbootes protetiert gegen Einlaufen in Bergen. Wir weisen auf Reichsdienstflagge hin und fahren weiter.

Hans Rolshoven vor dem Dünenhafen Helgoland am 21. 2. 40. (Bundesarchiv/Militärarchiv)

Karl Meyer nach provisorischer Indienststellung zum Unternehmen »Weserübung« (Besetzung Norwegens) noch ohne Kran. Im Hintergrund der Leichte Kreuzer *Karlsruhe*, der am 9. 4. 1940 versenkt wurde – wahrscheinlich die letzte Aufnahme dieses Kreuzers überhaupt. (Sammlung M. Maass)

Flugsicherungsschiff *Hans Albrecht Wedel* im Norwegeneinsatz. (Archiv Gröner)

07.20 Feuer Küstenbatterie Korsnes Warnungsschuß. Wir erhöhen die Geschwindigkeit und fahren dicht unter Land. Da durch die Norweger nichts weiter erfolgt, wird keine Kriegsflagge gesetzt. *Von Tschirschky* und Dampfer werden ebenfalls angehalten und bleiben vorerst bei Marstein liegen.
08.45 Einlaufen Bergen. Meldung über Einlaufen Bergen an Gruppe West über Köln gegeben. Bei Suchen eines E-Flughafens beschlagnahme ich Minen- und Munitionsdepots und stelle Posten auf. Besatzung des Minenschleppers wird durch Infanterie gefangengenommen. Die Schlüssel des Depots überbringe ich dem Küstenbefehlshaber.«

Am 10. 4. 40 schiffte sich der Kommandeur der Küstenfliegergruppe 706, Major Lessing, auf der *Hans Rolshoven* ein. Er erkannte als erster die am 10. 4. 40 den Leichten Kreuzer *Königsberg* angreifenden britischen Skua-Sturzbomber der Squadrons 800 und 803 und eröffnete das Feuer mit der Flak des Schiffes. Es gab so Fliegeralarm, konnte aber damit die Versenkung des Kreuzers nicht verhindern.

In der 2. Hälfte des Jahres 1940 war durch die Besetzung Norwegens, Dänemarks, der Niederlande, Belgiens und Frankreichs der Küstenbereich, in dem Flugsicherungsschiffe eingesetzt werden mußten, auf ein Vielfaches gegenüber 1939 gewachsen. Dies führte einerseits zu der bereits erwähnten Vergabe von Neubau-Aufträgen, zum anderen wurden vier der jetzt vorhandenen sechs Flugsicherungsschiffe an die Westküsten verlegt. Es wurden stationiert:

Krischan in Calais
Bernhard von Tschirschky in Cherbourg
Hans Rolshoven in Den Helder
Karl Meyer in Drontheim

Der Bedarf konnte so jedoch keinesfalls gedeckt werden. Es wurden daher ab März 1940 der niederländische Schlepper *Humber* (stationiert in Vlissingen), die neuen, 1939 fertiggestellten deutschen Walfangboote *Wal 10* und *Wal 11* und sechs deutsche Fischlogger, *Altair, Brandenburg, Orion, Prinz Homburg, Ursula* und *Victoria*, als Hilfs-Flugsicherungsschiffe ausgerüstet und eingesetzt. Die Logger wurden ab Ende Mai 1940 einsatzbereit. Am 4. 6. 40 meldete die Seenotzentrale (L) Nord an die Inspektion 8 (Oberst Goltz):

»Die Dampflogger *Prinz Homburg*, *Orion*, *Brandenburg* und *Altair* laufen max. 6 kn, Reisegeschwindigkeit ca. 5 kn, Motorlogger *Ursula* und *Victoria* laufen max. 7 kn, Reisegeschwindigkeit 6 kn. Mit dieser Geschwindigkeit sind die Logger für den Seenotdienst nicht geeignet, da sie in der Lage sein müssen, bei jedem Wetter, jedem Seegang und jedem Strom eingesetzt zu werden.«

Auf Grund dieser Beurteilung wurden sie zwar als Notbehelf in der 2. Jahreshälfte vor den Nordseeinseln Borkum, Terschelling und Schiermonnigkoog eingesetzt, aber bereits im Frühjahr 1941 als Hafenschutzboote an die KM abgegeben.

Der Schlepper wurde im Februar 1942 dem niederländischen Zeeredningsdienst überwiesen, während die beiden Walfangboote erst Ende 1944 als Vorpostenboote an die Marine abgegeben wurden. Es sei hier angemerkt, daß vereinzelt offenbar auch in späteren Jahren auf Fischereifahrzeuge als Hilfsflugsicherungsschiffe zurückgegriffen worden ist, deren Feststellung bzw. Identifizierung bisher jedoch nur zufällig gelang.

Die im weiteren Kriegsverlauf einsatzbereit werdenden großen Flugsicherungsschiffe wurden zunächst nach Norwegen (*Wedel*, *Stinsky*) und Westfrankreich (*Immelmann*, *Richthofen*) verlegt. Hierfür wurden die drei ältesten Schiffe, deren geringe Geschwindigkeit und wenig leistungsfähige Krananlage schon 1939 bemängelt worden war, in die Ostsee zurückgezogen und auch die *Hans Rolshoven* wieder dorthin in ihr ursprüngliches Einsatzgebiet rückverlegt. Das Schiff sank jedoch schon am 1. Oktober 1942 durch einen Minentreffer als erstes Flugsicherungsschiff. Als Ersatz verblieb die wenig später fertiggestellte *Boelcke* während ihrer nur 2½ Jahre dauernden Existenz in der Ostsee.

Zu einem Problem wurde die Frage der Flugzeugbergung im Mittelmeer, seit auch hier vom Frühjahr 1941 an große Küstenbereiche zu versorgen waren. Eine Überführung vorhandener leistungsfähiger Einheiten war nicht möglich. Die Luftwaffe griff daher auf das am 17. 4. 1941 in Split erbeutete jugoslavische Flugzeugmutterschiff *Zmaj* zurück und stellte es als *Drache* in Dienst. Da das recht große Schiff jedoch von der Kriegsmarine aus Mangel an Sicherungseinheiten nur schlecht geschützt werden konnte und offenbar auch wenig ausgelastet war, wurde es am 25. 11. 1941 dem Admiral Ägäis für Personentransporte zur Verfügung gestellt und ab Mai 1942 in

Triest als Minenleger für die 21. UJ-Fl. ausgerüstet. Diese Flottille bestritt den Hauptteil des Kampfes im östlichen Mittelmeer. Das Schiff sollte am 20. 8. 1942 in Dienst gestellt werden, doch verzögerte sich dies durch schleppende Arbeiten auf der Werft bis zum 26. 11. 1942.

In der letzten Phase des Krieges gingen die beiden alten Flugsicherungsschiffe *Krischan* und *Bernhard von Tschirschky* gemeinsam bei einem britischen Luftangriff auf Kiel am 4. Januar 1944 verloren. Während der Invasion wurde die *Richthofen* nach einem Gefecht am 14./15. 8. 1944 mit den britischen Zerstörern *Ursa* und *Iroquois* und dem Leichten Kreuzer *Mauritius* am 17. 8. 44 in La Pallice in beschädigtem Zustand versenkt. Die *Immelmann* konnte sich weisungsgemäß zusammen mit anderen Hilfsschiffen nach Spanien absetzen, wo die Schiffe interniert wurden. *Hans Albrecht Wedel* wurde von Norwegen in die Ostsee zurückgezogen und im Oktober bei der Räumung Memels eingesetzt. Zur selben Zeit wurde das letzte Flugsicherungsschiff an der europäischen Westküste, die *Karl Meyer,* nach einem britischen Luftangriff am 26. 10. 44 bei Roervik n. Namsos brennend aufgesetzt und mußte aufgegeben werden.

Als schnelle Einzelfahrer wurden bei den Räumungen zwischen Pillau, Königsberg und der westlichen Ostsee neben *Hans Albrecht Wedel* auch *Boelcke* und *Greif* eingesetzt. Sie transportierten je Reise etwa 1500 Verwundete und Flüchtlinge, auf der Rückreise nach Osten jeweils 18 000 Granaten für die schwere und 50 t Munition für die leichte Flak, dazu 38 t Benzin. Bei diesen Einsätzen fielen *Hans Albrecht Wedel* am 8. 4. 1945 in der Danziger Bucht und *Boelcke* am 17. 4. 1945 vor Hela russischen Luftangriffen zum Opfer. Erst in der letzten Phase der Flüchtlingstransporte wurde der Forderung des Ob. d. M., Großadmiral Dönitz, *alle* für Flüchtlingstransporte eingesetzten Fahrzeuge, also auch die der Luftwaffe, einheitlich durch die Marine zu steuern, durch den Ob. d. L. entsprochen. Am 9. 3. 1945 wurde vereinbart, auch die Seefahrzeuge der Luftwaffe einsatzmäßig dem Seetransportchef Östl. Ostsee, KKapt. Harries, zu unterstellen.

Die vier bei Kriegsende noch vorhandenen Flugsicherungsschiffe gelangten zunächst alle in britische Hand — auch die in Spanien internierte *Immelmann* wurde im Dezember 1945 der Royal Navy übergeben. Die Schiffe wurden jedoch nicht von der Royal Air Force

Gunther Plüschow als *Prut* unter sowjetischer Flagge. Zwischen Brücke und Schornstein sind Flakstände eingebaut. (Sammlung Greger)

Greif unter französischer Flagge als *Marcel Le Bihan* beim Einsatz als Mutterschiff für Forschungs-U-Boote am 25. 7. 1965 in Messina. (Foto Grazioli)

übernommen, sondern weitergegeben. Die US Navy übernahm am 22. 12. 45 in Wilhelmshaven die *Greif* und am 16. 5. 46 in Kiel die *Max Stinsky,* die französische Marine im August 1946 die *Immelmann.* Das älteste Schiff, die *Gunther Plüschow,* wurde 1946 an die UdSSR übergeben und erhielt hier den Namen *Prut.*
Die französische Marine, für die 1939/40 vier ähnliche Schiffe im Bau gewesen waren und die an diese Konzeption wieder anknüpfte, übernahm im Februar 1948 auch die beiden Schiffe der US Navy als *O. E. Paul Goffeny* x *Max Stinsky* und *Marcel Le Bihan* x *Greif.* Die *Immelmann* war bereits 1946 nach der Übernahme in *Commandant Robert Giraud* umbenannt worden. Als die Zahl der Wasserflugzeuge und Flugboote abnahm, wurden die Schiffe anderen Aufgaben zugeführt. *O. E. Paul Goffeny* wurde bereits 1954 vom dépanneur d'aviation-aviso in aviso-escorteur umklassifiziert. 1956 dann jedoch unter Namensverkürzung als *Paul Goffeny* wieder bis zur Kondemnierung am 20. 12. 68 als tender d'aviation eingesetzt. Die *Commandant Robert Giraud* war ab 1963 zum Netzleger (gabarre) bestimmt, während *Marcel Le Bihan* unter anderem als Mutterschiff für Forschungs-U-Boote eingesetzt wird (s. Foto p. 123).

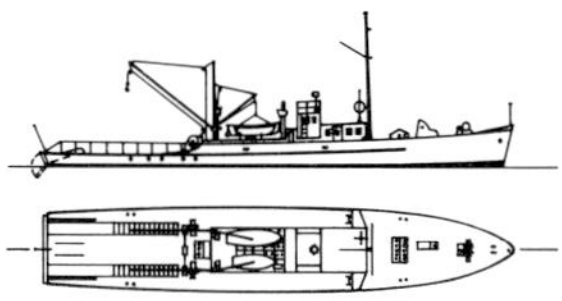

Flugsicherungsschiff *Krischan* (Klasse K I) (Mrv)

Flugsicherungsschiff *Gunther Plüschow* x *Krischan II* (Klasse K II) (Grö)

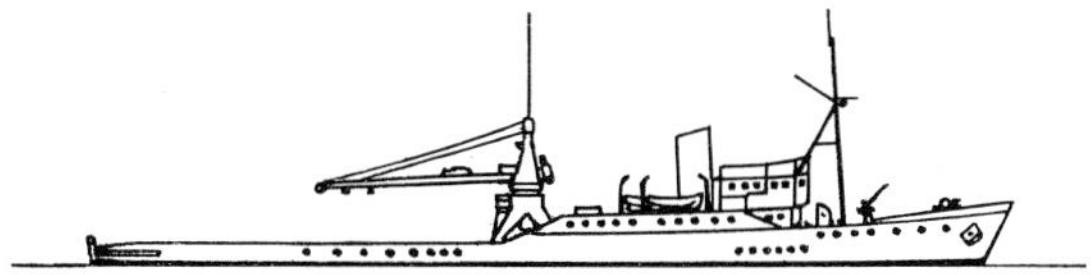

Flugsicherungsschiff *Bernhard von Tschirschky* x *Krischan III* (Klasse K III) (Grö)

Klasse	K I	K II	K III
Name, Kennung	*Krischan = K 11*	*Gunther Plüschow* ex *Krischan II = K 21*	*Bernhard von Tschirschky* x *Krischan III = K 31*
Bauwerft,	Norderwerft Köser & Meyer, Hamburg		
Bau-Nr.	675	682	684
Stapellauf	10. 3. 1934	17. 1. 1935	1935
BRT	133	300	846
t	/196	375/375	960/880
Länge (m)	38,2 üa 37,0 CWL	53,8 üa 51,0 CWL	77,0 üa 73,0 CWL
Breite	6,7	8,3	11,0
Tiefgang max.	2,5	2,7	3,0
Seitenhöhe	3,0	3,9	4,6
Antriebsanlage	2 6zyl. 4takt Deutz-DM 2 3flügl. Schr.	2 bzw. 3 10-zyl. 4-takt-MAN-DM 2 bzw. 3 3-flügl. Schrauben	
PS	750 e bei n = 425	3200 e bei n = 700	4800 e bei n = 700
kn	15	19	20
Fahrstrecke	1500 sm/15 kn	1500 sm/19 kn	1500 sm/20 kn
Treibstoff	15 t Öl	50 t Ö	70 t Öl
Waffen	1–3,7 Flak 2 Ladebäume 4 t 1 Seeflugzeug	1–3,7 Flak 1 Kampnagelkran 10 t 2 Seeflugzeuge	3–3,7 Flak, 2–2 Flak 1 Kampnagelkran 12 t 2 Seeflugzeuge
Besatzung	2,17	2,28	7,54

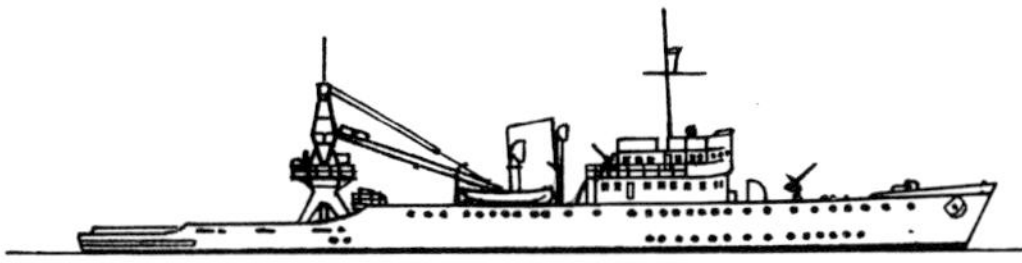

Flugsicherungsschiff *Hans Rolshoven* (Klasse K IV) (Grö)

Flugsicherungsschiff *Max Stinsky,* ähnlich *Karl Meyer, Immelmann, Boelcke* (Klasse K V) (Grö)

Flugsicherungsschiff *Hans Albrecht Wedel* (Klasse K VI) (Grö)

Commandant Robert Giraud x *Immelmann* (Klasse K V) (Grö)

Klasse	K IV	K V	K VI
Name, Kennung	*Hans Rolshoven* = *K 41*	*Karl Meyer* = *K 51* *Max Stinsky* = *K 52* *Immelmann* = *K 53* *Boelcke* = *K 54*	*Hans Albrecht Wedel* = *K 61* *Richthofen* x *Mölders* = *K 62* *Hermann Köhl* = *K 63*
Bauwerft	Norderwerft Köser & Meyer, Hbg.	Norderwerft Köser & Meyer, Hbg.	F. Schichau, Königsberg
Bau-Nr.	697	718, 732, 744, 745	1452, 1526, 1527
Stapellauf	20. 2. 1937	1940 12. 10. 1940 1941 1942	2. 9. 1940 27. 9. 1942 ?
BRT	992	961	1500
t	1168/985	1351/1157	1375/1215
Länge (m)	76,2 üa 73,1 CWL	78,0 üa 75,0 CWL	83,8 üa 79,9 CWL
gr. Breite	10,8	10,8	11,0
Tiefgang	3,5	3,7	3,4
Seitenhöhe	5,0	4,7	4,7
Antriebsanlage	4 12-zyl. 4-takt-MAN-DM 2 3flügl. Schr. ⌀ 2100 mm	4 12-zyl. 4-takt-MAN-DM 2 3flügl. Schr. ⌀ 1850 mm	4 12-zyl. 4-takt MAN-DM 2 3flügl. Schr. ⌀ 1850 mm
PS	8800 e, n = 700	8800 e, n = 700	8800 e, n = 700
kn	21,0	21,5	21,5
Fahrstrecke	1700 sm/21 kn	3350 sm/18,5 kn	4100 sm/16 kn
Treibstoff	125 t	120 t	120 t
Waffen	3–3,7 Flak 2–2 Flak 1 Kampnagelkran 10 t 3 Seeflugzeuge	3–3,7 Flak 2–2 Flak 1 Kampnagelkran 18 t 3 Seeflugzeuge	1–3,7 Flak 10–2 Flak 1 Kampnagelkran 18 t 3 Seeflugzeuge
Besatzung	7,60	8,58	8,58

Flugsicherungsschiff *Greif* (Klasse BS II) (Grö)

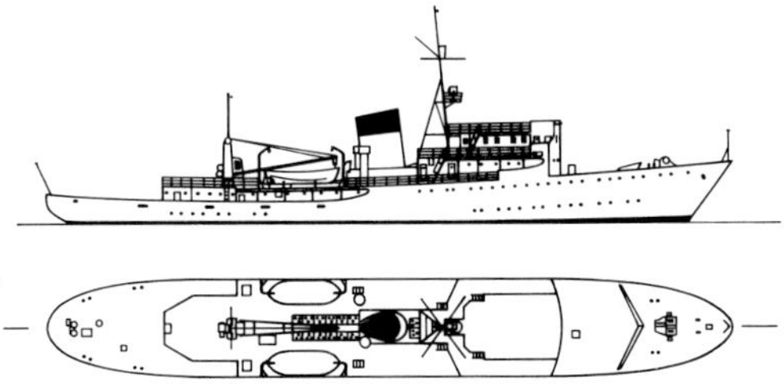

Seenotschiff *A*-Projekt 1943 (Mrv)

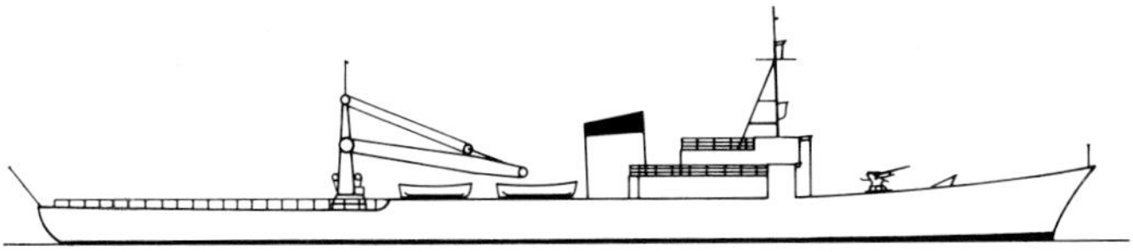

Flugsicherungsschiff O-Projekt 1942 (Klasse K VII) (Mrv)

Klasse	K VII	Seenotschiff	BS II
Name, Kennung	O = *K 71*	*A 1*	*Greif* = *BS 21*
Bauwerft Bau-Nr.	F. Schichau, Königsberg, 1554	Norderwerft, Hamburg 758	Stettiner Oderwerke AG, Stettin, 791
Stapellauf	Projekt	Projekt	1936
BRT			775
t	1780	1165	890
Länge (m)	 96,0 CWL	71,4 üa 62 CWL	72,0 üa 69,4 CWL
Breite	12,0	10,2	10,6
Tiefgang	3,3	4,0	3,0
Seitenhöhe		5,2	4,1
Antriebsanlage	4 12-zyl. 4-takt-MAN-DM 2 Schr.	2 12-zyl. 4-takt-MAN-DM 2 Schr.	2 12-zyl. 4-takt-MAN-DM 2 Voith-Schneider-Prop. ⌀ 2400 mm
PS	8800 e, n = 700	4400 e, n = 700	4400 e, n = 700
kn	22,1	18,0	18,7
Fahrstrecke		200 sm/16 kn	2400 sm/15 kn
Treibstoff		96 t	40 t
Waffen	2–3,7 Flak 1 Kampnagelkran	–	1–2 Flak 1 MAN-Kran, 13 t 3 Seeflugzeuge
Besatzung		60	

HILFS-FLUGSICHERUNGSSCHIFFE

Typ, Name, Kennung	*S/fl* *Orion = AE 57*	*M/fl* *Ursula = AE 92* *Victoria = AE 97*	*S/fl* *Altair = AE 56* *Prinz Homburg = AE 99* Brandenburg = *AE 87*
Eigner	Heringsfisch. Dollart, Emden	Heringsfisch. Großer Kurfürst, Emden	*A.:* Dollart *P., B.:* Großer Kurfürst
Werft, Bau-Nr.	Schulte & Bruns Emden, 78	C. Lühring, Kirchhammelwarden, 140, 141	Jos. L. Meyer, Papenburg 341, 342, 345
Stapellauf	23. 5. 1931	6. 1916 11. 1916	1922
BRT	177	124	174
Länge (m)	30,2 pp	25,5 pp	30,0 pp
Breite	7,0	6,6	7,1
Tiefgang	3,2	2,9	2,8
Seitenhöhe	3,3	3,1	3,3
Antriebsanlage	1 Verbund-M. 1 Kessel 12 atü 1 Schr.	1 4-zyl. 4-takt-HD-DM 1 Schr.	1 Verbund-Masch. 1 Kessel 10 atü 1 Schr.
PS	150 i	100 e	100 i
kn	7	7	7
Fahrstrecke	1580 sm / 7 kn	1440 sm / 7 kn	1580 sm / 7 kn
Treibstoff	25 t Kohle	5 t Öl	25 t Kohle
Besatzung	17	16	17

Verbleib:

Orion: 19. 3. 42 Taucherfahrzeug *Kiel 21,* 2. 11. 45 re, 196. br.
Ursula: 7. 5. 42 4. Hs.-Fl., *H 423,* später *DC 52,* re, 196. br.
Victoria: 17. 3. 41 *DK 03,* später *Vs 82,* re, 196. br.
Altair: 17. 3. 41 Sperrkdt. Kiel, später *Vs 216,* 23. 9. 45 re, 16. br.
Prinz Homburg: 17. 3. 41 *DK 04,* später *Vs 83,* re, 196. br.
Brandenburg: 18. 3. 41 *DWo 145,* später *Vs 188, 158,* 3.46 Minentreffer Skagerrak, 3. 5. 46 mit Gasmunition (†) Skagerrak

Typ, Name, Kennung	*S/W* *Wal 10* *Wal 11*	*S/tg* *Humber*	*S/fl* *Joannes Georgius, VL 39*	*S/fi* *Koningin Wilhelmina, VL 190*
Eigner	Hbg. Walfang-kontor	N.V. Intern. Sleepdienst Rotterdam	Vlaarding. Stoomvissch.	Dogger Maats., Vlaardingen
Werft, Bau-Nr.	Seebeck, Bremerhaven 642, 643	Rijkee Co., Rotterdam 123	Arnhemsche Stmslp.	v.d. Windt, Vlaardingen
Baujahr	1939/40	1907	1925	1925
BRT	376	519	203	214
Länge (m)	40,7 pp	49,7 pp	36,6 pp	35,5 pp
Breite	8,1	8,6	6,6	6,9
Tiefgang		4,8		
Seitenhöhe	4,6	5,2	3,3	3,4
Antriebsanlage	1 3fach Expansions-maschine 1 Schr.	1 3fach Expansions-maschine 2 Kessel 1 Schr.	1 3fach Expansions-maschine 1 Kessel 1 Schr.	1 3fach Expansions-maschine 1 Kessel 1 Schr.
PS	1300 i	1333 i	190 i	185 i
kn	13	11	8,5	8
Fahrstrecke	23 350 sm		2304 sm / 8 kn	1717 sm / 8 kn
Treibstoff	150 t Öl	408 t Kohle	50 t Kohle	44 t Kohle
Besatzung	16	32	16	16

Verbleib:
Wal 10: 4. 10. 44 *V 6316,* dann *V 6101,* 1. 2. 46 in Kiel an USSR
Wal 11: 4. 10. 44 *V 6317,* dann *V 6102,* 1. 2. 46 in Kiel an USSR
Humber: 8. 2. 42 *BS XIII,* 2. 4. 45 + Schwentine-Mündung/Flibo, br.
Joa. Geo.: 5. 5. 42 *V 1214,* 27. 9. 44 + 20 sm sw Esbjerg/Mine
Kon. Wil.: ?

B) Bergungsprähme (BP)

DAS MATERIAL

Wie bereits bei der Entwicklung der Flugsicherungsschiffe erwähnt (p.105), war das erste Flugzeugbergungsschiff *Phoenix,* das 1932 von der als Yacht- und Bootswerft weltweit bekannten Lürssenwerft in Vegesack gebaut wurde, ein völlig neuer Schiffstyp. So kann es nicht verwundern, daß nicht im Zugriff jedes Problem gelöst wurde. Es sind uns bisher keine Unterlagen über die Gründe für den 1. Umbau, der schon 1934, jedoch nicht von der Bauwerft, sondern den Flenderwerken, Lübeck, durchgeführt wurde, zugänglich geworden. Vergleicht man jedoch die technischen Daten aller Bergungsprähme, so fällt zunächst, wie bei den Flugsicherungsschiffen, ein starkes Variieren in den Übernahme-Einrichtungen, besonders in den Krantypen, auf. Der fahrbare Bockkran auf dem Achterdeck der Phoenix, der bei den Folgebauten nicht mehr verwendet wurde, kann jedoch wohl nicht völlig ungeeignet gewesen sein, da ein ähnlicher Bockkran bei der *B + V Kranich* (s. p. 106) noch nach 1945 unverändert benutzt wurde. Auch das Tunnelheck und der Zweischraubenantrieb der *Phoenix* findet sich bei allen folgenden Bergungsprähmen als Charakteristikum. Hier war also der Lürsen-Entwurf richtungsweisend. Hingegen variiert ein anderer Wert, für den man offenbar erst langsam die günstigsten Proportionen ermittelte, das Längen-Breiten-Verhältnis. Es betrug bei der *Phoenix* zunächst 4,4 : 1. Nach der Verlängerung des Schiffes stieg es auf nahezu 5 : 1. 1936 entwickelte dann die bereits für die Luftwaffe tätige Norderwerft und die Werft H. C. Stülcken Sohn, Hamburg, die ersten auch offiziell als Bergungsprähme bezeichneten Klassen BP I und BP II. Hier betrug das Längen-Breiten-Verhältnis 2,9 bzw. 3,0, und es pendelte sich dann bei den folgenden, während des 2. Weltkrieges in größerer Stückzahl gebauten Klassen BP III und BP IV auf 3,4—3,8 ein. Die Abmessungen der *Phoenix* waren offenbar auch nach der Verlängerung eher ungünstiger für einen Flugzeugbergungsprahm geworden. Doch ließ sich das Schiff für viele andere Aufgaben gut einsetzen. 1935/36 diente es als schwimmende Waffenwerkstatt bei der Gruppe E 5 (Erprobung von Waffen und Torpedos in Flugzeugen) der E-Stelle Travemünde. Nach 1945 wurde es für an-

Phoenix mit verlängertem Rumpf, aber noch ursprünglicher Brücke zu Beginn des 2. Weltkrieges.

Phoenix nach Vergrößerung der Brücke und Anbau von zwei Plattformen für Flak.

Phoenix als Bergungsschiff *Jason* nach Umbau 1952 in Norwegen. (Archiv Norsk Sjøfartsmuseum, Oslo)

dere Bergungsaufgaben zunächst vom Marinebergungs- und Seedienst-Kommando (MBSK), dann der Bugsier- Reederei- und Bergungs-AG, Hamburg, und von 1952—1967 von der Norsk Bjergningskompagni A/S, Bergen, verwendet. Schließlich fand es als *Kranfartoy 1* eine weitere Aufgabe, muß also doch offenbar auf diesem Bergungssektor mit gutem Erfolg gearbeitet haben.

Die beiden von der Norderwerft als Klasse BP I gebauten Bergungsprähme trugen zunächst die Bezeichnungen *VJ 11* und *VJ 12*. Eine Erklärung für diese Abkürzung fehlt z. Zt. Sie wird wird jedoch in allen bisher gefundenen Luftwaffenakten nicht mehr erwähnt, ist also offenbar schon bei oder kurz nach der Abnahme in *BP 11* und *BP 12* (= *B*ergungs*p*rahm) geändert worden. Diese beiden Einheiten unterscheiden sich im Aussehen markant durch die unterschiedlichen Übernahme-Einrichtungen. Neben zwei Ladepfosten mit je einem 2-t-Ladebaum an der Achterkante des Vorschiffs führte *BP 11* einen feststehenden Kampnagel-Drehkran, *BP 12* einen feststehenden, drehbaren Demag-Wippkran am Heck. Beide Kräne hatten eine Hubkraft von 12 t und dienten zur Übernahme von Flugzeugen der Typen He 42, He 59, He 60, He 114, He 115, Ar 196, W 34, Do 18 und Do 15 Wal. Diese und alle folgenden Bergungsprähme führten im Vorschiff Trimmtanks zum Ausgleichen des hecklastigen Trimms bei Übernahme von Flugzeugen.

Einen feststehenden Kampnagel-Drehkran von 12 t Hubkraft führte auch *BP 21*, die einzige von Stülcken erbaute Einheit der Klasse BP II. Während die Norderwerftbauten außer der Doppelruder-Anlage zur Erzielung von Kursbeständigkeit an jeder Schiffsseite ein absenkbares Seitenschwert besaßen, fehlten diese dem Stülcken-Bau. Alle 3 Prähme waren zur »Bergung und Übernahme havarierter oder gesunkener Flugzeuge auf *flachem* Wasser« bestimmt und mit einem Fahrbereich von 90 sm bei 6 kn Geschwindigkeit eindeutig für den Einsatz im Küstenbereich ausgelegt.

Auch der Bau von Bergungsprähmen wurde erst wieder nach nun folgender längerer Pause auf Grund der Kriegsereignisse 1940 mit der Klasse BP III aufgenommen. Neben den bereits auf diesem Gebiet erprobten Werften, der Norderwerft und Stülcken, wurde nun auch die im Bau von Spezialschiffen erfahrene Rheinwerft Walsum im Binnenland mit herangezogen. Ursprünglich sollte als Mob-Auftrag Stülcken *BP 31* und *BP 32*, die Norderwerft *BP 33* und *34* und

Bergungsprahm *BP 32* bei der Verlegung von »Udet-Bojen« vom offenen Strand aus an der Kanalküste. Das Schiff hat entsprechend seiner Konstruktion für den Wattenbereich bei Niedrigwasser aufgesetzt. (Sammlung Fröhling)

Bergungsprähme Klasse BP IV

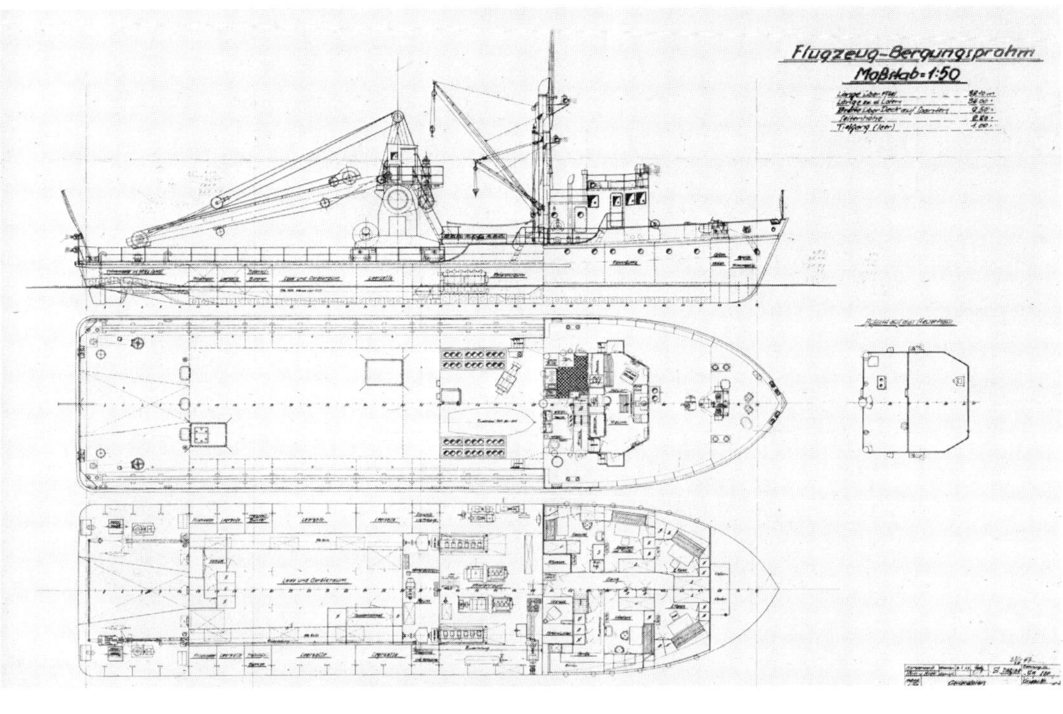

die Rheinwerft Walsum *BP 35* und *36* liefern. Nach dem 1. 10. 40 kam es hier zu einer Verschiebung — aus welchen Gründen, ist unbekannt —, und die Norderwerftbauten erhielten die Nummern *BP 35* und *36*, die der Rheinwerft *BP 33*, *BP 34* und *BP 37*. Liefertermin für die Stülcken- und Rheinwerft-Bauten war der Mai 1940, für die Schiffe der Norderwerft der September 1940. Alle Einheiten waren mit einem fahrbaren, nicht drehbaren Kampnagel-Portalkran von 18 t Tragkraft ausgerüstet. Da der Kran nicht drehbar war, konnten Flugzeuge der bereits genannten Typen und BV 138 nur über Heck an Bord genommen werden, ein Verfahren, das sich offenbar bewährte und beibehalten wurde. Mit einem Fahrbereich von 400 sm / 8 kn waren diese Schiffe den gewaltig gewachsenen Küstenbereichen angepaßt.
Bei den 1940 bestellten und 1942/43 von der Norderwerft und der Rheinwerft Walsum gelieferten 8 Einheiten der Klasse BP IV wurde der Fahrbereich noch einmal erhöht, und zwar auf 500 sm / 8 kn. Die übrigen Daten wurden aber nahezu beibehalten, so daß die beiden letzten Klassen im Äußeren schwer voneinander zu unterscheiden sind. Von den vier Aufträgen an die Norderwerft wurden drei, die Bau-Nummern 752—754, für die die Luftwaffen-Bezeichnungen *BP 42*, *43* und *44* vorgesehen waren, schon vor Ablieferung 1942 von der KM-Werft Wilhelmshaven übernommen. In der im Original vorliegenden Bauvorschrift werden entsprechend Geräteliste und Vermessung durch die KM-Werft erwähnt, während in der Inventarliste neben dem »Bild vom Führer«, noch ein »Bild vom Reichsmarschall Göring« erscheint — die einzige Änderung, die offenbar vergessen worden war! Diese drei Einheiten, die die Marine-Namen *Heiss*, *Hub* und *Bollangen* erhielten, und die zu Bergungsarbeiten bei der KM-Werft Wilhelmshaven, dem KM-Arsenal Kiel und der Torpedoversuchsanstalt (TVA) Gotenhafen eingesetzt wurden, stellen einen der wenigen Fälle dar, in denen bewährte Konstruktionen zwischen Luftwaffe und Marine ausgetauscht wurden.

DIE EINSÄTZE

Neben den schnellen, trotz ihrer großen Kräne elegant wirkenden Flugsicherungsschiffen waren die plumpen, langsamen Bergungsprähme, die untereinander außerdem schwer zu unterscheiden waren, die unauffälligen »Arbeitspferde«, deren Arbeit überall gebraucht wurde, die aber in allen Berichten nur selten und zufällig erwähnt werden. Nach dem gewaltigen Anwachsen der zu versorgenden Küstenbereiche 1940 war es dieser Schiffstyp, der sich innerhalb kurzer Zeit bauen ließ und die Bergungskapazität schnell vergrößern half. Die vier in diesem Jahr fertiggestellten Einheiten der BP III-Klasse wurden alle sofort an die Westküste verlegt:

BP 31 — Stavanger (Norwegen)
BP 32 — Boulogne (Frankreich)
BP 35 — Thisted (Dänemark)
BP 36 — Amsterdam - Schellingwoude (Niederlande)

Auch *Phoenix* wurde in diesem Zusammenhang nach Aalborg zum Kattegat-Ausgang verlegt und dabei in den Aufstellungen als Flugsicherungsschiff bezeichnet, was für den Zwittercharakter des Schiffes bezeichnend ist.

Totalverluste sind aus der Gruppe der Bergungsprähme bisher nicht bekannt geworden. Allerdings ist das Kriegsschicksal von sieben Einheiten noch ungeklärt. *BP 32* erlitt 1940 Beschädigungen durch eine Strandung, und *BP 46* fand sich nach dem Zusammenbruch auf ebenem Kiel gesunken an den Festmachern linkerhand der Landungsbrücken in Hamburg. Beide Einheiten konnten aber geborgen und nach kurzer Zeit wieder in Fahrt gebracht werden.

Die Nachkriegsverwendung der *Phoenix* wurde bereits oben genannt. Über Kriegs- und Nachkriegseinsatz der drei Einheiten der Klassen BP I und BP II ist bisher nichts bekannt geworden. Im Bergungsdienst des MBSK waren 1945/46 *BP 37, 45, 46, 47, Heiss* und *Hub* eingesetzt. Ähnliche Arbeiten verrichtete *BP 35* bei der GM/SA in Norwegen (4. MS-Transportgruppe) und *BP 34* bei der US Navy (Ships Salvage Bremen — B.C.P.A.). Bei der Verteilung der Kriegsbeute fielen an

die Niederlande:	*Hub*
Norwegen:	*BP 35*, der von der norwegischen Marine übernommen wurde.
	BP 48, der am 12. 7. 46 an die US Navy und vor dem September 1949 an Griechenland weitergegeben wurde.
Großbritannien:	*Bollangen*, die als Bergungsschiff *Ebury*, später *Colbury* noch 1966 Dienst tat.

die UdSSR: *BP 45*, der am 5. 3. 1946, und
BP 31, der im Juni 1946 in Kiel übergeben wurde.
Eines der beiden Schiffe wurde von der sowjetischen Seekriegsflotte übernommen, das andere als *Dontor* für Zivildienste ins Asowsche Meer überführt.

die USA: *BP 34*, *37* und *47*, die alle nach kurzer Zeit zunächst durch Charter, 1954 dann als Eigentum wieder in deutsche Hand kamen. Hiervon tat *BP 34* ab 30. 11. 56 zunächst als *Kranschiff I*, von 1958 bis jetzt als Torpedoklarmachschiff *Memmert* Dienst.

Der Lebenslauf der Bergungsprähme läßt sich in der Folgezeit nur schwer verfolgen, da sie z. T. als Behörden- oder Hafenfahrzeuge nicht in den Registern erscheinen. Mit Sicherheit kann jedoch gesagt werden, daß Ende 1974 neben der bereits erwähnten *Memmert x BP 34* noch mindestens 3 Einheiten existierten:

Kranschiff *Brokdorf x BP 47:* Dieses Schiff wurde aus OMGUS-beständen am 10. 11. 1948 von der Wasser- und Schiffahrtsdirektion Hamburg gechartert, im Januar 1950 in *Brokdorf* umbenannt und ihr zum 1. 1. 54 zum Eigentum übertragen. Das Schiff wird auch heute noch zum Schwerlasttransport eingesetzt und ist seit 1968 außerdem mit sog. SKT-Linien, d. h. Schiffskettentransporteuranlagen zur Schnellentladung von Getreide im Notstandsfall, ausgerüstet. Das Schiff liegt im Tonnenhafen Wedel der WSD Hamburg.

Off-shore-Versorger *Ket-Atao x Cocean 1:* Dieses Schiff gehört der Atao Armement et Transport d'Afrique occidentale und ist ein in Hamburg gebautes Schiff der Klasse B IV, die ehemalige *Heiss*. Es hat unter dem Namen *Emergo* häufig den Besitzer gewechselt und diente von 1946—1957 der DDG Hansa unter dem Namen *Pakistan* als Bergungsschiff.

Interessant und aufschlußreich ist, daß der Kapitän des Schiffes B. d'Assignies in einem Brief an die Autoren im August 1974 ausdrücklich hervorhebt, daß das Schiff den Beanspruchungen des off-shore-Dienstes absolut gewachsen ist, die seiner Ansicht nach wesentlich härter sind als die, für die das Schiff ursprünglich entworfen wurde.

Der von der Luftwaffe an die Kriegsmarine-Werft Wilhelmshaven als *Hub* abgegebene *BP 43* beim Nachkriegseinsatz in Wilhelmshaven (Reeder P. Bitteryst, Gent / Ausrüster W. Weber, Wilhelmshaven).

BP 47 als Kranschiff *Brokdorf* der Wasser- und Schiffahrtsdirektion Hamburg. Das Schiff ist im Tonnenhafen Wedel stationiert.

Die *Ket-Atao*, die ehemalige *Heiss* aus der Klasse BP IV, im Oktober 1973 im Off-shore-Einsatz vor Pointe-Noire (Republique du Congo). Foto Capt. B. d'Assignies.

Als einzige Schwäche des Schiffes nennt er die zu geringe Maschinenleistung von nur 400 PSe (d. h. der ursprünglichen Motoren!). Sie wirkt sich besonders negativ im Hinblick auf den geringen Tiefgang des Schiffes, der es windanfällig, und die ganze Form, die es zu einem nassen Schiff macht, aus. Sein Gesamturteil lautet jedoch: »Während des Einsatzes hatten wir Gelegenheit, uns über das außergewöhnliche Talent der Ingenieure, die sie gebaut haben, zu wundern. Es sind tatsächlich ausgezeichnete Schiffe, und es wäre ohne Zweifel sehr interessant, sie zum jetzigen Zeitpunkt nachzubauen, allerdings mit größerer Maschinenleistung (600—800 PSe).« Ein größeres Lob konnte wohl die Konzeption der Bergungsprähme — vor allem, wenn man in Rechnung setzt, unter welchem Zeitdruck sie weiterentwickelt werden mußten — nach so langer Zeit kaum finden.

Olive B. x *BP..:* Dieses Schiff war ebenfalls noch 1974 im Persischen Golf tätig, jedoch in völlig umgebautem Zustand. Seine Herkunft war bislang nicht festzustellen.

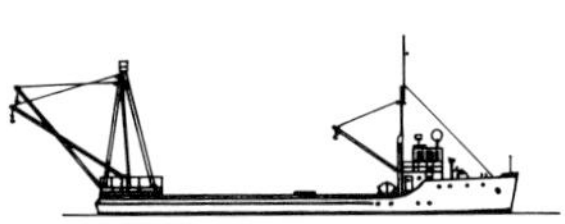

Flugsicherungsschiff *Phoenix*, 1. Form (Klasse BS I) (Mrv)

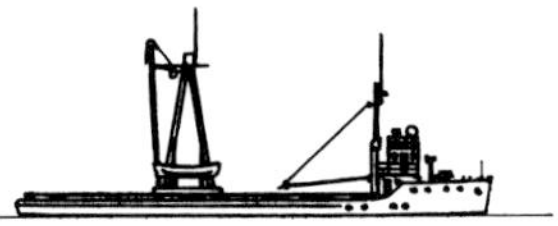

Phoenix nach Verlängerung 1934 (Grö)

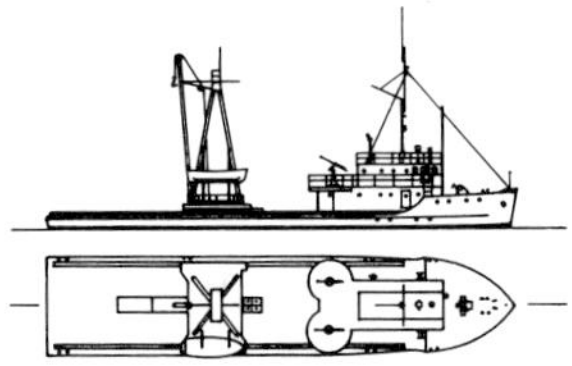

Phoenix nach Vergrößerung des Brückenaufbaus und Bewaffnung im 2. Weltkrieg (Mrv)

Klasse	BS I	BP I	BP II
Name, Kennung	*Phoenix* = BS 11	*BP 11 – 12* ex *VJ 11 – 12*	*BP 21 x VJ 21*
Bauwerft, Bau-Nr.	F. Lürssen, Vegesack, 12400	Norderwerft, Hbg. 689, 690	H. C. Stülcken Sohn, 702
Stapellauf	24. 11. 1932	1936	1936
Umbauwerft	Flenderwerke, Lübeck	–	–
Umbauzeit	1934, 194	–	–
BRT	189		
t	250	100	86,5
Länge (m)	35,0 üa 39,2 üa n. Umb.	26,5 üa	26,0 üa 25,4 CWL
Breite	8,0	9,0	8,5
Tiefgang	1,7 / n. U. 1,9	0,6	0,6
Seitenhöhe	2,8	1,6	1,5
Antriebsanlage	2 6-zyl. 4-takt- Linke-Hoffmann-DM 2 3flügl. Schr.	2 6-zyl. 4-takt- MWM-DM 2 3flügl. Schr.	2 6-zyl. 4-takt- MWM-DM 2 3flügl. Schr.
PS	520 e	120 e	150 e
kn	10,9 / n. U. 12	6,8	6,2
Fahrstrecke		90 sm / 6 kn	90 sm / 6 kn
Treibstoff	10 t Öl		
Ausrüstung	1 Bockkran 9 t 1 Seeflugzeug	*11 :* 1 Kampnagel *12 : 1* Demag Wippkran 12 t	1 Kampnagelkran 12 t
Besatzung	2,18	4	4

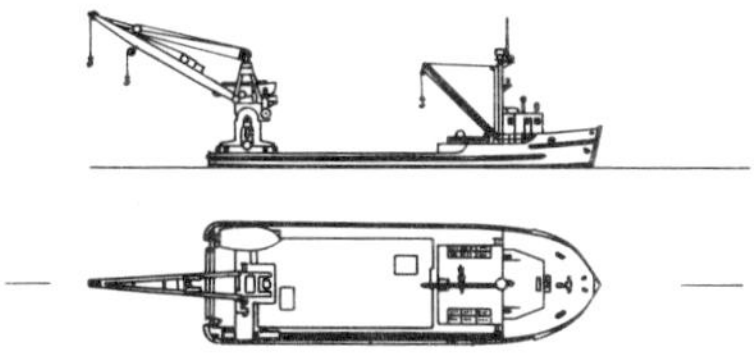

Bergungsprähme *BP 31, 32,* ähnlich *BP 33–37* (Klasse BP III) (Mickel)

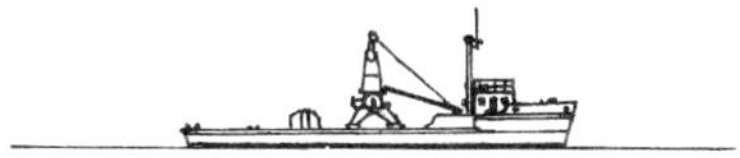

BP 34 als Torpedoklarmachschiff *Memmert* der Bundesmarine. (Grö)

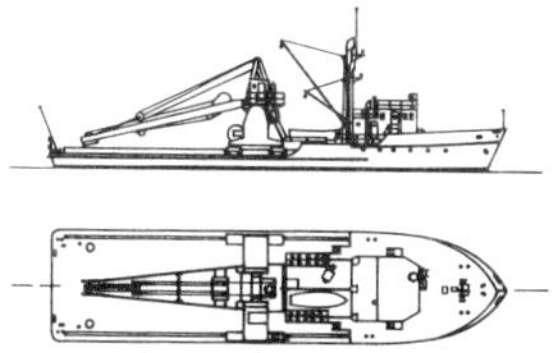

BP 41–48 (Klasse BP IV) (Mrv)

Klasse	BP III	BP IV
Name, Kennung	*BP 31–32* *BP 33 – 34, 37* *BP 35–36*	*BP 41–44* *BP 45–48*
Bauwerft, Bau-Nr.	H. C. Stülcken Sohn, Hamburg, 739, 740 Rheinwerft Walsum, 835, 836, 838 Norderwerft, Hamburg 727, 728	Norderwerft, Hamburg 751–754 Rheinwerft Walsum, 861–864
Stapellauf	1939/1940	1942/1943
BRT	165	235
t	210	255
Länge (m)	32,6 üa 31,5 CWL	38,1 üa 36,0 CWL
Breite	9,5	9,9
Tiefgang	0,9	1,1
Seitenhöhe	1,9	2,2
Antriebsanlage	2 6-zyl. 4-takt- MWM-DM 2 3flügl. Schr. ⌀ 900 mm	2 6-zyl. 4-takt- MWM-DM 2 3flügl. Schr.
PS	300 e	400 e
kn	8	9,8
Fahrstrecke	440 sm / 8 kn	500 sm / 8 kn
Treibstoff	3,3 t Öl	6,6 t Öl
Ausrüstung	1 Kampnagelkran 18 t	1 Kampnagelkran 18 t
Besatzung	1,5	

SEENOTDIENST

Unter den Aufgabengebieten, für die die Luftwaffe eigene Konstruktionen entwickelte, wurden eingangs (s. S. 56) Seenotdienst und Betriebsaufgaben getrennt nebeneinander genannt. Auch in der großen Gruppe der sog. Flugbetriebsboote läßt sich aufzeigen, daß diese beiden Aufgabenbereiche recht scharf bei den Konstruktionsreihen voneinander getrennt wurden. Erst durch die Kriegsereignisse verwischte sich diese klare Trennung und Aufgaben gingen von der einen auf die andere Gruppe über. Daher soll hier die Entwicklung der Flugbetriebsboote geschlossen, d. h. unter Einbeziehung der zunächst nur für Betriebsaufgaben entworfenen Klassen dargestellt werden.

A) Flugbetriebsboote

VORLÄUFER

Wie im ersten Weltkrieg wurden in den Anfängen des Wiederaufbaues der Marinefliegerei Ende der 20er und Anfang der 30er Jahre vorhandene, übernommene Barkassen und Motorboote für Seenot- und Betriebsaufgaben zusammen eingesetzt. Der erste grundlegende Umbau für diesen Zweck, über den ein ausführlicher Bericht vorliegt, stammt aus dem Jahre 1928. Das Motorboot der Marine-Klasse A, das von der Yachtwerft Abeking & Rasmussen unter der Bau-Nr. 864 erbaut worden war, wurde 1917 als Reserveboot ohne Motor an die Kaiserliche Marine abgeliefert. Der Rumpf lagerte unbenutzt zunächst im Wasser, später ungeschützt auf dem Lande. Eine 1928 angestellte Untersuchung zeigte jedoch, daß das Boot auf Grund der soliden Bauvorschriften und der guten Bauausführung der Werft im Holz und allen Verbänden auffallend gut erhalten war. So erhielt die Bauwerft den Auftrag, das Boot für die Deutsche Verkehrsfliegerschule Warnemünde wiederherzustellen, und unter Beibehaltung der beträchtlichen Seetüchtigkeit dieser Klasse in ein

Hilfsboot für die auf dem Wasser niedergehenden Flugzeuge umzubauen, mit dem auch die Passagiere ausgebootet werden konnten. Das Boot erhielt anstelle der ursprünglich vorgesehenen schweren Daimler-Motoren einen 45/60-PS-BMW-Bootsmotor, so daß zur Unterstützung der Seetüchtigkeit noch fast 0,5 t Bleiballast fest in die Bilge eingebaut werden mußten. Den Passagieren wurde mit einer Hauptkajüte achtern, mit Polstermöbeln und lineoleumbelegtem Deck Rechnung getragen. Später sollte im nunmehr nicht völlig genutzten Maschinenraum noch eine Kombüse und Toilette eingebaut werden.

Neben diesem Boot, bei dem der Einsatz im zivilen Flugverkehr stark berücksichtigt wurde, gingen auch andere Marineeinheiten an die Luftwaffe über, so z. B. das Lotsenfahrzeug *Schillig* des Seezeichen- und Lotsenamtes der Jade und das Schnellboot *UZ (S) 11* x *Luer.* Das letztgenannte Boot war 1925 von Lürssen auf eigenes Risiko in Anlehnung an einen Rundspant-Verdrängungsboot-Typ gebaut worden, den die Werft in größerer Zahl für die USA geliefert hatte. Das Boot wurde 1926 von der Reichsmarine in Hinblick auf die geplanten S-Boot-Bauten zu Erprobungszwecken übernommen und trat am 16. 4. 29 als *UZ (S) 11* unter der Bezeichnung »Bewachungsfahrzeug« zum Ostsee-Sperrverband, der diese Erprobungen durchführte. Am 14. 6. 1930 wurde das Boot bereits ausgemustert und dann den Seefliegern zur Verfügung gestellt.

BAUTEN VON 1933–1939

Die Luftwaffe begann mit der Entwicklung eigener Typen Ende 1933. In England wurden entsprechende Boote für die Royal Air Force gebaut, und so ging ein erster Auftrag an die British Power Boat Co., Southampton. Das Boot sollte Flugsicherungsdienst im engeren Bereich der Fliegerhorste See leisten und bis Seegang 3—4 einsatzfähig sein. Die Werft lieferte 1934 ein Boot in Gleitbootform mit 2 Motoren, das eine Marschgeschwindigkeit von 19,5 kn und eine Höchstgeschwindigkeit von 26,5 kn besaß. Das Boot wurde einzige Einheit der Klasse Fl. A. I der Konstruktionsreihe A, die als »Schnelle Stationsboote« bezeichnet wurden. Weitere Auslandsaufträge folgten nicht, und es ist angesichts der geringen Devisenbe-

stände, die zu dieser Zeit zur Verfügung standen, wahrscheinlich, daß auch dieser erste Auftrag nur deshalb nach England vergeben wurde, um von der Erfahrung der englischen Werft in Bau und Konstruktion derartiger Fahrzeuge profitieren zu können.
Gleichzeitig wurde 1934 auch der erste Auftrag der Konstruktionsreihe B an die Gebr. Kröger Yacht- und Bootswerft, Warnemünde, gegeben, eine Werft, die damit ihre führende Rolle im Bau der Flugbetriebsboote beginnen sollte. Gefordert wurde in dieser Reihe ein »schweres, hochseetüchtiges Flugbetriebsboot zum Bergen von in Seenot geratenen Flugzeugbesatzungen und zum Abschleppen havarierter Flugzeuge, einsatzfähig bis Seegang 4—5.« Das gelieferte Boot war in Karweelbauweise in Eiche ausgeführt — nur Kollisionsschott und Maschinenoberlicht waren aus Stahl gefertigt. Das als Fl. B. I bezeichnete Boot besaß eine Länge von 15,70 m üa und erreichte mit 2 MWM-DM von je 66/72 PS eine Geschwindigkeit von

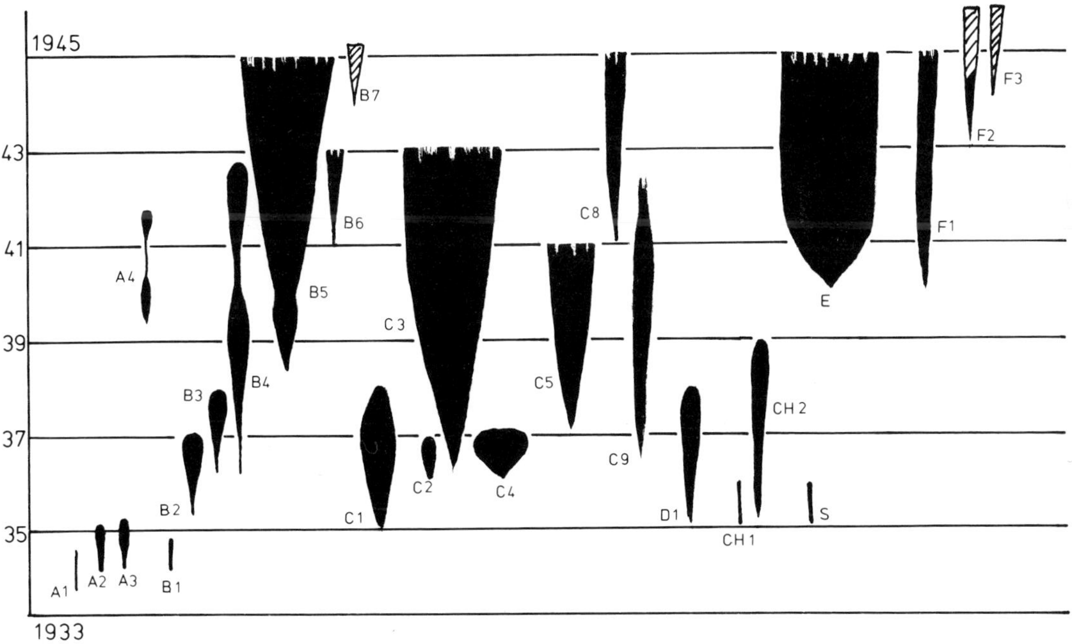

Übersicht über die Klassen der Flugbetriebsboote und ihre vermutliche Stärke. (Schraffierte Bereiche: Boote blieben unfertig; Ausgezähntes Kolonnenende: es ist ungewiß, wie lange die Klasse weitergebaut wurde).

11 kn — neben den 19,5 kn des englischen Bootes vergleichsweise wenig. Das Boot war mit Schleppgeschirr zum Schleppen von Seeflugzeugen ausgerüstet.

Im folgenden Jahr 1935 wurden einmal die beiden begonnenen Konstruktionsreihen fortgeführt, zum anderen alle weiteren Konstruktionsreihen der Friedensentwicklung begonnen. Man kann dieses und das folgende Jahr als die Zeit der Experimente bezeichnen, in der aber auch bereits der Durchbruch zu den späteren, in großer Stückzahl gebauten Konstruktionen gelang.

In der A-Reihe folgten 1935 die Klassen A II und A III. Sie wurden von deutschen Werften entwickelt. Abeking & Rasmussen lieferte die Boote *Fl. A 201—204,* vier leichtgebaute Boote in Wellenbinderform (Gleitboote) mit doppelt diagonal verlegten Mahagoniplanken (11 + 8 mm), bei denen Querspanten und Bodenwrangen teilweise aus Stahl ausgeführt waren. Mit 2 Maybach-Ottomotoren des Baumusters SDS 8 wurden bei 300 PS eine Geschwindigkeit von 23,8 kn erreicht. Der Fahrbereich betrug dabei 120 sm. Beide Werte lagen also ebenfalls unter denen des englischen Bootes. Ein Schlepphaken mit Slipvorrichtung zum Schleppen von Seeflugzeugen war vorhanden. Die Auftragsvergabe erfolgte am 28. 1. 1935, die Lieferung der Boote sollte knapp drei Monate später am 1. 4., 10. 4., 20. 4. und 1. 5 erfolgen. Ein Boot war für die Erprobungsstelle des Reichsverbands der Deutschen Luftfahrtindustrie Rechlin vorgesehen, und zwar *Fl. A 204.*

Etwas später, am 14. März 1935, wurde der Auftrag für ebenfalls vier Boote der Klasse Fl. A III an die Naglo-Werft, Berlin-Pichelsdorf, vergeben. Mit geringfügig größeren Abmessungen und gleicher Antriebsanlage erreichten diese Boote 24,5 kn und hatten dabei einen Fahrbereich von etwa 145 sm. Im Auftrag war eine Höchstgeschwindigkeit der Boote mit voller Ausrüstung von 25 sm gefordert worden. Es handelte sich bei diesen Booten ebenfalls um leichte Bauten in Wellenbinderform. Die Außenhaut bestand aus 14 mm Mahagoni auf Nahtleisten, während der Boden aus 10 mm Mahagoni karweel auf diagonal verlegter, 8 mm starker weißer Zeder ausgeführt war. Für das Deck wurde 16 mm starke Tanne mit Linoleumbelag, für Kiel, Vor- und Hintersteven Oregonpine und den Heckspiegel 2 × 10 mm Mahagoni verwendet. Die vier Boote unterschieden sich untereinander erheblich im Erscheinungsbild: auf *Fl. A*

Das »schnelle Stationsboot« *Fl. A 101,* das erste der für die Luftwaffe gebauten Flugbetriebsboote, das als einziges in England bestellt wurde.

Fl. A 202 aus der Klasse Fl. A II im Kriegseinsatz, jedoch noch unbewaffnet.

Fl. A 303 aus der Klasse Fl. A III auf dem Transportwagen. Zu beachten ist der vor dem Motorenraum liegende Steuerstand, den nur die beiden letzten Boote der Serie besaßen.

301 und *302* lag der Steuerstand *hinter*, auf *Fl. A 303* und *304 vor* dem Motorenraum. Steuerstand und FT-Raum wurden auf *Fl. A 301—303* 1937 umgebaut. Liefertermine für diese Boote waren der 15. und 30. Mai und der 15. und 30. Juni 1935. Alle Boote führten einen Schlepphaken Patent Rister, der auch bei den folgenden Klassen verwendet wurde, und sollten vertragsgemäß beim Schleppen von Großflugzeugen eine Geschwindigkeit von 10 kn erreichen. Alle bisher genannten Boote der A-Reihe waren zu leicht und schon wegen des Benzinbetriebs nicht sehr beliebt.

Im zeitlichen Ablauf vorgreifend sei an dieser Stelle bereits erwähnt, daß die A-Reihe lediglich im Jahre 1939 noch einmal fortgeführt wurde, als die Klasse Fl. A IV von den beiden Werften Abeking & Rasmussen (*Fl. A 401*) und Lürssen (*Fl. A 402*) entwickelt wurde. Das Baumuster Lürssen erwies sich als überlegen. Als Nachbauwerft hierfür erhielt die Rolandwerft, Bremen-Hemelingen, einen Auftrag über jährlich drei Boote. *Fl. A 403—405*, die ab 1. 4. 40 geliefert werden sollten, wurden aber offenbar nur schleppend fertiggestellt, da in Nachkriegspapieren des Bootes *404* 1941 (!) als Baujahr angegeben wird. (Leider gab die Rolandwerft im Gegensatz zu den übrigen genannten Werften keine Auskunft, so daß wir für die Bauten dieser Werft nur aus den wenigen erhaltenen Luftwaffenakten Schlüsse ziehen konnten.) Die Boote dieser Klasse waren in Angleichung an die inzwischen entwickelten Boote der B-Reihe Verdrängungsboote in Kompositbauweise, besaßen jedoch im Gegensatz zu diesen eine erhöhte Back. Das erste Boot unterschied sich in der Außenhaut von den folgenden: sie bestand aus 17 mm Mahagoni Außenlage karweel und 8 mm Innenlage Mahagoni diagonal, während sie bei den übrigen Booten aus 17 mm Mahagoni Außenlage und 8 mm weißer Zeder Innenlage doppelt karweel ausgeführt war. Bei gleicher Antriebsanlage (2 Daimler-Benz-Boots-DM MB 500, Dauerleistung 1400 PSe, Höchstleistung für drei Stunden 1600 PSe) erreichte das erste Boot 29,4 kn als Dauer-, 31,2 kn als Höchstleistung, die übrigen eine Dauerleistung von 29,0 kn und eine Höchstleistung von 30,5 kn. Im Fahrbereich übertrafen diese Boote jedoch *Fl.A 401* erheblich:

	Dauerleistung	Höchstleistung
Fl. A 401	330 sm	270 sm
Fl. A 402—405	490 sm	430 sm

Ihre Treibstoffkapazität war gegenüber dem ersten Bau von 3500 ℓ auf 4400 ℓ heraufgesetzt worden.

Alle Boote besaßen ein doppelseitiges Tunnelheck, das den Schraubenpropellern im Küstenbereich Schutz gegen Treibgut und beim Aufsetzen bot. Sie waren einheitlich mit einem Schlepphaken (3000 kg Zugkraft) ausgerüstet. In der Leistung konnten die Boote mit der Baureihe B offenbar nicht konkurrieren und wurden sehr bald von der Luftwaffe abgegeben (s. p. 198). Die Baureihe A wurde mit diesen Booten beendet.

In der B-Reihe wurde die Klasse Fl. B II wieder von der Krögerwerft, Warnemünde, entwickelt und in den Jahren 1935 und 1936 in größerer Zahl (14 Boote) gebaut. Es waren die ersten Verdrängungsboote in Kompositbauweise, bei denen Spanten, Querschotte, Decksaufbauten und Motorenfundamente aus SM-Stahl ausgeführt waren. Diese Bauweise wurde im Prinzip bei allen folgenden Klassen der B-Reihe beibehalten, die sämtlich von der Krögerwerft entwickelt wurden. Die Klassen der B-Reihe erhielten von der Werft Baumuster-Namen und wurden als *Seeteufel I*, *Seeteufel II* etc. bis *Seeteufel VII* bezeichnet. Die gegenüber der B I-Klasse um 3 m längeren Boote besaßen 2 MWM-DM des Typs RSK 20 S als Antriebsanlage, die zusammen eine Leistung von 300 PSe erbrachten, und sie erreichten damit 12,4 kn. Außerdem war eine Feuerlöschanlage von Flatter, bestehend aus einem 2-Zylinder-Junkers-DM von 50 PSe und einer Pumpe mit einer Schaumerzeugung von 1500 ℓ/min mittels Tutogen I eingebaut, so daß diese Boote erstmals auch in begrenztem Umfang zum Löschen kleinerer Motorenbrände eingesetzt werden konnten. Der Fahrbereich der Boote betrug 200 sm.

Noch während des Baues der Boote der Klasse B II führte die Werft die Konstruktion der folgenden Klassen B III und B IV durch, deren Bau 1936 begann. Diese Boote waren gegenüber den B II-Booten um 3,7 bzw. 4,8 m länger, besaßen aber vor allem wesentlich stärkere Antriebsanlagen und neben besserer Seefähigkeit — sie waren bis Seegang 6 einsatzfähig — erheblich vergrößerte Fahrbereiche. Beide Klassen waren mit 2 MWM-DM vom Muster RS 125 SU von je 300 PSe ausgerüstet, deren Leistung in der Klasse B IV durch Büchi-Aufladung auf je 430 PSe gebracht werden konnte. Ohne Aufladung wurden 17 kn, mit Aufladung 21,5 kn erzielt. Der Fahrbereich der Klasse B III betrug 400 sm, also das Doppelte der vor-

Fl. A 405 im Tarnanstrich während des Kriegseinsatzes.

Fl. B 203 bei den Vorbereitungen zum Einschleppen einer He-59 B-2.

Ein Boot der Klasse Fl. B II bei grober See. Das Bild vermittelt einen Eindruck, welchen Belastungen die Boote der B-Reihe, der sog. Seeteufel-Reihe der Krögerwerft, gewachsen waren.
(Archiv Krögerwerft)

Fl. B 301, das erste Boot des Musters B III der Krögerwerft. (Archiv Krögerwerft)

Fl. B 405 an der Westküste Frankreichs. Das Boot wurde 1940 von Juist zunächst nach Delfzijl, später weiter nach Boulogne verlegt. (Sammlung Froger)

Fl. C 153, eines der sechs Boote der Serie C Ia mit stärkeren Kämper-Dieselmotoren, die 1936 von der Schlichting-Werft als Arbeits- und Schleppboote für Seefliegerhorste gebaut wurden. (Archiv Schlichting-Werft)

angegangenen Klasse B II, und war für die Klasse B IV weiter auf 520 sm erhöht. Die Klasse B IV besaß außerdem eine höhere Schleppleistung. Sie war mit einem Schlepphaken für 4000 kg Trossenzug ausgerüstet und entwickelte einen Trossenzug am Pfahl von 4800 kg bei 800 Upm des Propellers. In der Klasse B III betrugen diese Werte 3000 kg Trossenzug bzw. 4000 kg Trossenzug am Pfahl bei 900 Upm des Propellers. Von der Klasse B III wurden 1936 und 1937 10 Einheiten gebaut. In der Klasse B IV entstanden bis zum Kriegsausbruch die Boote Fl. B *401—417*. Die ersten drei Einheiten lassen sich an dem versenkten Ruderhaus leicht erkennen. Von *Fl. B 404* an war dieses dann auf Deck angeordnet und bot dem Rudergänger einen besseren Überblick. Einige Boote des Typs Fl. B IV wurden 1937 nach Spanien gesandt, nachdem eine Bewaffnung mit ein bis zwei Marine-Flak 2 cm erfolgt war.

Im Jahre 1935 begann die Entwicklung der Konstruktionsreihe C, in der kleine »Arbeits- und Schleppboote für Seefliegerhorste« von max. 10 m Länge entstehen sollten. Der erste Auftrag über zunächst 6, später erweitert auf 18, Boote der Klasse Fl. C I ging an die im Bootsbau erfahrene Werft J. Schlichting, Travemünde, die die Boote nach dem Muster der Marine-Motorjolle Klasse III, alte Art (d. h. nach dem in der Kaiserlichen Marine verwendeten Muster) mit einigen Abänderungen als offene Jollen diagonal-kraweel auf Holzspanten baute. Die Boote konnten von einem Mann gefahren werden. Hinter dem Steuersitz befand sich ein Schleppbock zum Schleppen von leichten Seeflugzeugen. Die erste Serie war mit einem Junkers-DM des Baumusters 2 SHK 65 ausgerüstet, der eine Leistung von 20 PSe hatte. Im folgenden Jahr, 1936, wurden dann noch einmal 6 Boote bestellt, *Fl. C 151—156*, die jedoch einen wesentlich stärkeren Kämper-DM von 40 PSe Leistung erhielten. Diese Gruppe wurde daher auch als Klasse Fl. C Ia bezeichnet.

Im Jahre 1936 wurden außerdem noch 3 weitere Klassen in dieser Konstruktionsreihe in Auftrag gegeben. Nach dem Muster der Marine-Motorjolle Klasse III, neue Art, die nach 1930 von der Marine eingeführt worden war, baute die Naglowerft *Fl. C. 201— 206* als halbgedeckte Jollen der Klasse Fl. C II. Die Außenhaut wurde diagonal-kraweel wie Kiel, Steven, Quer- und Längsverbände in Eiche, der Ausbau in Teakholz ausgeführt. Motor und übrige Ausrüstung entsprachen der Klasse Fl. C I.

Als größeres Schlepp- und Transportboot von 10,5 m Länge, das bis Seegang 3—4 für Seefliegerhorste verwendbar war, sollte von der Krögerwerft, Warnemünde, die Klasse Fl. C III entworfen werden. Sie lieferte die beiden Boote *Fl. C 301* und *302* in etwas voneinander abweichenden Abmessungen als Baumuster *Seeschwalbe I* und *Seeschwalbe II*. Die Daten wurden dann nochmals geändert und das Baumuster *Seeschwalbe III* als maßgeblich für die Klasse Fl. C III an die Nachbauwerften Claus Engelbrecht, Yachtenwerft GmbH, Köpenick, Hans Böbs, Bootswerft, Travemünde, und Schiffs- und Bootswerft G. Schwartz, Haseldorf (Holst.) gegeben. Bei den Nachbauwerften entstanden geringfügige Abweichungen in den Abmessungen. Da leider die Daten der beiden Baumuster *Seeschwalbe I* und *Seeschwalbe II* nicht mehr zur Verfügung stehen, kann für die Abmessungen (s. Tabelle p. 210) nicht die ganze Variationsbreite der Klasse, sondern nur das »Soll« für das Muster *Seeschwalbe III* angegeben werden. Diese offenen Arbeitsboote waren vorn und hinten zu geringen Teilen eingedeckt, diagonal-karweel aus Eiche und Teak gebaut und mit einem Wasserlinienschutz aus Kupfer versehen. Die Boote besaßen eine Autosteuerung, d. h. ein ganz normales Lenkrad, und konnten von einem Mann gefahren werden. Hinter dem Steuersitz befand sich ein leichtes Schleppgeschirr zum Schleppen von Seeflugzeugen. Ein kompressorloser MWM-DM des Baumusters SS 115 S verlieh ihnen mit 75 PSe eine Geschwindigkeit von 14 kn. Der Fahrbereich betrug dabei etwa 170 sm.

Auch die Klasse Fl. C IV wurde 1936 als Baumuster *Seeschwalbe IV* von der Krögerwerft, Warnemünde, als flachgehendes Arbeitsboot für die Einsatzhäfen entwickelt. Betrug der Tiefgang der vorangegangenen Klassen 70—75 cm, so war er bei diesem Muster jetzt auf 50 cm reduziert. Die Boote waren ebenso wie das Muster *Seeschwalbe III* vorn und hinten zu geringen Teilen eingedeckt und diagonal-karweel in Knickspantform gebaut. Die Hauptverbände bestanden aus Eiche. Der Schraubenpropeller lief zum Schutz in den flachen Gewässern unter dem Tunnelheck. Wie Fl. C III konte Fl. C IV mittels einer Autosteuerung von einem Mann gefahren werden und hatten hinter dem Steuersitz ein leichtes Schleppgeschirr mit Ristau-Haken zum Schleppen von Seeflugzeugen. Für diese Boote wurde ein einachsiger Bootslip- und -transportwagen zum Überlandtransport, zum Zuwasserbringen und zum Aufholen an vorbereiteten und unvorbereiteten Stränden konstruiert. 1936 wurden von diesem Bootsmuster die Boote *Fl. C 401—432* gebaut.

1937 wurde dann von der Krögerwerft, Warnemünde, als Arbeitsboot für den Seeflugdienst die Luftwaffen-Motorjolle als Klasse Fl. C V entwickelt. Dieses offene Arbeitsboot in Rundspantform war vorn auf etwa 1,7 m eingedeckt. Die Außenhaut war karweel gebaut, die Hauptverbände aus Eiche. Das Tunnelheck der Klasse Fl. C IV war beibehalten worden, obwohl die Boote mit 80 cm einen größeren Tiefgang als alle bisherigen C-Klassen hatten. Die Luftwaffen-Motorjolle trat an die Stelle der Klassen Fl. C I, Ia und II. Mit einem Basse & Selve-S.B.W.-417-Vergasermotor von 45/48 PSe erreichten die Boote eine Marschgeschwindigkeit von 9 kn und eine Höchstgeschwindigkeit von 12,7 kn. Sie besaßen einen Fahrbereich von 65 sm und lieferten einen Trossenzug am Pfahl von 500 kg bei 625 Upm. Der Bau dieser Motorjollen wurde den Bootswerften H. Böbs und J. Schlichting, beide Travemünde, übertragen.

Zum Schleppen für schwere Seeflugzeuge wurde als Betriebsboot für Fliegerhorste See im gleichen Jahr von Thomsen & Co, vorm. Boitzenburger Werft und Fahrzeugfabrik, die Klasse Fl. C IX entworfen, die auch als »Muster E-Stelle« bezeichnet wurde. Es handelte sich dabei um ein Boot in Stahllbauweise nach Art der Hamburger Hafenbarkassen mit offener Plicht, das vorn und hinten auf etwa 1,50 bzw. 1,20 m eingedeckt war. Im vorderen Bootsteil befand sich eine gedeckte Kajüte, dahinter der nach achtern offene Steuerstand. Ruder und Motor wurden von einem Mann bedient. Hinter dem Steuerstand befand sich ein Schlepphaken Ristau für 750 kg Trossenzug. Ein Kämper-Boots-DM vom Muster 4 F 10 B6 mit 42 PSe verlieh dem Boot eine Geschwindigkeit von 7,7 kn und 600 kg Trossenzug. Der größte Tiefgang des Bootes bis Unterkante Kiel betrug 1,00 m, die Boote konnten also in extrem flachen Gewässern nicht eingesetzt werden. Die Klasse Fl. C IX wurde ebenso wie die Klasse Fl. C V kontinuierlich in den folgenden Jahren weitergebaut.

Nach dem Muster der Marine-Verkehrsboote wurde als Klasse Fl. D I von 1935—1937 die Boote *Fl. D 101—108, 112* und *113* bei der Naglowerft, Berlin-Pichelsdorf, und *Fl. D 109—111* und *114—117* bei J. Schlichting, Travemünde, gebaut. Sie besaßen keine Schlepp-

Fl. C 511 mit einer Heinkel He-114 vor der französischen Küste. (Sammlung Froger)

Fl. D 114, ein Vertreter der nach Marinemuster gebauten Verkehrsboote der Luftwaffe im März 1938 auf den Slip der Schlichting-Werft. (Archiv Schlichting-Werft)

Fl. S 11, eines der beiden von Lürssen konstruierten Langstrecken-Hochseeschnellboote, deren Motoren häufig Schwierigkeiten bereiteten, hier 1935 bei Probefahrten unter Werftflagge auf der Weser. (Archiv Gröner)

einrichtung und waren zum Transport von max. 85 Personen bestimmt.
Gleichzeitig wurden die übernommenen Motorboote unterschiedlichster Herkunft als Klasse Fl. D II zusammengefaßt. Folgende Nummern-Zuteilung konnte mit Sicherheit festgestellt werden:

Fl. D 212 x Lotsenfahrzeug Schillig
Fl. D 213 x Absperrboot Pillau
Fl. D 226 x UZ(S) 11 x Luer

Als Schnelles Transportboot für eine kleine Personenzahl oder sog. »Chefboot« entwarf Lürssen 1935 die Klasse Ch I, ein 15,7 m langes Boot, dem ein MWM-DM des Baumusters RS 24 S von 225 PSe eine Geschwindigkeit von 15 kn verlieh. Von dieser relativ aufwendigen Konstruktion wurde nur ein Boot, *Fl. Ch 11,* gebaut. Neun Boote des weniger aufwendigen Musters des Marine-Chefbootes wurden 1935—1938 von der Naglo-Werft, Berlin-Pichelsdorf, unter der Bezeichnung Klasse Fl. Ch II geliefert. Diese 11,5 m langen Boote erreichten mit einem DWAG-DM des Musters 6 V 18 L eine Geschwindigkeit von 12 kn und konnten 30 Mann befördern.

Als Schnellverkehrsboote wurden von Lürssen 1935 schließlich noch die großen, 27,6 m langen Boote *Fl. S 11* und *Fl. S 12* für die Luftwaffe gebaut. Mit 2 MAN-DM von 2060 PSe erreichten diese Boote eine Geschwindigkeit von 30 kn. Es konnte bisher nicht festgestellt werden, welche Überlegungen für die Auftragsvergabe am 8. 2. 1935 ausschlaggebend waren. Im Auftrag wird von Langstrecken-Hochsee-Schnellbooten gesprochen. Man muß berücksichtigen, daß das Konzept des Flugsicherungsschiffes zu diesem Zeitpunkt noch nicht durchentwickelt war und gerade in diesen Jahren nach Wegen zur Bewältigung der verschiedenartigen Aufgaben gesucht wurde. Die aufwendigen, andererseits aber für die Bergung von Flugzeugen nicht geeigneten Fl. S-Boote stellten sich offenbar für den Routinebetrieb der Luftwaffe als weniger brauchbar heraus und waren zudem durch ständige Schwierigkeiten mit den MAN-Motoren nur bedingt einsatzfähig. Sie wurden 1938 als Sicherheitsboote *Schnell* und *Sicher* an den Fernlenkverband der KM abgegeben. Bei Kriegsausbruch wurde *Fl. S. 12* für die Dauer des Krieges zurückgefordert, erscheint aber schon im Oktober 1940 nicht mehr in der Aufstellung der Schiffe und Boote der Luftwaffe, obwohl es noch Ende 1942 im Seenotdienst im Bereich Kolberg-Aalborg eingesetzt wurde. Am 11. 3. 1971 erschien ein Bild eines der beiden Boote in einem Bericht in der BILD-Zeitung, in dem über seinen Einsatz als *M/Y Blue Bird* unter dem dänischen Kapitän Knud Petersen beim Schmuggel von Indern und Pakistani von Rotterdam nach England berichtet wurde.

Interessant ist, daß am 15. 4. 35 vom Reichsminister der Luftfahrt unter dem Zeichen L. C. Nr. 4089/35 g IV 2, Kenn-Nr. 9/10, die Werft Gebr. Sachsenberg AG, Rosslau/Elbe, mit der konstruktiven Entwicklung, Herstellung und Lieferung eines Hochsee-Schnellbootes mit seitlichen Gleitflossen am Schiffskörper nach Patenten der Firma (Patent Schertel) beauftragt wurde. Als vorläufiger Preis wurden 370 000.— RM für das Boot ausschließlich Innenausstattung bis auf Kommandostand, einen Mannschaftsraum und den Raum der Erprobungs-Ingenieure, Scheinwerfer und zusätzliches Inventar genannt. Die Konstruktionszeichnungen, vor allem die Hauptspanten und die Wellenleistungen, sollten durch die Konstruktionsabteilung der Reichsmarineleitung geprüft werden. Die gesamte technische Bearbeitung lag, wie bei vielen anderen Aufträgen, beim Sachreferenten I C II, 1 e, Ing. Tacke, des Technischen Amtes des Reichsluftfahrtministeriums. Die Bauaufsicht sollte durch den Sachreferenten und die Erprobungsstelle Travemünde vorgenommen werden. Das Leichtmetallboot sollte als Antrieb 4 überholte Junkers L 88 Flugmotoren erhalten. Probefahrten zur Abnahme des Bootes sollten evtl. mit verminderter Geschwindigkeit in Rosslau auf der Elbe stattfinden und das Boot danach zur E-Stelle Travemünde überführt werden. Über Bau und Verwendung dieses Bootes, aber auch über eine Annullierung des Auftrages konnte bisher nichts festgestellt werden. Das Boot erscheint jedenfalls in keiner Liste der Schiffe und Boote der Luftwaffe. In jedem Fall ist durch diesen Auftrag jedoch belegt, daß die Luftwaffe schon frühzeitig Interesse für diese neue Entwicklung zeigte und hierbei bereits das im 2. Weltkrieg ständig praktizierte Prinzip, das Aufbrauchen nicht mehr flugtauglicher Flugmotoren als Antrieb von Wasserfahrzeugen, anzuwenden suchte.

Im Jahre 1938 und in der ersten Hälfte des Jahres 1939 wurden lediglich Einheiten der bewährten Klassen B IV, C V, C IX und Ch II gebaut. Die wesentliche Neuentwicklung des Jahres 1939 war die der Klasse B V, die wieder von der Krögerwerft durchgeführt wurde. Das erfolgreiche Prinzip der Klasse B IV wurde dahingehend verbessert, daß ein etwas vergrößertes Boot mit zwei fast doppelt so starken Motoren des Musters MWM RS 34 SU ausgerüstet wurde, die wiederum mit einem Büchi-Auflade-Gebläse versehen waren. Damit wurde eine Leistung von insgesamt 1500 PSe erzielt — die Boote erreichten eine Geschwindigkeit von 26,8 kn. Mit dieser Antriebsanlage wurden zunächst die Boote *Fl. B 501—*

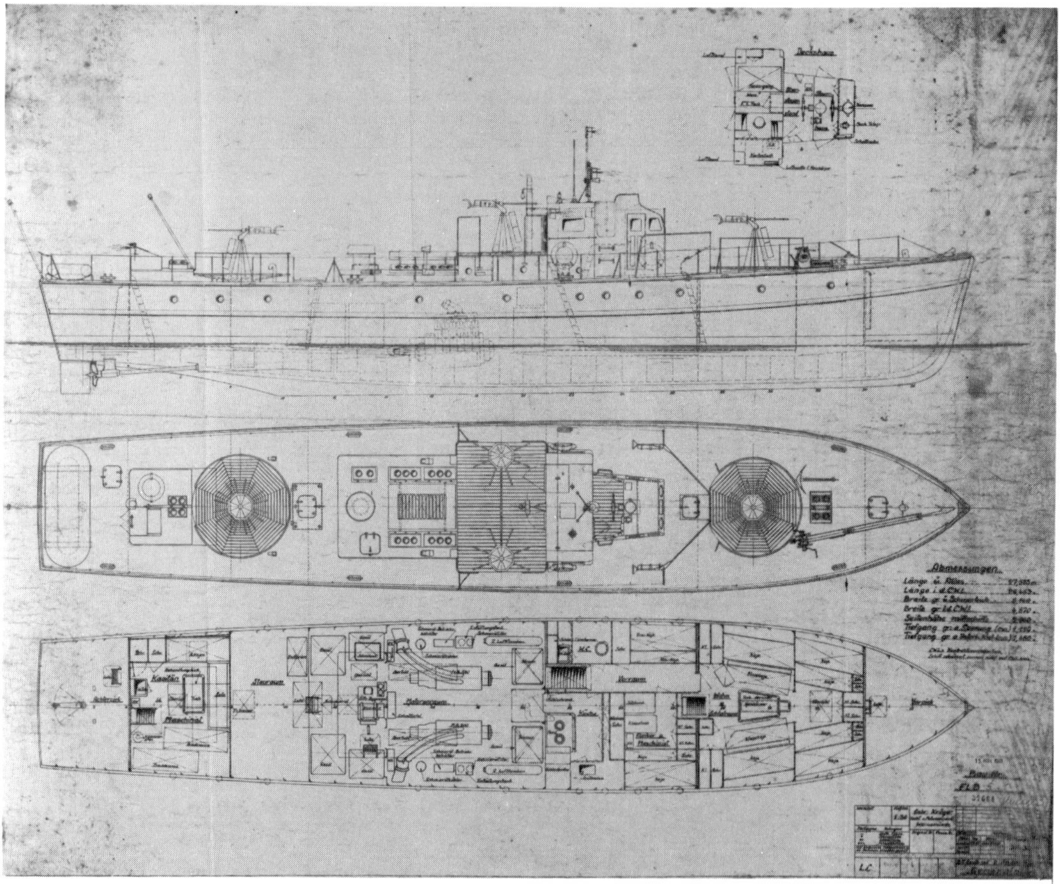

Flugbetriebsboote Klasse B V (Seeteufel V)

Fl. B 515 (Klasse B V). Nur wenige Boote trugen am Rumpf das Balkenkreuz der Luftwaffe. (Sammlung Froger)

510 bestellt. Da das Bautempo der Boote durch die Lieferfristen für die Motoren bestimmt wurde, kaufte die Luftwaffe Luftschiffmotoren und erteilte der Werft den Auftrag, die Klasse auch für die verfügbaren oder im Bau befindlichen Motoren der Muster MWM RS 125, MB 500 und DB 602 weiterzuentwickeln. Die nächsten 10 Boote sollten im folgenden Jahr mit zwei DM des Baumusters MB 500 L ausgerüstet werden, die je 1200 PSe leisten und den Booten eine Geschwindigkeit von 31 kn verleihen sollten. Als der Bedarf an leistungsfähigen Flugbetriebsbooten in der ersten Hälfte des Jahres 1940 sprunghaft anstieg, wurde der Auftrag der ersten Version auf die Boote *501—540* erweitert. Die zweite Gruppe sollte nun die Boote *541—560* umfassen, und schließlich sollten als dritte Gruppe die Boote *561—599* zwei DM vom Baumuster MB 500 mit je 800 PSe Leistung erhalten. Es läßt sich schwer feststellen — und dies gilt für *alle* Bauplanungen von Flugbetriebsbooten ab 1940 —, inwieweit geplante Boote auch gebaut wurden, und ob sie in allen technischen Daten wirklich dem ursprünglichen Entwurf entsprachen. Es ist durchaus möglich, daß etwa Änderungen in der An-

triebsanlage durch Engpässe in der Motorenlieferung ausgelöst wurden, wie sie sich etwa in oben Gesagtem für die Klasse Fl. B V abzeichnen. Durch Fotobelege kann lediglich gesichert werden, bis zu welcher Bootsnummer die Bauten innerhalb einer Klasse noch in Angriff genommen wurden. In den späteren Kriegsjahren muß man allerdings damit rechnen, daß bei Verteilung der Bauten innerhalb einer Klasse auf verschiedene Werften die Fertigstellung nicht mehr kontinuierlich entsprechend der Bootsnummernfolge erfolgte, möglicherweise also zwischendurch einzelne Nummern unbesetzt blieben. Für die Klasse Fl. B V gibt es den Vermerk vom 1. 11. 42, daß die Boote *Fl. B 501—510* (Gebr. Kröger, Warnemünde), *522—534* (Krögerwerft, Stralsund) und *542—543* fertiggesellt seien, außerdem Fotobelege für die Boote *Fl. B 577*, *580*, *586* und *590*, das einzige in Stralsund gebaute Stahlboot der Serie. Hier dürfte also die Planung nahezu erfüllt worden sein. Jedoch ist durch Nachkriegsakten gesichert, daß zwei Bootsgruppen in Lizenz nach Kröger-Plänen auf anderen Werften entstanden, und zwar *Fl. B 541—550* bei de Vries-Lentsch, Amsterdam, und *Fl. B 551—560* auf der Rolandwerft, Bremen-Vegesack. Das war in der Planung von 1940 noch nicht vorgesehen.
Diese Darstellung der Klasse Fl. B V leitet bereits die Betrachtung der Kriegsentwicklung ein, die nun anschließen soll.

KRIEGSENTWICKLUNGEN

Für die Klasse Fl. B IV, den Vorläufer des eben beschriebenen, leistungsfähigeren Musters, wurden die Auftragszahlen ebenfalls nach Kriegsausbruch zunächst erhöht, dann aber zu Gunsten des Musters B V eingeschränkt. 1939 wurde ein Mob-Auftrag über sechs weitere Boote vergeben, die bis zum Januar 1941 geliefert werden sollten. Ein Existenznachweis für das Boot *Fl. B 441* als höchste Bootsnummer liegt vor. Wie viele Aufträge aber tatsächlich vergeben wurden, läßt sich schwer feststellen, da alle Bootslisten wie auch die Rufzeichen-Verzeichnisse ab 1940 für die einzelnen Bootsgruppen pauschal jeweils 100 Bootsnummern nennen, die aber mit Sicherheit *nicht* alle besetzt waren.
Dies gilt z. B. auch für die 1939 entworfene Klasse Fl. A IV, für die

die schleppende Ablieferung bereits erwähnt wurde (s. S. 146). Ein Boot *Fl. A 499*, das im Verzeichnis der Schiffe und Boote vom 1. 10. 1940 pauschal genannt ist, hat es mit Sicherheit nicht gegeben. In der Berichtigung der L. Dv. 92/1 vom 10. 9. 1941 (Der Seenotdienst der Luftwaffe, Teil 1) ist diese Zahl auch schon auf die Boote *Fl. A 401—410* zusammengeschmolzen, und in der bereits mehrfach erwähnten Liste vom 1. 11. 42 werden dann nur noch *Fl. A 401—405* genannt, die sich auch tatsächlich nachweisen lassen. Eine derartige Indizienkette läßt sich aber bisher nicht für alle Klassen aufbauen.

Ein Indiz im gegenläufigen Sinne, nämlich dafür, daß *mehr* als 100 Aufträge vergeben wurden, gibt es ebenfalls, und zwar für drei Klassen. Hier erscheinen plötzlich vierstellige Bootsnummern mit der gleichen, den Typ charakterisierenden Anfangsziffer, was eigentlich nur so erklärt werden kann, daß die dreistelligen Nummern erschöpft waren. Derartiges findet sich für

die Klasse Fl. B V: Hier gibt es Nachweise für die Existenz der Boote *Fl. B 5011, 5051—5056, 5501—5509* und *5512.*

Auch für die bewährte *Klasse Fl. C III* wurden während des Krieges die Auftragszahlen erhöht. Die Werft Gebr. Kröger erhielt einen Mob-Auftrag von 18 Booten zur Lieferung während des Jahres 1940. Bei diesen Booten sollten durch Einbau eines Untersetzungsgetriebes zwischen Motor und Propellerwelle Propellerwirkung und Schleppleistung erheblich verbessert werden. Außerdem wurden weitere Nachbauwerften herangezogen, und zwar die Donauwerft Ing. H. Münch und A. Foest GmbH, Wien, und die Yacht- und Motorbootwerft von Georg Rieneck, Kopenhagen. Außerdem wurde Ende 1940 ein Auftrag über 15 Boote nach Norwegen vergeben. Es sind möglicherweise diese Werften, denen die Bootsnummern *Fl. C 3001—3121* zugeteilt wurden. Diese Boote waren um 5—10 cm länger und breiter, ihr Motor um 10 PS leistungsstärker. Dennoch wird ihre Geschwindigkeit um einen Knoten geringer mit 13 kn angegeben, ihr Fahrbereich mit nur 150 statt 170 sm. Da nähere Angaben dazu nicht vorliegen, können keine Aussagen über die Ursache dieser Leistungsverschlechterung gemacht werden. Belegt ist die Existenz des Bootes *Fl. C 372* (höchste dreistellige Bootsnummer) und der Boote *Fl. C 3002, 3003, 3006—3008, 3010, 3112, 3122* und *3149.*

Fl. B 5051, eines der gegen Kriegsende gebauten Boote der Klasse B V, das 1945 mit im »Sondereinsatz Ostsee« bei der Räumung der Ostgebiete tätig war. (Archiv Krögerwerft)

Fl. C 3064, einer der Kriegs-Nachbauten des Baumusters »Seeschwalbe III« der Krögerwerft. (Sammlung Froger)

Fl. C 3087 beim Schleppen einer DO-24 vor der französischen Küste.
(Sammlung Froger)

Fl. B 603, eines der wenigen Boote, das von der Klasse B VI gebaut wurde.

Fl. C 801, das erste der von Pohl & Jozwiak 1941 als Nachfolger der Klasse C IX gebauten Boote der Serie C VIII.

Das dritte Beispiel vierstelliger Bootsnummern betrifft eine der Kriegskonstruktionen, die nun darzustellen wären. Die Zahl der Neuentwicklungen während des Krieges war gering, was angesichts der großen Zahl von Konstruktionen, die zuvor entwickelt und erprobt worden waren, nicht verwundert. Lediglich Kröger führte die begonnene Entwicklungsreihe B fort. In den Entwürfen B VI und B VII spiegeln sich die Anforderungen und Einschränkungen wider, denen der Bau der Flugbetriebsboote während des Krieges unterlag. Die Klasse B VI wurde offiziell als vergrößertes Muster B IV bezeichnet. Dies traf auch rein numerisch hinsichtlich der Länge und Breite zu (26,15/4,66 m gegenüber 23,55/4,53 m). Der Rumpf war ein Knickspant-Kompositbau in gleicher Ausführung wie bei Muster B IV, und auch die Antriebsanlage war gleich. Insgesamt bot diese Klasse gegenüber der Klasse B IV nur Raum für verstärkte Flak — die Boote nahmen wie die Klasse B V bis zu acht Flak auf —, stellte aber keine Verbesserung gegenüber den großen B V-Booten dar. Vielleicht lag der Gedanke, eine ökonomischere Version als die B V-Boote zu schaffen, dem Entwurf zugrunde. Im Kennblatt dieser Klasse aus der D (Luft) T 880/2 vom 1. 12. 42 findet sich der Vermerk: »Die Propeller nehmen die Motorenleistung nicht vollständig auf.« Tatsächlich wurden mit gleicher Motorenanlage mit Aufladung bei den B IV-Booten 860 PSe, 21,5 kn und ein Fahrbereich von 520 sm, bei den B VI-Booten 700 PSe, 18 kn und ein Fahrbereich von nur 457 sm erzielt. Möglicherweise liegt hierin der Grund, daß bisher nur der Bau von *Fl. B 601—604* mit Sicherheit nachgewiesen werden konnte, obwohl zunächst offenbar mehr als 100 Aufträge für die Klasse vergeben wurden: Die Bootsaufstellung vom 1. 11. 42 nennt jedenfalls neben *Fl. B 601—604* als im Bau befindlich *Fl. B 6001—6009* mit gleichen technischen Daten.

Im Jahre 1944 wurde von der Krögerwerft Stralsund schließlich noch die Klasse B VII entwickelt, deren Generalplan uns die Werft freundlicherweise neben anderen Plänen zur Verfügung stellte. Insgesamt macht dieses Boot einen anderen Eindruck als alle bisher beschriebenen Flugbetriebsboote — die Vermutung liegt nahe, daß der Entwurf die nunmehr offenbar gelungene Umsetzung des Gedankens an einen schnellen starken Flakträger zu Sicherungszwecken darstellt, wie er schon dem Bau von *Krischan dem Grossen* (293 ff.) zugrundelag. Die Bestückung mit 8 Flak —3,7 und 15 Flak —1,5 und der Stahlrumpf sprechen dafür. Im Laufe des Jahres 1944 erhielten die Kleinkampfmittel der Kriegsmarine wie *Hydra* und *Linse,* an deren Bau die Werft ebenfalls beteiligt war, höhere Dringlichkeitsstufen. Hierdurch, wahrscheinlich aber auch durch die allgemeine Mangellage, wurde keines der 10 bestellten Boote *Fl. B 701—710* fertiggestellt, deren Bau relativ aufwendig war.

Materialengpässe zeichnen sich auch bei den anderen Neubauten und Neukonstruktionen der Kriegszeit ab. 1940 baute die Bootswerft Böbs, Travemünde, in der Klasse C V das Boot *Fl. C 538* als Versuchsboot. Anstelle der bis dahin aus Bronze bestehenden Unterwasserteile wurde versuchsweise eine Propeller- und Ruderanlage aus Leichtmetall eingebaut. Man hatte versucht, *sämtliche* Teile einschließlich Propeller und Propellerwelle aus seewasserbeständigen Aluminium-Legierungen herzustellen, um Kontaktkorrosionen von vornherein zu vermeiden. Propeller, Wellenbock und die Einzelteile der Stopfbuchsen wurden aus G-AlMg3-Sandguß hergestellt. Der Propeller wurde so dimensioniert, als wäre er aus Gußeisen hergestellt. Die Propellerwelle lief in drei Kunststoffbuchsen mit reiner Seewasserschmierung. Die ganze Anlage wog 67 kg, was gegenüber der Bronzeausführung von 162 kg eine Gewichtsersparnis von ca. 60 % bedeutete. Da das Boot auch zum Eisbrechen in einem Seefliegerhorst verwendet werden sollte, erhielt es im vorderen Wasserlinienbereich einen Eisschutz aus 1,5 mm starken, leicht eloxierten Blechen aus Al-Mg-Mn-hart. Das Boot wurde im Sommer 1940 zu Wasser gebracht und hat sich ausgezeichnet bewährt. Die verlangte Geschwindigkeitsgarantie wurde überschritten. Bis zum Sommer 1948 war das Boot in unverändertem Aussehen in Betrieb und wurde dann von der britischen Besatzungsmacht nach England überführt.

Als etwas stärkerer Nachfolger der Klasse C IX wurde 1941 von Pohl & Jozwiak, Hamburg, die Klasse C VIII entworfen (hier ist also die Klasse mit der niedrigeren Nummernbezeichnung Nachfolgerin der Klasse mit der höheren Numerierung!). Die Boote waren 80 cm länger und 18 cm breiter und besaßen anstelle des gewölbten Spiegelhecks ein spitzgattiges Heck. Die Boote *Fl. C 801—806* erhielten einen Kämper-Boots-DM des Baumusters 6 F 10 B 6, der mit 69 PSe eine um etwa 50 % höhere Leistung erbrachte als das Baumuster der C IX-Klasse. Damit erreichten die Boote eine Geschwindigkeit von 8,3 kn und einen Trossenzug am Pfahl von 950 kg bei 600 Upm, also 350 kg mehr. Die 1943 gebaute Serie von Boot *Fl. C. 807* bis *Fl. C 816* mußte jedoch wieder mit dem schwächeren Motor der C IX-Klasse ausgerüstet werden, der offenbar leichter beschafft werden konnte.

Nachzutragen wäre hier noch das Boot *Fl. C 471.* Über dieses Boot wird im Kennblatt vom 1. 12. 42 gesagt: »*Fl. C. 471* ist für den Neusiedler See entwickelt worden.« Diese Angabe ist richtig und vermittelt doch eine falsche Vorstellung, nämlich die, daß es sich hierbei um eine Sonderentwicklung der Luftwaffe handele. Tatsächlich wurde das Boot jedoch als Zollboot *March* 1938/39 von der Donauwerft Ing. H. Münch & A. Foest GmbH, Wien, für die Oberfinanzdirektion Wien entwickelt und 1939 von der Luftwaffe übernommen. Bei folgerichtiger Anwendung der »Verordnung über die Bezeichnung von Seefahrzeugen der Luftwaffe« hätte dieses Boot in die Klasse Fl. D II eingereiht werden müssen, wie dies z. B. 1939 mit 7 übernommenen polnischen Motorbooten und Marinekuttern geschah, denen die Bezeichnungen Fl. D 211, 215—217, 221, 228 und 229 zugeteilt wurden.

Die letzte derartige Bezeichnungsverordnung wurde am 5. 7. 1943 im Luftwaffenverordnungsblatt Nr. 1243 mit Wirkung ab 16. 8. 1943 veröffentlicht und gibt einen guten Überblick über den zu dieser Zeit vorhandenen Bestand:

Bezeichnungen von Seefahrzeugen der Luftwaffe

Es sind folgende Bezeichnungen anzuwenden:

Bezeichnung	*Verwendungszweck*
Flugsicherungsschiffe	Flugsicherung
Flugbetriebsboote Fl. A	Seenotdienst
Flugbetriebsboote Fl. B (mit Zusatz IV, V, VI, VII)	Seenotdienst Flugbetrieb (Seedienst)
Flugbetriebsboote Fl. C Flugbetriebsboote Fl. C (N) (für in Norwegen gebaute Fl. C-Boote)	Flugbetrieb (Hafendienst) Verkehrsboote

Flugbetriebsboote Fl. D I	Flugbetrieb
Flugbetriebsboote Fl. D II (für Beute- oder angekaufte Boote)	Flugbetrieb
Flugbetriebsboote Fl. E (Sturmboote)	Seenotdienst
Flugbetriebsboote Fl. F (für in Frankreich gebaute Schnellboote mit Zusatz I, II)	Seenotdienst Flugbetrieb
Flugbetriebsboote Fl. G (Schleppboote für Großflugboote)	Flugbetrieb
Rettungsboote Fl. R	Seenotdienst
Torpedofangboote Fl. T	Torpedoschußbetrieb

Der R.d.L. u. Ob. d.L., 16. 6. 1943

In dieser Liste erscheinen einige Klassen, die ursprünglich nicht als Konstruktionen für die Luftwaffe entstanden. Die Flugbetriebsboote Fl. E waren leichte Pionier-Sturmboote des Heeres. Von diesen hatte die Außenstelle Fécamp des Kommandos der Schiffe und Boote der Luftzeuggruppe See 1940 zur Ausstattung der französischen Westküste 46 Boote übernommen, von denen Ende 1940 10 in Boulogne, 3 in Le Havre und 12 in Cherbourg stationiert waren. Eine Reihe von diesen Booten wurde von Cl. Engelbrecht, Berlin-Köpenick für die Zwecke der Luftwaffe umgebaut, u. a. mit einem Verdeck versehen. Aber auch die anderen Boote bewährten sich offenbar so gut, daß weitere Boote übernommen und auch in den folgenden Jahren eingesetzt wurden. Ein Bildnachweis für die Bootsnummer *Fl. E 158* liegt vor, und man kann hier wohl annehmen, daß die Bootsnummern kontinuierlich jeweils bei Übernahme weiterer Boote vergeben worden sind.
Aus Übernahmen ging auch die Konstruktionsreihe F hervor. Durch die freundliche Unterstützung des früheren Herausgebers des Jahrbuches »Les Flottes de Combats« und französischen Marinehistorikers Henri Le Masson konnten wir aus den bruchstückhaften Unterlagen im Bundesarchiv/Militärarchiv folgendes Bild gewinnen:

Zwei der vom Heer entwickelten kleinen Pioniersturmboote als Flugbetriebsboote der Klasse E.

Zuwasserbringen von *Fl. E 115.* (Sammlung Froger)

Probefahrt des Prototyps der Serie *40 K 9*, die von der Werft Meulan/Frankreich 1939 aus der Klasse 40 K für die britische Admiralität entwickelt wurde. (Bundesarchiv/Militärarchiv)

Die Backbordansicht der *Mars* zeigt völlige Übereinstimmung mit dem Prototyp der Serie *40 K 9* (s. Abb. 83).

Flugbetriebsboot *Mars = Fl. F 10.*, eines der für die Luftwaffe gebauten Boote der Serie *40 K 9*, die nunmehr als Klasse Fl. F I bezeichnet wurde.

Französisches Flußpatrouillenboot *VR 43*, das mit geänderten Aufbauten aus vorbereitetem Material für Flugbetriebsboote der Klasse Fl. F II nach 1945 gebaut wurde. (Sammlung Froger)

Das für Frankreich 1945/46 fertiggestellte deutsche Flugsicherungsboot *Fl. F 302* als *V 121* ohne die ursprünglich vorgesehene starke Bewaffnung. (Sammlung Froger)

Während des spanischen Bürgerkrieges wurde von republikanischer Seite bei der englischen Aero-Marine-Engine-Ltd. zwölf MTB mit folgenden Daten bestellt: 23 ts Deplacement, Länge 20,23 m, Konstruktionsgeschwindigkeit 40 kn, 4 Lorraine-Pétrel-Otto-Motoren von je 600 PSe Leistung, Aktionsradius 600 sm (?), Bewaffnung 1—3,7 auf der Back, 1 MG, 2 Torpedorohre 18''. Die Aero-Marine-Engine-Ltd. war sehr eng mit der französischen Werft Chantiers Navals de Meulan verbunden und es ist wahrscheinlich, daß der Entwurf für diese Boote von M. Picker, einem Konstrukteur dieser Werft, stammt. Die spanischen Boote wurden als Klasse 40 K bezeichnet. Nachgestellte Ziffern bezeichnen weitere Variationen dieses Entwurfs. Die Weiterentwicklung *40 K 9* wurde 1939 für die britische Admiralität erprobt. Fotos von der Probefahrt dieses Bootes bei Höchstfahrt erschienen sz. in britischen Illustrierten (Sphere, Illustrated London News). Wie die spanischen Boote war auch *40 K 9* in Meulan gebaut worden. Das Schicksal dieses für England bestimmten Bootes und seine endgültige Bezeichnung wie auch die der 1938 an Spanien abgelieferten Boote ist unbekannt. Sicher ist jedoch, daß die Unterlagen für die 40 K-Serie 1940 in Meulan in deutsche Hände geriet, und die Werft den Auftrag von der Luftwaffe erhielt, danach Flugbetriebsboote für den Einsatz an den französischen Küsten zu bauen. Die erste Serie entsprach dem Entwurf *40 K 9* und erhielt die Klassenbezeichnung Fl. F I. Wie viele Boote dieser Klasse fertiggestellt wurden, ist unbekannt. Zwei Boote sind durch Fotos belegt. Sie erhielten offenbar außer der offiziellen Num-

mernbezeichnung (interne?) Namen und führten einen großen Kennbuchstaben am Rumpf.
Die folgende Serie Fl. F II wurde 1943 in Auftrag gegeben. Sie war etwas größer und besaß nur 2, dafür aber wesentlich stärkere Lorraine-Otto-Motoren von je 1300 PSe. Charakteristisch ist für sie ein anderer Aufbau. Auch von dieser Klasse sind zwei Boote mit Kennbuchstaben in deutschem Einsatz belegt. Zwei weitere Einheiten wurden 1945 für die französische Marine in Meulan als *V 130* und *V 131* fertiggestellt. Auch die vier Boote *VR 41—44* der französischen Marine gehören in diese Klasse. Ob es sich dabei um Boote, die aus Luftwaffenbeständen übernommen wurden, Fertigbauten nach 1945 oder Nachbauten der Serie, evtl. aus vorbereitetem Baumaterial handelt, ist unbekannt.
Die Serie Fl. F III, ebenfalls 1943 von der Luftwaffe in Auftrag gegeben, sollte schließlich als wesentlich größeres Boot mit vier Jumo-Otto-Motoren von je 1100 PSe als Hauptmotoren und zwei weiteren Jumo-Otto-Motoren gebaut werden. Die zusätzlichen Motoren hatten als Hilfsmotoren eine Leistung von je 200 PSe, als zusätzliche Hauptmotoren leisteten sie je 300 PSe. Mit max. 6200 PSe sollten die Boote 50 kn erreichen, während die Marschfahrt von 15 kn nur mit den Hilfsmotoren erreicht werden sollte. Die Boote sollten mit zwölf Flak —1,5 in vier Drillingskuppeln bestückt werden. Beides stellten offenbar Gegenmaßnahmen für die zunehmende Luftgefahr im Kanal dar, wodurch Rettungseinsätze der Flugbetriebsboote zunehmend risikoreicher wurden. Der Aktionsradius der Boote sollte 300 sm bei Höchstfahrt, 1000 sm bei Marschgeschwindigkeit betragen. Kein Boot der Serie kam in deutsche Dienste, doch befanden sich 1945 acht Boote der Klasse in Meulan im Bau. Davon wurden *Fl. F 301, 302, 305* und *307* für die französische Marine fertiggestellt, die übrigen, deren Fertigstellung zunächst auch geplant war, schließlich in den 50er Jahren abgebrochen.
Nachweise für die in der Bezeichnungsverordnung vom Juli 1943 vorgesehenen, in Norwegen gebauten Fl. C-Boote (N) gibt es bisher nicht, ebenso konnten keine Konstruktionspläne oder -überlegungen für die Schleppboote für Großflugboote aufgefunden werden.

Wie bereits bei den Flugsicherungsschiffen erwähnt, wurden auch zur Verstärkung der Gruppe der Flugbetriebsboote 1939 Zivilfahrzeuge übernommen. Soweit feststellbar, handelte es sich hierbei mit bisher einer Ausnahme (*Mfk Irmgard = SASS 12*) um Motoryachten und -boote, deren Identität bisher nur in wenigen Fällen geklärt werden konnte (s. Aufstellung S. 223). Es kann vermutet werden, daß diese Boote in die Klasse Fl. D II eingereiht wurden, doch gilt dies mit Sicherheit nicht für die gesamte Einsatzzeit oder nicht für alle Boote, denn etwa die Rufzeichenliste in der Fassung vom 10. 9. 41 führt neben Fl. D-Nummern das Boot *Forel* und die Heeresboote *Kaete* und *Grete* ohne Nummer auf. Es sei noch hinzugefügt, daß diese übernommenen Fahrzeuge eigenartigerweise nicht als Hilfs-Flugbetriebsboote, sondern als Hilfs-Flugsicherungsschiffe bezeichnet wurden, obwohl sie vom Typ her mit dieser Gruppe sicher nichts zu tun hatten, sondern wie Flugbetriebsboote verwendet wurden.

Seenotfahrzeuge

Da die Flugsicherungsschiffe und Flugbetriebsboote Rettungen auch weit entfernt von den eigenen Küsten im gegnerischen Interessengebiet durchführen mußten, war ihr Schutz durch die Genfer Konvention nicht zu erreichen. Als zur Deckung des plötzlich eintretenden Bedarfs der besetzten Gebiete fast alle Flugsicherungsschiffe und -boote und Flugbetriebsboote der Heimatdienststellen abgezogen und auch fast alle Neubauten für diesen Zweck eingesetzt werden mußten, konnten die im Heimatgebiet aufgerissenen Lücken, allerdings auch nur in der Nordsee, durch den Einsatz der bereits erwähnten 6 Heringslogger und von 14 Motorrettungsbooten der Deutschen Gesellschaft zur Rettung Schiffbrüchiger (DGzRS) wieder geschlossen werden. Diese Boote, vordem nur für den gelegentlichen Einsatz vorgesehen, mußten jetzt für den Dauerdienst ausgerüstet werden. Ihr Einsatz wurde als »Sondereinsatz der Küstenrettungsboote der DGzRS für den Flugsicherungsdienst der Luftwaffe und für Rettungsaufgaben der Kriegsmarine« bezeichnet und in personeller wie technischer Hinsicht in selbständiger Verantwortung der Gesellschaft durchgeführt. Das DRK übernahm den sanitären Teil des Rettungswesens und bildete die Mannschaften der DGzRS in »Erster Hilfe« aus. Als Aufsichtsbehörden fungierten das OKL und das OKM. Die Großrettungsboote wurden mit ihren ursprünglichen Namen über die Schweizer Reegierung den Feindmächten als Lazarettfahrzeuge bekanntgegeben, die nach Kennzeichnung (Lazarettschiffsanstrich weiß über alles mit grünem Streifen um den Rumpf und großem rotem Kreuz am Aufbau), Verwendung, Besetzung und Ausrüstung den Bestimmungen des Genfer Abkommens entsprachen und unter seinen Schutz traten. Eine Übernahme dieser Boote durch die Wehrmacht erfolgte nicht — das OKM bzw. OKL stellte lediglich die nach dem Genfer Abkommen notwendigen Ausweise für die Boote und Besatzungen aus. Die Besatzungen wurden auf Antrag der Gesellschaft für den vorgenannten Einsatz dienstverpflichtet und unabkömmlich (u. k.) gestellt. Da die Großmotorboote jetzt in Zusammenarbeit mit dem Seenotdienst der Luftwaffe auf weit vorgeschobenen Positionen in ständiger Bereitschaft liegen mußten, wurde für jedes Boot eine doppelte Besetzung nötig. In diesem Zusammenhang wurde es auch erforderlich, die bis dahin auf freiwilliger Basis arbeitenden Männer, die nur für die aufgewendeten Arbeitsstunden entschädigt wurden, fest anzustellen.

Die im Juni 1940 in Dienst gestellten Motorrettungsboote waren: *KRB 201 = Hindenburg, KRD 402 = Carl Laeisz, 405 = Hermann Frese, 409 = Geheimrat Hinrich Gerlach, 415 = Lübeck, 416 = Geheimrat Sartori, 417 = August Nebelthau, 422 = Konsul John, 426 = Ulrich Steffens, 427 = Adalbert Korff, 429 = Heinrich Tjarks, 430 = Daniel Denker, 436 = Johannes Mess, 438 = Geheimrat Ladisch.*

Es ist notwendig, bei der Nennung der Boote stets ihre Registriernummer mit anzugeben. Um eine zeitraubende Neuanmeldung bei den Feindmächten zu umgehen, verwandte man beim Austausch von Booten bzw. für Neubauten stets wieder die bereits für den betreffenden Einsatzort gemeldeten Namen. Der Name eines Bootes richtete sich also nach seinem jeweiligen Einsatzort — konstant blieb aber die Registriernummer, die daher zur Identifizierung von Booten unbedingt erforderlich ist.

Am 28. 11. 40 ist das Motorrettungsboot *Hindenburg = KRB 201* bei einem Einsatz im Hubertgatt verschollen. An seiner Stelle wurde zum Jahreswechsel 1940/41 *KRD 424 = Konsul Kleyenstüber* in den Sonderdienst übernommen, ferner zusätzlich *KRD 439 = Nettelbeck.*

In den folgenden Jahren wurde dann ein umfangreiches Neubauprogramm durchgeführt, das jedoch zur Deckung des Bedarfs nicht voll ausreichte. So mußten von den älteren Booten im März 1941 *KRD 414 = Hamburg*, im Dezember 1942 *KRD 428 = Maasholm* und 1943 *KRD 401 = Picker, 434 = Lotsenkommandant Leppert* und *435 = John Köster* für den Sondereinsatz abgestellt werden.

Bereits 1940 wurde von Vorstand und Inspektorat der DGzRS ein Neubauprogramm entworfen, das den verstärkten Ansprüchen des Krieges gerecht werden sollte. Vorgesehen waren

a) 16 Großmotorrettungsboote von 17 m Länge
b) 16 mittlere Motorrettungsboote von 11—15 m Länge
c) 14 Strand-Motorrettungsboote mit Ablaufwagen von 10 m Länge

Dieses Kriegsbauprogramm wurde von der Werft A. Pahl, Hamburg-Finkenwärder, in zuverlässigster Weise durchgeführt, wenn auch das gesteckte Ziel auf Grund anderer Beanspruchungen nicht voll erreicht werden konnte. Als erstes wurden 1942 8 Boote eines 13-m-Typs fertiggestellt, die noch einen Mast mit Ausguckkorb und Stützbeseglung trugen. 6 dieser Boote, *KRB 202—207*, traten zum Sondereinsatz.

Es folgten 1943/44 4 Boote eines etwas größeren 14-m-Typs, der besonders dadurch richtungsweisende Bedeutung hatte, daß er in einem Turmaufbau in einem oberen offenen und einem unteren geschlossenen Steuerstand Ruder- und Maschinensteuerung in doppelter Ausführung vereinigte. Der Vormann des Bootes konnte nun je nach den Bedingungen den Standort wählen, von dem aus er das Boot führen wollte. Diese Neuerung wurde zwar zunächst mit Zurückhaltung aufgenommen, bewährte sich jedoch in kurzer Zeit so gut, daß sie bei allen folgenden Entwürfen bis heute beibehalten wurde.

Auch die beiden einzigen 17-m-Boote *Hindenburg* und *Norderney*, die von den 16 geplanten Großmotorrettungsbooten 1944 fertiggestellt wurden, wiesen bereits diesen Turmaufbau auf. Während

Das 1930 gebaute Rettungsboot *Bremen = KRD 418* im Kriegseinsatz 1940/41 in Wilhelmshaven. Der grüne Rumpfstreifen des Lazarettschiffsanstriches war bei diesen kleinen Booten auf die Breite der Scheuerleisten beschränkt. Im Hintergrund ein Schwerer Artillerieträger. (Sammlung Fröhling)

Hindenburg = KRA 101, das erste fertiggestellte Großmotorrettungsboot von 17 m Länge des Kriegs-Bauprogrammes, das im Aussehen zum Vorbild für die späteren Seenotkreuzer der Nachkriegszeit wurde. (Sammlung Fröhling)

diese 6 modernsten großen Boote alle zum Sondereinsatz abgestellt wurden, war dies nur bei einem der 9 Strandrettungsboote der Fall, die ebenfalls 1944 gebaut wurden. Zwei dieser Boote verbrannten bereits vor Indienststellung auf der Werft, so daß hier also nur 7 fertiggestellte Bauten zu nennen sind, die Hälfte des ursprünglich vorgesehenen Zugangs.

Die Rettungsmannschaften und Boote der DGzRS haben während des Krieges folgende Leistungen vollbracht, wobei der schwerste Teil zweifellos den in Dauerbereitschaft im Sondereinsatz stehenden Booten zukam:

Jahr	Einsätze	gerettete Personen
1939	20	131
1940	19	147
1941	17	129
1942	18	81
1943	22	119
1944	49	297
1945	52	722
	197 Einsätze	1626 Personen

Erwähnt sei, daß der Sonderdienst mit seiner Dauerbereitschaft auch unter der britischen Besatzungsmacht bis 1947 mit 20 Booten beibehalten wurde.

Im Gegensatz zu dem bisher beschriebenen Sonderdienst, der stets unter voller Verantwortung und Leitung der DGzRS lief, wurden einige Boote der Gesellschaft von der Wehrmacht für den Rettungsdienst an außerdeutschen Küsten gechartert und im Rahmen und nach Ermessen des Seenotdienstes der Luftwaffe eingesetzt. Im Sommer 1940 betraf dies zunächst die beiden Boote *KRD 418 = Bremen* und *425 = Richard C. Krogmann,* die in Boulogne und Calais stationiert wurden. Von den 13-m-Neubauten ging 1942 ebenfalls ein Boot an die Kanalküste, das noch die Registriernummer *KRB 207,* aber keinen Namen der DGzRS mehr erhalten hatte. Es wurde von der Luftwaffe entsprechend ihres Benennungsschemas als *Fl. R. 105* bezeichnet, wobei unklar bleibt, weshalb man die Nummern 101—104 freigelassen hat.

August Nebelthau = *KRD 417*, das einzige Boot der DGzRS, das während des 2. Weltkrieges durch Kriegseinwirkungen im Einsatz so schwer beschädigt wurde, daß es als Totalverlust abgebrochen werden mußte.
(Foto U. Schreier, 10. 1. 42)

Die Notlampe wird am Mast einer »Udetboje« gehißt. Diese Aufnahme entstand am 11. 10. 1940 in Calais. Zu diesem Zeitpunkt trugen die Rettungsbojen noch das Rote Kreuz, das später durch ein rotes Quadrat ersetzt wurde.
(Marineschule Mürwik / Historische Sammlung)

Im April 1942 wurden die kleineren Boote *KRD 410 = Ferdinand Laeisz* und *429 = Heinrich Tjarks* zum Schwarzmeer überführt. Ihnen folgten im Juli 1943 *KRD 404 = Heinrich Stalling, 411 = Irene* und *431 = Vegesack* nach Griechenland, um den Bedarf im Gebiet um Kreta abzudecken. Erst im November 1944 wurde dann noch *KRD 436 = Johannes Mess* ebenfalls dorthin transportiert. Von allen diesen Booten kehrte nur die *Bremen* im Juli 1944 wieder in die Verfügungsgewalt der DGzRS nach Bremen zurück. Unter den im Sonderdienst eingesetzten Booten trat neben dem bereits erwähnten Verlust der *Hindenburg* nur noch am 23. 5. 42 ein Ausfall durch Minentreffer ein (*August Nebelthau = KRD 417*). Der Schutz der Genfer Konvention war also für den Sonderdienst der DGzRS voll wirksam.

Dies galt nicht für ein anderes Rettungsmittel, das ebenfalls zur Verstärkung des Seenotdienstes 1940 entwickelt worden war, die »Rettungsboje Generalluftzeugmeister«, wie die offizielle Bezeichnung lautete. Mit großem Propagandaaufwand in Illustrierten vorgestellt, wurde sie unter dem prägnanteren volkstümlichen Namen »Udet-Boje« so bekannt, daß sie z. B. als Stichwort in den »Taschen-Brockhaus zur Zeitgeschichte«, Ausgabe 1942, Eingang fand. Die Benutzungsanweisung aus dem September 1940 (D [Luft.] 1208) macht folgende Angaben über den Verwendungszweck:

> »Die ›Rettungsboje Generalluftzeugmeister‹ soll in Seenot geratenden Besatzungsmitgliedern von Flugzeugen Aufenthalt bis zur Rettung durch die zur Hilfeleistung eingesetzten Fahrzeuge gewähren.
>
> Die Boje ist für den mehrtätigen Aufenthalt von vier Personen eingerichtet. Notfalls können auch mehrere Flugzeugbesatzungen gleichzeitig Platz finden.
>
> An Bord sind alle erforderlichen Hilfsmittel, wie: 4 Betten, Schränke mit Kleidung, Belebungs- und Stärkungsmittel, Frischwasser, Notsignalgerät, usw. vorhanden.
>
> Die Bojen ab Nr. 35 sind mit FT-Notsender ausgestattet.
>
> Die Bojen sind unter der Wasserlinie grau, über der Wasserlinie gelb gestrichen und tragen am Einstiegturm 4 rote Kreuze auf weißem Grund und die Bezeichnung »Rettungsboje Generalluftzeugmeister Nr. . . . «.

> Die ausgelegten Rettungsbojen führen ständig ein weißes Ankerlicht (Sichtweite etwa 1000 m), das durch einen Sammler gespeist wird. (Die Brenndauer beträgt etwa 30 Tage.)«.

Die Bojen wurden mit Hilfe der Flugsicherungsschiffe, z. B. *Krischan, Bernhard von Tschirschky*, ausgelegt und vor der Küste verankert.
Trotz des großen Aufwandes, mit dem diese Einrichtung ins Leben gerufen wurde, fehlen in den erhaltenen KTB's der Seenotverbände Hinweise auf ihre Bewährung ebenso wie Angaben über den Einsatz in späteren Kriegsjahren. Offenbar kam man bald wieder davon ab. Der Grund hierfür läßt sich an Hand von zwei Angaben vermuten: Im KTB der Seenotzentrale (Luft) Nord vom 1. 8. — 30. 12. 40 finden sich gehäuft Angaben über die Bergung von Rettungsbojen:

16. 11. 40	Fliegerrettungsboje *Nr. 19* von roter Ansteuerungstonne Den Helder Richtung 325° 1000 m nach Norden freitreibend gesichtet von *UJ 116*, soll von *Rolshoven* geborgen werden.
17. 11. 40	Zwischen Terschelling und Ameland Fliegerrettungsboje angetrieben.
23. 11. 40	*V 1101* nimmt bei Tonne Max 1 treibende Fliegerrettungsboje *Nr. 25* auf. Boje ist leck, zeigt MG-Einschüsse. Wird am 24. 11. vom Taucherlogger *Frauke* nach Terschelling geschleppt.
24. 11. 40	*V 1101* bringt treibende Boje *Nr. 14* ein und übergibt wieder an *Frauke*.
29. 11. 40	Boje *Nr. 12* im Hubertgatt angetrieben, wird von Vorpostenboot geborgen und von *Fl. B 413* nach Borkum eingebracht.
7. 12. 40	Boje *Nr. 62*, gekennzeichnet mit 4 roten Kreuzen, auf Vlieland angetrieben.

Auch wenn man die schlechte Wetterlage im Gebiet in dieser Zeit in Rechnung stellt — der Verlust des Rettungsbootes *Hindenburg* trat am 28. 11. während eines Sturmeinsatzes im Bereich des Hubertgatts auf —, geht aus den erwähnten MG-Einschüssen eindeutig hervor, daß den Bojen kein Schutz entsprechend der Genfer Konvention gewährt wurde. Man rechnete damit wohl von Anbeginn nicht, denn in der Benutzungsanweisung findet sich unter »Besondere Einrichtungen: Bei Schußlöchern in der Bojenwand Dichtungspfropfen aus Schrankfach D 4 entnehmen und mit dem beigegebenen Holzhammer in die Löcher eintreiben. Eine an der rechten Bojenwand angeordnete Lenzpumpe dient zum Auspumpen eingedrungenen Seewassers.«

In Konsequenz zu dieser Situation wurde im Mai 1941 dann ein Deckblatt 1 zur Benutzungsanweisung ausgegeben, das den 5. Absatz des Abschnitts »Verwendungszweck« (s. S. 176) durch folgenden Text ersetzt:

»Die Bojen sind unter der Wasserlinie grau, über der Wasserlinie gelb gestrichen und tragen am Einstiegsturm 4 rote *Quadrate* auf weißem Grund und die Bezeichnung »Rettungsboje Generalluftzeugmeister Nr. . . . «.«

Damit wurde auch nach außen klar, daß diese Rettungsmittel nicht in Einklang mit und unter dem Schutz der Genfer Konvention standen. Ob der Einsatz der Bojen aktiv aufgegeben, d. h. die noch vorhandenen eingezogen und verschrottet wurden, ober ob man nur die Produktion einstellte und die vorhandenen Bojen aufbrauchte, ließ sich bisher nicht nachweisen.

DIE EINSÄTZE

Aus Flugsicherungsschiffen, Flugbetriebsbooten und Flugbooten wurde vom Luftkreiskommando (LK) VI (See) ab 1935 ein Seenotdienst der Luftwaffe aufgebaut. Der damalige Ib des LK VI, Oberstleutnant Konrad Goltz, ab 1. 4. 41 Inspekteur des Seenotdienstes, war der eigentliche Schöpfer dieser Einrichtung, der für die Einsatzmittel sorgte und auch die grundlegende Organisation schuf. Jede Luftflotte, deren Flugzeuge über See eingesetzt waren, erhielt einen Seenotdienstführer (SNDF) als Verbindungsmann zwischen Luftflotte und den an den Küsten liegenden Seenotbereichskommandos. In diesen liefen alle Nachrichtenmittel zusammen. Seenotgespräche, Funksprüche etc. hatten den absoluten Vorrang vor allen anderen Nachrichten. Den Seenotbereichskommandos unterstanden die Seenotkommandos entlang der Küste, bei denen die Schiffe, Boote und Flugzeuge lagen. In Friedenszeiten wurde der Seenotdienst auch von Dienstfahrzeugen der verschiedenen Behörden entlang der deutschen Küste unterstützt. Im Seenotfall wurde je nach Wetterlage und Entfernung des Unfallortes die geeigneten Rettungsmittel des nächstgelegenen Kommandos eingesetzt. Die Leitung des Seenotdienstes, die nach Auflösung des LK VI (See) Anfang 1939 dem Kommandeur der Luftzeuggruppe See übertragen worden war, ging am 1. 5. bzw. 1. 7. 1939 auf die Leiter der Flugsicherung Nord und Ost über.

Die Friedensgliederung des Seenotdienstes bei Kriegsausbruch zeigt die Karte. Friedensmäßig hatte der Leiter der Flugsicherung Ost seinen Sitz in Swinemünde, ab 15. 8. 1939 in Stettin-Altdamm, der Leiter der Flugsicherung Ostpreußen ab 15. 8. 1939 in Wotittnik südwestlich Königsberg bei Heiligenbeil.

Mit dem 30. 8. 1939 wurde folgende vorläufige Organisation des Seenotdienstes im Kriege vom O. d. L. verfügt:

1. Im Mob.-Fall wird die Seenotzentrale (Luft) Nord, die im Frieden dem Leiter der Flugsicherung Nord unterstellt ist, einsatzmäßig dem *Marinegruppenbefehlshaber West* unterstellt. Verwaltungsmäßig untersteht die Seenotzentrale (Luft) Nord der Seefliegerhorstkommandantur Wilhelmshaven, in Abwehrange-

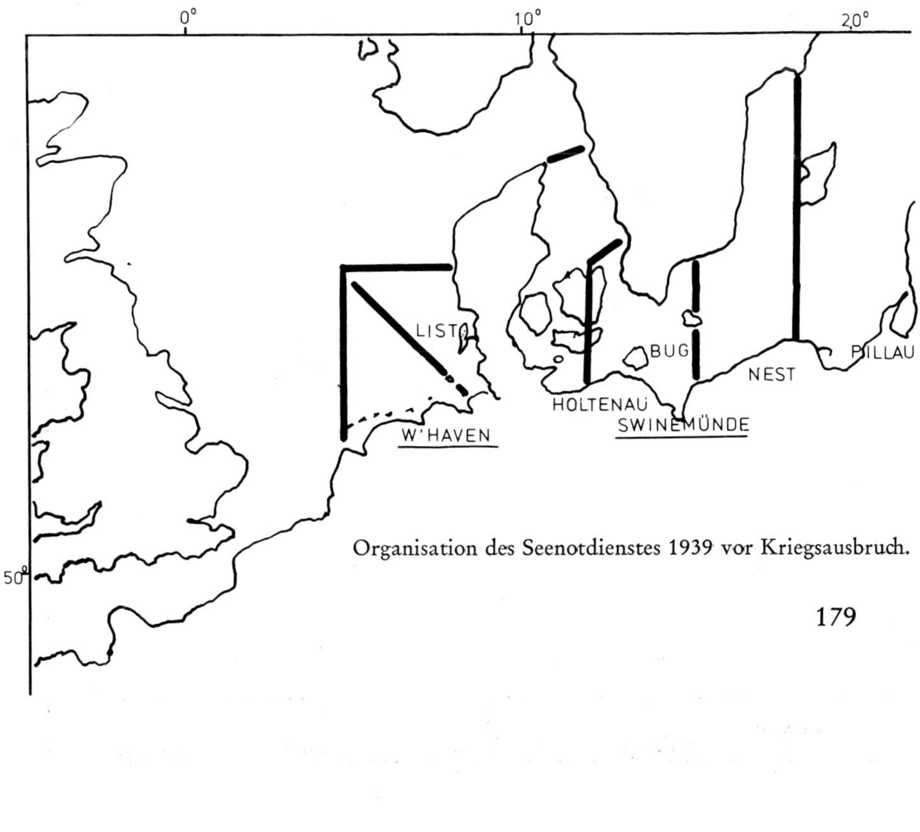

Organisation des Seenotdienstes 1939 vor Kriegsausbruch.

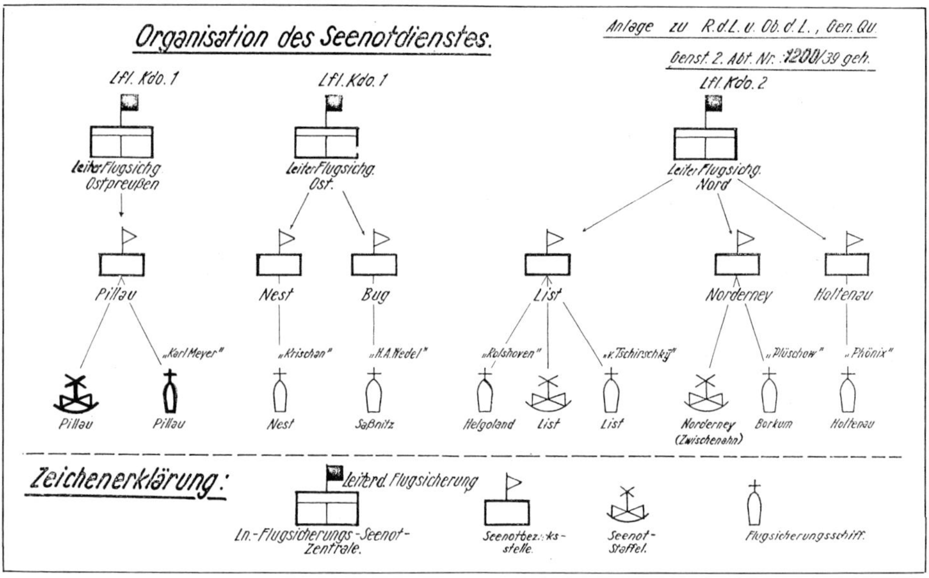

Seenotbereiche bei Kriegsausbruch.

legenheiten der zuständigen Abwehrstelle. (Die Verlegung nach Wilhelmshaven erfolgt durch das Luftflottenkommando 2).

2. Im Mob.-Fall wird die Seenotzentrale (Luft) Ost in Swinemünde aufgestellt. Die Seenotzentrale (Luft) Ost wurde aber bereits am 1. 4. 40 im Zusammenhang mit der Entwicklung im Nordraum vorläufig nach Holtenau verlegt.

Organisation des Seenotdienstes im Kriege gemäß Verfügung vom 30. 8. 1939.

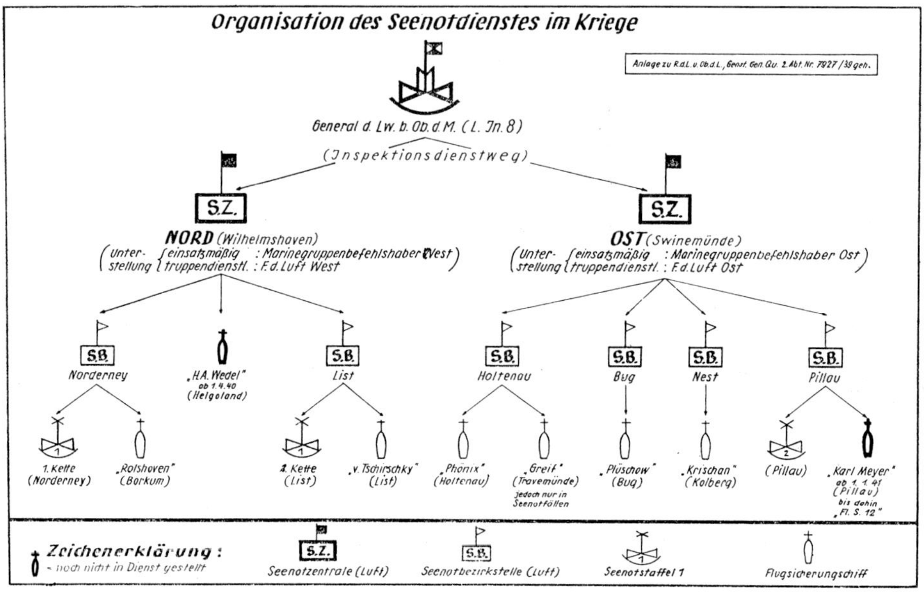

Die Verteilung der Flugsicherungsfahrzeuge der Luftwaffe am 1. 11. 1939 sah folgendermaßen aus:

A. Seenotbereich (Luft) Nord

I. Seenotbezirk (Luft) List

List:	Flugsicherungsschiff *Bernhard von Tschirschky*
	Flugbetriebsboot Kl. B *Fl. B 205*
	Flugbetriebsboot Kl. B *Fl. B 407*
	Flugbetriebsboot Kl. B *Fl. B 418*
Hörnum:	Flugbetriebsboot Kl. B *Fl. B 213*
	Flugbetriebsboot Kl. B *Fl. B 406*
Tönning:	Flugbetriebsboot Kl. B *Fl. B 417*
Helgoland:	Flugsicherungsschiff (unbesetzt)

II. Seenotbezirk (Luft) Norderney

Norderney:	Flugbetriebsboot Kl. B *Fl. B 206*
	Flugbetriebsboot Kl. B *Fl. B 405*
	Flugbetriebsboot Kl. B *Fl. B 419*
Borkum:	Flugsicherungsschiff *Hans Rolshoven*
	Flugbetriebsboot Kl. B *Fl. B 413*
W'haven:	Flugbetriebsboot Kl. B *Fl. B 209*

III. Seenotbezirk (Luft) Kiel-Holtenau

Schleswig:	Flugbetriebsboot Kl. A *Fl. A 301*
Borgwedel:	Flugbetriebsboot Kl. B *Fl. B 101*
Holtenau:	Flugsicherungsschiff *Phoenix*
	Flugbetriebsboot Kl. A *Fl. A 404*
	Flugbetriebsboot Kl. B *Fl. B 411*
Großenbrode:	Flugbetriebsboot Kl. B *Fl. B 210*
	Flugbetriebsboot Kl. B *Fl. B 414*
	Flugbetriebsboot Kl. D *Fl. D 212 Schillig*
	Flugbetriebsboot Kl. A *Fl. A 402*

Travemünde:	Flugsicherungsschiff *Greif*
	Schnellboot *Luer = Fl. D 226*
	Flugbetriebsboot Kl. B *Fl. B 208*
	Flugbetriebsboot Kl. B *Fl. B 301*
	Flugbetriebsboot Kl. B *Fl. B 303*
Tarnewitz:	Flugbetriebsboot Kl. B *Fl. B 307*
	Flugbetriebsboot Kl. B *Fl. B 409*
Rerik:	Flugbetriebsboot Kl. B *Fl. B 302*
	Flugbetriebsboot Kl. B *Fl. B 403*

B. Seenotbereich (Luft) Ost

I. Seenotbezirk (Luft) Bug a. Rügen

Warnemünde:	Flugbetriebsboot Kl. B *Fl. B 204*
	Flugbetriebsboot Kl. B *Fl. B 212*
Pütnitz:	Flugbetriebsboot Kl. A *Fl. A 302*
Zingst:	Flugbetriebsboot Kl. B *Fl. B 408*
	Flugbetriebsboot Kl. B *Fl. B 415*
Parow:	Flugbetriebsboot Kl. A *Fl. A 303*
	Flugbetriebsboot Kl. B *Fl. B 202*
Bug a. Rügen:	Flugsicherungsschiff *Gunther Plüschow*
	Flugbetriebsboot Kl. A *Fl. A 201*
	Flugbetriebsboot Kl. B *Fl. B. 412*
	Flugbetriebsboot Kl. B *Fl. B 214*
Greifswald:	Flugbetriebsboot Kl. A *Fl. A 203*
	Absperrboot *Pillau = Fl. D 213*
Peenemünde:	Flugbetriebsboot Kl. B *Fl. B 201*
	Flugbetriebsboot Kl. A *Fl. A 304*
Swinemünde:	Flugbetriebsboot Kl. B *Fl. B 207*
Dievenow:	Flugbetriebsboot Kl. B *Fl. B 211*
	Flugbetriebsboot Kl. B *Fl. B 410*

II. Seenotbezirk (Luft) Nest

West-Deep:	Flugbetriebsboot Kl. B *Fl. B 309* (Liegehafen Kolberg)
	Flugbetriebsboot Kl. B *Fl. B 402* (Liegehafen Kolberg)

Kamp:	Flugbetriebsboot Kl. B *Fl. B 203*
Nest:	Flugsicherungsschiff *Krischan* (Liegehafen Kolberg)
Stolpmünde:	Flugbetriebsboot Kl. B *Fl. B 305*
	Flugbetriebsboot Kl. B *Fl. B 308*
	Flugbetriebsboot Kl. B *Fl. B 310*

C. Seenotbereich (Luft) Ostpreußen

II. Seenotbezirk (Luft) Pillau

Pillau:	Flugbetriebsboot Kl. B *Fl. B 404*
	Flugbetriebsboot Kl. B *Fl. B 416*
Brüsterort:	Flugbetriebsboot Kl. B *Fl. B 304* (Liegehafen Neukuhren)
	Flugbetriebsboot Kl. B *Fl. B 306* (Liegehafen Neukuhren)

Außerdem wird ein Bergungsprahm mit einer Tragfähigkeit des Kranes von 12 t erwähnt und als »nur bedingt seefähig bezeichnet«, aber nicht näher mit seiner BP-Nummer angegeben.
Nach der Ausdehnung der zu versorgenden Küsten mußten der Bootsbestand der Heimatdienststellen erheblich verringert, fast sämtliche Neubauten an den Westküsten eingesetzt und auch die Boote der C-Reihe und die bereits erwähnten Sturmboote der E-Reihe zur Ausstattung des Seenotdienstes herangezogen werden. Ende 1940 sah die Verteilung an der Westküste folgendermaßen aus:

Norwegen

Drontheim:	*Fl. B 202*
	Fl. C 341, 367, 369, 541, 546
Stavanger:	*Fl. B 501*
	Fl. C 331, 370, 534
Oslo:	*Fl. C 535, 537, 548, 549*

Dänemark

Aalborg:	*Fl. B 207*
	Fl. C 338, 364, 3002, 417, 530
Thisted:	*Fl. B 407*
	Fl. C 372, 547
Kopenhagen:	*Fl. C 401, 528*

Niederlande

Amsterdam — :	*Fl. A 202*
Schelligwoude:	*Fl. B 308*
	Fl. C 339, 340, 506
	Fl. D 8 angekaufte, eiserne Boote
Vlissingen:	*Fl. C 348*

Belgien

Ostende:	*Fl. C 415*
Hourtin:	*Fl. C 3008, 3013*

Frankreich

Calais:	*Fl. A 401*
	Fl. B 414, 428
Boulogne:	*Fl. B 405, 419, 429, 430, 541*
	Fl. C 333, 550
	Fl. E 10 Boote
Dieppe:	*Fl. B 418, 422, 432*
Le Havre:	*Fl. B 402, 423—425*
	Fl. C 349
	Fl. E 3 Boote
Cherbourg:	*Fl. B 403, 417, 426, 427, 542*
	Fl. C 309, 314, 335, 356, 358, 359, 3007
	Fl. E 12 Boote
Brest:	*Fl. B 420, 421*
	Fl. C 328, 365, 3003, 3006

Gleichzeitig wurde im Laufe des Jahres 1940 die Bewaffnung der Schiffe und Boote fast restlos durchgeführt. Die Flugsicherungsschiffe erhielten meist je 2-2 cm Flak, die Flugbetriebsboote ein bis zwei MG 15, davon eines im Drehkranz. Außerdem wurde der größte Teil der Schiffe mit Mineneigenschutz (MES)-Anlagen ausgerüstet.

Nach weiteren Gebietserweiterungen im Südraum verfügte der Rfl/Ob. d. L. am 27. 5. 1941 folgende Neugliederung des Seenotdienstes:

»Mit Wirkung vom 5. 6. 41 tritt folgende Gliederung, Unterstellung und Organisation des Seenotdienstes (L) im Kriege in Kraft:

I) In Personalunion werden vereinigt:

1. Seenotdienstführer Luftflotte 3 unter Umbenennung in Seenotdienstführer West mit neu aufzustellender Dienststelle I. Seenotgruppe
2. Bisheriger Stab Seenotgruppe unter Umbenennung in Stab II. Seenotgruppe mit der Dienststelle Seenotdienstführer Mitte (Standort Wilhelmshaven). Der Kommandeur der II. Seenotgruppe behält die Aufgabe der Vorschulung des neu zum Seenotdienst tretenden fliegenden Personals für *alle* Seenotstaffeln.

II) Im Bereich der Luftflotte 5 wird die Dienststelle Seenotdienstführer Norwegen neu geschaffen. Die Seenotzentrale (L) Norwegische Westküste wird in Seenotzentrale (L) Norwegen umbenannt.

III) Die Seenotzentrale (L) Sizilien wird nach Verlegung nach Athen in Seenotzentrale (L) Athen umbenannt. Ihr Leiter erhält gleichzeitig die Dienstbezeichnung Seenotdienstführer Mittelmeer. Er ist gleichzeitig Kommandeur der neu aufzustellenden III. Seenotgruppe.

IV) Die durch Verfügung vom 5. 5. 41 aufgestellte Seenotzentrale (L) z.b.V. wird in Seenotzentrale (L) ostwärtige Ostsee umbenannt und nach Pillau verlegt. Ihr werden die bisherigen Seenotbezirksstellen (L) Pillau, Nest und Bug/Rügen einsatzmäßig unterstellt.

V) Es wird aufgelöst der Seenotdienstführer »Luftflotte 2«

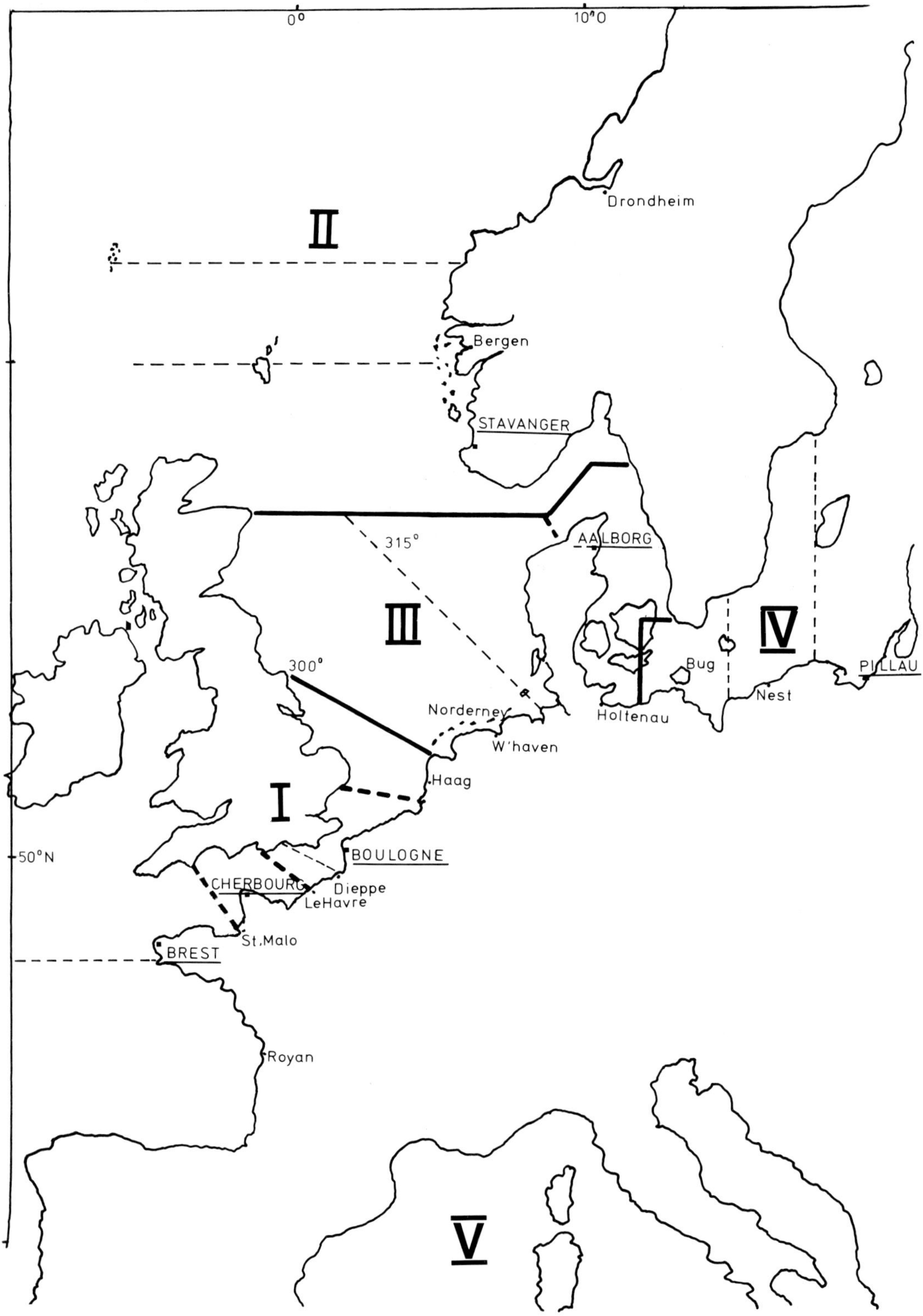

Die Seenotbereiche am 27. Mai 1941.

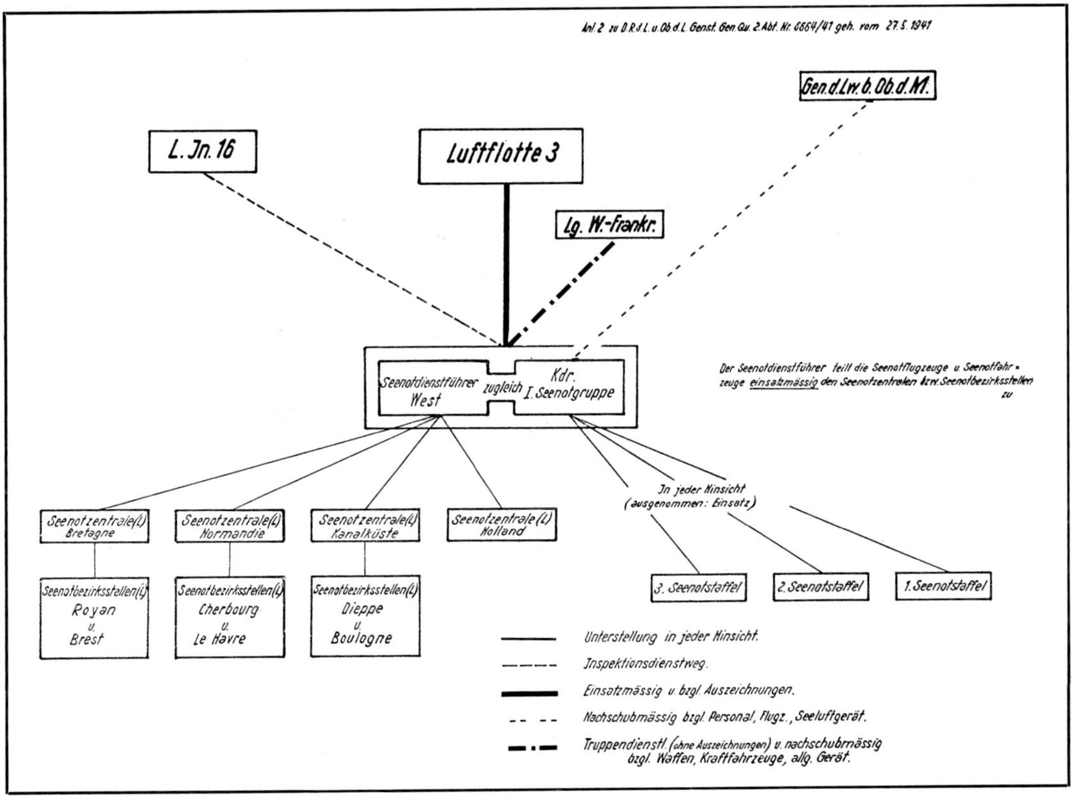

Organisation des Seenotdienstes im Bereich I (Niederlande/Frankreich).

Organisation des Seenotdienstes im Bereich II (Norwegen).

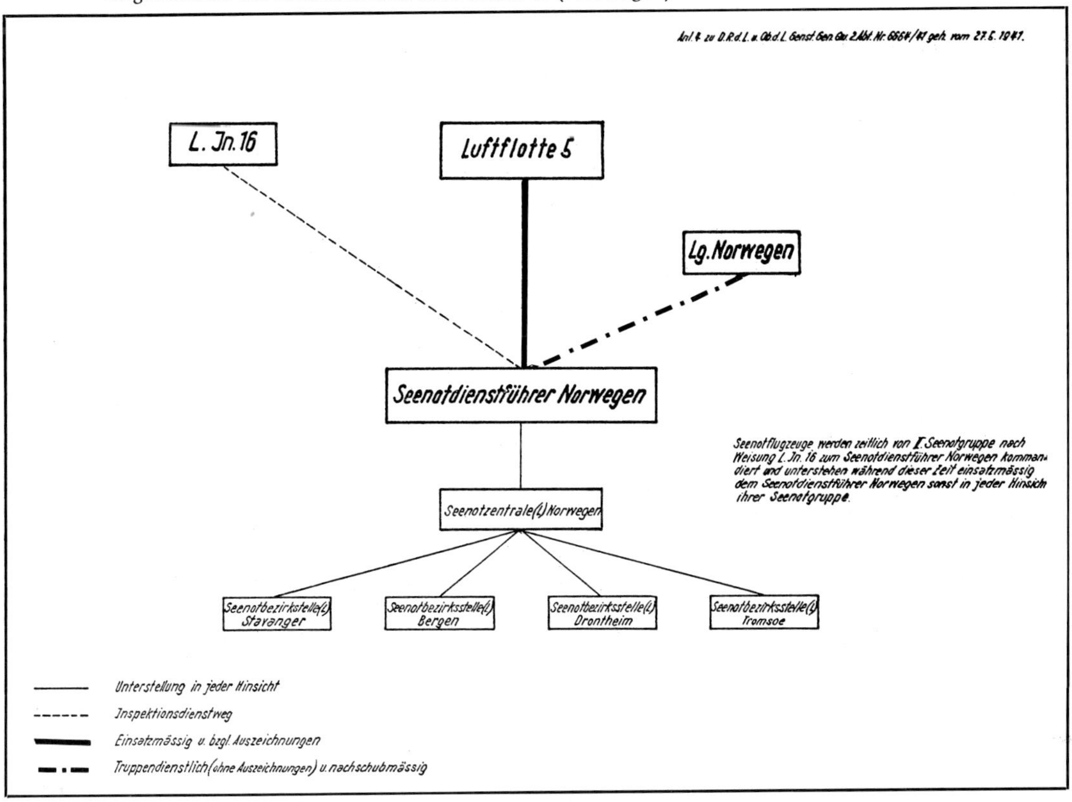

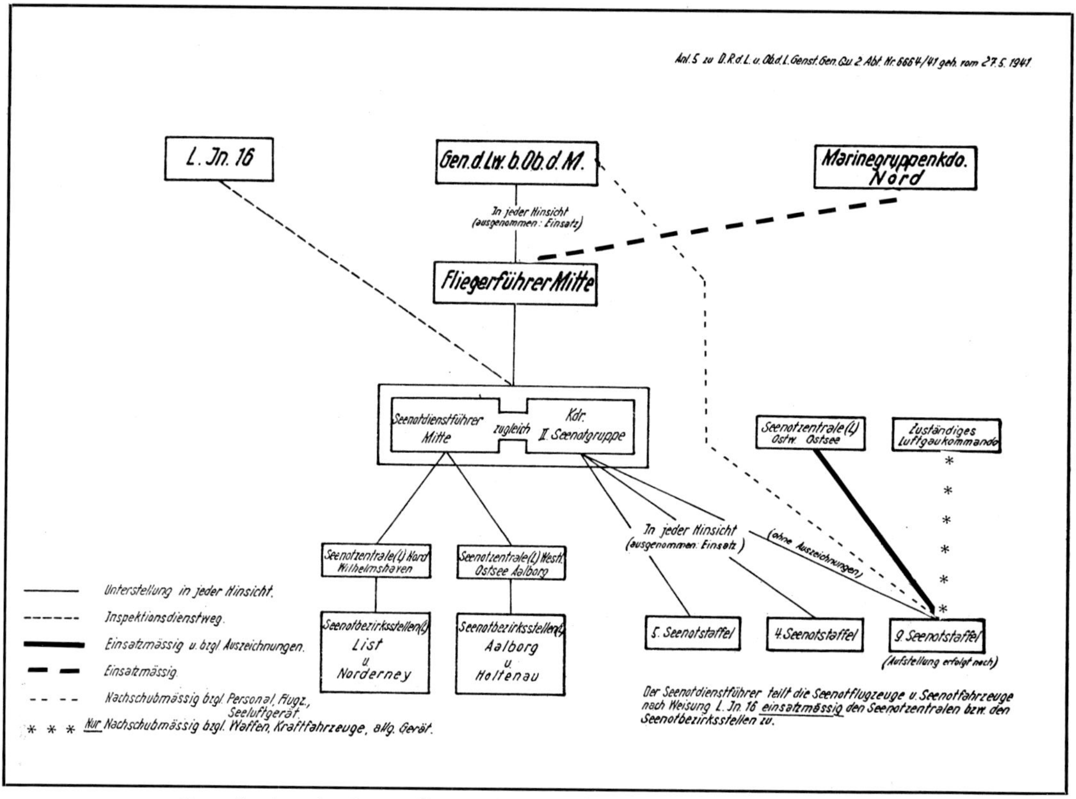

Organisation des Seenotdienstes im Bereich III (Nordsee).

Organisation des Seenotdienstes im Bereich IV (Ostsee).

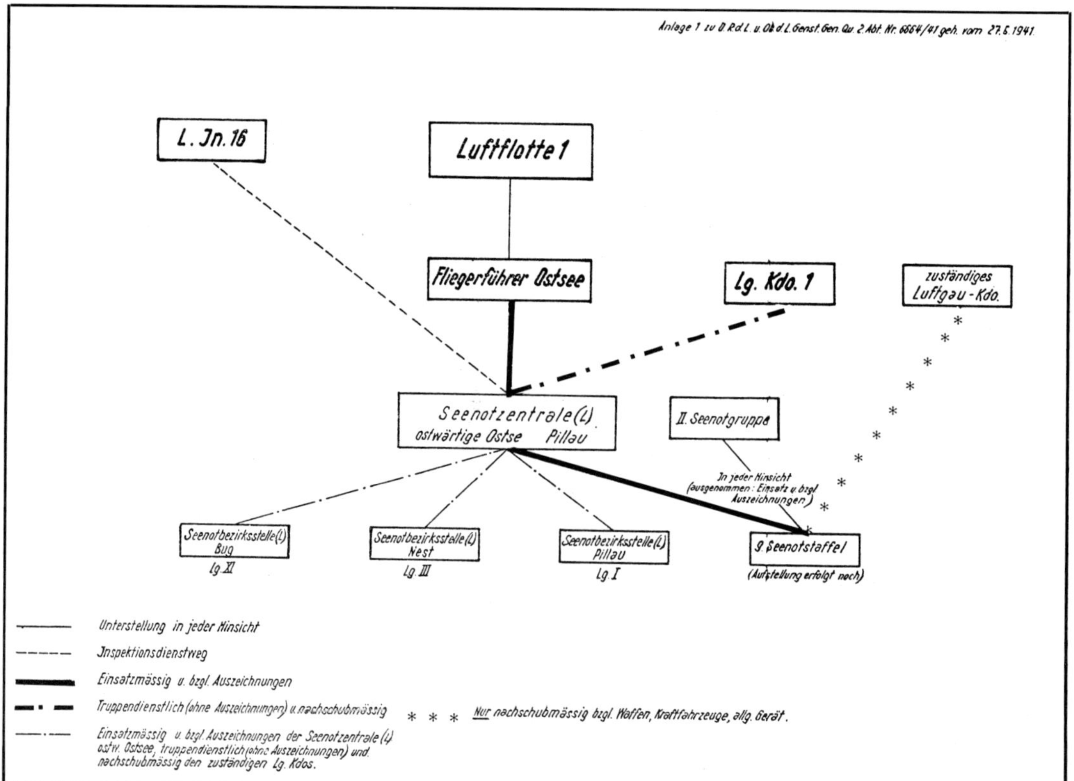

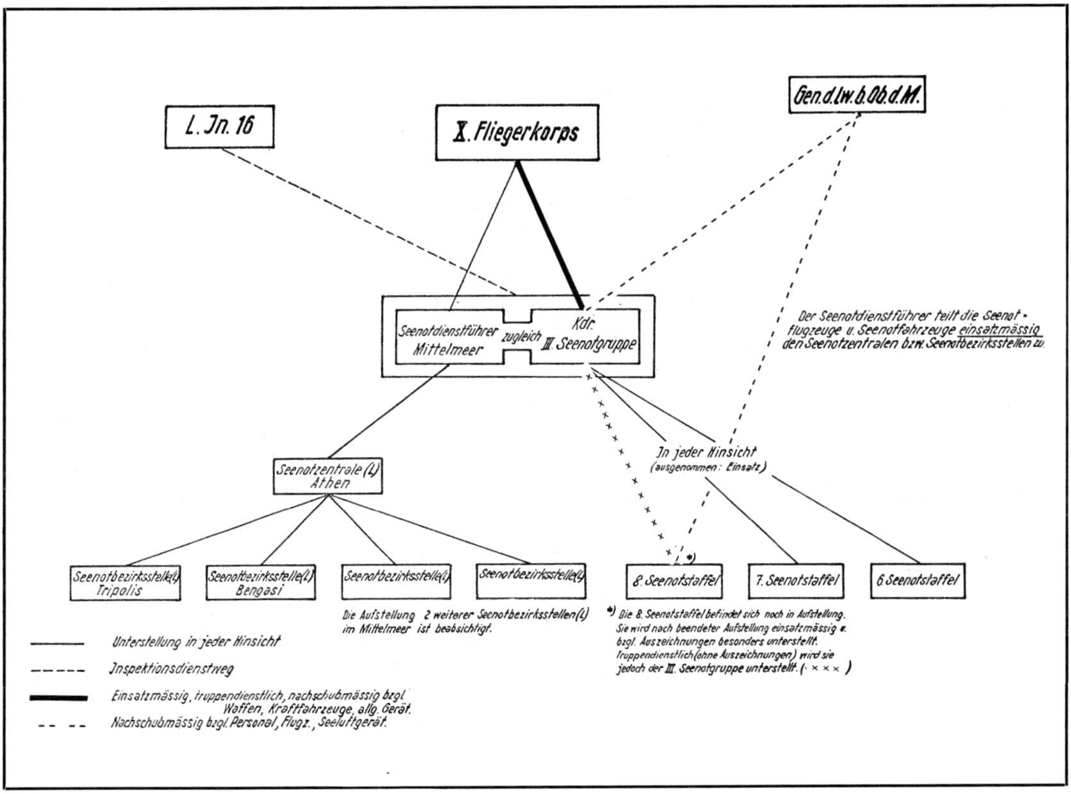

Organisation des Seenotdienstes im Bereich V (Mittelmeer).

Zu diesem Zeitpunkt hatte der Wirkungsbereich des Seenotdienstes der Luftwaffe mit rd. 10 000 sm (= 18 000 km) Küstenbereichen und dem dazugehörigen Seeraum seine größte Ausdehnung erfahren.

Eine weitere Gliederungsänderung zum 1. Juni 1942 liegt im Text nicht vor. Hierbei wurden die Seenotzentralen in Seenotbereichskommandos, die Seenotbezirksstellen in Seenotkommandos umgewandelt. Den einzelnen Seenotdienstführern, Seenotbereichskommandos etc. wurden arabische bzw. römische Nummern zugeteilt, z. T. in Anlehnung an die zugehörigen Luftflotten-Bezeichnungen. So wurde z. B. aus dem Seenotdienstführer Norwegen der SNDF 5 (Nord). Die Verteilung der Seenotbereichskommandos (S.B.K.), Seenotstaffeln und -flottillen und ihre Zuordnung zu den einzelnen Luftflotten war zu diesem Zeitpunkt folgende:

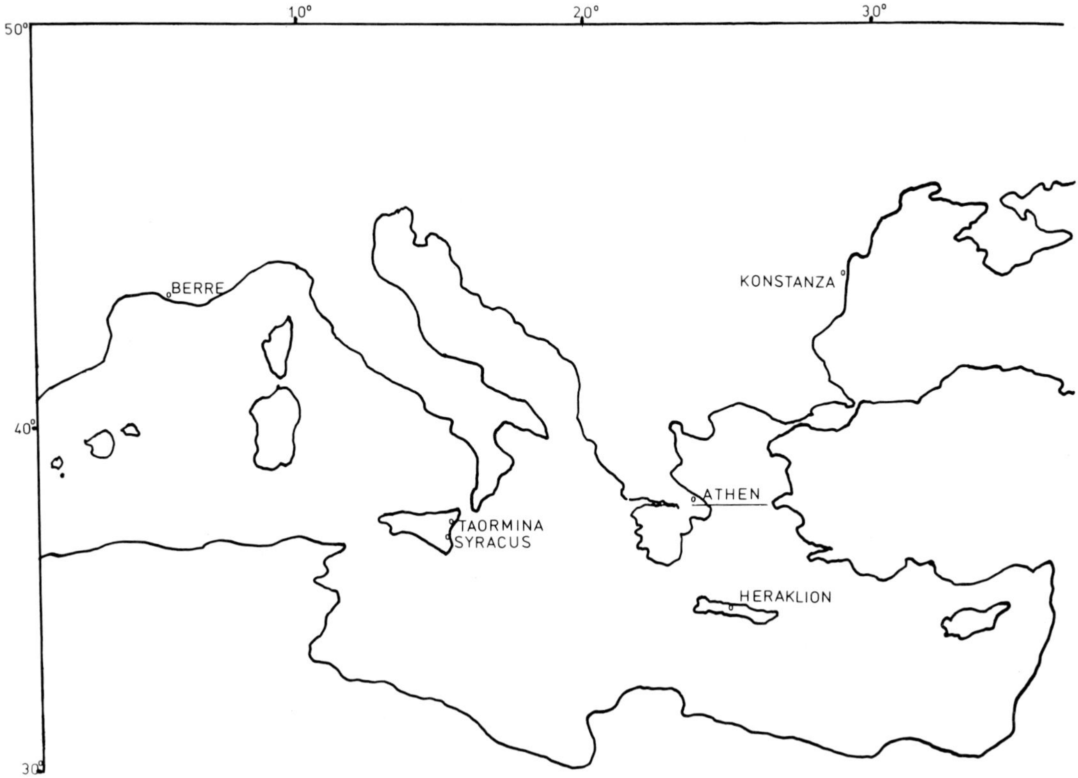

Die Stationierung der Seenotverbände im Mittelmeer am 1. Juni 1942.

S.B.K.	Seenot-staffel	Seenot-flottille	Luft-flotte	stationiert in
I	1.	1.	3	Brest (Bretagne)
II	2.	2.	3	Cherbourg (Normandie)
III	3.	3.	3	Boulogne-Wimereux (Kanalküste)
IV	3.	4.	3	Utrecht/ Schelligwoude (Holland)
V	4.	5.	Reich	Wilhelmshaven-Sengwarden (Nordsee)

S.B.K.	Seenot-staffel	Seenot-flottille	Luft-flotte	stationiert in
VI	9.	6.	Reich	Bug/Rügen (Ostsee), (Kiel-Holtenau, Swinemünde)
VII	9.	7.	1	Riga (östl. Ostsee)
VIII	5.	8.	5	Stavanger (Südnorwegen)
IX	10.	9.	5	Tromsö/Kirkenes (Nordnorwegen - Finnland)
X	6.	10.	2	Taormina/Syrakus (Mittelmeer)
XI	7.	11.	2	Athen-Phaleron/ Heraklion (Ägäis)
XII	8.	12.	4	Konstanza (Schwarzmeer)
XIII	3.	13.	3	Berre (Südfrankreich - westliches Mittelmeer)

Mit dem Wegfall der afrikanischen Küsten schrumpfte der zu versorgende Küstenbereich 1943 dann wieder. Es fällt auf, daß in der Aufstellung der Bezeichnungen der Seefahrzeuge der Luftwaffe aus dem gleichen Zeitraum erstmalig einige Flugbetriebsbootklassen fehlen (Fl. B I—III). Im KTB 1. Skl — C XIV (Deutsche Kriegsführung im Mittelmeer 1.—5. 1943) wird unter dem 19. 2. 43 »die zwischen Reichsmarschall und Vizeadmiral Krancke besprochene Abgabe der »Luftmarine« an die Kriegsmarine« in einem Nebensatz erwähnt. Offenbar handelt es sich hier um erste Gespräche im Führerhauptquartier, die schließlich zur Übergabe großer Flugbetriebsboote der Reihen A und B an die Marine zur Auffüllung der Sicherungsverbände führten, was sich auch in dem erwähnten Fehlen von Klassen in der Bezeichnungsübersicht schon andeutet. Im Mai 1942 waren bereits 3 Boote des Musters B II als Hafenschutzboote an die KM abgegeben worden. Weitere Übergaben erfolgten jedoch trotz

Fl. B 424 nach dem Einschleppen durch *Fl. B 426* (im Hintergrund) am 24. 3. 1944 in Sewastopol. Das Boot hatte während seines Schwarzmeereinsatzes einen Wassereinbruch erlitten und mußte nördlich Eupatoria auf Strand gesetzt werden, konnte aber eingebracht werden.

der genannten Vorbereitungen 1943 nicht. Möglicherweise war die Ursache hierfür, daß an der französischen Südküste und nach der Kapitulation Italiens auch an den langen italienischen Küsten ein Seenotdienst aufgebaut werden mußte und es damit noch einmal zu einer Vergrößerung seines Einsatzbereiches kam. Hierzu wurden folgende Flugbetriebsboote zum Mittelmeer überführt:
Fl. B 212, 414, 417, 425, 427—429, 431, 432, 435, 437, 519, 520
Fl. C 402, 410—412, 419, 450, 454, 516—518, 526, 539.
Die Überführung erfolgte teils auf Binnenwasserstraßen, teils auf Tiefladern in gleicher Weise wie die von Marinefahrzeugen zum Mittel- und Schwarzmeer. Zum Schwarzmeer wurden auf diesem Wege die Boote *Fl. A 301, Fl. B 404, 408, 415, 424, 426, 433, 584* und *Fl. C 3031* gebracht.
Außerdem versuchte man im Mittelmeer, ehemalige italienische Fahrzeuge einzusetzen. So beantragte die Luftflotte 2 am 19. 10.

1943 beim Befehlshaber des Deutschen Marine-Kdo. Italien, V.-Adm. Meendsen-Bohlken, die Überlassung von 4 italienischen MAS-Booten für Seenotzwecke in der Adria. Die Marine schlug daraufhin vor, ein MAS sofort, ein zweites in nächster Zeit zu liefern. Fünf weitere MAS befänden sich im Bau. Es sollte eine Kontaktnahme mit der 3. S.-Fl. erfolgen. Für eine tatsächlich erfolgte Bootsübergabe ließen sich jedoch keine Hinweise finden. Allerdings werden in KTB's des Mittelmeerraumes hin und wieder Flugsicherungsboote mit ungewöhnlichen Bezeichnungen erwähnt, deren Identität und Herkunft bisher nicht geklärt werden konnte, z. B. *Seespatz* am 18. 6. 44 im Bereich des Kommandanten Seeverteidigung Westadria und *B 4* am 21. 12. 43 in Sibenik.
Im Zeichen der Einsparungen wurde dann zum 19. 8. 1944 vom OKL/Chef des Generalstabes eine Auflösung der über 10 Jahre bestehenden grundsätzlichen Gliederung des Seenotdienstes befohlen:

I.

Zur Vereinfachung der Führung des Seenotdienstes der Luftwaffe und aus Gründen der Personaleinsparung tritt mit sofortiger Wirkung folgende Umorganisation im Bereich des Seenotdienstes der Lw. in Kraft:

1. Seenotstaffeln und Seenotflottillen werden zusammengelegt zu

   Seenotgruppen.

2. Die *Führung der Seenotgruppen* erfolgt unmittelbar von der im jeweiligen Raum einsatzführenden Lw.-Kommandostelle (Luftflottenkommando oder Generalkommando der Fliegerkorps), dessen Führungsgruppe Ia hierzu ein

   Seenotverbindungskommando

   zur einsatzmäßigen Beratung und Steuerung des Einsatzes zugeteilt wird.
   Darüber hinaus können auf Befehl der jeweiligen Luftflottenkommandos oder gleichgestellten Dienststellen zu den übrigen Einsatzstäben (Divisionen, Fliegerführer) entsprechend den örtlichen Verhältnissen aus den Seenotgruppen

Seenotverbindungsoffiziere

abgestellt werden.

3. Die *gesamte Organisation,* die bisher zur Führung der Seenotdienste diente (Seenotdienstführer, Seenotbereichskommando) einschließlich der dazu benötigten Ln-Einheiten *wird aufgelöst.*

4. Das Seenotverbindungskommando bedient sich zur Führung der Seenotgruppen des *Befehlsnetzes* der jeweiligen Kommandobehörde, der es zugeteilt ist.

5. *Unterstellung der Seenotgruppen:*
   a) einsatzmäßig und truppendienstlich zu regeln durch jeweiliges Luftflottenkommando
   b) versorgungsmäßig unter zuständiges Luftgaukommando
   c) bezüglich Versorgung mit seeigentümlichem Gerät unter General des Seewesens d. Lw.

II.

1. Mit sofortiger Wirkung sind

   a) *aufzulösen:*

      Seenotdienstführer 1, 3, 5
      Seenotbereichskommandos I, II, IV, V, VI, VII, IX, X, XI, XII, XIII (ohne Seenotflottillen)
      Seenotkommandos 1—8, 11—14, 16, 17, 20—28, 30, 35
      Seenotflottille 4

   und zugehörige Ln-Einheiten (hierzu ergeht Sonderbefehl);

   b) *aufzustellen:*

      Seenotverbindungskdo. 10 (Bereich Lfl. 1)
      Seenotverbindungskdo. 20 (Bereich Lfl. 2)
      Seenotverbindungskdo. 30 (Bereich Lfl. 3)

Seenotverbindungskdo. 40 (Bereich Lfl. 4)
Seenotverbindungskdo. 50 (Bereich Lfl. 5)
Seenotverbindungskdo. 51 (Bereich Nord-Norwegen)
Seenotverbindungskdo. 60 (Bereich Lfl. 6)
Seenotverbindungskdo. 70 (Bereich Lw. Kdo. Südost)
Seenotverbindungskdo. 80 (Bereich Lfl. Reich)
Seenotverbindungskdo. 100 (Bereich Lfl. 10)

Stärke gemäß Anlage 1.
Durchführung und Unterstellung durch jeweiliges Luftflottenkommando im Benehmen mit General des Seewesens d. Lw.
Sitz des Seenotverbindungskommandos befiehlt die im jeweiligen Raum einsatzführende Lw. Kommandostelle (Lfl. Kdo., Gen.Kdo. der Fliegerkorps);

c) *aufzustellen* durch Zusammenlegung, Umgliederung und Umbenennung der bisherigen Seenotstaffeln und Seenotflottillen:

Im Bereich Luftflotte 2 (Süd):
Seenotgruppe 20 (Malcerine) mit
Seenotflottille 20 (Verona) aus: Seenotflottille 10

im Bereich Luftflottille 4:
Seenotgruppe 40 mit *Seenotstaffel 40* aus: 8. Seenotstaffel und
Seenotflottille 40: aus 12. Seenotflottille (vorm. Konstanza)

im Bereich Luftflotte 5:
Seenotgruppe 50 (Oslo) mit *Seenotstaffel 50* aus: 10. Seenotstaffel und
Seenotflottille 50 (Oslo) aus: 8. Seenotflottille (Drontheim)

im Bereich Nord-Norwegen:
Seenotgruppe 51 (Tromsø) mit *Seenotstaffel 51* aus:

5. Seenotstaffel und
Seenotflottille 51 (Tromsø) aus: 9. Seenotflottille (Kirkenes)

im Bereich Luftflotte 6:

Seenotgruppe 60 (Pillau) mit *Seenotstaffel 60* aus: 1. Seenotstaffel und
Seenotflottille 60 (Pillau) aus: 7. Seenotflottille (Reval)

im Bereich Luftwaffenkommando Südost:

Seenotgruppe 70 mit *Seenotstaffel 70* aus: 7. Seenotstaffel und
Seenotflottille 70 (Athen) aus: 11. Seenotflottille

im Bereich Luftflotte Reich:

Seenotgruppe 80 (Jever) mit *Seenotstaffel 80* (Jever/Norderney) aus: 4. Seenotstaffel (Norderney) und
Seenotflottille 80 (Wilhelmshaven) aus: 5. Seenotflottille

im Bereich Luftflotte 10:

Seenotgruppe 100 mit *Seenotstaffel 100* aus: 2. Seenotstaffel und
Seenotflottille 100 aus: 6. Seenotflottille

Stärken der Seenotgruppen, Seenotstaffeln und Seenotflottillen gemäß Anlage 2.

Durchführung der Umgliederung, Umbenennung durch jeweilige Luftflottenkommandos im Benehmen mit dem General des Seewesens d. Lw.

2. Auf Grund der derzeitigen Lage ergeht für die *im Bereich Luftflotte 3 liegenden Seenoteinheiten* Sonderbefehl entsprechend Vorschlag General des Seewesens d. Lw. (Inspizient des See- und Seenotdienstes).

3. Einsatzräume gemäß Anlage 3.

4. Die Kommandeure der Seenotgruppen erhalten die *Dienststellung und Disziplinarbefugnis* von Gruppenkommandeu-

ren gemäß L.Dv. 3/9, § 15. Ihre *Unterstellung* regeln die jeweiligen Luftflotten- bzw. Luftwaffenkommandos. Die Führer der Teilstaffeln und der Seenotflottillen erhalten die Dienststellung und Disziplinarbefugnis von Kompaniechefs gem. L.Dv. 3/9, § 14.

...

7. Kriegsgliederungsmäßig im Sinne der Bes. Anl. 2 zum Mob. pl. (L) gehören alle aufgestellten und umbeannten Dienststellen und Einheiten zum Luftgaukommando XI.
Ersatztruppenteil ist durch Lg.Kdo.XI festzulegen.

...

III.

1. a) die *9. Seenotstaffel (Erg.)*
behält ihre *derzeitige Stärke.*

   b) Sie bleibt der *Fl. Erg. Gruppe (See)* auch weiterhin in jeder Hinsicht *unterstellt.* Über ihren Einsatz als Seenotstaffel in der Ostsee und die dazu erforderliche einsatzmäßige Unterstellung befiehlt der General des Seewesens d. Lw.

2. a) Die *Erg. Seenotflottille List*
behält ihre *derzeitige Stärke.*

   b) Über ihre *Unterstellung* befiehlt der General des Seewesens d. Lw. im eigenen Bereich.

3. Folgende, bisher den Seenotdienstführern unterstellte Werftdienststellen:
Werftdienststelle des Seenotdienstführers 5 (Oslo)
Werftdienststelle des Seenotdienstführers 3 (Paris)
Werftdienststelle des Seenotdienstführers XI (Athen)
werden wie folgt *unterstellt:*

   a) *truppendienstlich* unter jeweilige Luftgaukommandos, bzw. Komm. General d.Dt.Lw. in Griechenland,

b) *bezüglich personeller Steuerung* unter General des Seewesens d.Lw.,

c) *versorgungsmäßig* unter Luftgaukommandos bzw. Komm. General d.Dt.Lw. in Griechenland,

d) *in fachtechnischer Hinsicht und bezüglich Versorgung in seeigentümlichem Gerät* unter General des Seewesens d.Lw.

— — — — — — — — — —

Durch Wegfall der nur geplanten Luftflotte 10 wurde dies kurze Zeit später modifiziert und aus den hierfür vorgesehenen Einheiten die

Seenotgruppe 81 (Bug) mit *Seenotstaffel 81* (Parow/Bug)
aus: 2. Seenotstaffel (Großenbrode)
und die
Seenotflottille 81 (Swinemünde)
aus: 6. Seenotfl. (Swinemünde)

gebildet und ebenfalls der Luftflotte Reich unterstellt.
Am 9. 10. 1944 erfolgte schließlich auch eine Übergabe von Flugbetriebsbooten an die KM in großem Umfange. Übergeben wurden:

Fl. A 202, 204, 402, 404
Fl. B 201, 203—213
302, 304—307, 309
403—405, 412
5052—5055, 5501

} wahrscheinlich alle noch vorhandenen Boote dieser Klassen.

Die meisten dieser Boote fanden als U-Jäger zur Neuaufstellung der 1. UJ-Flottille in der Ostsee Verwendung. Diese Flottille hatte ihre Boote im Schwarzen Meer zurücklassen müssen.
In der Adria wurden darüber hinaus weitere Flugbetriebsboote als Minenleger eingesetzt — eine Aufgabe, an die bei der Konstruktion dieser Boote mit Sicherheit nicht gedacht worden war, der sie sich jedoch durchaus gewachsen zeigten. Jedes Boot konnte pro Einsatz vier Minen aufnehmen und verlegen. An die Hafenschutzfl. Venedig gingen am 11. 10. 44 *Fl. B 425* als Minenleger *I.V.31, Fl. B 427* als *I.V.32* und ein weiteres Boot als *I.V.30.*

Fl. B 207 während des Kriegseinsatzes in Dänemark (Jütland). Das Boot wurde im November 1944 an die Kriegsmarine abgegeben und als *UJ 103* eingesetzt.

Bereits zwei Monate vorher war der Einsatz der Flugbetriebsboote in Seenotfällen durch die große alliierte Luftüberlegenheit sehr riskant geworden. Hinzu kam, daß nur noch wenig erfahrenes Personal zur Verfügung stand. Am 9. 8. 1944 wurde *Fl. B. 431* bei einem Tageseinsatz vor Venedig um 13.35 von Jabos versenkt. Der Einsatz wird vom zuständigen Seekommandanten des Bereichs so kommentiert: »Einsatz war in der Lage unverantwortlich. Staffel wird aber von unerfahrenem Leutnant geführt.« Diese Situation führte am 14. 11. 1944 zum Befehl des Kommandierenden Generals der Luftwaffe, Italien, von Pohl, an die 20. Seenotflottille, in dem der Einsatz zur Bergung unbemannter Fahrzeuge am Tage verboten wurde. Ausnahmen wurden nur dann gestattet, wenn die Witterung feindlichen Flugzeugeinsatz ausschloß.
In einem Funkspruch der Seenotgruppe 20 vom 12. 3. 45 an das OKL/Chef des Generalstabes wird dann um die Auflösung des Seenotdienstes Italien gebeten. Er lautet:

»Um Auflösung Seenotdienst Italien wird zur Personaleinsparung gebeten. Oberst Ing. Gottschling, Komm.Gen.d.Dt.Lw. Italien KM übernimmt Seenotdienst, wenn Fl.B-Boot *519* und *520* mit Besatzungen abkommandiert werden«.

Das Formular trägt den handschriftlichen Vermerk »Zunächst nicht einverstanden«. So kann man annehmen, daß der Seenotdienst Italien nahezu bis zur Kapitulation existierte, wenn auch nur noch mit wenigen Einheiten.

Bis zum 22. 4. 1945 war dann die Organisation des Seenotdienstes insgesamt soweit geschrumpft, daß sie sich in einem einzigen Diagramm darstellen läßt:

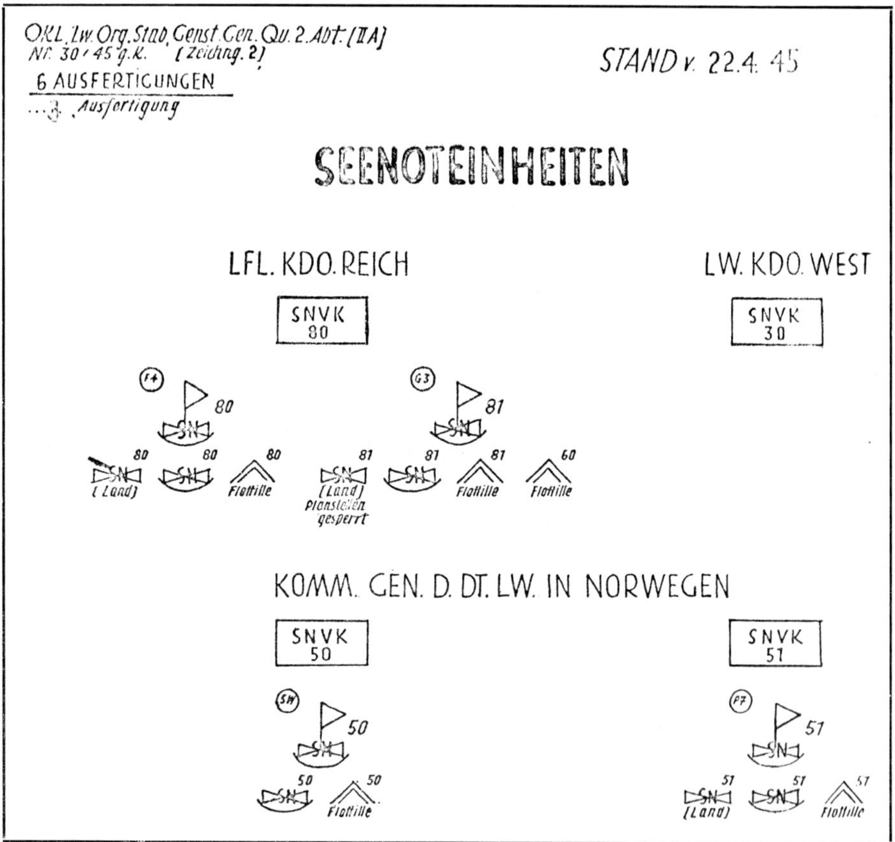

Organisation des Seenotdienstes am 22. April 1945.

Die letzte Bereitschaftsmeldung vom 25. 4. 1945 der beiden Gruppen 80 und 81 des Seenotgeschwaders, daß der Luftflotte Reich unterstand, nennt folgende noch vorhandene Einheiten:

Seenotgruppe 80 (Nordsee)

Flugzeuge:	Do 24	List	klar:	6 Maschinen (W. Nr. 2105, 3237, 3302, 3309, 3342, 3349)
			unklar:	1 Maschine (82)
		Hörnum	unklar:	2 Maschinen (1131, 3235)
		Norderney	klar:	1 Maschine (96)
		Aalborg	klar:	1 Maschine (75)
	Me 410	Westerland	klar:	6 Maschinen (0034, 120099, 41010016, 41010027, 420104, 420190)
			unklar:	1 Maschine (120127)

Boote:	Terschelling	*Fl. B 5004*	klar
	Den Helder	*Fl. B 5001*	klar
	Cuxhaven	*Fl. B 549*	klar
	Borkum	*Fl. B 547*	klar
	Aalborg	*Fl. B 409*	klar
	Wilhelmshaven	*Fl. B 5005*	unklar/Werft
	Wesermünde	*Fl. B 508*	unklar
	Elsfleth	*Fl. B 586*	unklar/Werft

Folgende Boote der Seenotgruppe 80 waren zum Sondereinsatz im Rahmen der Räumung zur Ostsee abgegeben:

Fl. B 441, 505, 514, 543, 5003

Seenotgruppe 81 (Ostsee)

Flugzeuge:	Do 24	Bug	unklar:	5 Maschinen (97, 3296, 3346, 3350, 3435)

		Travemünde	klar:	2 Maschinen (1062, 3332)
		Großenbrode	klar:	1 Maschine (1009)
			unklar:	1 Maschine (3432)
		Swinemünde	klar:	1 Maschine (3348)
		Aalborg	klar:	1 Maschine (3232)
	Me 410	Parow	klar:	2 Maschinen (41010191, 420637)
			unklar:	1 Maschine (120096)
	Ju 88	Parow	klar:	2 Maschinen (360408, 360436)
			unklar:	1 Maschine (751024)
Boote:	Travemünde	*Fl. B 202*	unklar	
	Warnemünde	*Fl. D 213*	klar	
	Kopenhagen	*Fl. B 310*	klar	

Im Sondereinsatz (Räumung) standen in der Ostsee folgende Schiffe und Boote:
Flugsicherungsschiffe *Gunther Plüschow, Max Stinsky, Phoenix*
Schlepper *Atlas,* Schulschiff *Alk,* Bergungsprahm *BP 41*

Fl. B 301, 303, 308, 406, 407, 416, 418, 434, 441, 504, 505, 514, 517, 518, 524, 527, 532, 535, 537, 542, 543, 545, 553, 554, 5003, 5051, 5056, 5502, 5503, 5505, 5507, 5508, 5509.

Nachdem der Seenotdienst der Lw. in den sechs vorangegangenen Kriegsjahren rund 10 000 eigenen und feindlichen Schiffbrüchigen das Leben gerettet hatte, vollbrachte er seine letzten großen Leistungen in der Ostsee bei den Räumungseinsätzen. Hierher war im Spätsommer 1944 die 60. Seenot-Fl. mit zwölf Booten der B-Reihe unter Hauptmann Schirmack aus dem Kanalbereich zurückgezogen worden, da sie an der Kanalküste keine Aufgaben mehr erfüllen konnte. Sie wurde zunächst im Bereich Pillau — Libau — Windau stationiert. Ferner war in Bug/Rügen in der letzten Kriegsphase noch die Seenotflotille 81 mit 17 Booten der B-Reihe eingesetzt. Sie gehörte zur Seenotgruppe 81 unter Hauptmann Born. Wie die großen Flugsicherungsschiffe fuhren auch die Flugbetriebsboote in östlicher Richtung Nachschub an Proviant, Medikamenten und Munition und brachten Verwundete nach Westen in Sicherheit. Die Seenot-Fl. 60 wurde bei der Räumung von Memel, Neukuhren, Heiligenbeil, Königsberg und Pillau eingesetzt (s. Tabelle p. 204), die Seenot-Fl. 81 vor der Pommernküste. Bei der Räumung von Kolberg konnten 5 B-Boote dieser Flottille auch während der Aufgabe der Stadt noch die Verbindung zwischen den auf Reede liegenden Transportern und der Seebrücke von Kolberg-Bad aufrechterhalten, bis alle Flüchtlinge und Truppen aufgenommen waren. Insgesamt konnten hier vom 4.—18. 3. 45 67 566 Flüchtlinge, 1220 Verwundete und 5213 kampffähige Soldaten abtransportiert werden. Gemeinsam waren beide Flottillen schließlich um den Abtransport der Verwundeten aus Stralsund vor dem sowjetischen Einmarsch bemüht. Die Seenot-Fl. 81 verlegte in den letzten Kriegstagen zum Seeflieger-Sammelplatz Schleswig, die Seenotfl. 60 jedoch nach Dänemark. Hier wurde sie zunächst zusammen mit der Seenotstaffel 81 interniert, Ende Juni 1945 dann aber nach Schleswig entlassen — der letzte gemeinsame Marsch von Einheiten des Seenotdienstes der Luftwaffe.

Die vielfältige Verwendung, die Flugbetriebsboote nach dem Kriege bis heute fanden und finden, sollen in einem gesonderten Kapitel dargestellt werden, da Bezüge auf die ursprünglichen Bootsbezeichnungen nur in seltenen Fällen hergestellt werden konnten.

TRANSPORTLEISTUNGEN DER LUFTWAFFEN-SCHIFFE BEI DER RÄUMUNG VON PILLAU VOM 17. — 27. 2. 1945

Datum	Einheiten	Munition Bomben	Soldaten Flüchtlinge	Verwundete	Verpflegung Sanitäts-material	Treibstoff Öl	Sonstiges
17. 2. 45	*G. Plüschow*	45 t					
18. 2. 45	*G. Plüschow*	60 t	184				12 Faß Fett
	6 Flugbetriebsboote			610			95 Flaschen Sauerstoff
19. 2. 45	16 Flugbetriebsboote	56 t		560			23 Ballons Akkusäure
	G. Plüschow, Greif	280 t	200				
20. 2. 45	*G. Plüschow*	64 t					320 Flaschen Wasserstoff
	7 Flugbetriebsboote	31 t			8 t		
	Greif	?[1]					
	5 Flugbetriebsboote			904			
	10 Flugbetriebsboote		?				
21. 2. 45	*G. Plüschow, Greif*		200	1096			
	6 Flugbetriebsboote			490			
23. 2. 45	*Greif*		1100	240			
	G. Plüschow		225	45		500 Faß	
	2 Flugbetriebsboote	5 t				25 Faß	
	5 Flugbetriebsboote			500			
25. 2. 45	*Greif, Plüschow,*	6 t	210	330		170 Faß	
	6 Flugbetriebsboote						
26. 2. 45	G. Plüschow, Greif		3050				
	15 Flugbetriebsboote		750	60	0,5 t		
	S/S Queis	120 t					
27. 2. 45	*Greif*		2200				
	1 Flugbetriebsboot		40				
		> 667 t	> 8179	4835	8,5 t	695 Faß	

1) ? = genaue Menge unbekannt

Klasse	Vorläufer	A I	A II
Name, Kennung	Marine-Motorboot Klasse A	*Fl. A 101*	*Fl. A 201–204*
Bauwerft, Bau-Nr.	Abeking & Rasmussen, Lemwerder 864	British Power Boat Co., Southampton	Abeking & Rasmussen, Lemwerder 2895–2898
Baujahr	1917 / U.: 1928	1934	1935
t		3,5	7,4
Länge (m)	15,2 üa	11,4 üa	13,6 üa 13,2 CWL
Breite	2,8	2,6	3,1
Tiefgang	1,2	0,8	0,9
Seitenhöhe	1,6		1,5
Antriebsanlage	1 BMW-Otto	1 Power-Otto 1 2-flügl. Schr.	2 12-zyl. 4-takt-Maybach-Otto 2 3-flügl. Schr.
PS	45/60 e	200 e	300 e
kn	10,8	26,5	23,8
Fahrstrecke			120 sm / 23,8 kn
Treibstoff			520 l
Waffen		1 – MG 15	1 – MG 15
Besatzung		0,7	0,7

Klasse	A III	A IV	A IV
Name, Kennung	*Fl. A 301–304*	*Fl. A 401*	*Fl. A 402* *Fl. A 403–405*
Bauwerft, Bau-Nr.	Naglowerft, Berlin-Pichelsdorf	Abeking & Rasmussen 3247	Lürssen, Vegesack Rolandwerft, Bremen 12758, ?–?
Baujahr	1935	1939	1939–1941
t	6,5	28,5	33,2
Länge (m)	13,5 üa	22,8 üa 22,0 CWL	22,7 üa 21,8 CWL
Breite	2,9	4,0	4,2
Tiefgang	0,7	1,3	1,3
Seitenhöhe		2,2	2,2
Antriebsanlage	1 12-zyl. 4-takt-Maybach-Otto 2 Schr.	2 12-zyl. 4-takt-Daimler-Benz-Otto 2 3flügl. Schr., ⌀ 950 mm	2 12-zyl. 4-takt-Daimler-Benz-Otto 2 3-flügl. Schr., ⌀ 950 mm
PS	300 e	1600 e	1600 e
kn	24,5	31,2	30,5
Fahrstrecke	145 sm / 24,5 kn	330 sm / 29,4 kn	490 sm / 29 kn
Treibstoff	660 l	3500 l	4400 l
Waffen	1 – MG 15	1 – MG 15	1–2
Besatzung	0,7	0,9	0,9

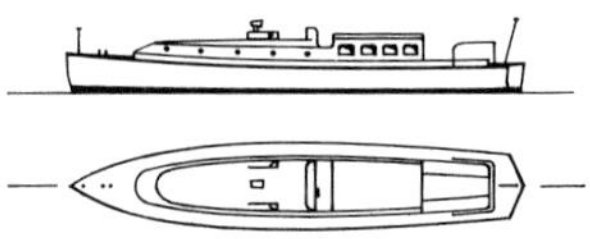

Marine-Motorboot Klasse A nach Umbau zum Flugbetriebsboot. (Mrv)

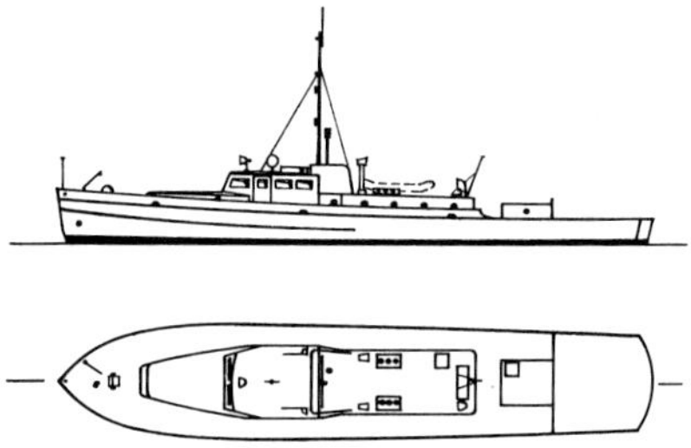

Flugbetriebsboote *Fl. B 301–310* (Klasse B III / Seeteufel III) (Mrv)

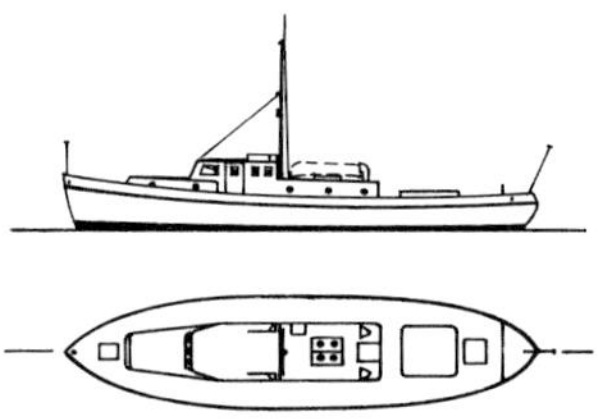

Flugbetriebsboot *Fl B 101* (Klasse B I / Seeteufel I) (Mrv)

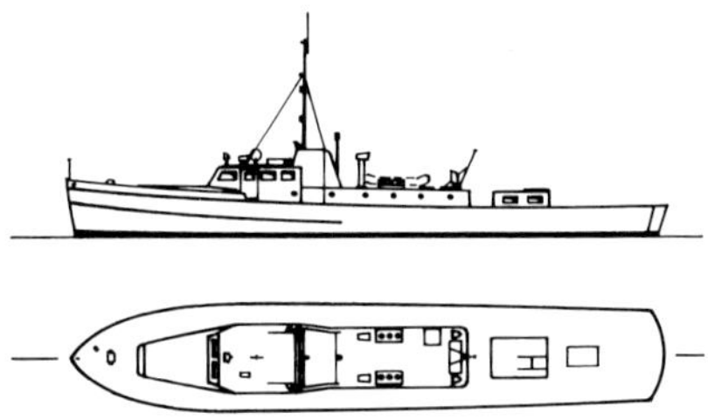

Flugbetriebsboote *Fl. B 401–403* (Klasse B IV / Seeteufel IV) (Mrv)

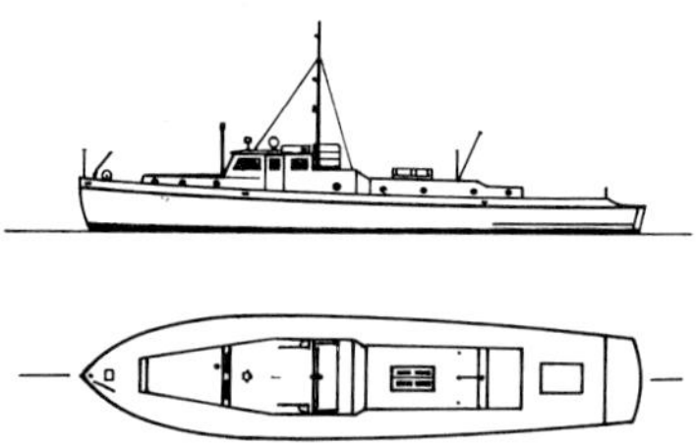

Flugbetriebsboote *Fl. B 201–204* (Klasse B II/Seeteufel II) (Mrv)

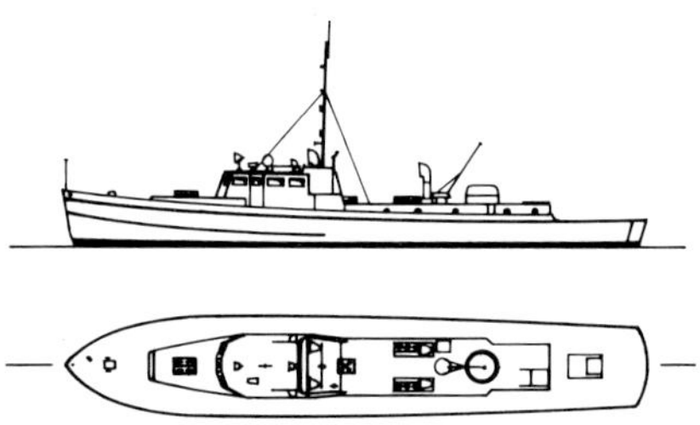

Flugbetriebsboote *Fl. B 404–441* (Klasse B IV / Seeteufel IV) (Mrv)

Maßstab 1 : 500

Klasse	B I	B II	B III	B IV
Name, Kennung	*Fl. B 101 x Fl. B 1*	*Fl. B 201–204*	*Fl. B 301–310*	*Fl. B 401–441*
Bauwerft, Bau-Nr.	Gebr. Kröger, Yacht- und Bootswerft, Warnemünde	Gebr. Kröger, Yacht- und Bootswerft, Warnemünde	Gebr. Kröger, Yacht- und Bootswerft, Warnemünde	Gebr. Kröger, Yacht- und Bootswerft, Warnemünde
Baujahr	1934	1935–1936	1936–1937	1936–1942
t	18	25	33	43
Länge (m)	15,7 üa	18,7 üa	22,5 üa	22,5 üa
Breite	3,6	4,0	4,4	4,5
Tiefgang	1,5	1,2	1,2	1,3
Seitenhöhe				
Antriebsanlage	2 4-zyl. 4-takt- MWM-DM 2 Schr.	2 6-zyl. 4-takt- MWM-DM 2 Schr.	2 6-zyl. 4-takt- MWM-DM 2 3flügl. Schr. ⌀ 770 mm	2 6-zyl. 4-takt- MWM-DM 2 3flügl. Schr. ⌀ 830 mm
PS	112 e	300 e	600 e	800 e
kn	11	12,4	17	21,5
Fahrstrecke		200 sm / 12,4 kn	400 sm / 17 kn	520 sm / 21,5 kn
Treibstoff		1830 l	4400 l	
Waffen	1 – MG 15	1 – MG 15	1 – MG 15	2 – MG 15
Besatzung	0,7	0,7	0,7	0,8

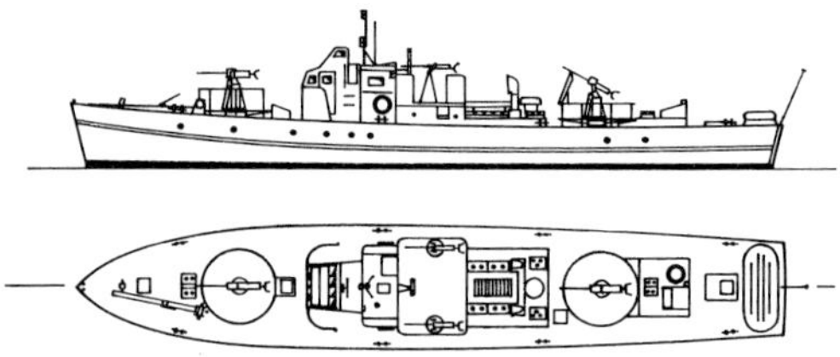

Flugbetriebsboote Klasse B V, 1. Version
(Seeteufel V) (Mrv)

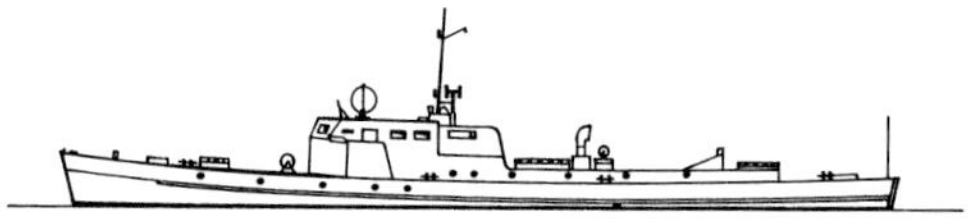

Flugbetriebsboote der Klasse B V im
Nachkriegseinsatz beim Zollgrenzschutz
See (Mrv)

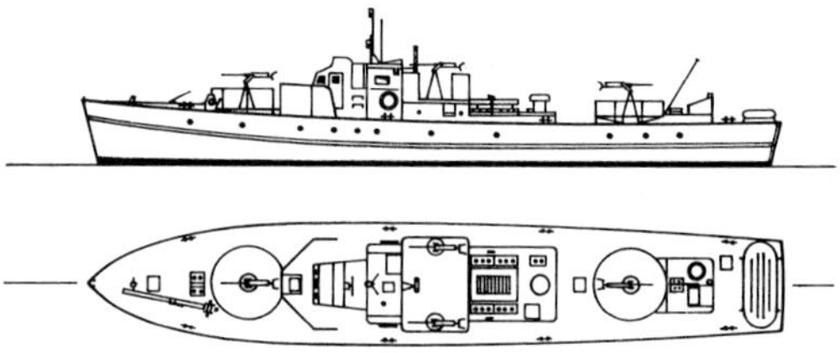

Flugbetriebsboote Klasse B V
(Seeteufel V), 2. Version. (Mrv)

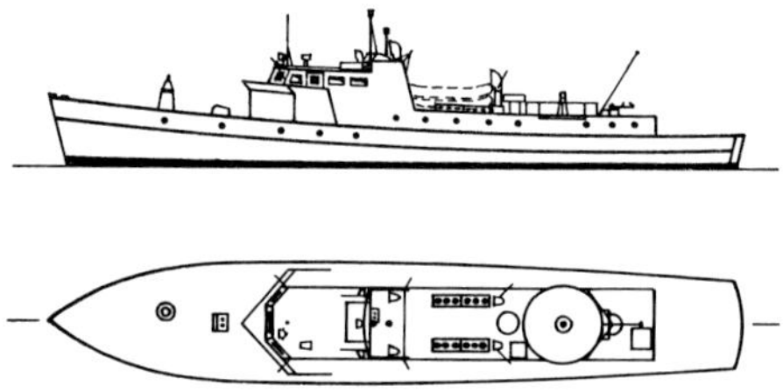

Flugbetriebsboote Klasse Fl. B VI
(Seeteufel VI) (Mrv)

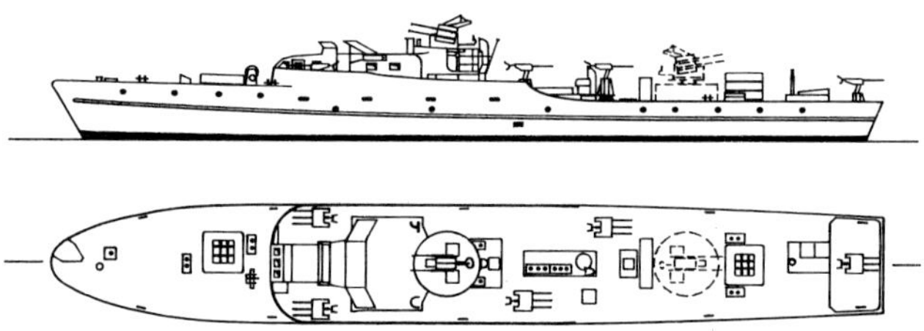

Flugbetriebsboote Fl. B VII
(nicht fertiggestellt) (Mrv)

Maßstab 1 : 500

Klasse	B V		B VI	B VII
Name, Kennung	*Fl. B 501–540* *Fl. B 541–550* *Fl. B 551–560* *Fl. B 561–590*	*Fl. B 5001–5005* *Fl. B 5051–5056* *Fl. B 5501–5512*	*Fl. B 601–604* *Fl. B 6001–6009*	*Fl. B 701–710*
Bauwerft Bau-Nr.	Kröger, Warnemünde de Vries-Lentsch, Amsterdam Rolandwerft, Bremen		Kröger, Warnemünde	Krögerwerft, Stralsund
Baujahr	1940–1945	194.	1941/42	1944/45
t	65	65	43	
Länge (m)	27,6 üa 26,5 CWL	27,4 üa	26,2 üa 25,1 CWL	37,2 üa 35,1 CWL
Breite	4,6	5,0	4,7	5,5
Tiefgang	1,5	1,4	1,4	1,6
Seitenhöhe			2,5	3,2
Antriebsanlage	2 6-zyl. 4-takt- MWM-DM 2 3-flügl. Schr. ⌀ 800 mm	2 6-zyl. 4-takt- DB-DM 2 3-flügl. Schr.	2 6-zyl. 4-takt- MWM-DM 2 3-flügl. Schr. ⌀ 830 mm	3 6-zyl. 4-takt- MWM-DM 3 3-flügl. Schr. ⌀ 1000 mm
PS	1650 e	2640 e	700 e	ca. 2500 e
kn	27,9	30	18	
Fahrstrecke	580 sm / 26 kn	800 sm / 30 kn	535 sm / 16 kn	
Treibstoff	6500 l		4320 l	
Waffen	4/8–1,5 Flak	7–2 oder 8–1,5 Flak	8–1,5 Flak	8–3,7 Flak 15–1,5 Flak
Besatzung	1,9	1,9	1,9	1,28

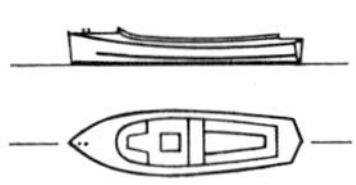

Flugbetriebsboote Klasse C I
(Typ Marine-Motorjolle Klasse III,
alte Art) (Mrv)

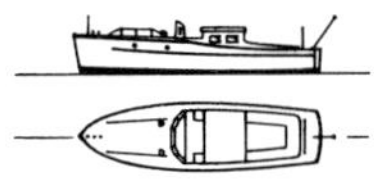

Flugbetriebsboote Klasse C II
(Typ Marine-Motorjolle Klasse III,
neue Art) (Mrv)

Maßstab 1 : 500

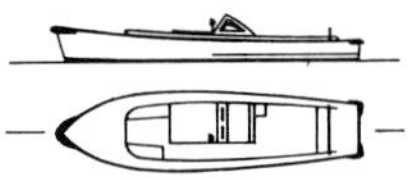

Flugbetriebsboote Klasse C III
(Seeschwalbe III) (Mrv)

Klasse	C I	C Ia	C II	C III	C III
Name, Kennung	*Fl. C 101–118*	*Fl. C 151–156*	*Fl. C 201–206*	*Fl. C 301–378*	*Fl. C 3001–3149*
Bauwerft, Bau-Nr.	J. Schlichting, Travemünde 801–806 816–821 833–838	J. Schlichting, Travemünde 857–862	Naglowerft Berlin-Pichelsdorf	Kröger, Warnemünde Engelbrecht, Berlin-Köpenick Böbs, Travemünde Schwartz, Haseldorf	H. Münch & A. Foest, Wien G. Rieneck, Kopenhagen
Baujahr	1935/36	1937	1936	1936–1945	1940–1945
t	2,5	2,7	3,5	4,2	4,3
Länge (m)	7,6 üa 7,5 CWL	7,6 üa	7,7 üa	10,5 üa 10,2 CWL	10,6 üa 10,2 CWL
Breite	1,9	1,9	2,1	2,7	2,8
Tiefgang	0,7	0,7	0,8	0,7	0,8
Seitenhöhe	0,9	0,9	1,3	1,3	1,3
Antriebsanlage	1 2-zyl. 2-takt Junkers-DM 1 Schr.	1 2-zyl. 4-takt Kämper-DM 1 Schr.	1 2-zyl. 2-takt Kämper-DM 1 Schr.	1 6-zyl. 4-takt MWM-DM 1 Schr.	1 6-zyl. 4-takt MWM-DM 1 Schr.
PS	20 e	40 e	20 e	75 e	85 e
kn	7,2	9,5	6,2	14	13
Fahrstrecke				170 sm / 14 kn	
Treibstoff					220 l
Besatzung	1	1	1 (13 Pass.)	1	1

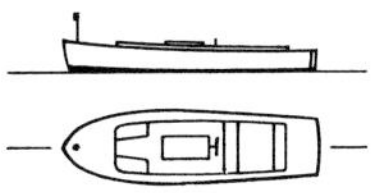

Maßstab 1 : 500

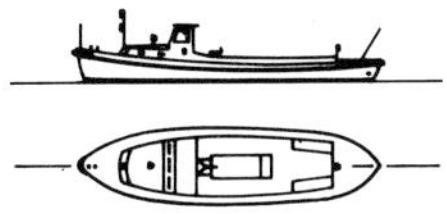

Flugbetriebsboote Klasse C V
(Luftwaffen-Motorjolle) (Mrv)

Flugbetriebsboote Klasse C VIII
(Schleppboot für Seeflugzeuge) (Mrv)

Klasse	C IV	C IV	C V	C VIII	C IX
Name, Kennung	*Fl. C 401–432*	*Fl. C 471* *x March*	*Fl. C 501–550*	*Fl. C 801–816*	*Fl. C 901–926*
Bauwerft, Bau-Nr.	Kröger, Warnemünde	Donauwerft Münch & Foest, Wien	(Kröger) Böbs, Travemünde Schlichting, Travemünde 503–514, 885–896	Pohl & Jozwiak, Hamburg 36–41, 46–55	Thomsen & Co. Boitzenburg
Baujahr	1936/37	1939	1937–1940	1941/43	1937/42
t	2,3	2	2,9	8,8	6,4
Länge (m)	7,5 üa 7,3 CWL	7,4 üa 7,2 CWL	8,6 üa 8,3 CWL	10,3 üa 9,5 CWL	9,5 üa 9,1 CWL
Breite	2,1	2,3	2,3	2,7	2,5
Tiefgang	0,5	0,5	0,8	1,1	1,0
Seitenhöhe	1,0		1,3	1,5	1,5
Antriebsanlage	1 2-zyl. 2-takt Selve-DM 1 3-flügl. Schr. ⌀ 440 mm	1 8-zyl. 4-takt Ford-Otto 1 Schr.	1 4-zyl. 2-takt Selve-DM 1 2-flügl. Schr., ⌀ 570 mm	1–6: 1 6-zyl. 4-takt-Kämper ab 7: 1-4-zyl. 4-takt- Kämper-DM 1 3-flügl. Schr.	1 4-zyl. 4-takt Kämper-DM 1 3-flügl. Schr.
PS	45 e	87 e	45 e	1–6: 60 e 7 ff.: 42 e	42 e
kn	11	18	12,7	1–6: 8,3 7 ff.: 7	7,7
Fahrstrecke			65 sm / 9 kn	120 sm / 8 kn	
Treibstoff				150 l Öl	
Besatzung	1	1	1	1	1

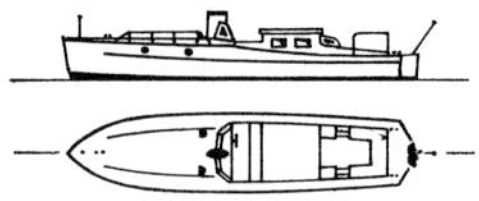

Chefboot *Fl. Ch 21–29*
(Typ Marinechefboot) (Mrv)

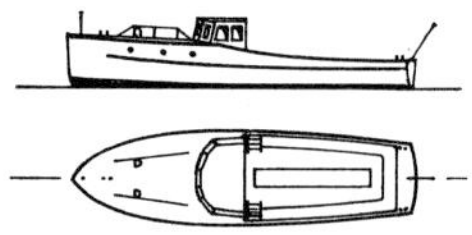

Verkehrsboot Fl. D I
(Typ Marine-Verkehrsboot Klasse I)
(Mrv)

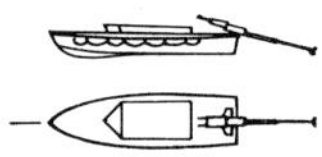

Flugbetriebsboote Klasse E
(Typ kleines Pioniersturmboot) (Mrv)

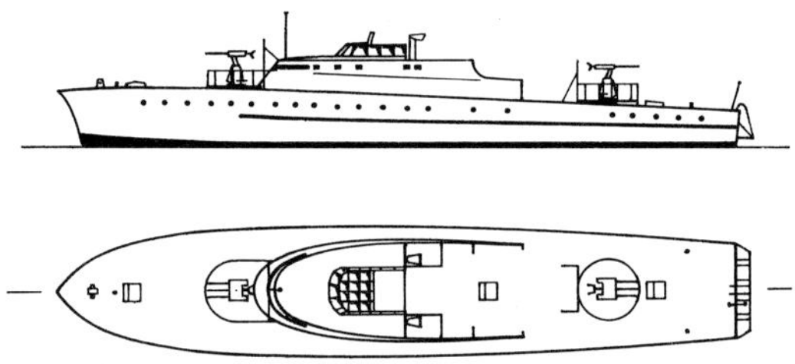

Fl. F 301 (Klasse Fl. F. III) nach Fertigstellung als französisches Flugsicherungsboot *V 120* (Mrv)

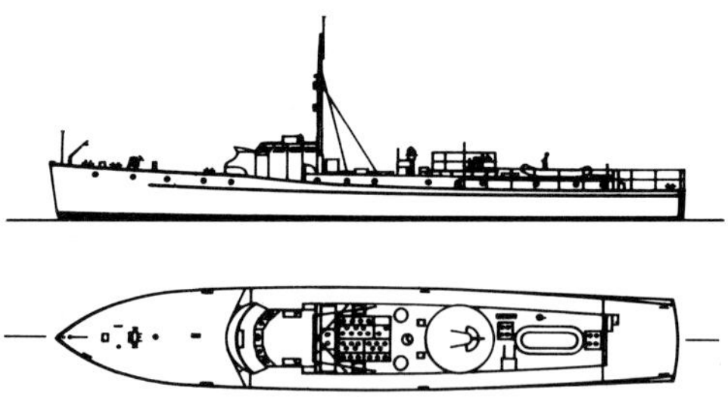

Fl. S 11, 12 (Klasse Fl. S.) (Mrv)

Maßstab 1 : 500

Klasse	D I	E	CH I	CH II	S
Name, Kennung	*Fl. D 101–108, 112–113* *Fl. D 109–111 114–117*	*Fl. E 101 ff.*	*Fl. CH 11*	*Fl. CH 21–29*	*Fl. S 11, 12*
Bauwerft, Bau-Nr.	Naglo, Berlin Schlichting, Travemünde 828–830, 881, 882, 932, 933	Engelbrecht, Berlin	Lürssen, Vegesack 12515	Naglowerft Berlin	Lürssen, Vegesack 12520, 12525
Baujahr	1935/1937	1940 ff.	1935	1935/1938	1935
t	7,6	0,34	13,1	7,1	71
Länge (m)	11,5 üa 11,2 CWL	6,0 üa	15,7 üa	11,5 üa	27,6 üa 27,2 CWL
Breite	3,1	1,6	3,0	2,6	4,5
Tiefgang	0,7	0,7	0,9	0,9	1,5
Seitenhöhe	1,8	1,0		1,7	2,5
Antriebsanlage	1 4-zyl. 4-takt HD-DM 1 Schr.	1 Stendel-Außenbord-motor 1 Schr.	1 6-zyl. 4-takt MWM-DM 1 Schr.	1 6-zyl. 4-takt DWK-DM 1 Schr.	1 9-zyl. 2-takt MAN-DM 2 Schr. ⌀ 1080 mm
PS	36 e	30 e	225 e	75 e	2060 e
kn	8,5	14,5	15	12	ca. 30
Treibstoff					7,4 t Öl
Bewaffnung	–	–	–	–	1–2 Flak
Besatzung	1 + 85 Pass.	1	1	1 + 30 Pass.	1,10

BISHER FESTGESTELLTE EINSATZORTE UND VERBLEIBE DER FLUGBETRIEBSBOOTE

Fl. A 202: 11.39 Kiel-Holtenau, 40 Amsterdam-Schellingwoude, 10.44 KM
204: 7.43 Mittelmeer/Golf di Fos
301: 35 Dievenow/Ostsee, 7.41 Konstanza
401: 40 Calais, 9.42 Kopenhagen
402: 11.39 Großenbrode, 8.40 Kanalküste, 10.41 Kiel. 10.44 KM
403: 7.41 Aalborg, 10.44 KM: *UJ 111,* 5.45 in Mürwik
404: 10.44 KM: *UJ 112,* 45 brit. *RN 97/Hestia,* 46 Zoll *Herta,* 12.53 zurück in britischen Besitz

Fl. B 201: 10.44 an KM: *UJ 107*
202: 40 Drontheim, 4.45 unklar in Travemünde
203: 4.40 Hörnum, 10.40 Holland, 10.41 Kopenhagen, 5.42 KM: *ORe 62*
204: 10.44 an KM: *UJ 101*
205: 8.40 List/Sylt, 11.42 Esbjerg, 10.44 KM: *UJ 105*
206: 10.40 Norderney, 5.42 KM: *ORe 61,* 45 US-Navy *RP 13,49 OMGUS*
207: 40 Aalborg, 7.41 Hirtshals, 10.44 KM: *UJ 103,* 5.45 brit. *RN 24*
208: 10.44 KM: *UJ 102*
209: 8.40 Wilhelmshaven, 10.40 Holland, 5.42 KM: *ORe 63*
210: 10.41 Kiel-Holtenau, 10.44 KM: *UJ 122,* 5.45 brit. Beute, 4.46 *WSP 26* (Schleswig Holstein), 5.50 re an British Boatpool
211: 10.44 KM: *UJ 106,* 5.45 in Mürwik
212: 10.44 KM: *UJ 104*
213: 5.40 Hörnum, 9.40 Tönnig, 10.44 KM: *UJ 123*
219: 7.40 Norderney
251: 7.43 Oslo
252: 6.43 Kemi (Norwegen)
301: 4.45 im Sondereinsatz Ostsee
302: 10.44 KM: *UJ 108,* 5.45 in Mürwik
303: 7.41 Travemünde, 4.45 Sondereinsatz Ostsee

Fl. B 304: 6.41 Neukuhren, 12.44 KM: *UJ 114,* 1.46 USSR-Beute
305: 10.44 KM: *UJ 116*
306: 6.41 Memel, 12.44 KM: *UJ 110,* 5.45 brit. *RN 90,* 6.46 US-Navy *Patrol VIII,* 7.48 deutsch *M/S Regina* (div. Eigner)
307: 11.41 Kopenhagen, 10.44 KM: *UJ 109*
308: 40 Amsterdam-Schelligwoude, 4.45 Sondereinsatz Ostsee
309: 10.44 KM: *UJ 115*
310: 4.45 Kopenhagen
402: 40 Le Havre
403: 40 Cherbourg, 6.43 Port Vendres, 12.43 Ventimiglia
404: 6.42 Konstanza, 8.44 schwer beschädigt Konstanza/ Flibo,
27. 8. 44 zwangsweise an Bulgarien abgegeben
405: 5.40 Juist, 6.40 Boulogne, 10.44 KM: *UJ 113,* 5.45 in Mürwik
406: 9.40 Hörnum, 4.45 Sondereinsatz Ostsee
407: 3.40 List/Sylt, 8.41 Hirtshals, 4.45 Sondereinsatz Ostsee, 5.45 in Flensburg
408: 8.41 Windau, 6.42 Konstanza, 20. 8. 44 + Konstanza/ Flibo
409: 9.40 Wilhelmshaven, 4.45 Aalborg
410: 10.40 Norderney, 3.42 Grosseto / Mittelmeer
411: 5.41 Rerik / westl. Ostsee, 9.41 Drontheim, 4.42 Uthaug
412: 10.44 KM: *UJ 124*
413: 4.40 Borkum
414: 3.40 Hörnum, 6.40 Calais, 1.43 Syracus
415: 8.41 Pillau, 9.41 Windau, 6.42 Konstanza, 20. 8. 44 dort + / Flibo
416: 6.41 Pillau, 7.41 Riga, 4.45 Sondereinsatz Ostsee
417: 3.40 Tönning, 6.40 Cherbourg, 1.43 Taomina
418: 3.40 List/Sylt, 8.40 Dieppe, 4.45 Sondereinsatz Ostsee
419: 8.40 Boulogne, 45 brit. *RN 93/Tiger,* 46 Zoll, 6.52 re
420: 8.40 Brest
421: 4.40 Borkum, 8.40 Brest
422: 8.40 Dieppe

Fl. B 423: 5.40 Wangerooge, 8.40 Le Havre, 10.45 *Delphin,* II. MRD/GM-SA

424: 8.40 Le Havre, 2.44 Sewastopol, 10.44 Ingolstadt in Rep.

425: 8.40 Le Havre, 8.42 Hammerfest, 8.44 Corsini/Westadria, 11. 10. 44 Minenleger *I.V.31*/Hafenschutzfl. Venedig

426: 8.40 Cherbourg, 7.41 Konstanza, 27. 8. 44 zwangsweise an Bulgarien abgegeben

427: 8.40 Cherbourg, 9.44 Westadria, 11. 10. 44 Minenleger *I.V.32*, 11. 1. 45 + vor Venedig / von *I.V.30* beim Minenwerfen gerammt

428: 8.40 Calais, 7.42 Catania

429: 8.40 Boulogne, 9.42 Syracus (?)

430: 8.40 Boulogne

431: 7.41 Großenbrode, 3.42 Syracus, 9. 8. 44 + vor Venedig/Jabos

432: 8.40 Dieppe, 7.42 Catania

433: 1.44 Eupatoria, 20. 8. 44 + Konstanza/Flibo

434: 4.41 List/Sylt, 4.45 Sondereinsatz Ostsee

435: 7.41 Kopenhagen, 3.42 Syracus

436: 7.41 Libau, 12.41 Florø/Norwegen

437: 7.41 Laaland, 6.42 Syracus, 10.42 Suda

438: 8.41 Lister/Norwegen

441: 4.45 Sondereinsatz Ostsee

501: 40 Stavanger, 2.42 Kirkenes, 45 norweg. *Black Prince,* Stavanger

502: 194. + zwischen St. Peter und Guernsey/Flibo

504: 9.41 Kiel, 4.45 Sondereinsatz Ostsee

505: 4.45 Sondereinsatz Ostsee, 45 brit. *RN 64/Hope,* 46 Zoll *Helga,* vor 1951 re an British Boatpool

506: 24. 2. 44 + vor IJmuiden/Flibo

508: 4.45 Wesermünde, 45 US-Navy *RP 12*, 1947 OMGUS

509: 10.42 Andesnes, 3.43 Tromsø

511: . . . 195. *M/S Hai,* Kpt. Hampel, Laboe, später W. Freter, Heiligenhafen

512: 6.7.44 Boulogne / beschädigt durch Jabo

Fl. B 514: 4.45 Sondereinsatz Ostsee, 7.46 US-Navy, *ASR 514,* 9.49 noch in Bremerhaven

517: 4.45 Sondereinsatz Ostsee, 45 brit. *RN 69/Hanna,* 11.46 Zoll, 8.52 re an British TNC-Craft

518: 4.45 Sondereinsatz Ostsee, 45 brit. *RN 139/Honour,* 46 Zoll

519: 10.44 Westadria, 3.45 Venedig

520: 10.44 Westadria, 1945 + Ligano, 1946 gehoben, br.

522: 5.42 Tromsø

523: 5.42 Hammerfest, 3.43 Bodø

524: 4.45 Sondereinsatz Ostsee

525: 9.42 Drontheim

526: 45 brit. *RW 526,* 5.46 US-Navy *Patrol XXIV,* 2.48 *WS 29,* WSP Bremen, 12.54 verkauft an H. Metzendorf, Hamburg

527: 4.44 Bornholm, 45 brit. *RN 141/Hildegarde,* 46 Zoll *Hildegard,* vor 1951 re an British Boatpool

528: 8.42 Bodø, 7.1.44 + Insel Svinølen/Strandung

529: 8.42 Bergen, 13.11.44 + nw. Egersund/Flibo

530: 10.42 Kemi/Norwegen, 3.43 Tromsø

531: 9.42 Kiel

532: 4.45 Sondereinsatz Ostsee

533: 11.42 Aalborg

534: 8.42 Boulogne

535: 4.45 Sondereinsatz Ostsee

536: 45 brit. *RW 536,* GM-SA

537: 8.42 Boulogne, 4.45 Sondereinsatz Ostsee, 45 brit. *RN 150,* 4.46 US-Navy *Patrol XXIII,* 11.46 *WS 28,* WSP Bremen, 5.54 *Bremen 3,* 1970 noch im Einsatz

540: 6.43 Oslo

541: 8.40 Boulogne

542: 8.40 Cherbourg, 11.41 Aalborg, 4.45 Sondereinsatz Ostsee, 45 brit. *RN 153/Helen,* 46 Zoll *Helene,* 1.53 re an TNS-Craft

543: 4.45 Sondereinsatz Ostsee, 7.46 US-Navy *ASR 543,* Rhein

544: 3.43 Tromsø

Fl. B 545: 4.45 Sondereinsatz Ostsee, 45 brit. *RN 46/Hermione,* 46 Zoll, *Hermine,* 1.53 re an British TNC-Craft

547: 45 brit. *RP 11,* 46 US-Navy *Patrol XX,* 11.46 WSP Bremen, 5.48 *M/S Salv. Freu. II,* 5.51 *Insel Helgoland,* 6.53 *Annegret*

548: 10.44 Südraum

549: 45 brit. *RW 549,* GM-SA

553: 4.45 Sondereinsatz Ostsee

554: 4.45 Sondereinsatz Ostsee

555: 8.7.44 + n. Helgoland/Flibo

577: 9.12.43 + St. Stefano/Flibo

584: 6.44 Konstanza, 27.8.44 zwangsweise an Bulgarien abgegeben

586: 10.45 GM-SA, später britische Stationsyacht W'haven *RW 586*

590: 45 norwegische Beute, weiter im Dienst

5001: 4.45 den Helder

5002: 5.42 Hirtshals, 10.10.42 + vor Nykøbing/Limfjord/Mine

5003: 11.42 List/Sylt, 4.45 Sondereinsatz Ostsee

5004: 4.45 Terschelling, 3.46 US-Navy Cuxhaven, 1949 von OMGUS an norweg. Botschafter verkauft

5005: 4.45 Wilhelmshaven

5051: 4.45 Sondereinsatz Ostsee, 7.53 brit. *ML 6012,* Rhein

5052: 12.44 KM: *UJ 120,* 45 brit. *RN 60,* 5.45 *WSP 1,* Schleswig-Holstein, 4.46 brit. *Henrietta*

5053: 12.44 KM: *UJ 119,* 45 brit. *RN 84/Heather*

5054: 12.44 KM: *UJ 118*

5055: 12.44 KM: *UJ 117*

5056: 4.45 Sondereinsatz Ostsee

5501: 11.44 KM: *UJ 121,* 4.45 in Mürwik

5502: 4.45 Sondereinsatz Ostsee, 45 brit. *RN 18/Hilda*

5503: 4.45 Sondereinsatz Ostsee, 45 brit. *RN 39/Hilary*

5505: 4.45 Sondereinsatz Ostsee, 45 brit. *RN 155,* 6.46 US-Navy *Patrol XXV,* 2.47 *WS 30,* WSP Bremen, 5.54 *Bremen 2,* WSP Bremen, 1974 ausgemustert.

5507: 4.45 Sondereinsatz Ostsee

5508: 4.45 Sondereinsatz Ostsee

Fl B 5051 im Nachkriegseinsatz ab Juli 1953 bei der britischen Rheinflottille.

Fl.B 5509: Sondereinsatz Ostsee
5512: 45 brit. *Hyacinth*

602: 45 brit. *RW 602*, später *RP 15*, 3.46 US-Navy *Patrol XXII*, 11.46 WSP Bremen, 11.49 *M/tg Johanna*, 3.53 US-Navy

Fl. C 101: 5.35 Parow
102: 5.35 Parow
103: C-Schule Travemünde 6.35
104: 7.35 List/Sylt
105: 7.35 Kreisflugpark Wilhelmshaven
106: 8.35 Holtenau
116: 5.3.41 von sowjet. *T 207* vor Libau aufgebracht, eingeschleppt

309: 40 Cherbourg
314: 40 Cherbourg
328: 40 Brest
330: 40 Boulogne

Fl. C 331: 40 Stavanger
335: 40 Cherbourg
338: 40 Aalborg
339: 40 Amsterdam-Schelligwoude
340: 40 Amsterdam-Schelligwoude
341: 40 Drontheim
347: 45 brit. *DIS 347*, 3.48 *A 6*, WSP Hamburg
348: 40 Vlissingen
349: 40 Le Havre
356: 40 Cherbourg
358: 40 Cherbourg
359: 40 Cherbourg
363: 8.43 Kopenhagen
364: 40 Aalborg
365: 40 Brest
367: 40 Drontheim
369: 40 Drontheim
370: 40 Stavanger
372: 40 Thisted

3002: 40 Aalborg
3003: 40 Brest
3006: 40 Brest
3007: 40 Cherbourg
3008: 40 Hourtin
3010: 41 Frankreich
3013: 40 Hourtin
3031: 6.42 Mamaia, 4.44 Valcov/Donaudelta
3051: 9.42 Billefjord
3122: 3.45 Stettiner Haff
3149: 7.44 Berliner Gewässer

401: 40 Kopenhagen
402: 1.43 überführt zum Mittelmeer
410: 1.43 überführt zum Mittelmeer
411: 1.43 überführt zum Mittelmeer
412: 1.43 überführt zum Mittelmeer
415: 40 Bauleitung Ostende
417: 40 Aalborg

Fl. C 419: 1.43 überführt zum Mittelmeer
421: 1.43 überführt zum Mittelmeer
422: 2.43 Entmagnetisierungsgruppe Wilhelmshaven
423: 3.43 Entmagnetisierungsgruppe Gotenhafen
471 x March: 9.39 Neusiedler See

506: 40 Amsterdam — Schelligwoude
516: 11.42 überführt zum Mittelmeer
517: 11.42 überführt zum Mittelmeer
518: 11.42 überführt zum Mittelmeer
524: 4.46 in Kiel
526: 11.42 überführt zum Mittelmeer
528: 40 Kopenhagen
530: 40 Aalborg
534: 40 Stavanger
535: 40 Oslo
537: 40 Oslo
538: 45 brit. Beute, 48 nach England überführt
539: 11.42 überführt zum Mittelmeer
541: 40 Drontheim
546: 40 Drontheim
547: 40 Thisted
548: 40 Oslo
549: 40 Oslo
550: 40 Boulogne

Fl. D 103: 1.11.43 von 11 franz. Kriegsgefangenen gekapert, nach Schweden, dort interniert

Fl. F 301: 1945/6 fertiggestellt als franz. *V 120,* a.D. 1955
302: 1945/6 fertiggestellt als franz. *V. 121,* a.D. 1955
303; 304: Fertigstellung als franz. *V 122/123* vorgesehen, jedoch eingestellt, br.
305: 1945 fertiggestellt als franz. MTB *VLT 2,* 1958 br.
306: Fertigstellung als franz. *V 124* nur vorgesehen, br.
307: 1945 fertiggestellt als franz. MTB *VLT 1,* 1953 br.
308: Fertigstellung als franz. *V 125* nur vorgesehen, br.

Fl. S 11: 38 KM: Sicherheitsboot *Schnell,* 39—45 Luftwaffe, 45 brit. *RN 112, 7.47 M/S Schnell,* Conrad Petz, Lübeck

Fl. S 12: 38 KM: Sicherheitsboot *Sicher*, 39—45 Luftwaffe, 10.42 Aalborg

Klasse D II

Bisher ermittelte Daten zu einzelnen Booten dieser heterogenen Gruppe:

Fl. D 211: ex poln. *M/bt*, 14×4×1,3 m, 2 DM, 100 PSe
212: ex Lotsenfahrzeug *Schillig*, Stapellauf 31.5.29 Marinewerft Wilhelmshaven, Bau-Nr. 115
213: ex Absperrboot *Pillau*, 4.45 noch in Warnemünde
215: ex poln. *M/bt*, 8,1×2,4×0,7 m, 1 DM, 20 PSe
216: ex poln. *M/bt*, 6×2,4×0,3 m, 1 DM, 30 PSe
217: ex poln. *M/bt*, 6×1,8×0,5 m, 1 DM, 80 PSe
221: ex poln. Marinekutter, 7 m lang, 13 PSe
226: ex *UZ (S) 11* ex Versuchsboot *Luer*, 1925 Lürssen, Vegesack, 21,0×3,6×1,3 m, 3 Maybach-Otto, 1350 PSe, 33,5 kn, 14.6.30 von Marine ausgemustert, 6.41 in Travemünde
228: ex poln. *M/bt*, 8×1,6×0,7 m, 1 DM, 65 PSe
229: ex poln. *M/bt*, 8,5×1,9×0,7 m, 1 DM, 20 PSe

Klasse F I

Bisher ermittelte Daten:
Chantiers Navales de Meulan, 23/30 t, 20,2×5×0,9 m, 4 Lorraine-Otto, 2400 PSe, 40 kn, 320 sm / 40 kn, 600 sm / 15 kn, 2 Schrauben.
Bekannt gewordene Kennungen: *J = Jupiter = Fl. F 10.*, *M = Mars = Fl. F 10.*, *Flyer = Fl. F 10.* (3.46 noch bei GM-SA)

Klasse F II

Bisher ermittelte Daten:
Chantiers Navales de Meulan, 30 t, 20,4×4,7×1,4 m, 2 Lorraine-

Otto, 2600 PSe, 40 kn, 250 sm / 40 kn, 620 sm / 15 kn, 2500 l Benzin, 1,10 Mann.
Es wurden 2 in Ausrüstung befindliche Boote für Frankreich als *V 130* und *V 131* sowie *VR 41 — 44* aus vorbereitetem Material fertiggestellt.

Klasse F III

Technische Daten nach Entwurf:
Chantiers Navales de Meulan, 75/94 t, 30,4 m Länge üa, 6,0 m Breite, 3,4 m Seitenhöhe, 1,9/2,0 m Tiefgang, 4 Jumo-Otto als Hauptmotoren = 4400 PSe, 2 Jumo-Otto als Marschmotoren. Max. 50 kn, Marschgeschwindigkeit 15 kn. 300 sm / 50 kn, 1000 sm / 15 kn. 12 000 l Benzin, 12—1,5 Flak in 4 Drillingslaffetten.

Hilfs-Flugbetriebsboote

Motorfischkutter:

Irmgard = *SASS 12*, Ludwig Beese, Saßnitz, gebaut 1923 in Eckernförde, 12,5 BRT, 25 PSe, 2 Mann Besatzung. 10.41 bei Seefliegerhorst Parow

Motoryachten und -boote:

Blue Star, niederl. Eigner, 1939 Yachtwerf Nicolaas Witsen, Alkmaar, 43 BRT, 18,3 L üa, 4,2 m Br, 1,8 m Sh, 1,2 m Tg, 2 6-zyl.-Buda-DM, 1945 zurück an Eigner

Forel, H. J. Pluijgers, Rotterdam, 1924 Engelbrecht, Berlin, 68 BRT, 24,0 m L, 4,3 m Br, 2 6-zyl-Maybach-Otto

Majoe, Heijmeijer van Heemstede, Amsterdam, 1937 Gebr. Niestern, Delfzijl, 54 BRT, 18,7 m L üa, 5,0 m Br, 1,7 m Tg, 2 6-zyl.-MAN-DM

Timonia, Dr. J. M. A. Smits, Bloemendal, 7.1934 G. de Vries-Lentsch, Nieuwendam, 55,4 BRT, 4,6 m Br, 2,1 m Sh, 1,6 m Tg, 2 3-zyl. 4-takt-MAN-DM, 160 PSe, 10.6 kn, 7.42 an Küstenüberwachungsstelle Sylt.

Daten unbekannt: *Annemoni, Echo, Eole, Feldmarschall, Frinzel, George, Grete, Hildebrand, Jahn, Jupiter, Kaete, Lutta, Mars, Maso, Nürnberg, Nymphe, Peter, Reeder Mur, Schulze, Seespatz.*

BETRIEBSAUFGABEN

Die Betriebsaufgaben lassen sich in zwei Gruppen gliedern:

A) Betriebsaufgaben in den Seefliegerhorsten und den Schul-, Entwicklungs- und Erprobungseinrichtungen der Luftwaffe selbst.
B) Die Versorgung dieser Einrichtungen über See.

Für diese beiden Aufgabenkomplexe ließ die Luftwaffe folgende Schiffstypen bauen, bzw. übernahm derartige Einheiten:

für A) Kleine Flugbetriebsboote
Schlepper
Verkehrsfahrzeuge
Wohnschiffe
Bagger und Baggerzubehör
für B) Seetankschiffe
Binnen- und Küstentankkähne
Transporter

A) BETRIEBSAUFGABEN

Die Entwicklung der *kleinen Flugbetriebsboote*, die, wie erwähnt, fast alle Schleppaufgaben an Wasserflugzeugen übernehmen konnten, wurden bereits dargestellt. Sie waren die eigentlichen Vielzweckfahrzeuge in den Seefliegerhorsten.
Das Verholen und Schleppen der zunehmenden Zahl von Seefahrzeugen der Luftwaffe ließ sich in Friedenszeiten ohne Schwierigkeiten durch Inanspruchnahme der Schlepper privater Bugsier-Reedereien bewältigen. Mit Kriegsausbruch wurden diese Schlepper jedoch in großer Zahl von der Marine für Kriegseinsätze herangezogen. Besonders gravierend wurde der Schleppermangel jedoch 1940 während der Vorbereitung des Unternehmens »Seelöwe« im zweiten Halbjahr, als die Binnen- und Seehäfen nach Schleppern förmlich ausgekämmt wurden. 1939 hatte die Luftwaffe nur die beiden

Bruno Dreyer, der einzige für die Luftwaffe gebaute Schlepperdampfer, stationiert in Travemünde.

Der Motorschlepper *Atlas* als niederländischer Marineschlepper und Taucherausbildungsfahrzeug *Hercules.* (Sammlung v. Münching)

Dampfschlepper *Widder* des NDL und *Fairplay III* der Fairplay-Schleppdampfschiffs-Reederei Richard Borchardt für den Seefliegerhorst Hörnum übernommen. Beide mußten jedoch schon 1940 an die Marine abgegeben werden, *Widder* im September für das Unternehmen »Seelöwe« und *Fairplay III* im Mai an das KM-Bauamt Helgoland. Ein nur unzureichender Ersatz war die 1940 erfolgende Übernahme der kleinen, z. T. sehr alten Hafen- und Binnenschlepper *Margarethe I, II, III, IV, VI* und *VII* und *Belum* der Reichskanalverwaltung, die vor allem bei den Erprobungsstellen in Travemünde und Peenemünde eingesetzt wurden. Um jederzeit über leistungsfähige Schlepper zu verfügen, die auch Bergungsarbeiten und — nicht zu vergessen — das Eisbrechen in Horst- und Hafengebieten in strengen Wintern durchführen konnten, wurden 1940 und 1941 je eine Dampf- und Motorschlepperklasse in Auftrag gegeben.

In der Klasse SCH I wurde 1942 nur die *Bruno Dreyer* abgeliefert, ein Schiff von 282 t und 450 PSi. Es erscheint in einer Liste mit der Registriernummer LP 12, was zwei Vermutungen nahelegt:

Die erste Ziffer der Registriernummer bezeichnet die Klasse innerhalb eines Schiffstyps, die zweite sagt aus, um das wievielte Schiff der Klasse es sich handelt. 12 wäre also das *zweite* Schiff der ersten Klasse. Somit müßte also mindestens noch ein weiteres Schiff dieser Klasse *vor* der *Bruno Dreyer* in Auftrag gegeben worden sein, das aber bisher nicht festgestellt werden konnte.

Die Buchstaben der Registriernummer entstanden als Abkürzung für den Schiffstyp, wobei P für Prahm verwendet wurde. LP legt die Vermutung »*L*ade*p*rahm« nahe, vor allem, wenn man sieht, daß auch die großen, hochseefähigen Schleuderschiffe der Luftwaffe als SP = *S*chleuder*p*rahm bezeichnet wurden. Bei der Entwicklung der *Bruno Dreyer* mag der Gedanke an eine mobile Ladestation für Batterien im Vordergrund gestanden haben.

Bei dem Bau der Motorschlepper *Atlas* und *Herkules* war jedoch in erster Linie an Schlepp-, Bergungs- und Eisbrecheraufgaben gedacht worden. Hierbei wurde auf die bewährten, mit 435 t und 820 PSe fast doppelt so großen und starken »Seeschlepper 800 PS« der KM zurückgegriffen, deren erste Einheit schon 1936 von den Howaldts-Werken, Kiel, entwickelt worden war. Inzwischen wurde die Klasse auch von Schichau, Königsberg, den Flenderwerken Lübeck und der

Werft Nobiskrug, Rendsburg, gebaut. Letztgenannte Werft übernahm auch die beiden Aufträge der Luftwaffe und lieferte die beiden Einheiten im Februar und April 1943. Die Schlepper waren genietete und teilweise geschweißte Querspantbauten mit sechs Abteilungen, versenkter Back und Kreuzerheck. Sie wurden mit einem Seebeck-Radial-Schleppgeschirr mit zwei Schlepphaken von je 15 t Trossenzug, einer Taucheranlage und einer Bergungspumpe mit einer Förderleistung von 900 m^3/h ausgerüstet und konnten auch Torpedos auf Torpedoschießständen der Luftwaffe bergen. Ihr Fahrbereich betrug 3045 sm bei 11,7 kn. Der Verbleib der *Herkules* ist bisher ungeklärt. *Atlas* wurde an die Niederlande abgegeben, bis 1950 zunächst als *Walcheren XII* in Amsterdam eingesetzt und 1951 zum Versuchsschiff *Hercules* der niederländischen Marine umgebaut. Von August 1968 bis Januar 1969 wurde das Schiff zum Schlepper *Temi IV* rückgebaut, erhielt dabei einen stärkeren Motor und ist noch in Vlissingen im Einsatz. Die *Bruno Dreyer,* die in britischen Besitz kam und bis 1958 als *Codicote Scot,* danach als *St. Levan* fuhr, wurde im März 1973 zum Abbruch nach Spanien verkauft.

Als erstes Verkehrsfahrzeug der Luftwaffe in übertragenem Sinne muß wohl die 1913 in Danzig erbaute Kanalfähre *Rahde* der Verwaltung des Kaiser-Wilhelm-Kanals gelten, die 1938 von der Luftwaffe angekauft und in Ostpreußen zur Verbindung Pillaus mit dem Flugplatz Neutief jenseits des nach Königsberg führenden Seekanals eingesetzt wurde. Dieses Schiff reichte jedoch nicht aus, und so wurde mob-mäßig 1939 ein zweites, etwas kleineres Fährschiff *Frauke* bei O. Kuczewski, Königsberg, bestellt, das 1941 geliefert wurde. Entgegen der zeitlichen Reihenfolge des Zugangs, der sich auch in der für die Luftwaffe typischen Folge der Anfangsbuchstaben der Namen spiegelt, wurde *Frauke* als Klasse F I und *Elke* als Klasse F II bezeichnet. Dies ist ein gutes Beispiel dafür, daß man — etwa zum Schließen der Lücken in Akten — nicht zu sehr auf die Allgemeingültigkeit einmal festgestellter Regelmäßigkeiten vertrauen darf.

Frauke gelangte im Mai 1945 mit Flüchtlingen von Hela nach Schleswig-Holstein. Obwohl eigentlich Wehrmachtseigentum, wurde das Schiff nicht alliierte Beute, sondern blieb bis 1949 aufgelegt. Sodann übernahm es die Deutsche Bundesbahn, die es bei der Werft Nobiskrug, Rendsburg, auseinanderschneiden und ein neues, um 14 m längeres Mittelstück einbauen ließ. Das Schiff hatte danach die

Abmessungen 43,5 × 10,34 m und bei 410 BRT einen Tiefgang von 3,48 m und wurde zunächst als Passagierfähre *Schleswig-Holstein* eingesetzt, die neben 200 Personen nur wenige PKW tragen konnte. Sehr bald wurde jedoch die Passagiereinrichtung entfernt und das Schiff zur reinen Autofähre umgebaut. 1965 wurde die Fähre dann nach Italien verkauft und versieht noch heute, nachdem ein Bug vorgeschuht wurde, als *Capri-Ferry* den Dienst Neapel — Capri.

Zum Personentransport wurden, wie bereits beschrieben, auch die Flugbetriebsboote eingesetzt, und einige ihrer Klassen waren ausgesprochen für diesen Zweck entworfen worden. Da jedoch während des Krieges die Flugbetriebsboote zunehmend für wichtigere Aufgaben benötigt wurden, zog man als Verkehrsboote auch zivile Fahrzeuge und Dienstfahrzeuge anderer Behörden heran. Im Bereich der 3. Flak-Division Hamburg wurden hierzu ab 1940 die *Jollenführer 11* und *13* der Hadag, die *Hans Sachs* der Hamburg-Blankenese-Este-Linie und die Dampfbarkassen *Biene, Fliege* und *Wespe* der Strom- und Hafenbaubehörde Hamburg verwendet.

In der Ostsee wurde dem Torpedoschießplatz Hexengrund, wo die Torpedofliegerausbildung stattfand, der kleine Personendampfer *Holstein* der N.D.C., Kiel zugeteilt. Nachdem er in diesem Dienst am 7. 12. 1942 auf eine Mine gelaufen und gesunken war, wurde als Ersatz die *Albatros* der Fördereederei, GmbH, Flensburg, bestimmt. Dieses 1912 gebaute Schiff überstand diesen Einsatz und das Kriegsende und war noch 1971 als Oldtimer im Einsatz.

Dem Seefliegerhorst Bug/Rügen wurde im August 1941 das niederländische Motorboot (Motoryacht?) *Marken* und dem Flugplatzkommando Rahmel (Neustadt/Westpr.) im März 1943 das Fischereiaufsichtsboot Gotenhafen, *Seemöwe* ex polnisch *Gazda,* zugeteilt. In der letzten Kriegsphase dienste schließlich der kleine Personendampfer *Misdroy* der Stettin-Wollin-Cammin-Divenower DS-GmbH als Verkehrsdampfer und zunehmend auch als Versorger für Usedom.

An der langen, tief zerklüfteten norwegischen Westküste benötigte man auch zur Versorgung der Seefliegerhorste Verkehrsdampfer, wie sie dort herkömmlich die fehlenden Eisenbahn- und Straßenverbindungen ersetzen. Man griff hierzu auf die in entsprechendem norwegischen Zivildienst stehenden kleinen Küstendampfer zurück. Bisher konnten bei der Feldluftzeug-Gruppe Norwegen folgende

Dampfer festgestellt werden: *Angelo, Asker, Fram, Hardangerfjord* und *Jarlsberg*. Soweit sie den Krieg überlebten, wurden diese Schiffe 1945 ihren Eignern zurückgegeben.

Wohn- bzw. Kasernenschiffe zur Unterbringung der Besatzungen von Bootsverbänden im Einsatzhafen oder während der Ausbildungszeit wurden von der Kriegsmarine in großem Umfang eingesetzt. Die Luftwaffe folgte hier nicht, sondern griff, wenn irgend möglich, auf Landquartiere zurück. So läßt sich nur ein großes Wohnschiff bei Luft I, Kiel als Durchgangslager nachweisen. Hierzu diente ab 11. 1. 40 das Passagierschiff *Monte Rosa* der HSDG. 1943 wurde es von der Marine als Transporter benötigt und von der 1904 gebauten *Eberstein* abgelöst, die aus dem ehemaligen Bestand der Arnold Bernstein Reederei stammte. Nach der Verhaftung von A. Bernstein im Januar 1937 und der Zwangsliquidierung der Reederei übernahm E. Komrowski das frühere Hapagschiff. Am 11. 7. 44 wurde es zum Reichseigentum erklärt. Es war noch im Dezember 1946 in Kiel im Einsatz und wurde erst am 28. 8. 47 an Großbritannien abgeliefert, wo es abgebrochen wurde.

Außerdem mußte die Luftwaffe in Norwegen auf Wohnschiffe zurückgreifen. Bei der Besetzung Narviks hatte sich die *Planet* der Reederei Laeisz, Hamburg, am 14. 4. 40 beim Einlaufen britischer Einheiten vor dem wichtigen Versorger, dem Walfangmutterschiff *Jan Wellem,* als Schutz versenkt. Nach Beendigung der Kämpfe wurde das Schiff im September 1940 gehoben und diente ab 8. 10. 1940 als Wohnschiff der Luftwaffe in Tromsø, wurde später der Reederei zurückgegeben und in Nakskov wiederhergestellt. 1944 wurde es an das Torpedoerprobungskommando Eckernförde der Marine abgegeben.

Außerdem fanden die kleinen norwegischen Passagierdampfer *Ryfylke* beim Luftpark Oslo und *Karen* in Haugesund als Wohnschiffe bis zum Herbst 1944 Verwendung. Die Bauleitung der Luftwaffe in Kristiansand-Süd benutzte schließlich noch das kleine Binnenschiff *Salvadora* von Willi Tietjens, Hamburg, ab Oktober 1943 als Wohnprahm.

Um den Ausbau der Seefliegerhorste in der Nordsee und die hier routinemäßig anfallenden Baggerarbeiten unabhängig von anderen Firmen durchführen zu können, hatte die Luftwaffe schon frühzeitig 1937 den Dampfspüler *P.B.I* angekauft, auf Dieselbetrieb umbauen lassen und als Saug- und Spülbagger *Heinrich* in Dienst gestellt. Dieser Bagger wurde, wie häufig üblich, als »Gerät« betrachtet und erscheint daher nicht in den Verzeichnissen der Schiffe und Boote der Luftwaffe. Er überstand den Krieg und wurde 1945 vom Wasserstraßenamt Lübeck als herrenloses Gut sichergestellt. Am 13. 6. 1951 wurde er dem Wasserstraßenamt Tönning der WSD Kiel übertragen.

Für Arbeiten auf Norderney zog die Luftwaffe ferner von Januar bis Oktober 1940 den Eimerkettenbagger *Lühesand* der WSD Hamburg heran. Von der gleichen WSD wurden auch die Saugerschuten *Sa 2* und *Sa 11* übernommen, die jedoch im Gegensatz zu der *Lühesand* nicht wieder zurückgegeben wurden, sondern schließlich 1945 beim Luftgaukommando Norwegen verblieben.

Der bis Kriegsausbruch wohl größte in Deutschland gebaute Hoppersaugbagger war die *Fu Shing,* die von der Whangpoo Conservancy Board, Shanghai, bei Schichau, Elbing, bestellt worden war und sogar für wert befunden wurde, auf der 10-Pfg.-Briefmarke des Danziger WHW-Satzes vom Nov. 1938 (Michel-Nr. 285) abgebildet zu werden. Erst 1940 kam mit der *Ministerialdirigent Eckhardt* ein weiteres gleichartiges Schiff derselben Werft für die Kriegsmarine in Dienst, das allerdings schon am 21. 9. 1942 vor Gotenhafen durch drei Minentreffer sank. Vom 16. 8. 1943 — 22. 8. 1944 übernahm das Kommando der Schiffe und Boote der Luftwaffe die *Fu-Shing,* für die eigenartigerweise kein deutscher Name erwähnt wird, hatte also in dieser Zeit den damals größten deutschen Bagger in ihren Diensten, was bisher kaum bekannt war. Das ist verständlich, da das Schiff äußerlich sowohl auf Grund seiner Größe wie auch durch die im Mittelschlitz laufende Saugrohrleiter kaum dem damals geläufigen Bild eines Baggers entsprach und als solcher schwer zu erkennen war. Nach seiner Abgabe an die Kriegsmarine sank auch dieser Bagger in der östlichen Ostsee, wurde aber später geborgen und fiel als Kriegsbeute an die UdSSR.

B) VERSORGUNGSAUFGABEN

Für die Luftwaffe wie für die Marine entwickelte sich die Treibstofffrage während des Krieges zu einem Kardinalproblem, das oft genug vor allen anderen für Einsatz oder Nichteinsatz den Ausschlag gab. Wenn auch die Luftwaffe bei der Rivalität mit der Marine um die knappen Treibstoffvorräte häufig bevorzugt wurde, bestand auch für sie wie für die Marine das Problem, die richtige Treibstoffqualität zum richtigen Zeitpunkt am richtigen Ort zu haben. Da in zunehmendem Maße die Vorräte zu gering wurden, um an allen Endverbrauchsstellen Lager aller Treib- und Schmierstoffe in großem Umfange zu unterhalten, wurde die Frage der Versorgung immer mehr zu einer Frage des schnellen Transports.

Die Luftwaffe hatte nun schon vor dem Kriege den Weg eigener See- und Binnentanker beschritten. Die ersten Einheiten dieser Typen in den Listen des Kommandos der Schiffe und Boote tragen die Baujahre 1938 und 1939. Doch zeigt ein vorliegender Auftrag des RLM/LC vom 25.5.1934 an die Werft Gebr. Sachsenberg, Roßlau/Elbe, daß man im RLM den Bau eigener Tanker praktisch schon seit Gründung der Luftwaffe nicht nur erwogen hatte, sondern auch verwirklichen wollte. Der Auftrag lautete auf »Entwicklung eines Tankschiffes mit Benzintanks aus 5 mm starkem Siemens-Martin-Stahl und Lieferung von zwei Tankschiffen dieses Musters.« Als vorläufiger Richtpreis pro Schiff werden 25 000,— RM genannt. Die Lieferung des ersten Schiffes sollte am 1. Juli 1934, die des zweiten Schiffes am 1. August 1934 erfolgen. Die technische Abnahme sollte in Roßlau vorgenommen, der Ort für die Durchführung der Seefähigkeitsprüfung später festgelegt werden. Danach muß es sich mindestens um Küstentankschiffe gehandelt haben, die hier gebaut werden sollten. Über die Ausführung dieser Aufträge und eine termingerechte Ablieferung ist nichts festzustellen. Auch Oberstleutnant R. Schrank, dem als Gruppenleiter bei der Luftzeuggruppe See der Einsatz der Tanker von Beginn an unterstand und der zusätzlich die übergeordneten Weisungen des E-Amtes beim Ob.d.L. wahrzunehmen hatte, erwähnt in seiner Stellungnahme so frühe Bauten von Luftwaffentankern nicht. Dies verwundert um so mehr, als er ständig das Konzept des Raumtankers vertrat und schließlich erst gegen Kriegsende den Bau eines solchen Tankers für die Luftwaffe durchsetzen konnte. Er schreibt:

»Bei der Übernahmefahrt von *Anna* und *Dora* war ich zugegen, und war schwer enttäuscht, daß meine Vorschläge vom RLM durch den Einbau von Behältertanks von je 50 m^3 Fassungsvermögen geändert waren. Die Auseinandersetzung darüber mit von mir vorgelegten Statistiken und Erfahrungsberichten führten dann endlich zum Bau des 1200-t-Tankers *Poseidon.*«

Was es also mit diesen frühen Aufträgen auf sich hat, und warum sie offenbar nicht verwirklicht wurden, läßt sich bisher nicht feststellen. Gesichert ist, daß die ersten Entwicklungsaufträge für Seetankschiffe, die auch verwirklicht wurden, erst 1938/39, und zwar in etwa gleichzeitig parallellaufend an drei Werften vergeben wurden:

Klasse T I:	D. W. Kremer Sohn, Elmshorn (Auftrag: 14. 6. 1938)
Klasse T II:	Schichau, Königsberg (Auftrag . . . 1938)
Klasse T III:	Werft Nobiskrug, Randsburg (Auftrag 12. 5. 1938)

Bei allen diesen Tankern handelte es sich, wie erwähnt, um Behältertankschiffe. Als Behälter wurden für alle Schiffe die vom Schwelmer Eisenwerk in Zusammenarbeit mit Prof. Steinmann für die Flugfeld-Tankanlagen entwickelten, genormten 50-m^3-Behälter verwendet, die sich in Serienfertigung großen Umfanges befanden. Mit der Anordnung dieser zylindrischen, innen emailierten Behälter experimentierten nun die Werften und versuchten, die größtmögliche Transportkapazität zu erreichen.

In der Klasse T I lieferte Kremer das erste Schiff *Anna* am 6. 4. 40 ab. Auf diesem Schiff waren 8 Behälter von 50 m^3 und ein Behälter von 5 m^3 für Flugbenzin und zwei Behälter von je 5 m^3 für Kraftfahrbetriebsstoff eingebaut. Äußerlich unterschied sich dieses erste Schiff der Kremer-Serie von den folgenden durch einen niedrigen Aufbau mittschiffs (Pumpenhaus?). Neben Flugbenzin und Kraftfahr-Betriebsstoff konnte das Schiff noch 17,5 t Gasöl und 30 t Schmieröl in Fässern transportieren. Als Mob-Auftrag wurden 1939 bei der Werft jährlich 2 Schiffe der Klasse T I mit Lieferbeginn ab 1. 10. 40 bestellt und eine Vereinfachung bzw. Verbesserung der Pumpen- und Betankungsanlage gefordert. Bei den nächsten Schiffen der Klasse, *Dora* und *Else*, die aber erst im April und Juli 1941 zur Ablieferung kamen, fehlte der erwähnte Aufbau. Sie waren außerdem bei sonst gleichen Abmessungen einheitlich mit 50-m^3-Behältern, und zwar 7 für Flugbenzin und 2 für Dieselöl ausge-

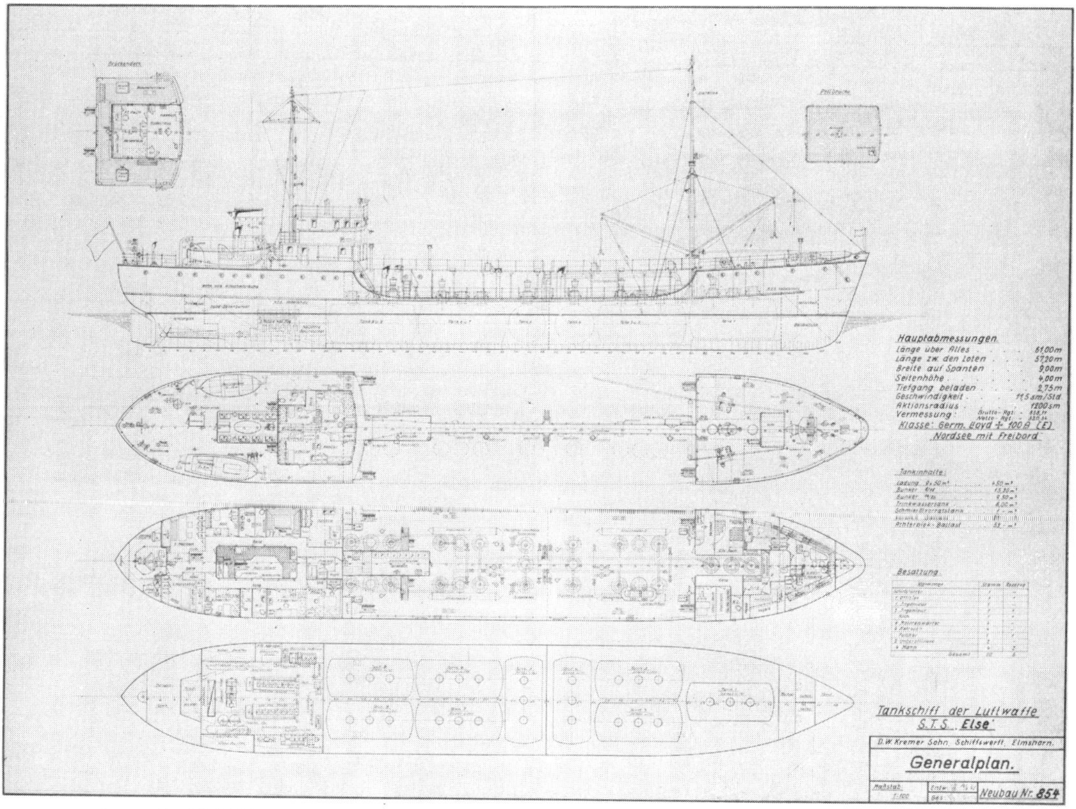

Seetankschiff *Else*

stattet und besaßen damit eine Kapazität von 450 m³ gegenüber 415 m³ des ersten Schiffes. Die nächsten beiden Schiffe waren zur Ablieferung im Februar und Mai 1943 bestimmt. Sie wurden aber erst am 10. 5. 43 (*Grete*) und 22. 9. 43 (*Hanna*) geliefert. Alle Schiffe besaßen einen Fahrbereich von 1200 sm/kn. Sie waren zur »Beförderung von Flugbenzin in Nord- und Ostsee bestimmt.«
In der Klasse T II wurde von Schichau, Königsberg, nur wenige Tage nach der *Anna* das Seetankschiff *Berta* abgeliefert. Das Schiff unterschied sich von der Klasse T I bereits äußerlich wesentlich durch ein durchlaufendes Trunk-Deck auf dem Hauptdeck mit Pumpenhaus und Brücke mittschiffs. Die Behälterausstattung war folgende:

8	Behälter für Flugbenzin	von je 50 m³	=	400 m³
2	Behälter für Gasöl	von je 10 m³	=	20 m³
2	Behälter für Dieselöl	von je 5 m³	=	10 m³
1	Behälter für Flugbenzin	von 5 m³	=	5 m³
			insgesamt	435 m³

Der Treibstoff in letztgenanntem Behälter war zum direkten Betanken gewasserter Flugzeuge bestimmt. Das Schiff besaß hierzu zur Schlauchabgabe an der Achterkante der Poop zwei Pfosten dicht an der Bordwand. Das Schiff war mit zwei Schichau-Sulzer-DM von insgesamt 1200 PSe Leistung ausgestattet, einer Anlage, die um 25 % stärker war als die der Klasse T I und dem Schiff eine Geschwindigkeit von 13,5 kn gegenüber 12 kn der Klasse T I verlieh. Möglicherweise wurde wegen der etwas aufwendigeren Bauweise auf einen Weiterbau der Klasse während des Krieges verzichtet, doch mag auch die starke Auslastung der Werft mit anderen Aufgaben (Torpedo-, U- und M-Boot-Bau) hier ausschlaggebend gewesen sein.

Die erste Einheit der Klasse T III wurde am 12. 5. 1938, etwas früher als die beiden anderen Klassen, in Auftrag gegeben. Unter dem 20. 10. 39 erfolgte ein weiterer Mob-Auftrag für diese Klasse. Erst im Jahre 1941 wurden beide Einheiten im Juni und Oktober unter dem Namen *Clara* und *Frieda* geliefert. Die Schiffe sahen den späteren Bauten der Klasse TI sehr ähnlich und besaßen die gleiche Behälteranordnung und -kapazität. Die beiden Schiffe hatten eine etwas unterschiedliche Antriebsanlage: die im Juni abgelieferte *Clara* erreichte mit 2 MAN-DM des Baumusters G7 V 42 und 1060 PSe bei 12 kn einen Fahrbereich von etwa 1500 sm, während dieser bei dem später abgelieferten Schiff *Frieda* 1630 sm betrug. Dieses Schiff war mit Dieselmotoren des Baumusters G8 V 42 ausgerüstet, die eine Leistung von 1010 PSe erreichten.

An weiteren Namen für Luftwaffen-Tanker werden noch *Jutta, Käthe* und *Ursula* genannt. *Jutta* und *Käthe* haben in der Namensabfolge eine gewisse Wahrscheinlichkeit, *Ursula* dagegen fällt hier völlig heraus, denn damit wären viele Buchstaben des Alphabeths übersprungen worden. Doch konnten bisher überhaupt keine weiteren festen Tankeraufträge der Luftwaffe bei irgendeiner Werft, die hierfür in Frage gekommen wäre, festgestellt werden. Da auch Oberstlt. Schrank nur die Planung von 8 seegehenden Behältertankschiffen erwähnt, ist es wenig wahrscheinlich, daß die Bezeichnungen *Jutta* und *Käthe* mehr als nur rein theoretische Namensüberlegungen zum Mobauftrag (s. p. 232) darstellten.

1942 wurde als letzter Seetankschiffauftrag der Bau eines Zellentankers zum Transport von Leichtbenzin entsprechend den Vorstel-

Seetankschiff *Berta.* Die an der Achterkante Poop bündig mit der Außenhaut stehenden Pfosten mit je einem Baum dienten zur Schlauchabgabe beim Betanken gewasserter Flugzeuge.

Seetankschiff *Clara,* der erste Bau der Klasse T III der Werft Nobiskrug.

Der erste große Zellentanker der Luftwaffe, die *Poseidon,* die erst als *Ararat* unter sowjetischer Flagge in Fahrt kam. (Sammlung Greger)

lungen von Oberstlt. Schrank bei der Norderwerft Köser & Meyer, Hamburg, in Auftrag gegeben. Es war dies der erste Tankerbau dieser Werft und mit über 90 m Länge u.A. auch gleichzeitig einer der größten dort ausgeführten Neubauten. Das Schiff sollte mit 2000 PSe eine etwa doppelt so starke Antriebsanlage wie die Behältertanker erhalten, der Fahrbereich von etwa 1500 sm bei der Klasse T III auf 4000 sm bei 13 kn erhöht werden. Da der Bau des Schiffes für Werft und Auftraggeber Neuland darstellte, wurde die *Poseidon* erst gegen Kriegsende fertiggestellt. Sie kam für die Luftwaffe offenbar nicht mehr in Dienst, sondern im Mai 1945 in englischen Besitz und wurde in *Empire Tegalta* umbenannt. Wie viele andere Schiffe wurde die *Poseidon* 1946 als Kriegsbeute endgültig der UdSSR zugesprochen, wo sie als *Ararat* mindestens ein Jahrzehnt lang eingesetzt war.
Den Weg aus britischer in sowjetische Hand nahmen auch 4 Behältertanker. Für einige waren zunächst englische *Empire*-Bezeichnungen vorgesehen, die die Schiffe jedoch nicht erhielten, obwohl einige noch nach England überführt wurden:

Anna: 14. 9. 45 an Burntisland, vorgesehener Name *Empire Tigawa*
Dora: 30. 9. 45 an Burntisland, vorgesehener Name *Empire Tigonto*
Grete: vorgesehener Name *Empire Tigina*
Hilde x Hanna: 14. 9. 45 an Burntisland, vorgesehener Name *Empire Tigouver*

Das letztgenannte Schiff war am 1. 12. 1944, möglicherweise wegen der Verwechslungsgefahr des Namens mit *Anna,* in *Hilde* umbenannt worden.
Dora, Else, Grete und *Hilde x Hanna* wurden im Juni 1946 zusammen mit *Bertha* und *Clara* an die UdSSR übergeben. An russischen Namen für diese Tanker sind bisher nur *Amburan (x Bertha)* und *Dzamrat (x Clara)* bekanntgeworden, doch wurden mit Sicherheit alle Schiffe umbenannt. — Das M/T *Frieda* wurde von Großbritannien 1947 an Norwegen abgegeben und gelangte über Frankreich und Marokko schließlich nach Italien, wo das Schiff als Chemikalientanker vor allem für Schwefelsäure noch im Einsatz ist.
Für den M/T *Anna* hält sich in der Literatur die Angabe, daß das Schiff am 8. 11. 1945 Frankreich zugesprochen worden und im Dezember 1945 auf der Überführungsfahrt gestrandet und zum Total-

verlust geworden sei. Hieran muß mindestens das Datum unrichtig sein. Nachforschungen ergaben, daß das Schiff am 22. 5. 1946 von Methyl nach Marviken (Norwegen) ausgelaufen ist. Am 24. 5. 46 war das Schiff bei der Deutschen Minenräumleitung (DMRL) in Norwegen, am 30. 11. 46 mit 21 Mann Besatzung für die II. Minenräumdivision (MRD) Cuxhaven im Einsatz. Die Liste der US Navy vermerkt am 30. 11. 47 »Schiff im Frankreich«. Somit kann die Zuteilung an Frankreich und der Verlust 1947 erfolgt sein, denn ab 1948 läßt sich das Schiff nicht mehr nachweisen.

Zum Transport flüssiger Ladung auf den Binnenwasserstraßen hatte die Luftwaffe am 7. 1. 37 bei der Werft Nobiskrug, Rendsburg, einen Finow-Maßkahn mit Behältern des Schwelmer Eisenwerks in Auftrag gegeben. Es wurden noch nicht die späteren Norm-Behälter von 50 m³ verwendet, sondern sechs zylindrische emaillierte Behälter von je 20 m³ für Flugbenzin in drei Paaren in der Längsrichtung des Kahns angeordnet. In der Mitte über jedem Tankpaar wurde auf Deck ein Schmieröltank von jeweils 6 m³ Fassungsvermögen aufgestellt. Die drei hintereinander liegenden Tanks wurden mit einem durchlaufenden Schutzüberbau abgedeckt, der diesem Tankkahn ein etwas ungewohntes Aussehen verlieh. Das Schiff lief am 25. 11. 38 unter dem Namen *Franz* vom Stapel und wurde am 28. 8. 1939 von der Werft abgeliefert. Neben Flugbenzin und Schmieröl konnte das Schiff noch 1,5 m³ Glykol und 1,5 m³ Wasser befördern. Parallel mit diesem ersten Binnentankkahn, den man als Versuchsbau bezeichnen kann und der die Klassenbezeichnung TK I erhielt, wurde 1938 auf der gleichen Werft noch eine Kastenschute der Werft C. Heidelmann (nicht E. Heidmann, wie fälschlich auch in den meisten Akten angegeben!), Lauenburg, zum Binnentankkahn *Emil* umgebaut. Auch dieses Schiff wird in den Aufstellungen zur Klasse TK I gerechnet, hat aber mit dem Neubau *Franz* nur insofern etwas zu tun, als die Werft Erfahrungen, die bei dem Umbau gesammelt wurden, für den Neubau verwenden konnte. Der Tankkahn *Emil* war nur etwa halb so groß wie der Neubau und wurde nur mit zwei Behältern für Flugbenzin von je 51 m³ ausgestattet. Die Transportkapazität betrug damit 80 t Flugbenzin (*Franz: 90 t*). Dieser Umbau wurde am 17. 4. 1939 etwa vier Monate vor dem Neubau abgeliefert, was für die Namenswahl ausschlaggebend gewesen sein dürfte.

Während der Vorbereitung des Unternehmens »Seelöwe« wurden die vorhandenen Bestände an Eisenbahnkesselwagen und Binnentankschiffen stark beansprucht. Vom Mai 1941 an wurden dann fast sämtliche Eisenbahnkesselwagen für die Versorgung im Rußlandfeldzug abgezogen. Die Großraumlager der Wifo, die wie Derben, Hitzacker und Farge über Wasserstraßen mit dem wichtigsten Lieferanten des Flugtreibstoffs, dem Hydrierwerk Poelitz bei Stettin und den im Aufbau befindlichen oberschlesischen Hydrierwerken (Blechhammer, Heydebreck) in Verbindung standen, wurden nun praktisch nur noch auf diesem Wege versorgt. Die Luftwaffe trug vorausschauend dieser Transportsituation dadurch Rechnung, daß sie ab 1939 auf der Greifenwerft, Stettin weitere Binnentankkähne bauen ließ. Unter den Bau-Nummern 113 und 114 entstanden als Klasse TK II 2 Behältertankkähne. Sie waren als Plauer Maßkähne um etwa 1/3 größer als der erste Neubau *Franz* (Finow-Maßkahn!) und im Gegensatz zu diesem mit zwölf Normbehältern zu je 50 m^3 des Schwelmer Eisenwerks ausgerüstet. Ihre Transportkapazität betrug damit 450 t (600 m^3) Flugbenzin, also das Fünffache dessen, was der Kahn *Franz* transportieren konnte. Die beiden Neubauten, die am 15. 7. 1941 unter den Namen *Karl* und *Kurt* abgeliefert wurden, konnten außerdem 16 t Trinkwasser aufnehmen. Der Fahrbereich dieser Schiffe war gegenüber 900 sm bei der *Franz* auf 500 sm zurückgegangen.

Unter den anschließenden Bau-Nummern 115 (Versuchsbau 1939) und 116 (1. Mobauftrag 1939) wurden dann aber nicht weitere Behältertanker, sondern entsprechend den Bemühungen von Oberstlt. Schrank die ersten Zellentankkähne gebaut. Diese Gruppe wurde als Klasse TK III bezeichnet. Bei annähernd gleicher Schiffsgröße betrug ihre Transportkapazität 653 t (870 m^3) Flugbenzin und 2 t Trinkwasser, war also erneut, und zwar um etwa 50 %, gestiegen. Die je 5 Zellen auf beiden Schiffsseiten waren durch ein öldichtes Mittellängsschott getrennt und innen mit einem PM-Silberanstrich isoliert. Die beiden ersten Einheiten der Klasse kamen im Oktober und Dezember 1941 als *Hans* und *Peter* in Fahrt. 1942 wurden zwei weitere Schiffe nachgebaut, von denen die Bau-Nummer 128 als *Moritz* bereits am 18. 6. 42, die vorangehende Bau-Nummer 127 aber erst am 13. 10. 42 als *Paul* (2. Mobauftrag 1939) abgeliefert wurde — ein weiteres Beispiel dafür, daß Schiffe einer Klasse, selbst

Franz, der erste Binnentanker-Neubau, den die Luftwaffe in Auftrag gab.

Die amtlich als Küstentankkähne geführten Einheiten der Serie TK VII waren echte Küstentanker, wie dieses Foto der *Alfred* beweist. (Staatsarchiv Bremen)

Tankmotorschiff *Alfred* am 7. 8. 1963 auf der Reede von List/Sylt. (Foto Martin Maass)

wenn sie von derselben Werft stammen, während des Krieges keineswegs chronologisch entsprechend ihrer Bau-Nummern oder auch Registriernummern fertiggestellt worden sind.

Ebenfalls nach Plauer Maß, zur Verbesserung der Steuer- und Manövrierfähigkeit aber als Zweischraubenschiffe entstanden 1940/41 die Schiffe der Klasse TK VI bei der Deutschen-Böhmischen Elbe-Schiff-AG., Werft Dresden-Laubegast. Diese Schiffe waren mit 9 kn etwas schneller als die der Klasse TK III (7,8 kn max. / 6,7 kn Marschgeschwindigkeit), konnten aber nur 673 m^3 Flugbenzin transportieren, also etwa so viel wie die Klasse TK II. Von dieser Klasse konnte die Fertigstellung des Schiffes *Ernst* gesichert werden, während für TK 62 = *Otto* der Nachweis noch aussteht.

Für die kleinen Schleusen vieler Wasserstraßen im Westraum (Frankreich-Belgien) waren die Plauer Maßkähne zu groß. Offenbar speziell für dieses Gebiet wurde die Klasse TK V 1940 bei der niederländischen Werft »De Vooruitgang«, Alphen a.d. Rhijn, in Auftrag gegeben. Am 1. 10. 40 waren zehn Einheiten (vorgesehene Registriernummern Tk 51—60) geplant, aber noch kein Schiff fertiggestellt. In der Aufstellung vom 1. 11. 1942 wird diese Klasse überhaupt nicht mehr erwähnt. Allerdings fehlen darin auch einige andere, mit Sicherheit gebaute Binnentankkähne. Nach dem Kriege erschienen im Handelsdienst als Bauten der erwähnten niederländischen Werft mit etwa den von der Luftwaffe vorgesehenen technischen Daten vier Schiffe aus dem Baujahr 1942. Als Exnamen werden *Beckenau, Eberau, Heidenau* und *Heiligau* angegeben. Diese Namen passen nicht in das von der Luftwaffe verwendete Schema. Marineeigene Leichter ähnlicher Namengebung sind aber bekannt, z. B. *Krückau.* Dies alles legt den Schluß nahe, daß die Klasse TK V von der Luftwaffe im Auftragsstadium an die Kriegsmarine abgegeben wurde und eine Reihe der vorgesehenen Einheiten für diese fertiggestellt wurden.

Unter den bisher genannten Bezeichnungen fehlt die Klasse TK IV. So wurden die ersten Küstentankkähne der Luftwaffe benannt, die bereits 1939/40 entstanden. Für den Hafendienst und die Betankung von Seeflugzeugen, die an der Boje lagen, hatten sich in den vorangegangenen Jahren die gecharterten Hafentanker *Fanto I, II, III* und *VII* der Fanto-Reederei, Hamburg, sehr gut bewährt. Dies führte nun zur Eigenentwicklung entsprechender Schiffe. Allerdings wurden die beiden ersten Einheiten *Fritz* und *Max* entsprechend dem damaligen Trend als Behältertanker mit zwölf Norm-Behältern 50 m^3 ausgeführt. An Abmessungen, Antriebsanlage und Transportkapazität glichen die beiden Schiffe der ein Jahr später gebauten Klasse TK II — auch hier wurde also die Klassenbezeichnung nicht fortlaufend und chronologisch vergeben. Äußerlich unterscheiden sich die Küstentankkähne jedoch durch einen Signalmast am Ende des ersten Schiffsdrittels und ein hohes Deckshaus achtern von den späteren Binnentankern. Außerdem erhielt die erste Einheit der Klasse, *Fritz* = TK 41, Schutzüberbauten über den Behälterdomen, auf die aber schon beim zweiten Schiff *Max* = TK 42 verzichtet wurde.

Zunächst sollte als Mob-Auftrag 1939 diese Klasse 1940/41 mit zwei Einheiten TK 43 und TK 44 fortgesetzt werden, die bei gleichen Abmessungen als Zellenschiffe mit 10 Zellen von insgesamt ca. 700 m^3 Transportkapazität ausgelegt werden sollten. Die Umkonstruktion stieß aber offenbar auf größere Schwierigkeiten, so daß man schließlich zu einem völlig neuen Entwurf, der Klasse TK VII, kam. Von dieser waren am 1. 11. 1942 vier Einheiten im Bau (*August, Alfred, Georg, Adolf*). Die Ablieferung der ersten drei Schiffe ist sichergestellt, da sie noch nach 1945 in Fahrt waren.

1944/45 lieferte schließlich die Werft D. W. Kremer Sohn, Elmshorn, noch drei sog. Motortankprähme an die Luftwaffe, für die bisher weder die Namen noch die Klassenbezeichnung festgestellt werden konnte. Ein viertes Schiff des Auftrages war im Mai 1945 noch unfertig und wurde als *Petrol 1* für Robert Bornhofen fertiggestellt. Nach der Verlängerung 1949 lief das Schiff dann als Küstentanker *Luise Weitert,* später *Luise I,* unter deutscher Flagge. Das legt die Vermutung nahe, daß die Motortankprähme bereits von der Luftwaffe als kleine Küstentanker konzipiert waren. Nach ihren Abmessungen und Antriebsdaten wären sie möglicherweise an den Kastenschutenumbau von 1938 (*Emil*) anzuschließen.

Während des Krieges erfolgte der Einsatz der Binnentanker durch das Nachschubamt beim RLM bzw. durch die Luftgaue, denen sie für begrenzte Aufgaben vorübergehend zur Verfügung gestellt wurden. 1945 gelangte der größte Teil der Schiffe in die Verwaltung der US Navy, die sie schon bald über die OMGUS an deutsche Eigner vercharterte und später verkaufte. Nur die beiden Küsten-

tankkähne *August* und *Georg* wurden Großbritannien zugesprochen und lassen sich noch etwa zwanzig Jahre lang im englischen und niederländischen Handelsdienst verfolgen.
Auf Grund der Erfahrungen mit dem gecharterten Tankschiff *Nordmark* (480 m^3) der Reederei F. Joch, Hamburg, in den Jahren 1938 und 1939 wurden der Luftzeuggruppe See entsprechend einer Mob-Besprechung mit dem Ob.d.M. vom 29. August 1939 Tankschiffe verschiedener Größe für den Einsatz zur Verfügung gestellt. Dieser bestand zunächst in der Räumung der Flugbetriebsstoffe in den Tanklagern von Hamburg und Nienburg. Die Sicherstellung der Schiffe und Übergabe an die Luftzeuggruppe See erfolgte durch die Kriegsmarinedienststelle Hamburg (KMD Hamburg), und zwar in nachstehender Reihenfolge:

29. 8. 39: Sicherstellung der *M/T Vacuum, Unkas* und *Moonsund* als Nachschubtanker
30. 8. 39: Sicherstellung des *M/T Marianne* als Ersatz für *Unkas* und *Belt* anstelle der vorgesehenen *Sund*, ferner der Tankleichter *Weser* und *Fanto VII* in Hamburg sowie des Küstentankseglers *Fanto XVIII* in Swinemünde.
31. 8. 39: Übergabe *M/T Senator*
2. 9. 39: Übergabe *S/T Ostsee*
3. 9. 39: Übergabe *M/T Mittelmeer*
4. 9. 39: Übergabe *M/T Ostmark, Dollart*
22. 10. 39: Übergabe *M/T Paul Harneit*
24. 10. 39: Übergabe Bunkerboot *Otto Kamm III*
27. 12. 39: Übergabe Bunkerboot *Otto Kamm IV*

Damit verfügte die Luftwaffe um die Jahreswende 1939/40 über zwei große Tankschiffe (*Mittelmeer, Paul Harneit*), acht kleinere Tanker zwischen 200 und 800 BRT, zwei Bunkerboote und zwei Tankleichter der Handelsflotte. Von diesen wurden die beiden großen Schiffe nach der Räumung der Hamburger Lager zu einigen Versorgungsreisen, im wesentlichen aber als Depotschiffe eingesetzt. *Paul Harneit* lag in dieser Eigenschaft im Kieler Hafen in der Schilkseer Bucht und wurde kurz vor Kriegsende noch dem Marine-Arsenal Kiel als Liegetanker überstellt. Der Tanker *Mittelmeer* wurde im November 1942 auf dem Marsch nach Wasa torpediert und fiel für ein Jahr aus. In dieser Zeit wurde er in Hamburg re-

Das Tankmotorschiff *Moonsund,* das im Dienste der Luftwaffe beim »Unternehmen Weserübung« am 12. 4. 1940 vor Larvik versenkt wurde.

Der 1893 gebaute Gaffelschoner *Fanto XVIII,* hier 1941 in Dievenow, dürfte wohl der eigenartigste Tanker im Dienste der Luftwaffe gewesen sein.
(Sammlung Kugler)

pariert. Bei Kriegsende lag das Schiff in der Strander Bucht. Diese beiden größten Tanker der Luftwaffe wurden britische Beute.
Unter den acht übernommenen kleineren Tankern waren sechs recht moderne Tankmotorschiffe, zwei jedoch sehr alte Tanker. Hinter der *Ostsee,* dem einzigen Tankdampfer, verbarg sich der 1888 von der Kaiserlichen Werft Danzig für die Kaiserliche Werft Kiel gebaute Schleppdampfer und Hafentanker *Eider,* der nach dem 1. Weltkrieg umgerüstet wurde. Das Tankmotorschiff *Senator* wurde zwölf Jahre später 1902 von Chr. Ruthof in Castell a. Rhein als Tankleichter erbaut und 1919 zum *M/T* umgebaut.
Von diesen acht Tankern liefen vier in der Tankstaffel, die zur ersten Versorgung der Stützpunkte der Luftwaffe in Norwegen nach der Besetzung bestimmt waren. Am 9. 4. 40 gingen die Schiffe nachmittags mit folgender Bestimmung und Ladung aus Holtenau ab:

M/T Senator	Best.: Oslo	1,7 Mill. ℓ Betriebsst.
M/T Dollart	Best.: Stavanger	Ladungsmenge unbek.
M/T Belt	Best.: Bergen	420.000 ℓ B 4, 120.000 ℓ DKL
M/T Moonsund	Best.: Drontheim-See	480.000 ℓ B 4

Nur *Moonsund* wurde am 12. 4. 40 vor Larvik von dem britischen U-Boot *Snapper* im Überwasserangriff durch Artilleriebeschuß versenkt. Die anderen Schiffe erreichten ihre Bestimmungshäfen.
In Norwegen übernahm die Luftwaffe eine Reihe von norwegischen Tankleichtern für den Stützpunktdienst, von denen bisher *Mil IV, Mil V* und *Soler* namentlich bekannt geworden sind, sowie 1943 den 1939 gebaute *M/T Vera B* von 440 BRT. Damit war die Gruppe der kleinen Tanker wieder auf acht, die Ausgangszahl 1939, gebracht. Erst Ende 1944 trat der einzige weitere Kriegsverlust in dieser Gruppe ein, als die *Vacuum* vor Libau nach einem Bombentreffer sank. Alle anderen Schiffe überlebten das Kriegsende — einige von ihnen waren noch 1974 in Fahrt.
Im Zusammenhang mit der für Norwegen eingesetzten Tankerstaffel wird die Versenkung des *M/T Stedingen* erwähnt, der angeblich zu dieser Gruppe zählte (W. Hubatsch, Weserübung, 2. Aufl., p. 119). Daß dieses Schiff nicht zu dieser Tankerstaffel gehörte, wird allein aus einem Größenvergleich klar: als Gesamttonnage der Tan-

Die 1939 in einem deutschen Hafen beschlagnahmte finnische *Rhea* nach der Umbenennung in *Graudenz* als Luftwaffen-Transporter. (Sammlung Kludas)

Im Juli 1940 war die *Graudenz* als »Verpflegungsamt Rotterdam« eingesetzt – hier mit provisorischen Flakständen auf Back und Poop.

Die estnische *Äksi,* die vom 1. 1. 1941 bis zum 31. 1. 1942 der Luftzeuggruppe See als Transporter diente, hier kurz nach der Aufbringung 1940. (Bundesarchiv/Militärarchiv)

kergruppe der Luftwaffe wird am a. O. 1769 BRT angegeben — die *Stedingen* war jedoch ein großer Tankerneubau des Bremer Vulkan für die Shell-Gruppe (geplanter Name *Posidonia*) von 8036 BRT! Richtig ist, daß die Luftwaffe am 13. 9. 1939 die Zuteilung des Tankers »*Dorsanum*« (12 000 ts) auch ohne Antrieb als schwimmendes Tanklager gefordert hat. Für den oben genannten Neubau wird in vielen Akten auch »*Dorsanum*« als Name genannt, ein Name, der auch der Benennungstradition der Shell-Tanker entsprochen hätte. Es war also offenbar die spätere *Stedingen*, die hier von der Luftwaffe angefordert wurde. Diesem Wunsch wurde jedoch nicht entsprochen und das Schiff am 20. 1. 1940 für die Gruppe West des Troßschiffverbandes (TSV) der Kriegsmarine als Tanker in Dienst gestellt.

Die Frage des Transportes von Flugbetriebsstoffen im Küstengebiet des Mittelmeeres wurde von der Luftwaffe praktisch ausschließlich mit Hilfe belgischer und französischer Penischen gelöst, in die die 50-m^3-Normbehälter eingebaut wurden.

Zum Transport beschädigter Flugzeuge und weniger eiliger Güter von und nach den Nordseeinseln und Küstendienststellen wurden 1939 mit Beginn des besonderen Einsatzes 5 Küstenmotorschiffe (Kümos) und Küstenmotorsegler (Kümose) als Transportschiffe übernommen: *M/S Alma* (171 BRT), *M/Schoner Deutschland* (218 BRT), *M/Schoner Greta* (214 BRT, für Torpedos und Minen), *M/Schoner Hannover* (135 BRT), *M/Schoner Paul Gährs* (204 BRT). Während des Polenfeldzuges wurden für kurze Zeit außerdem die beiden *M/Schoner Annemarie* (203 BRT) und *Uwe-Ursula* (199 BRT) in Anspruch genommen. Diese Schiffe leisteten wertvolle Dienste und blieben fast alle während der ganzen Kriegsdauer im Einsatz. 1941 trat das *M/S Marianne* (349 BRT) und gegen Kriegsende für die beiden inzwischen ausgeschiedenen Schiffe *Alma* und *Greta* das ehemals niederländische *M/S Quo Vadis* (265 BRT) und der *M/Schoner Antares* (167 BRT) zu diesem Dienst. Auch an der norwegischen Küste wurde ein ähnlicher Verband z. T. aus norwegischen, aber auch aus deutschen Schiffen aufgebaut. Bisher wurden hier folgende Schiffe bekannt: *S/S Br. Lothe* (no., 280 BRT), *S/fi Vedoy* (no, 157 BRT), *Mfk Aurora* (no, 84 BRT), *M/S Frieda* (dtsch, 59 BRT), *M/Besanewer Anita* (dtsch, 43 BRT).

Neben den Verteilungsaufgaben im Küstenbereich ergaben sich ab

Das 1940 für Warnholtz & Schmidt, Hamburg, gebaute Motorschiff *Julius* fuhr vom Januar 1943 bis zur Versenkung am 9. 4. 1945 in Pillau als Transporter für die Luftwaffe. (Bundesarchiv/Militärarchiv)

Verladung von Fahrzeugen der Luftwaffe auf den vormals französischen Frachter *Sinfra*, der ab Dezember 1942 für die Luftwaffe als Transporter im Mittelmeer eingesetzt wurde.

Das Luftparkschiff *Bukarest* verläßt nach Fertigstellung und Ausrüstung im Juni 1940 Hamburg. (Bundesarchiv/Militärarchiv)

1940 zunehmend Transportaufgaben größerer Materialmengen über größere Entfernungen. Bereits 1939 war mob-mäßig das Frachtschiff *Pinguin* der Argo in Stettin für derartige Aufgaben herangezogen worden, jedoch noch vor Jahresende an den Sperrlotsenverband Ost als Lotsendampfer abgegeben worden. Jetzt zog man vor allem Prisenschiffe für Transportzwecke der Luftwaffe heran. 1940 waren es die vormals finnischen *Rhea* und *Lahti* als *Graudenz* und *Hagenau* und die niederländische *Kromwijk.* 1941 kamen die estnische *Äksi* als *Straßburg* und die schwedische *Brita* als *Desiderius Siedler* sowie die beiden deutschen Frachter *Elbing X* und *Ingrid Traber* hinzu. 1941/43 wurden alle genannten Schiffe, die z. T. an die ausländischen Eigner zurückgegeben werden mußten, durch den norwegischen Dampfer *Ibis* und die beiden deutschen Neubauten *Marie-Luise* und *Julius* abgelöst. Im Mittelmeer wurden zur gleichen Zeit die italienischen Frachter *Sinfra* und *Tagliamento* vor allem zum Bomben- und Munitionstransport für die Flak eingesetzt. Beide Schiffe gingen dabei verloren.

Eine besondere Stellung nahm das Luftparkschiff *Bukarest* ein. Es war das erste und einzige seiner Art und war zunächst als Ausweichpark gedacht, d. h. es sollte jeweils dort eingesetzt werden, wo ein Park durch Feindeinwirkung ausfallen würde. Entsprechend wurden im Schiff ein Drittel des monatlichen Umschlages eines Luftparks an Gerät eingelagert (400 t = 35 % der Lagerfläche). Man griff auf den bei der Deutschen Werft, Hamburg im Ausbau befindlichen Neubau *Bukarest* der Deutschen Levante-Linie zurück, der über die KM für die Luftzeuggruppe See, Kiel, gechartert wurde. Damit hatte man die Möglichkeit, bei der Fertigstellung des Schiffes zugleich die Einrichtungen für den Luftpark einbauen zu lassen: Werkstätten, Prüfraum, Umformerraum, Lagerraum für Holz und Erstausstattung = ingesamt 277 m^2. Flugdiesel-Kraftstoff konnte in 2 Hochtanks von je 133 m^3 Fassungsvermögen mitgeführt werden, Benzin jedoch wegen fehlender Sicherheitsvorrichtungen nur in Fässern als Deckslast. Als Transportmittel befanden sich ein 0,5-t-LKW und ein Fl. C-Boot an Bord. Das Schiff wurde nach der Probefahrt am 15. 6. 40 am 1. 7. 40 mit einer Besatzung von 18 Soldaten und 19 Zivilisten in Dienst gestellt. Letztere wurden aber bis zum Jahreswechsel bis auf vier gegen militärisches Personal ausgetauscht. Zu dieser Zeit hatte das Schiff eine Besatzung von 44 Mann, die bei

Einsatz außerhalb deutscher Häfen weiter verstärkt werden sollte. In der Tat trat bald entgegen der ursprünglichen Konzeption der Gedanke, den schwimmenden Luftpark dort einzusetzen, wo in sonst nicht dafür eingerichteten Küstengebieten plötzlich ein Luftpark schnell erforderlich wurde, in den Vordergrund. Das Schiff wurde schließlich dem KG. 102, dem Schulgeschwader für die Lufttorpedo-Ausbildung, vor Riga zugeteilt. Im Juni 1945 wurde das Schiff in Kiel britische Beute. Nach Rückbau zum Frachter fuhr es unter norwegischer, griechischer und zuletzt zypriotischer Flagge noch bis 1972 im Handelsdienst. Es wurde am 22. 9. 1972 an die Yu Kuo Steel Co. Ltd., Kaohsiung zum Abbruch verkauft, der jedoch bis zum Dezember 1973 noch nicht begonnen hatte. So ist es nicht völlig auszuschließen, daß dies Schiff auch heute noch in einem Hafen Taiwans existiert.

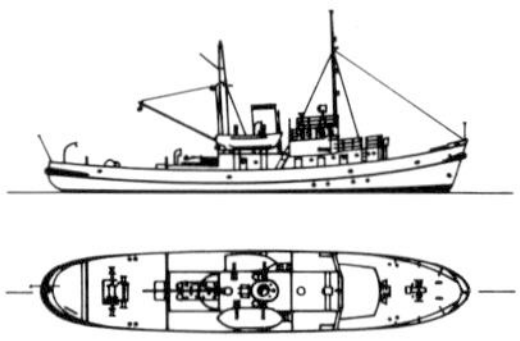

S/tg *Bruno Dreyer*
(Klasse SCHL. I) (Mrv)

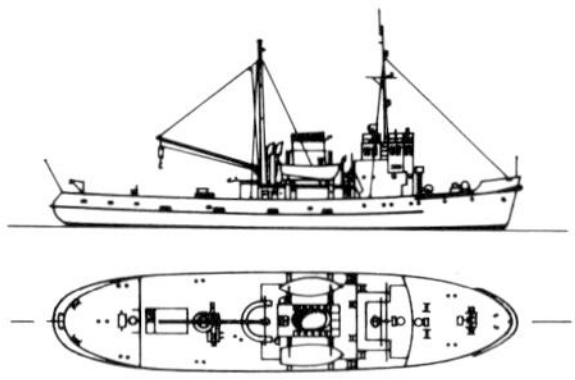

M/tg *Atlas, Herkules*
(Klasse SCHL. II) (Mrv)

Klasse	SCH I	SCH II		
Name, Kennung	*Bruno Dreyer = Sch. 12*	*Atlas = Sch. 211 Herkules = Sch. 212*	*Widder*	*Fairplay III*
Bauwerft, Bau-Nr.	F. Schichau, Königsberg, 1528	Nobiskrug, Rendsburg 513, 514	A. G. Weser Bremen 389	Janssen & Schmilinsky, Hamburg
Stapellauf	... 42	23. 9. 1942 27. 10. 1942	1921	1897
BRT	163	280	270	68
t	282	427		
Länge (m)	34,3 üa	38,7 üa 35,8 CWL	36,3 pp	20,8 pp
Breite	7,5	8,5	7,6	5,1
Tiefgang	3,5	3,3 ?	3,8	2,8
Seitenhöhe	3,6	4,4	4,5	2,9
Antriebsanlage	2 Verbund-M. 1 Kessel 15 atü	1 8-zyl. 4-takt MWM-DM 1 4-flügl. Schr.	1 3-fach-Exp.-M. 1 Schr.	1 Verbund-M. 1 Kessel 9,5 atü 1 Schr.
PS	450 i	820 e	1070 i	329 i
kn	10,5	11,7	11	10
Fahrstrecke	690 sm / 10,5 kn	3045 sm / 11 kn	2200 sm	600 sm
Treibstoff			115 t Kohle	
Besatzung		2,22	10	4

Verbleib:

Bruno Dreyer: 194. Bugsier, Hamburg; 9.50 brit. *Codicote Scot,* 58 brit. *St. Levan,* 3.73 br. Spanien

Atlas: 194. Bugsier, Hamburg; 50 niederl. *Walcheren XII,* 1.51 niederl. Marine, *Herkules = A 828,* 8.68 niederl. *Temi IV*

Herkules: ?

Widder: 1945 zurück an Eigner, 10.59 br. Bremerhaven

Fairplay III: 7.45 zurück an Eigner

Margarethe I	*S/tg*, 1907, 28 BRT, 18,6×4,6×2,5 m, 140 PSi, 9 kn, 9 t Kohle. 7.40 Travemünde
Margarethe II	*M/tg*, 1912, 14 BRT, 14×3,2×1,2 m, 50 PSe, 7 kn, 7.40 Peenemünde
Margarethe III	*S/tg*, 1906, 61 BRT, 18,5×5,5×1,5 m, 100 PSi, 8 kn, 12 t Kohle. 7.40 Peenemünde
Margarethe IV	*S/tg*, 1889, 17,5×5,3×2,5 m, 250 PSi, 8,5 kn. 7.40 Travemünde, 8.40 Unternehmen Seelöwe
Margarethe VI	*S/tg*, 1899, 20,5×5,2×2,5 m, 250 PSi, 9,5 kn, 11 t Kohle. 7.40 Bremerhaven, 5.6.45 zurück an Eigner
Margarethe VII	*S/tg*, 1893, 21 BRT, 21,6×6×2 m, 150 PSi, 9 kn, 7,5 t Kohle. 7.40 Peenemünde
Karlsruhe,	Reichskanalverwaltung, 1894 R. Holtz, Hamburg, 20,5 L üa, 5,5 m Br, 2,1 Tg, 2,8 m Sh, 1 III-Expansions-M., 180 PSi, 8,8 kn 3.40 Luftwaffe, 1.41 zurück, WSA Cuxhaven, Anfang 1947 verkauft
Voraus,	Karl Essmann, Lemwärder, 10.4.46 re an Eigner
Otto II	*M/tg*, Richard Szeimies, Stettin, 9.41 Scheibenschlepper Bomberschule Anklam, 26.3.45 + Jasenitz/sowjet. Artillerie

Klasse	F I	F II			
Name, Kennung	*Frauke = F 11*	*Elke = F 11*	*Holstein* *M/fe*	*Albatros* *S/P*	*Biene* *Fliege* *Wespe* *S/S*
Bauwerft, Bau-Nr.	O. Kuczewski, Königsberg	Klawitter, Danzig	Howaldt, Kiel 467	Jos. L. Meyer, Papenbg. 280	Norderwerft R. Holtz, Hamburg
Baujahr	1940	1913	1907/1933	1912	1910
BRT	307		134	187	11,5
Länge (m)	30,0 üa	36,0 üa	28,5 pp	36,6 pp	16,8 üa 14,8 pp
Breite	10,3	9,0	6,5	6,3	3,9
Tiefgang	3,0	1,9	2,7	2,0	1,6
Seitenhöhe			2,9	3,3	2,0
Antriebs-anlage	2 6-zyl. 4-takt HD-DM 2 Schr.	2 2-zyl. 2-takt HD-DM, 2 Schr.	1 6-zyl. 4-takt Krupp-DM 1 Schr.	1 Verbund-M., 1 Kessel 8,5 atü 1 Schr.	1 Verbund-M., 1 Zyl.-Kessel, 13 atü 1 Schr.
PS	400 e	70 e	280 e	260 i	100 i
kn	9	4,5	10	10	8,5
Treibstoff			8 t Öl		3 t Kohle
Besatzung			6	5 + 406 Pass.	

Verbleib

Frauke: 1949 *Schleswig-Holstein,* Deutsche Bundesbahn; 1965 ital. *Capri-Ferry*
Elke: ?
Holstein: 7.12.42 † zwischen Gotenhafen und Hexengrund / Mine
Albatros: 1945 re an Eigner, 1973 auf Strand gestellt, Ostseebad Damp 2000
Biene: 17.12.51 zum br. an J. G. Hitzler, Lauenburg
Fliege: 1.11.56 verkauft (zum br. ?), Hamburg
Wespe: 27.7.55 zum br. verkauft an G. Ritscher, Hamburg

Weitere Verkehrsfahrzeuge im Luftwaffen-Dienst

Jollenführer 11 *M/bt,* Hadag, 1925 Wolkau, Hamburg, 13,1 × 2,2 × 1,0 m, 30 PSe, 9,5 kn, 36 Pass. / 3.3.40—15.12.44 3. Flak-Div. Hamburg

Jollenführer 13	*M/bt,* Hadag, 1925 Hamburg, 13,0×2,8×1,1 m, 30 PSe, 9,5 kn, 35 Pass. / 3.3.40—45 3. Flak-Div. Hamburg
Hans Sachs x *Pribislav*	*M/fe,* HBEL, 1894 Holst, Harburg, 16,8×3,1×1,9 m, 36 PSe, 8,5 kn, 72 Pass. / 1945 re, 196. Hafenrundfahrten Cuxhaven, noch im Dienst
Angelo x *Svendborgsund*	*S/P,* A/S Nesodden-Bundefjord D/S, Oslo, 1907 Werf Hubertina, Haarlem, 118 BRT, 27,9×5,1 ×2,5 m, 1 Verbund-M. / 3.42 Feldluftzeuggr. Norwegen, 45 re, 51 *Kolöyholm,* 52 br.
Asker	*S/P,* A/S Asker, Röken & Hurum, Oslo, 1893 Christiansand Mek. Verk., Bau-Nr. 65, 130 BRT, 29,3×5,2×2,8 m, 1 Verbund-M. / 10.41 Feldluftzeuggr. Norwegen, 45 re, 1952 br.
Fram	*S/S,* Bj. Tangen, Christiansand, 47,5 BRT / 7.41 Fliegerhorst Kristiansand
Hardangerfjord x *Kong Carl*	*S/S,* Hardanger-Sunnhordlandske-DS, Bergen, 1868 C. Mitchell, Newcastle, Bau-Nr. 165, 664 BRT, 51,9×7,7×6,4 m, 1 III-Exp.-M., 11 kn / 40 Wohnschiff 2. V-Fl., 41 Luftwaffe, 45 re, 1949 br.
Jarlsberg	*S/P,* A/S Tönsberg & Hortens D/S, Tönsberg, 1912 Lindholmens V., Göteborg, Bau-Nr. 409, 328 BRT, 41,5×7,2×2,6 m, 1 III-Exp.-M., / 6.42 Seekdt. Narvik, 5.43 Fliegerhorst Bergen, 45 re, 50 br.
Marken	*M/bt,* Daten unbekannt, 8.41 Verkehrsboot Seefliegerhorst Bug/Rügen
Misdroy x *Camin* x *Eugenie*	*M/P,* Stettin-Wollin-Cammin-Dievenower DS, Cammin, 1900 Kievits & van Reede, Papendrecht, 147 BRT, 35,8×6,0×2,7 m, 1 6-zyl. 4-takt-MWM-DM, 200 PSe, / 44 Luftwaffe Usedom, 10.45 *Vineta,* um 48 verkauft
Seemöwe x *Gazda*	*M/Schoner,* Fischereiamt Gotenhafen, 1924, 13.9 BRT, 14,1×4,2×1,8×1,5 m, 1 Deutz-DM, 50 PSe, 10 kn / poln. Forschungskutter, 39 deutsche Beute, Umbau, 3.43 Flugplatzkdo. Rahmel, 8.43 Sich.-Fl. Gotenhafen, 45 re

Wohnschiffe im Luftwaffen-Dienst

Monte Rosa	*M/P,* HSDG, 4.12.30 Blohm & Voss, Hamburg, Bau-Nr. 492, 13 882 BRT, 159,7 L üa, 20,0 Br, 8,1 m Tg, 12,8 m Sh, 4 6-zyl. 4-takt-B&V-DM, 6000 PSe, 14,3 kn, 18 000 sm, 1600 t Öl, / 1.40 Wohnschiff Luft I, Kiel, 42 Transporter, 44 VTS, 1.45 Lazarettschiff, 11.45 brit. *Empire Windrush,* 3.54 † westl. Mittelmeer / Brand
Eberstein x *Maldonando* x *Thuringia* x *California*	*S/P,* Komrowski, Hamburg, 19.11.04 Blohm & Voss, Hamburg, Bau-Nr. 174. 5226 BRT, 125,2 × 15,5 × 7,9 × 9,6 m, 1 IV-Exp.-M., 2800 PSi, 11 kn, 10640 sm, 2150 t Kohle / 11.43 Wohnschiff Luftwaffe, 28.8.47 brit. Beute, br.
Planet	*T/S,* F. Laeisz, Hamburg, 6.22 Tecklenborg, Wesermünde, Bau-Nr. 293, 5821 BRT, 137,4 × 17,4 × 8,2 × 9,0 m, 2 Tu m. Rädergetriebe, 3600 PSw, 11 kn, 10800 sm, 2300 t Kohle / 14.4.40 † Narvik, 10.40 gehoben, Wohnschiff Luftwaffe, 1944 Transporter, 31.1.45 sw. Bornholm Minentreffer, beim Einschlepper 2.2.45 † vor Rügen / weitere Minentreffer
Ryfylke x *Baltriger* x *St. Croix*	*S/P,* Stavangerske DS, Stavanger, 3.17 Kjobenhavns Flydedok, Bau-Nr. 127, 1151 BRT, 67,2 × 9,9 × 5,4 × 6,0 m, 1 III-Exp-M., 13,5 kn / 5.40 Wohnschiff Luftpark Oslo, 10.40 an Ustützpunkt Stavanger, 5.2.41 † vor Stad / brit. U-Boot
Karen x *Bauta*	*S/S,* A/S Aalesund, 1900 Trondhjems M.V., Bau-Nr. 88, 750 BRT, 59,5 × 9,2 × 3,3 m, 1 III-Exp-M., 1.41 Wohnschiff Luftflotte 5 Haugesund, 1.9.44 re, 52 br.
Salvadora	Binnenschiff, 86 Ldt, Willi Tietjens, Hamburg, 9.10.43—28.9.45 Luftgaukdo. Norwegen

Bagger im Luftwaffen-Dienst

Heinrich x *PB I*	*Saug- und Spülbagger,* 1930 Lübecker Masch.-Bau-Ges., 133 BRT, 33,0 × 7,5 × 1,7 × 3,4 m, 1 6-zyl. 4-takt-Deutz-DM, 400 PSe, 200 m^3/h, Spülweite

800—1500 m / 45 vom WSA Lübeck als herrenloses Gut sichergestellt, 6.51 WSD Kiel/WSA Tönning

Lühesand — *Eimerkettenbagger,* WSD Hamburg, 1903 AG Weser, 37 BRT, 52,6 × 9,4 × 2,6 × 3,5 / 16,5 m, 1 Verbund-M., 330 PSi, 565 m^3/h / 1.—10.40 Luftwaffe Norderney, 4.41—8.42 KM-Werft Kiel, re, 195. verkauft

Fu-Shing — *Hopper-Saugbagger,* Whangpoo Conservancy Board, Shanghai, 2.4.38 F. Schichau, Danzig, Bau-Nr. 1400, 5711 BRT, 122 × 19 × 5,7 × 8,7 m, 3 III-Exp-M., (2 Fahr-, 1 Pumpen-M.), 4500 + 2250 PSi, 11,5 kn, 3400 m^3 Laderaum, 13,7 m Saugtiefe / 8.43 Luftwaffe, Kiel, 8.44 KM, †, gehoben, USSR-Beute

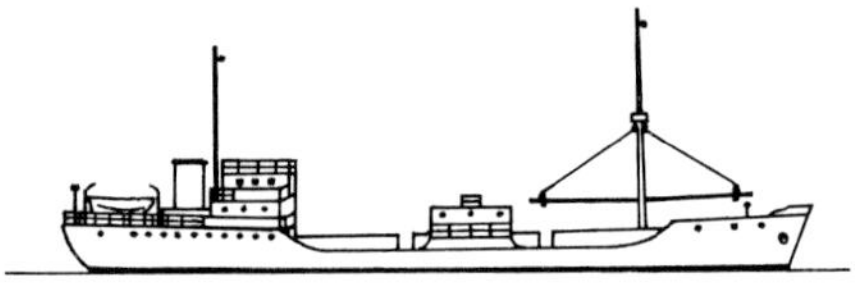

Seetankschiff *Anna* (Klasse T I) (Grö)

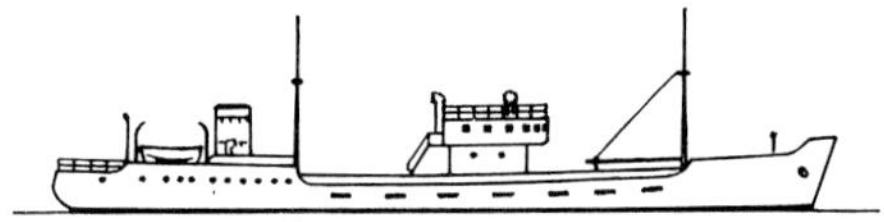

Seetankschiff *Berta* (Klasse T II) (Grö)

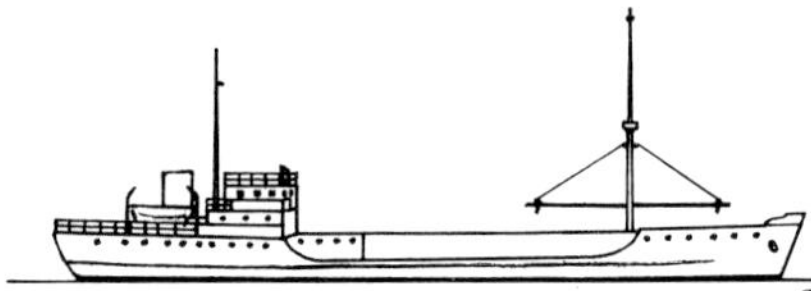

D 571

Seetankschiff *Dora, Else, Grete, Hanna* (Klasse T I, spätere Ausführung) (Grö)

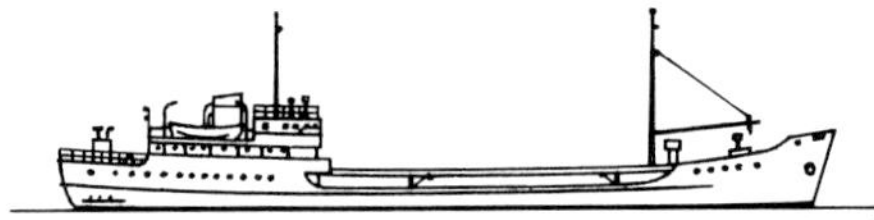

D 570

Seetankschiff *Clara,* ähnlich Frieda (Klasse T III) (Grö)

Klasse	T I	T II	T III	T IV
Name, Kennung	*Anna = T 11* *Dora = T 12* *Else = T 13* *Grete = T 14* *Hanna = T 15*	*Berta = T 21*	*Clara = T 31* *Frieda = T 32*	*Poseidon = T 41*
Typ	*M/T*, Behälter-Tankschiff	*M/T*, Behälter-Tankschiff	*M/T*, Behälter-Tankschiff	*M/T*, Zellentanker
Bauwerft, Bau-Nr.	Kremer, Elmshorn 836, 853, 854, 858, 859	Schichau, Königsberg 1435	Nobiskrug, Rendsburg 492, 535	Norderwerft, Hamburg 764
Baujahr	1938/1942	1939	1940/1941	1944
BRT	638, 666, 638, 664, 664	659	680, 722	2299
t	*A:* 963, sonst 973	1045	1096	3500
Länge (m)	61,0 üa 56,7 CWL	64,0 üa	*C:* 63,7 üa *F:* 63,5 üa	90,3 üa 82,0 CWL
Breite	9,0	9,0	9,0	13,0
Tiefgang	2,0	3,0	3,1	6,8
Seitenhöhe	4,0	4,3	4,2	4,5
Antriebsanlage	2 6-zyl. 4-takt-MWM-DM 2 3-flügl. Schr. ⌀ 1850 mm	2 6-zyl. 4-takt-Schichau-Sulzer-DM 2 3-flügl. Schr.	*C:* 2 7-zyl. 4-takt-MAN-DM *F:* 2 8-zyl. 4-takt-MAN-DM 2 3-flügl. Schr. ⌀ 1700 mm	1 Schr. ⌀ 2600 mm
PS	900 e	1200 e	1060 e / 1010 e	2000 e
kn	12,0	13,5	12,0	13,0
Fahrstrecke	1200 sm / 12 kn	1200 sm / 12 kn	1500 sm / 12 kn	4000 sm / 13 kn
Bewaffnung	2–2 Flak		1–2 Flak 6–1.5 Flak	5–2 Flak
Besatzung	6,20	2,18	2,18	7,23

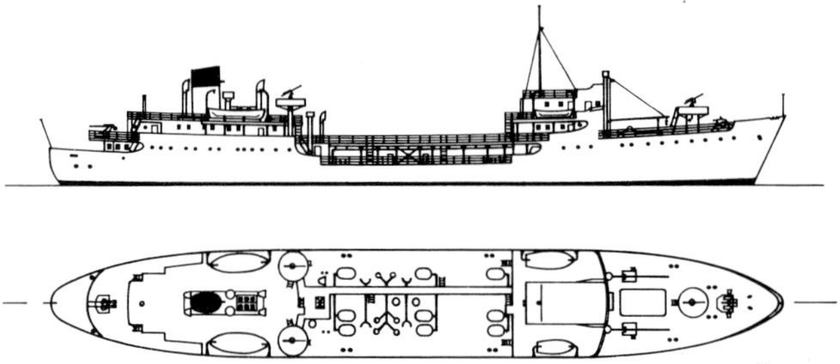

Seetankschiff *Poseidon* (Klasse T IV) (Mrv)

Binnentankkahn *Franz*
(Klasse Tk I) (Mrv)

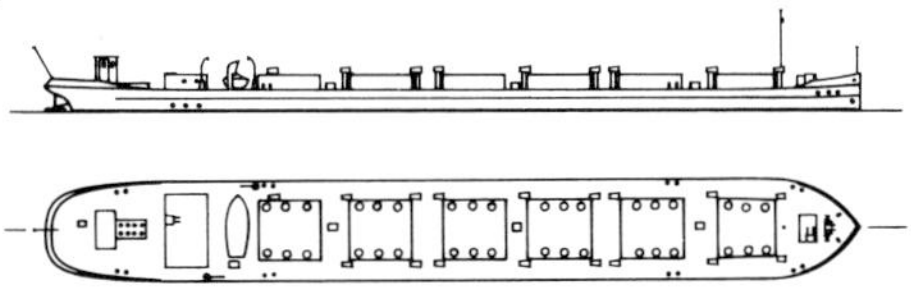

Binnentankkahn *Karl, Kurt* (Klasse Tk II) (Mrv)

Klasse	TK I	TK I	TK II	TK III
Name, Kennung	*Franz = TK 11*	*Emil = TK 12*	*Karl = TK 21* *Kurt = TK 22*	*Hans = TK 31* *Peter = TK 32* *Paul = TK 33* *Moritz = TK 34*
Typ	Finow-Maß Behälter-Tankkahn	Finow-Maß Behälter-Tankkahn	Plauer Maß Behälter-Tankkahn	Plauer Maß Behälter-Tankkahn
Bauwerft, Bau-Nr.	Nobiskrug Rendsburg 474	C. Heidelmann, Lauenburg	Greifenwerft, Stettin 113, 114	Greifenwerft, Stettin 115, 116, 127, 128
Baujahr	1938/39	1925/1938	1939/41	1941/42
BRT			432	432
t	247	ca. 200	892	847
Länge (m)	40,2 üa 38,5 CWL	24,8 üa	67,1 üa 65,2 CWL	67,1 üa 65,3 CWL
Breite	4,9	5,5	8,3	8,2
Tiefgang	1,8	1,8	1,9	1,9
Seitenhöhe	2,0		3,6	2,4
Antriebs-anlage	1 3-zyl. 4-takt DWK-DM 1 3-flügl. Schr. ⌀ 1080 mm	1 3-zyl. 4-takt MWM-DM 1 3-flügl. Schr. ⌀ 840 mm	1 6-zyl. 4-takt-HD-DM 1 3-flügl. Schr. ⌀ 1450 mm	1 6-zyl. 4-takt-DWK-DM 1 4-flügl. Schr. ⌀ 1450 mm
PS	80 e	45 e	400 e	400 e
kn	7,5	5,4	8,4	7,8
Fahrstrecke	900 sm / 7 kn		500 sm / 8 kn	1150 sm / 7,8 kn
Treibstoff	8,6 t Öl		5,2 t Öl	13,5 t Öl
Besatzung	3	3	4	4

Verbleib

Franz: ?
Emil: ?
Karl: 5.47 an E. Glässel, 1.52 an Röpke & Ronnebaum, 56 *Belchen,* Rhein-Lloyd
Kurt: 1948 nach Duisburg verkauft
Hans: 1947 *Tank-Express 11,* Rhenania, Duisburg
Peter: 1947 Bremen-Mindener SS.AG, 1953 ? *Wesertank I,* gleicher Eigner
Paul: 1949 Lloyd AG, Basel, 1950 umgetauft in *Outremont*
Moritz: 1948 C. F. Peters, Hbg., 56 *Vautege 11,* 67 *Poseidon,* Gefo, Hbg.

Klasse	TK V	TK VI	TK IV	TK VII
Name, Kennung	*(Beckenau, Eberau, Heiligau, Heidenau)*	*Ernst* = TK 61 *Otto* = TK 62	*Fritz* = TK 41 *Max* = TK 42	*August* = TK 71 *Alfred* = TK 72 *Georg* = TK 73 *Adolf* = TK 74
Typ	Zellentankkahn	Plauer Maß, Zellentankkahn	Küstentankkahn Behältertanker	Küstentankkahn Zellentanker
Bauwerft	Alphen a.d. Rijn	Dtsch.-Böhm. Elbe-Schiff AG	Greifenwerft, Stettin	Greifenwerft, Stettin
Baujahr	1940/194.	1940/1941	1939/1940	1942/194 .
BRT			432	483
t	208	ca. 1000	892	808
Länge (m)	40,2 üa 38,5 pp	67,0 üa	67,1 üa 65,2 CWL	58,9 üa 55,4 CWL
Breite	4,6	8,2	8,3	8,0
Tiefgang	2,1	1,9	1,9	2,2
Seitenhöhe		2,4	3,6	2,9
Antriebsanlage	1 3-zyl. 4-takt Industrie-DM 1 Schr.	2 8-zyl. 4-takt HD-DM 2 Schr.	1 6-zyl. 4-takt HD-DM 1 Schr. ⌀ 1450 mm	1 6-zyl. 4-takt HD-DM 1 Schr.
PS	150 e	420 e	400 e	450 e
kn		9	9,5	8,0
Fahrstrecke			500 sm / 8,4 kn	1420 sm / 8 kn
Treibstoff		6,7 t Öl		12,3 t Öl
Besatzung			6	14

Verbleib

Beckenau: 1956 *Vautege 1,* 196. *IVG 1*
Eberau: 1956 *Vautege 2,* 196. *IVG 2*
Heidenau: 1956 *Vautege 3,* 196. *IVG 3*
Heiligau: 1956 *Vautege 4,* 196. *IVG 4*
Ernst: 9.46 US-Beute, *TB 203,* 1.47 deutsch, 3.54 E. Weber, Duisburg
Otto: ?
Fritz: 5.45 noch in Kiel
Max: 26.10.42 † Greifswalder Bodden / Mine, gehoben, br. Kiel
August: 48 brit. *Angliran 20,* 49 brit. *Pazan,* 56 brit. *Southern Pionier,* 10.11.64 † Monbasa / ausgebrannt
Alfred: GM-SA, 8.49 Leth & Co, 12.67 ital. *Sarda,* Sarda Tankers
Georg: 45 brit. *Empire Tigness,* 49 brit. *Topmast No. 15,* 53 niederl. *Topmast No. 15,* 59 niederl. Leichter *Phito*
Adolf: ?

Paul Harneit — *M/T*, DAPG, Hamburg, 19.5.36 Schichau, Danzig, Bau-Nr. 1350, 10443 BRT, 147,8×21,4×11,2 m, 1 8-zyl. 2-takt Sulzer-DM, 3750 PSe, 12,8 kn, 1060 t Öl, 17170 sm, / 6.45 brit. *Empire Tagalam,* 47 amerik. *Tagalam,* 55 lib. *Cassian Sea,* 60 br.

Mittelmeer — *M/T,* John T. Essberger, Hamburg, 4.27 AG Weser, Bremen, Bau-Nr. 863, 6370 BRT, 125,8×16,8×7,7×9,1 m, 1 6-zyl. 4-takt MAN-DM, 2100 PSe, 11 kn, 630 t Öl, 14 960 sm / 6.45 brit. *Empire Tagealand,* 46 USSR *Pamir*

Moonsund — *M/T,* John T. Essberger, Hamburg, 28.9.37 Nobiskrug, Rendsburg, Bau-Nr. 471, 321 BRT, 41,5×7,6×2,9 m, 1 4-zyl. 4-takt MAN-DM, 150 PSe, 8,4 kn, 3,6 t Öl, 990 sm, / 12.4.40 † vor Larvik / T — brit. U *Snapper*

Dollart x *Eva 5* x *Tankfahrt II* x *Frankfurt II* — *M/T,* John T. Essberger, Hamburg, 1934 Howaldt, Kiel, Bau-Nr. 736, 233 BRT, 35,0×7,0×2,9 m, 1 4-zyl. 4-takt KHD-DM, 200 PSe, 8 kn, 6,4 t Öl, 1470 sm / 7.45 dän. *Esso Balder,* 59 griech. *Edessa*

Senator — *M/T,* Waried, Hamburg, 1902 Chr. Ruthof, Castell a. Rh., 845 BRT, 57,2×9,8×4,6×4,9 m, 2 6-zyl. 4-takt HD-DM, 500 PSe, 9 kn, 34 t Öl, 4250 sm, / 45 re an Eigner, 60 Lagerschiff f. Altöl, Eisen & Metall, Hbg., br.

Vacuum — *M/T,* Deutsche Vacuum-Oel AG, Hamburg, 1939 Kremer, Elmshorn, Bau-Nr. 826, 622 BRT, 55,0×9,0×3,5 m, 1 4-zyl. 4-takt MAN-DM, 650 PSe, 10,3 kn, 42 t Öl, 2880 sm, 27.10.44 † vor Libau / sowjet. Flibo, gekentert

Belt — *M/T,* John T. Essberger, Hamburg, 24.4.36 Nobiskrug, Rendsburg, Bau-Nr. 445, 322 BRT, 41,6×7,6×2,8×3,0 m, 1 4-zyl. 4-takt MAN-DM, 200 PSe, 8 kn, 1530 sm / 7.46 norw. *MIL 20,* 55 norweg. *BP 20,* 59 irisch *Breeda,* 67 br.

Marianne — *M/T,* Atlantic Tank-Rh. Haltermann & Co., Hamburg, 1925 Nobiskrug, Rendsburg, Bau-Nr. 182, 523 BRT, 52,5×8,9×3,2×3,4 m, 2 6-zyl. 4-takt MAN-DM, 400 PSe, 8 kn, 12 t Öl, 1600 sm / 8.45 re, 55 durch Explosion in Hamburg schwer beschädigt, Umbau zum M/S *Editha,* 65 br.

Ostmark — *M/T,* Stettiner Oelkontor, 10.34 Kremer, Elmshorn, Bau-Nr. 751, 198 BRT, 33,4×7,0×2,6×2,7 m, 1 6-zyl. 4-takt Bohn & Kähler DM, 300 PSe, 9,6 kn, 12 t Öl, 1640 sm / 45 re, 59 ital. *S. Ilario,* 69 *Ardenza*

Ostsee x *Ostermoor II* x *Eider* — *S/T,* John T. Essberger, 1888 Kaiserl. Werft Danzig, 302 BRT, 34,2×7,4×3,7×4,5 m, 1 Verbund-M., 260 PSi, 7,5 kn, 35 t Kohle, 1290 sm / 6.45 re, 10.52 br.

Vera B — *M/T,* Skibs A/S Danmotor, Oslo, 1939 Glommens M.V., Frederikstad, Bau-Nr. 89, 440 BRT, 45,3×7,8×3,1 m, 1 6-zyl. 2-takt Atlas-DM, 450 PSe, 10 kn / 45 re, 47 schwed. *Tankman,* 55 schwed. *Tankbritt,* 62 ital. *Romea,* 69 ital. *Roberta d'Alesio*

Otto Kamm III, Bunkerboot, O. Kamm, Hamburg, 99 BRT, 41 Seeflieger Aalborg

Otto Kamm IV, Bunkerboot, O. Kamm, Hamburg, 123 BRT, 12.39 Seeflieger Holtenau

Solar, Tankleichter, Ostlandske Petrol, Oslo, 4.40 B.d.L. Norwegen

MIL IV, Tankleichter, Norske Braendsdolje, Bergen, 4.40 B.d.L. Norwegen

MIL V, Tankleichter, Norske Braendsdolje, Bergen, 4.40 B.d.L. Norwegen

Weser, Tankleichter, DAPG, Hamburg, 295 BRT, 1893 Bremer SbG., 8.39 übernommen, 45 re

Fanto VII, Tankleichter, Fanto, Hamburg, 1578 Ldt, 1939 Lw.

Fanto XVIII, Gaffelschoner, 1893 Boele's Scheepswerven, Bolnes, 135 BRT, 32,9×5,8×2,5 m, 125 PSe, 1250 sm / 7 kn, 230 m² Segel, 45 re, 1958 noch im Dienst!

Olex 24, Bunkerboot (Wasser), 1940 Holland, 17,0×5,4 m, 12.43 Luftwaffe, 12.46 noch in Kiel

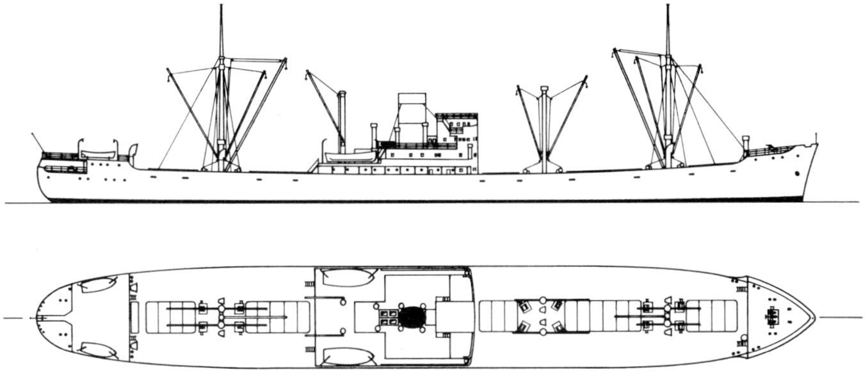

Luftparkschiff *Bukarest* (Mrv)

Transporter im Luftwaffen-Dienst

Bukarest	*M/S,* DLL, 29.8.39 Deutsche Werft, Hamburg, Bau-Nr. 226, 6337 BRT, 129,5 Lüa, 121,4 Lpp, 16,9 Br, 4,60 mittl. Tg, 10,5 m Sh, 2 6-zyl. 2-takt MAN-DM, 3860 PSe, 14,3/16 kn, 14 212 sm, 704 t Öl, als Luftparkschiff 1 Fl. C-Boot, 266 m³ Flugdiesel, 3—2 Flak, 1,43 Mann / 7.45 brit. *Empire Ettrick,* 46 norweg. *Bremnes,* 47 norweg. *Clio,* 63 griech. *Panorea,* 72 zypriot. *Panorea,* 9.72 zum br. nach Taiwan verkauft, 12.73 noch vorhanden.
Elbing X x *Rhea*	*S/S,* A. Zedler, Elbing, 2.1892 Henry Koch, Lübeck, Bau-Nr. 48, 492 BRT, 48,5×7,4×3,6×3,8 m, 1 Verbund-M., 300 PSi, 8 kn / 8.1.40 von DDG Neptun an Zedler, 7.41 Luftgaukdo. I, 4.42 re, 51 br.
Ingrid Traber x *Thielbek* x *Siegmund*	*S/S,* W. Traber, Hamburg, 12.26 Ostsee-Werft, Stettin, Bau-Nr. 13, 1883 BRT, 81,4×12,5×5,5 ×6,4 m, 2 Verbund-M., 1000 PSi, 10 kn, 351 t Kohle, 5600 sm / 15.12.39 von Knöhr & Burchhardt an Traber, 7.41 Luftgaukdo. I, 8.41 re, 7.45 brit. *Empire Condover,* 46 norweg. *Fornes,* 48 dän. *J. P. Suhr,* 1.12.50 † sw Sandhammaren / gekentert
Pinguin x *Schwan*	*S/S,* Argo, Bremen, 9.07 Neptun, Rostock, Bau-Nr. 271, 983 BRT, 73,4×10,3×3,6×6,4 m, 1 III-Exp-M., 1050 PSi, 11 kn, 165 t Kohle, 2600

	sm / 9.39 Luftzeuggr. See, 12.39 Sperrlotsenverband Ost, 4.41 Wachschiff, 3.45 Lotsenkdo. Wilhelmshaven, 45 re, 4.54 br.
Desiderius Siedler x *Brita* x *Odland I* x *Odland*	*S/S,* F.G. Reinhold, Danzig, 1908 Sunderland SB. Co., Sunderland, Bau-Nr. 248, 1240 BRT, 70,0 × 11,5 × 5,0 m, 1 III-Exp-M., 800 PSi, 9 kn, 222 t Kohle, 3180 sm, 45 brit. *Empire Connel,* 47 irisch *Ballyholme Bay,* 51 brit. *Laure Pattison,* 53 br. Hongkong
Graudenz x *Rhea*	*S/S,* Leth & Co, 8.21 P. Smit jr., Rotterdam, Bau-Nr. 319, 1424 BRT, 70,3 × 10,4 × 4,5 × 5,1 m, 1 III-Exp-M., 800 PSi, 10 kn, 225 t Kohle, 4080 sm / 7.40 Verpflegungsamt Rotterdam, 26.5.42 re an Finnland, 45 USSR-Beute, *Kildin,* 59 br.
Hagenau x *Lathi* x *Atlantica* x	*S/S,* Leth & Co, 4.05 Shearer & Sons, Glasgow, Bau-Nr. 39, 616 BRT, 53,8 × 8,1 × 3,0 m, 1 III-Exp-M., / 11.40 Luftzeuggr. See, 29.5.42 re an Finnland, 1952 br.
Ibis	*S/S,* A/S Ibis (J. Larssen) Bergen, 1918 De Noord, Alblasserdam, Bau-Nr. 122, 1367 BRT, 72,8 × 11,0 × 5,2 m, 1 III-Exp-M., / 5.45 in Narvik aufgelegt, 52 korean. *Kyung Nam,* 1955 † ?
Kromwijk x	*S/S,* 662 BRT, keine weiteren Daten verfügbar / 7.12.42 † Jersey
Sinfra x *Sandhamn* x *Fernglen*	*M/S,* Cie, Cyp. Fabre, Marseille, 1929 Akers M. V., Oslo, Bau-Nr. 434, 4470 BRT, 117,4 × 16,7 × 7,3 m, 2 4-takt 6-zyl.-Akers-DM, 10 kn / 12.42 Transporter f. Feldluft-Munitionslager, 19.10.43 † zwischen Suda und Piräus/Flibo
Strassburg x *Äksi* x *Clara*	*S/S,* Mathies, Hamburg, 10.08 Crown & Son, Sunderland, Bau-Nr. 128, 844 BRT, 59,4 × 9,2 × 3,6 m, 1 III-Exp-M., 8 kn / 1.42 Transporter, 1.3.44 an Kölner Reederei, Köln, 47 brit. *Äksi,* 54 br. Glasgow
Tagliamento	*S/S,* Lloyd Triestino, Triest, 11.22 San Rocco, Trieste, Bau-Nr. 39, 5448 BRT, 123,2 × 16,5 × 8,8 × 7,7 m, 1 III-Exp-M., / 22.4.43 † ö. Korsika / T-U-Boot

Alma	*M/S,* Joh. Schwebele, Burg, 2.38 J.J.Sietas, Hamburg, Bau-Nr. 325, 171 BRT, 29,9×6,7×2,5×2,6 m, 1 3-zyl. 4-takt DWK-DM, 150 PSe / 8.42 re, 63 *Helga Bröhan,* 74 noch im Dienst
Anita	*Besanewer,* Alfred Meyer, Otterndorf, 1905 Kremer, Elmshorn, 43 BRT, 25 PSe, / 10.45 re
Annemarie	*3-Mast-Schoner,* W. J. Penus, Burg, 5.6.30 Nobiskrug, Rendsburg, 202 BRT, 36,6×7,0×2,6×3,0 m, 1 3-zyl. 4-takt KHD-DM, 150 PSe, 8 kn, 255 m² Segelfläche / 5.45 re, 74 noch i. D.
Antares	*3-Mast-Schoner,* F. O. Harms, Hamburg-Cranz, 1914 Kremer, Elmshorn, 167 BRT, 32,9×7,0×2,1×2,3 m. 1 2-zyl. 4-takt-DWK-DM, 100 PSe, 6,5 kn, 283 m² Segelfläche / 6.45 re, 50 br.
Deutschland	*Schoner,* M. Horstmann, Finkenwärder, 7.38 Rickmers, Wesermünde, Bau-Nr. 195, 218 BRT, 35,3×7,6×2,7 m, 1 6-zyl. 4-takt KHD-DM, 180 PSe, 8,5 kn, 17 t Öl, 4920 sm / 45 re, 65 br.
Frieda	*M/S,* R. Vöge, Assel, 1906 H. Kroese, Hoogezand, 58 BRT, 21,0×5,0×1,7 m, 1 Oberursel-DM, 25 PSe / 12.45 re
Greta	*Schoner,* H. Horstmann, Finkenwärder, 1938 Stader Schiffswerft, Bau-Nr. 138, 214 BRT, 34,8×7,0×2,6 m, 1 4-zyl. 4-takt DWK-DM, 8 kn, 8,5 t Öl, 1900 sm / 8.43 re, 56 chilen. *Chiloe,* 197. br.
Hannover x *Ali*	*3-Mast-Schoner,* H. Kulpe, Misburg, 1904 J. S. Figée, Vlaardingen, 135 BRT, 29,8×6,7×2,8×3,2 m, 1 2-zyl. 2-takt Apenrade-DM, 100 PSe, 8,5 kn, 3,6 t Öl, 1080 sm / 6.45 re, 65 *Berlin I,* 197. br.
Julius	*M/S,* Warnholtz & Schmidt, Hamburg, 1940 Renk jr., Hamburg, 553 BRT, 56,8×9,0×2,5×3,7 m, 1 DM, 500 PSe, 10 kn, 24 t Öl, 2330 sm / 9.4.45 † Pillau / sowjet. Flibo
Marianne	*M/S,* Reinicke & Bremer, Hamburg, 1920 C. Lühring, Kirchhammelwarden, 349 BRT, 42,4×8,5×3,0×3,2 m, 1 4-zyl. 4-takt Vulkan-DM, 260 PSe, 8,5 kn, 15 t Öl / 7.42 KM: U-Schießstand-

	schiff *Delphin,* 1.1.43 *Neckar,* 6.46 re, 55 *Elisabeth Boll,* 59 br.
Marie-Luise	*M/S,* Breyer & Co, Hamburg, 1939 Ottensener Eisenwerke, Hamburg, 481 BRT, 49,2×8,2×3,2 m, 1 8-zyl. 4-takt KHD-DM, 400 PSe, 9 kn, 12 t Öl, 1830 sm / 5.45 re, 54 *Elke,* 67 br.
Paul Gährs	*Schoner,* J. Gährs, Estebrügge, 5.10.37 Schulte & Bruns, Emden, Bau-Nr. 119, 204 BRT, 34,9×7,6 ×2,4×3,0 m, 1 6-zyl. 4-takt KHD-DM, 300 PSe, 8 kn, 17 t Öl, 980 sm / 45 re, 62 *Claus Lührs,* 65 *Erika,* 74 noch im Dienst
Quo Vadis	*M/S,* J. Oldenburg, Groningen, 2.33 Gebr. van Diepen, Waterhuizen, 265 BRT, 35,1×7,0×2,8 ×3,0 m, 1 4-zyl. 2-takt-B&W-DM, 200 PSe, 7 kn, 12 t Öl, 1900 sm / 43 Ersatz für U-Schießstandschiff *Delphin* (KM), 2.44 Kdo. Schiffe und Boote, 45 re, 55 niederl. *Wiema,* 196. br.
Uwe-Ursula	*3-Mast-Schoner,* J. Henning, Wischhafen, 3.35 C. Lühring, Kirchhammelwarden, Bau-Nr. 183, 199 BRT, 34,8×7,0×2,7×3 m, 1 6-zyl. 4-takt HD-DM, 150 PSe, 8,5 kn, 10 t Öl, 2420 sm / 14.9.39 re, 17.8.40—5.5.41 Unternehmen Seelöwe, 11.46 re, 74 noch im Dienst
Br. Lothe x *Teesbay* x *Thomas Laundry*	*S/fi,* A/S Br. Lothe, Haugesund, 1918 Rennoldson & Son, Southshields, 280 BRT, 38,0×7,1× 3,9 m, 1 III-Exp-M., 3.3.44 † Mörekysten / gestrandet
Vedoy x *Ruth* x *Mosquito*	*S/fi,* A/S Vedoy, Haugesund, 2.1891 Mackie & Thompson, Glasgow, Bau-Nr. 18, 157 BRT, 30,8 ×6,2×3,2 m, 1 Verbund-M., 10 kn / 45 re, 196. br.

SCHULUNG

Im Bereich der Schulung benötigte die Luftwaffe schwimmende Einheiten für zwei völlig unterschiedliche, nach den Aufgaben klar zu trennende Bereiche:

a) für die seemännische und navigatorische Aus- und Weiterbildung des fliegenden und des Bootsgruppen-Personals;
b) für die Torpedoausbildung des fliegenden Personals.

A) SEEMÄNNISCHE UND NAVIGATORISCHE AUSBILDUNG

Ab 1933 gab die Luftwaffe vor allem bei bekannten Yacht- und Bootswerften wie Abeking & Rasmussen, Schlichting, Kröger, Naglo und Vertens Dienstsegelboote in Auftrag. 1938 war bereits ein Bestand von 206 derartigen Booten vorhanden, der sich auf folgende Klassen verteilte:

Klasse	Anzahl	Unterscheidungszeichen beim Deutschen Segler-verband	Luftwaffenbez. ab 1939 Muster	Reg.-Nr.
6m R-Boote	1	6/G	SR VI	SR 61-69 100
100m²-Seefahrtkreuzer	8	X	SK X	SK 101-199
50m²-Seefahrtkreuzer	12	V	SK V	SK 501-599
30m²-Seefahrtkreuzer	6	III	SK III	SK 301-399

Klasse	Anzahl	Unterscheidungszeichen beim Deutschen Seglerverband	Luftwaffenbez. ab 1939 Muster	Reg.-Nr.
45m² nationale Kreuzer	1	P	- - -	- - -
30m² Jollenkreuzer	41	B	SJ gr.	SJ 1-99
20m² Wanderjollen	3	R	SJ gr.	SJ 1-99
15m² Wanderjollen	2	H	SJ kl.	SJ 101-299
12m² Einheitsscharpies	69	12/G	SJ kl.	SJ 101-299
10m² Olympiajollen	35	O	SJ kl.	SJ 101-299
12 Fuß-Dingis	1	G	- - -	- - -
Ausgleicher über 10 KR	6	XI - XIX	- - -	- - -
Ausgleicher zw. 8 und 9,9 KR	6	IX	- - -	- - -
Ausgleicher zw. 6 und 7,9 KR	2	VI - VII	- - -	- - -
Klassenlose Fahrzeuge	7		- - -	- - -
Eissegelyachten	6	XV	- - -	- - -

Als großes Segelschulschiff trat 1939 durch Ankauf von der Lufthansa der 1921 erbaute niederländische Lotsenschoner *Albatros* (97 BRT) unter dem Namen *Alk* zum Bestand (s. auch S. XX). Durch den mit dem Kriegsausbruch auftretenden Bedarf genügte das Schiff aber nicht mehr, um auch nur die notwendigste seemännische Ausbildung bei den Ersatzabteilungen durchzuführen. Da dem Antrag auf Bau geeigneter größerer Schulfahrzeuge seitens des RLM nicht stattgegeben wurde, charterte man am 4. 9. 1939 den Dreimastschoner *Hanseat* des Hochseesportverbandes »Hansa«, der dann noch vor Ablauf des Jahres 1939 bis auf Weiteres auf Grund des Wehrleistungsgesetzes für die Luftwaffe beschlagnahmt wurde. Dieses Schiff war schon 1899 als dänisches Frachtsegelschiff *Olga* vom Stapel gelaufen. Es hatte später unter dem Namen *Lütt* gefahren und dann als Wohnschiff bei Berlin aufgelegen, bis es 1936 vom D.H.S. V. »Hansa« angekauft und als Ausbildungsschiff mit einem Hilfsmotor ausgerüstet wurde. Es erfüllte Ausbildungsaufgaben für die Luftwaffe bis zum 15. 9. 1941. An diesem Tage strandete es im Sturm vor Binz auf Rügen. Die Masten wurden später abgebaut, der Rumpf gesprengt. Vermutlich befindet sich der Kiel noch heute an der Strandungsstelle.

Die Dienstsegelboote, deren Zahl am 1. 1. 39 auf 195 zurückgegangen war und die den Seefliegerhorsten zur Weiterbildung des fliegenden und seemännischen Personals zugewiesen waren, konnten gleichfalls nicht mehr allen Aufgaben gerecht werden. Auch in diesem Fall wurde der Antrag auf Beschaffung einer Anzahl neuer Boote vom RLM zunächst zurückgestellt. Jedoch wurden der Luftzeuggruppe See folgende 22 Boote der ehemals polnischen Marine zugewiesen:

Klasse	Anzahl	Namen	Luftwaffenbez. ab 1939 Muster	Reg.-Nr.
6m R-Boote	1	*Bystry*	SR VI	SR 62
50m² Seefahrtkreuzer	2	*Goplana, Rusalka*	SR V	SR 513-514
10m² Olympiajollen	1	*Warta*	SJ kl.	SJ 207 ?
12m² Einheitsscharpies	3	*Hela, Putzig, Rahmel*	SJ kl.	SJ 208-210 ?
Ausgleicher	2	*Chochlik, Mohort*		
Sonderklasse 40 m² (Luftwaffe: Tourenboote ohne Klasse)	5	*Bace, Ceper, Junas, Temida III, Zbornik*	ST	ST 101-199
Starboote (Luftwaffe: Intern. Stern-Klasse)	6	*Glon, Fala, Jantar, Koncha, Koral, Muszla*	SSt	SSt 11-19
Einheitskreuzer 3 t	2	*Delfin, Rekin*	SE	SE 31-39

Von diesen Booten war eine Reihe bei Abeking & Rasmussen gebaut worden:

Bystry: 1936, Bau-Nr. 3080
Goplana, Rusalka: 1936, Bau-Nr. 3079, 3077
Glon, Fala: 1936, Bau-Nr. 3083—3084
Koncha, Jantar, Muszla, Koral: 1935, Bau-Nr. 2935—2938

Der Dreimastschoner *Hanseat* nach der Strandung vor Binz auf Rügen am 15. 9. 1941. (Foto W. Kähling)

Vor allem durch diesen Zugang war der Bestand der Segelfahrzeuge zum 1. 1. 1940 wieder auf 228 angestiegen, eine Zahl, die sich auch konstant bis zum 1. 1. 1941 hielt. In dieser Zeit wurden nur 2 Boote in Auftrag gegeben, darunter vermutlich die Kutteryacht *Falga,* die erst 1944 fertiggestellt wurde. Mit dem 18. 5. 1942 trat dann ein weiteres Schiff des D.H.S.V. »Hansa«, der Zweimast-Gaffelschoner *Atalanta,* zur Seefahrtschule Lobbe der Luftwaffe. Dieses 1901 als Elblotsenschoner *Nr. 1 Cuxhaven* gebaute Schiff wurde 1930 von dem bekannten Berliner Yacht- und Bootskonstrukteur Heinz Docter für einen Berliner Eigner zur Yacht umgebaut, kam aber durch Konkurs des Auftraggebers schon 1931 in den Besitz des bekannten Porzellanfabrikanten Rosenthal. Um dieses Schiff ranken sich einige Gerüchte, so z. B., es handele sich um die frühere Privatyacht von Robert Ley. Auch soll das Schiff im Mai 1945 bei dem Versuch eines hohen Luftwaffenoffiziers, nach Schweden zu flüchten, gesunken sein. Tatsache ist aber, daß das Schiff von Lobbe/Rügen nach Schleswig gelangte und noch 1946 in Kappeln lag. Es wurde dann von der R. N. beschlagnahmt und in Schulau

Der Lotsenschoner *Duhnen*, der im Januar 1943 als letztes großes Segelschulschiff zur Seefahrtschule Lobbe der Luftwaffe trat. (Sammlung Siersdorfer)

stationiert. Am 13. 10. 1950 wurde es an M. M. Warburg/Brinckmann verkauft und hat noch heute seinen Liegeplatz in Kiel.
Am 7. 1. 1943 wurde der Bestand der Seefahrtschule Lobbe um ein weiteres größeres Schulschiff, den ehemaligen Lotsenschoner *Duhnen* verstärkt, der schon 1933 nach dem Untergang des Schulschiffs *Niobe* als Segelschulschiff bei der Kriegsmarine Dienst getan hatte. 1936 war er in gleicher Funktion an die Marine-SA gelangt. Auch dieses Schiff verlegte 1945 nach Schleswig und wurde britische Beute. Nach Umtakelung in eine Brigantine strandete das Schiff als Privatyacht *Yankee* des Amerikaners Irving Johnson 1964 im Sturm auf Ravotonga/Cook-Inseln.
Im Juli bzw. November 1944 wurden der Seefahrtschule Lobbe schließlich noch die Tjalk *Johann* und der Besanewer *Luise* zugewiesen, die aber wohl nicht nur Schul-, sondern auch Transport- und Versorgungsaufgaben erfüllten.
Auch einige Motoryachten verstärkten den Schulbootbestand der Luftwaffe. 1935 war bei Engelbrecht in Berlin-Köpenick die Motoryacht *Carin* als Yacht für den Ob.d.L. und als Schulboot gebaut worden. Sie war bei der Fliegerschule in Berlin-Kladow stationiert. Im Gegensatz zu diesem Dienstfahrzeug ging die Motoryacht *Carin II,* die die deutsche Automobilindustrie 1937 für 750 000,— RM bauen ließ und Hermann Göring als Geschenk überreichte, sofort durch Schenkung in den Privatbesitz von Frau Emmy Göring über. Dieser Vorgang wurde 1960 in einem Gerichtsentscheid bestätigt, auf Grund dessen die Yacht der Eignerin zurückgegeben werden mußte. Das Schiff war 1945 von den Briten beschlagnahmt worden und hatte zunächst als *Royal Albert,* später *Prince Charles* der königlichen Familie auf dem Rhein zur Verfügung gestanden und ab 1954 als Führerboot der britischen Rheinflotille gedient. Als Schulboot der Luftwaffe war die Yacht, soweit feststellbar, nicht eingesetzt.
Aus Privathand kamen die Motoryachten *Lady Joan,* die 1940 bei Großenbrode leckgeschlagen wurde, und *Orion IV* zur Seefahrtschule Lobbe.
Als Navigationsschulschiff *Netze* sollte das finnische *S/S Clio,* das am 28. 1. 1940 vom Minenschiff *Hansestadt Danzig* im Kalmarsund aufgebracht worden war, eingesetzt werden. Es mußte aber sofort mit zum Norwegennachschub herangezogen werden. Kurz

Die ehemalige Yacht *Carin II* aus dem Besitz von Frau Emmy Göring als Führerboot der britischen Rheinflottille 1957 vor dem Ehrenbreitstein. (Foto E. Gröner)

Die 1894 gebaute Dampfyacht *Orion IV* als Ausbildungsschiff bei der Seefahrtschule Lobbe.

Am 28. 1. 1940 wurde die *Clio* der Finska Ångfartygs Akt. vom Minenschiff *Hansestadt Danzig* aufgebracht und der Luftwaffe als Navigationsschulschiff *Netze* zur Verfügung gestellt. (Archiv Finska Angf. Akt.)

nach Anbruch des 14. 10. 40 lief die *Netze* vor Eggeroy in einem kleinen deutschen Geleit hinter dem Geleitführer auf dem Hilfsminensucher *M 1102* (x *S/fi H. A. W. Müller* = HH 226, 1937/460 BRT). Dahinter folgten in Kiellinie drei Schiffe des Netzsperrverbandes Drontheim, der *Netzleger VI* (x *S/S Genua,* 1930/1949 BRT), der Tonnenleger *Triton II* (1901/235 BRT) und der *Netztender 7* (x S/W *Rau VII,* 1937/354 BRT). Das Geleit schloß mit *M 1106* (x *S/fi Roland* = BX 262, 1938/468 BRT). Nach See zu abgesetzt lief *M 1105* (x *S/fi Vaterland* = HH 8, 1937/462 BRT) neben dem Geleit als Signalwiederholer. Um 01.05 Uhr wurde plötzlich der *Netzleger VI* von See her torpediert. *M 1105* forderte vier seewärts kaum auszumachende Schatten zur Abgabe des Erkennungssignals auf, worauf diese das Geleit mit Ausnahme von *M 1102* anleuchteten und unter Schnellfeuer nahmen. Es handelte sich um vier moderne englische Zerstörer der Tribal-Klasse, *Ashanti, Maori,* und *Sikh* unter der Führung von Capt. Vian auf *Cossack,* die das Geleit angriffen. *Netze* wurde sofort in Brand geschossen. Der Geleitführer konnte in dem Feuerüberfall weder mit optischen Mitteln noch über Funk irgendwelche Befehle an die übrigen Einheiten geben, die daher selbständig handeln mußten. Die M-Boote waren nur mit je einem MG C/30 und einer polnischen 7,5 cm bewaffnet und konnten damit gegen die Feuerkraft von 32—12-cm-Geschützen der Zerstörer keinesfalls Widerstand mit Aussicht auf Erfolg leisten. Dennoch gelang es *M 1106,* durch geschicktes Nebeln, *Triton II* und *NT 7* unbeschädigt unter Land zu führen, obwohl einer der Zerstörer diesem Teilverband bis 02.40 Uhr folgte. *M 1105* fuhr Ablenkungsmanöver und deckte *M 1102,* das vier 12-cm-Treffer erhalten hatte, wodurch ein Brand auf der Back ausgebrochen war. Dieser konnte gelöscht werden, und das Boot rettete anschließend 60 Mann des gesunkenen Netzlegers. Nachdem die drei nach Norden laufenden feindlichen Zerstörer um 01.40 Uhr das Feuer eingestellt hatten, konnte *M 1102* von der brennend nach Nordwesten abtreibenden *Netze* noch 11 Mann bergen. Am Mittag desselben Tages versenkte *M 1106* den ausgebrannten Rumpf des Schiffes auf 230 m Tiefe durch Artilleriebeschuß von 13.25—14.00 Uhr. (Die im KTB angegebene Position 58° 40 N / 05° 58,5 O liegt zu weit nördlich und im Landesinneren, muß also falsch sein. Nach der Wassertiefe könnte evtl. 58°20 N richtig sein).

M 1105 x *S/fi Vaterland,* eines der 3 Hilfsminensuchboote, die das *Netze*-Geleit am 14. 10. 1940 deckten. (Sammlung Arndt)

M 1106 x *S/fi Roland,* das seewärts vom Geleit stehende Boot. Auf der Back das polnische Beutegeschütz (7,5 cm), das nur einen begrenzten Bestreichungswinkel voraus hatte. (Sammlung Arndt)

Der britische Zerstörer *Ashanti,* der zusammen mit drei Schwesterschiffen das *Netze*-Geleit angriff. Das Foto zeigt das Schiff im Herbst 1940. Vergleicht man die viel stärkere Bewaffnung der gegnerischen Schiffe (je 4 Zwillingstürme!), ist die Leistung, daß zwei der vier geleiteten Schiffe in Sicherheit gebracht werden konnten, um so erstaunlicher. (Sammlung E. Lawrenz)

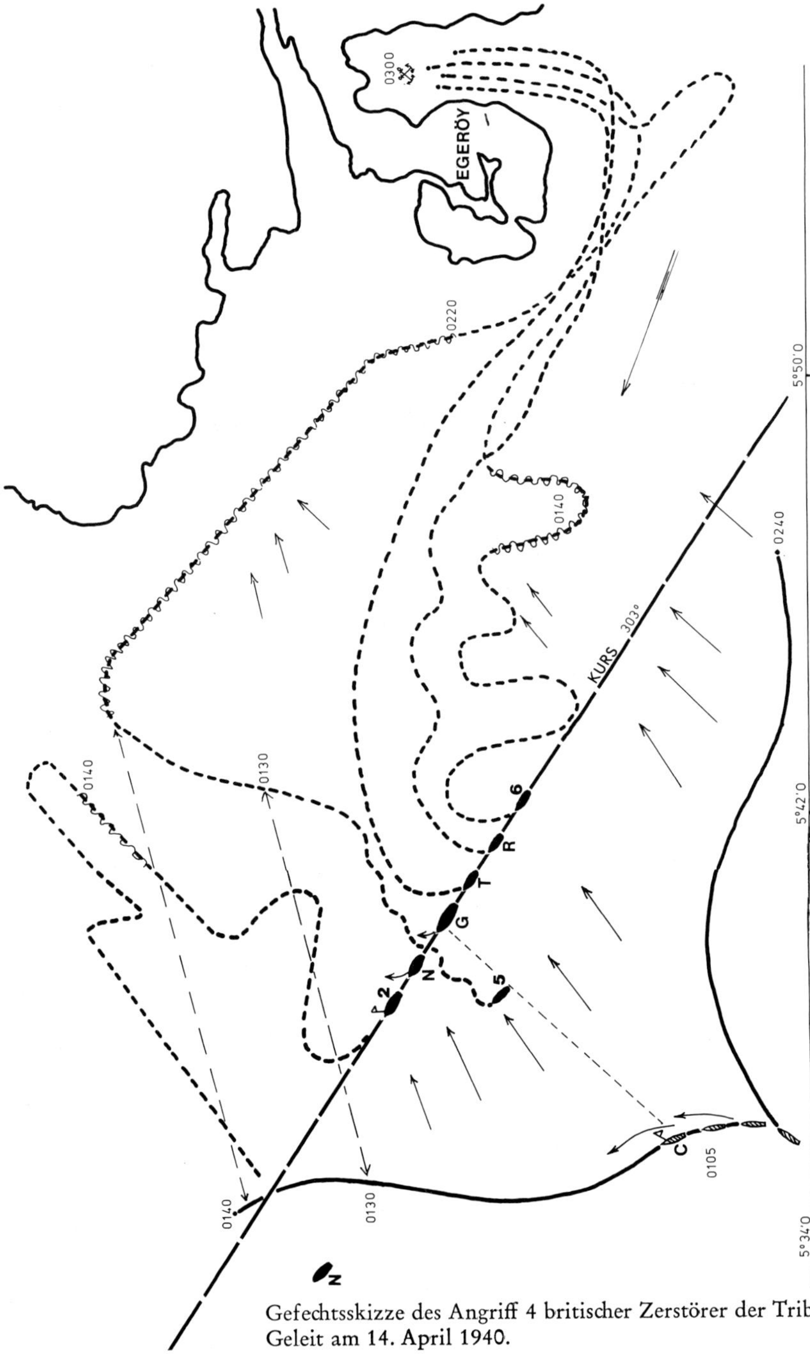

Gefechtsskizze des Angriff 4 britischer Zerstörer der Tribal-Klass[e]
Geleit am 14. April 1940.

2 = *M 1102*
5 = *M 1105*
6 = *M 1106*

N = Schulschiff *Netze* (Luftwaffe)
G = *Genua/Netzleger VI* (Marine)
T = *Triton*/Tonnenleger (Marine)
R = *Rau 7 / Netztender 7*

– – – – – – Kurse der deutschen Schiffe während des Angriff[s]
Nebeln
Kurse der britischen Schiffe während des Angriff[s]
ursprünglicher Kurs des deutschen Geleits
britisches Feuer
Feuer in beiden Richtungen
Torpedoschuß

Ausbildungsschiff *Obra* x *Jylland* der Großen Kampffliegerschule 5 / Parow. (Archiv Gröner)

An die Stelle dieses Schiffes trat das ebenfalls finnische Prisenschiff *Jessie,* das aber noch 1940 von *Netze* in *Brahe* umbenannt wurde. Es stand der Luftwaffe zur Verfügung, bis es am 5. 6. 42 an Finnland zurückgegeben werden mußte.
Ebenfalls als Ausbildungsschiff wurde die norwegische Prise *Jylland* unter dem Namen *Obra* eingesetzt. Das Schiff hatte ab 11. 6. 40 zunächst als Hilfs-Flugsicherungsschiff gedient und wurde ab 1941 auch als Tender für den Seefliegerhorst Parow eingesetzt. Es sank durch eine Kesselexplosion, die durch einen Minentreffer aufgelöst wurde, am 22. 4. 44 in der Greifwalder Oi.
Das modernste Navigationsschulschiff war schließlich das erst 1938 in Brandenburg/Havel gebaute kleine Motorschiff *Dornbusch* der Genossenschaftsreederei Hiddensee. Es hat sich augenscheinlich gut bewährt, denn die niederländische Marine hat es nach 1945 als Verkehrsfahrzeug und Tender *Doornbos,* ab 1952 als Patrouillen- und Schulboot *Hobein* weiterverwendet und erst am 26. 2. 1973 ausgemustert. Es wurde dann noch als Sportfischerei-Fahrzeug weiterverkauft.

B) TORPEDOAUSBILDUNG

Der Betrieb der Torpedoschule Großenbrode erfolgte bis zum Kriegsbeginn fast ohne eigene Fahrzeuge. Als sich dann bei vermehrtem Schießbetrieb herausstellte, daß die Kriegsmarine auf Dauer die benötigten Torpedofang- (TF-)Boote und Taucherfahrzeuge nicht mehr stellen konnte, gab die Luftwaffe eigene derartige Fahrzeuge in Auftrag.

Bis zur Fertigstellung der ersten eigenen Taucherfahrzeuge, deren Bau als Mob-Auftrag an Pohl & Jozwiak vergeben worden war, griff man zunächst auf das Taucherschiff *Spongia* zurück, das von der KMD Hamburg sichergestellt worden war. Hierbei handelte es sich um das 1938/9 zum Schwammtaucherschiff umgebaute Hamburger Hadag-Fährschiff *Gottfried Semper*. Es hatte dabei eine unverhältnismäßig hohe Back und Poop erhalten und bot ein etwas merkwürdiges Bild. Das Schiff wurde zwar am 26. 2. 1940 sogar von der Luftwaffe angekauft, hat sich aber nie sonderlich bewährt. Es war besonders als Taucher-Ausbildungsschiff in Travemünde unzulänglich. So wurde 1940 beim RLM die Genehmigung zum Ankauf eines bei der Werft Abeking & Rasmussen für englische Rechnung im Bau befindlichen, im Rumpf fertiggestellten Motorfahrzeuges (der M/Y *Dialian* ?) erwirkt, das dann als Taucherausbildungsschiff *Nute* fertiggestellt wurde.

Die Ablieferung des ersten Taucherschiffs bei Pohl & Jozwiak verzögerte sich weiter; es konnte 1940 nicht mehr fertiggestellt werden. Man bewältigte die stark anwachsende Taucherarbeit beim Torpedoschießen in Großenbrode einigermaßen durch den Einsatz des Schleuderschiffs *Sperber*, des Schulschiffs *Alk* und anderer Fahrzeuge, die damit aber ihren eigentlichen Aufgaben entzogen wurden.

Der zweite Mob-Auftrag auf ein Taucherschiff bei Pohl & Jozwiak wurde nun in einen festen Auftrag, und zwar einen Nachbau der *Lumme* mit einigen Verbesserungen, umgewandelt und als Muster Ta F II bezeichnet. Gleichzeitig erging an die Krögerwerft, Rendsburg, der Auftrag zur Entwicklung eines großen, seefähigen Taucherschiffs als Muster Ta F III. Von diesem wurden am 22. 4. 1941 unter den Bau-Nummern 860—863 vier Einheiten bei D. W. Kremer Sohn, Elmshorn, bestellt. Es sollte aber noch bis zum 15. 7. 1941 dauern, bis das erste Taucherfahrzeug, die *Lumme*, bei Pohl & Jozwiak abgenommen werden konnte. Ob für die späte Fertigstellung besondere Konstruktionsschwierigkeiten die Ursache waren, oder aber dem Bau einfach eine geringere Dringlichkeitsstufe zugeteilt worden war, was zu vermuten ist, ließ sich bisher nicht nachweisen. Da abzusehen war, daß auch die weiteren Aufträge nur mit großer Verzögerung verfügbar werden würden, behalf man sich mit vier Motorfischloggern. Es handelte sich um Fahrzeuge, die zwischen 1914 und 1920 in Holland erbaut worden waren, aber 1936 in den Besitz des polnischen Towarzystwo Okretowe Dalekomorskich Polowow Mewa Spolka Akcyjna, Gdynia, übergegangen waren. Die Boote fischten aber weiter von holländischen Häfen aus und wurden nach der Besetzung der Niederlande beschlagnahmt. Sie kamen zunächst unter den eingedeutschten Namen *Möwe 1, 2* etc. in die Bereederung der »Nordsee« und wurden jetzt für die Luftwaffe umgebaut. Auch der kleine Schlepper *Archimedes*, der Ende 1940 zur Behebung der Schlepperknappheit bei der Luftzeuggruppe See in Holland angekauft worden war, zunächst aber wegen der Eisverhältnisse nicht überführt werden konnte, wurde jetzt mit als Taucherfahrzeug eingesetzt. An Neubauten konnten dann noch 1942 der zweite Pohl & Jozwiak-Auftrag *Ente* und am 17. 11. 1943 die beiden ersten Einheiten des großen, seegängigen Taucherschiffs, *Eisvogel* und *Albatros*, in Dienst gestellt werden. Schon zu Beginn des Jahres 1943 war aber der 4. Bau bei Kremer, der den Namen *Pinguin* erhalten sollte, annulliert worden. Es kam daher als letztes Taucherschiff nur noch *Kormoran* am 27. 4. 44 zur Ablieferung.

Ein weiterer Auftrag auf ein 5. Schiff des Musters Ta F III, der sich unter dem Namen *Sirius* nur in einer Aufstellung des Referats E 8 VI vom 1. 11. 42 findet, ließ sich bisher nicht verifizieren. Da die Namengebung völlig vom sonst benutzten Schema abweicht, andererseits ein Bergungsschiff *Sirius* am 15. 7. 45 beim MBSK Wesermünde verzeichnet ist, liegt die Vermutung nahe, daß dieses Schiff irrtümlich unter den Luftwaffenbauten verzeichnet wurde, oder aber als Auftrag frühzeitig, wie etwa *Hub, Heiss* und *Bollangen* (S. 134), an die Kriegsmarine überging.

Die meisten Torpedofangboote, die für die Luftwaffe gebaut wurden, waren im Aussehen der Jäger-Klasse der KM sehr ähnlich. Nur 2 Boote waren als Muster Fl.T I schon 1938 bestellt worden, wurden aber erst 1939 als *Fl. T 11* und *Fl. T 12* in Dienst gestellt. Unterschieden sie sich von der Jäger-Klasse noch durch die erhöhte Back, so sieht der größere, 1942 von der Krögerwerft entwickelte Typ Fl. T II der Jäger-Klasse praktisch gleich. Von diesem Muster erhielt die Krögerwerft 1942 zunächst 2, die Schiffswerft Lilleö von Th. Olsen in Korsör und die Werft »Het Fort« von G. de Vries-Lentsch, Amsterdam, je sieben Aufträge. Die Benennung der Boote wurde offenbar mehrfach geändert. Das erste Boot der Entwicklung wurde noch auf der Probefahrt unter der Nummer *Fl. T 27* aufgenommen, wird aber im Typenblatt Fl. T II vom 1. 12. 42 ausdrücklich als *Fl. T 21* x *Fl. T 27* bezeichnet. Als weitere Krögerbauten werden *Fl. T. 22,* als dänische Bauten *Fl. T 23—29* und als holländische *Fl. T 30—36* angegeben. Der Auftrag bei der Krögerwerft wurde nach dem 1. 11. 42 auf 15 Boote erweitert und im Zusammenhang damit die Bezeichnung offenbar in dreistellige Zahlen geändert, da in den Unterlagen der Krögerwerft von *Fl. T 201—214* gesprochen wird. Aus *Fl. T 21* x *Fl. T 27* ist also wahrscheinlich *Fl. T. 201,* aus *Fl. T 22 Fl. T. 202* geworden, aus den Auslandsaufträgen entsprechend *Fl. T 223—229* und *230—236.* Unklar bleibt aber eine bei Kröger geführte Ablieferung *Fl. T. 101.* Es liegt nahe, an eine Nummerangleichung von *Fl. T 11* und *12* in *Fl. T 101* und *102* zu denken, doch waren dies Bauten von Abeking & Rasmussen! Denkbar wäre, daß die Krögerwerft ihre TF-Bootproduktion zunächst mit einem Nachbau des A & R-Musters begonnen hat, dann aber auf die eigene Entwicklung umstieg.

Den Hamburger Hafenbarkassen mit offener Plicht sah das Muster Fl T III ähnlich, von dem 12 Boote 1943 und 4 weitere 1943 bei der Hamburger Motorenfabrik C. Jastram, Hbg.-Bergedorf, gebaut wurden. Diese Boote liefen nur max. 11 kn gegenüber 15 kn der beiden anderen Muster, und ihr Fahrbereich war fast um die Hälfte geringer.

1944 wurden dann noch zwei Boote des Musters Fl. T IV von der Kremer-Werft, Elmshorn, abgeliefert, die am 11. 6. 42 als größte TF-Boote der Luftwaffe in Auftrag gegeben worden waren. Mit max. 71 t und 28 m Länge über alles waren sie recht seefähige Boote, was auch dadurch dokumentiert wird, daß *Fl. T 401* von 1945 bis 1954 als Zollboot eingesetzt wurde.

Zwei Fahrzeuge müssen noch im Zusammenhang mit der Torpedo-

Lumme, das erste der für die Luftwaffe entworfenen Taucherfahrzeuge.

Ente, das einzige Taucherfahrzeug der Klasse Ta F II, beim Nachkriegseinsatz im Hamburger Hafen.

Mewa I, einer der vier polnischen Motorfischlogger, die von der Luftwaffe 1941 als Taucherfahrzeuge eingestzt wurden. (Bundesarchiv/Militärarchiv)

ausbildung erwähnt werden: der Torpedoprahm *Neptun* und das Torpedotransportschiff *Delphin.*

Der Torpedoprahm *Neptun* wurde schon am 29. 7. 1938 bei der Werft Nobiskrug in Auftrag gegeben. Erscheint das Fahrzeug unter dem 31. 12. 39 auch noch als Torpedoprahm im Auftragsbestand, so änderte man die Vorstellungen über seinen Einsatz offenbar unter dem Eindruck des mehrfach erwähnten Mangels an Flugsicherungsschiffen und Bergungsprähmen 1940. Im Jahresbericht 1940 heißt es: »Der *Flugzeughebeprahm Neptun* ist im Mai seitens der Werft Nobiskrug geliefert ... worden«, allerdings noch unter dem Zusatz »und zu Torpedoschießversuchen eingesetzt worden«. In späteren Aufstellungen wird die antriebslose *Neptun* dann jedoch nur noch als Flugzeughebeprahm erwähnt.

Das Torpedotransportschiff *Delphin* war ebenfalls schon 1939 bei der Norderwerft in Auftrag gegeben worden. In den Jahresberichten 1939 und 1940 wird das Schiff aber nur unter anderem im Auftragsbestand geführt, nicht jedoch besonders moniert, daß es noch nicht fertiggestellt wurde. Man kann daraus schließen, daß sich der bereits eingerichtete behelfsmäßige Transport durch Küstenmotorschiffe (S. 246) bewährt hatte und sich das Fehlen anderer Schiffe empfindlicher bemerkbar machte.

Das Schiff stellte schließlich Ende 1941 am 11. Dezember in Dienst. Es diente nicht nur der Beförderung von Luftwaffen-Torpedos über See, sondern auch als Torpedo-Klarmach-Schiff. Es besaß in einem Torpedoraum unter dem Hauptdeck Racks zum Lagern von 30 Torpedos, achtern einen getrennten Raum für Torpedo-Gefechtsköpfe. Ein Ladepfosten mit 2 Ladebäumen von 0,5 und 1,6 t Tragkraft erlaubten das gleichzeitige Löschen aus beiden Räumen.

Zur Torpedoschulung wurde schließlich noch ein Verband aus dem KG 102 als Schulgeschwader, dem Luftparkschiff *Bukarest,* dem Motor-Schoner *Hannover,* 8 gedeckten Motorbooten als TF-Booten und 5 Fl. B-Booten aufgestellt, der am 14. 6. 43 von Grosetto nach Riga verlegte. Alle genannten Schiffe wurden bereits in anderen Kapiteln beschrieben.

Zur Zieldarstellung wurden in der Luftwaffe ähnlich wie in der Kriegsmarine Schiffe eingesetzt, die gleichzeitig auch noch die Aufgaben von Wohn- und Beischiffen zu erfüllen hatten. Schon im Oktober 1939 wurde zu diesem Zweck das Fruchtschiff *Python* von

Das Taucherfahrzeug *Albatros,* das zur gelungensten Klasse Ta F III gehörte, diente noch bis 1971 in der französischen Flotte unter dem Namen *Ingénieur Elie Monnier.* (Foto Marius Bar)

Laeisz übernommen. Im Februar 1941 wurde es, weil es auf Grund seiner Kühleinrichtungen für die Versorgung von U-Booten in Übersee geeignet erschien, an die Marine abgegeben und durch den NDL-Frachter *Eider* ersetzt. Dieses Schiff war ebenso wie das niederländische *M/S Damsterdijk* zunächst als Transporter für das Unternehmen »Seelöwe« vorgesehen gewesen und wurde nun für anderweitige Verwendung frei. Auch der Neubau *Oranjefontain,* wie die *Damsterdijk* über 10 000 BRT groß und mit Passagiereinrichtungen versehen, wurde der Luftwaffe überstellt. Alle diese Schiffe mußten aber, als der Schiffsraum knapper wurde, im Laufe des Jahres 1942 wieder abgegeben werden. *Eider* wurde ab März 1942 zunächst als Transporter eingesetzt, später zum Sperrbrecher umgerüstet, während die beiden anderen Schiffe als Bei- und Zielschiffe bei der U-Boot-Ausbildung in der Ostsee Verwendung fanden.
Die Luftwaffe erhielt dafür als Zielhulk die ehemalige schwimmende Jugendherberge *Hein Godenwind.* Dieses Schiff war 1902 als französisches Vollschiff *Marechall Suchet* in St. Nazaire erbaut worden und hatte seit 1934 die Aufgabe der Jugendherberge im Hamburger Hafen erfüllt. Während des Krieges hatte es als Wohnschiff der Marine (u. a. für die Bauaufsicht für *Admiral Hipper* und *Bismarck*) gedient. Nach einem Bombentreffer war das Schiff am 20. 7. 43 während eines Luftangriffs ausgebrannt. Es wurde nun als Zielhulk ins Kurische Haff geschleppt und ist dort schließlich auch gesunken.

Name	*Alk*	*Hanseat*	*Atalanta*	*Duhnen*
Schiffstyp	2-Mast-Schoner	3-Mast-Schoner	2-Mast-Schoner	2-Mast-Schoner
Eigner	Luftwaffe	Deutscher Hochseesportverband »Hansa«	Deutscher Hochseesportverband »Hansa«	Marine-SA
Bauwerft, Bau-Nr.	Niederlande	N.P. Petersen, Thurø	Junge, Wewelsfleth, 236	Nordseewerke Emden, 18
Baujahr	1921	1899	1901	1912
BRT	97	224	140	126
Länge (m)	35 üa	36,6 üa 33,2 pp	27,5 üa 24,5 pp	29,3 üa 24,5 pp
Breite	6,3	8,1	5,8	6,5
Tiefgang		2,9		
Seitenhöhe	3,0	3,8	3,2	3,9
Antriebsanlage	1 3-zyl. 4-takt HD-DM	1 3-zyl. 4-takt HD-DM	1 DM	1 DM
PS	100 e	125 e	80 e	
kn		7		
Segelfläche	260 m²	500 m²	350 m²	

Verbleib:

Alk: 1931 *Orion,* Lufthansa, 39 Luftwaffe, *Alk,* 49 *Albatros,* Koninklijke Rotterdamse Lloyd, Schulschiff, 67 noch im Dienst
Hanseat: 15.9.41 † Binz/Rügen, Strandung
Atalanta: 45 brit. Beute, 10.50 an M.M. Warburg/Brinkmann, Kiel
Duhnen: 45 brit. Beute, RAF, 45 amerik. *Yankee,* 64 † Cookinsel/Strandung

Namen und Daten der Dienstsegelboote der Luftwaffe, soweit bisher zu ermitteln

(Boote gleichen Namens waren unterschiedlichen Seefliegerhorsten o.ä. zugeteilt. Der Standort ist in Klammern hinter dem Namen eingefügt.)

6 m – R-BOOTE

Abeking & Rasmussen (Bau-Nr. 3063) 1936 *Havel*

100 m² – SEEFAHRTKREUZER

Abeking & Rasmussen (2927—2929) 1935 *Reiher, Flamingo, Marabu*

Abeking & Rasmussen	(3015—3017)	1936	*Austernfischer, Pelikan, Ibis*
Krögerwerft	( )	193	*Kranich, Storch*

50 m² – SEEFAHRTKREUZER

Abeking & Rasmussen	(2930—2934)	1935	*Amsel, Fink, Lerche, Dompfaff, Pirol*
Abeking & Rasmussen	(2984)	1936	*Goldammer*
	(3009—3014)	1936	*Drossel, Stieglitz, Meise, Zeisig, Kuckuck, Nachtigall*
	(3018—3019)	1936	*Zaunkönig, Grasmücke*
Abeking & Rasmussen	(3187—3190)	1937	*Rotkehlchen, Bachstelze, Schwalbe Hänfling*

45 m² NATIONALE KREUZER

Engelbrecht	( )	1914	*Franz* (Gatow)

30 m² JOLLENKREUZER

Martin Schnoers	( )	1934	*Robbe*
W. v. Hacht	( )	1936	*Blauwal, Pottwal, Finnwal, Kadett, Seeotter, Seepferd, Seehund* (Parow), *Marder, Otter, Iltis, Stösser, Sperling*
K. Vertens	( )	1936	*Oldenburg, Haithabu, Gottorp, Dannewerk*
J. Schlichting 2,0 ts, 9,00 × 2,60 × 0,95 6,5 PSe, 6,2 kn	(922—927)	1936	*Luv, Lee, Austernfischer* (Norderney), *Strandläufer, Raubmöwe, Wannseeadler*

J. Schlichting techn. Daten wie vor	(863—868)	1937	*Hebe, Hekate, Hekuba, Helle, Hero, Hermione*
K. Vertens	( )	1937	*Alkmene, Aurora, Athene, Antigone, Ariadne, Astarte*
K. Heidtmann	( )	1937	*Danae, Daphne, Demeter, Diana, Dido, Dione*

20 m² WANDERJOLLEN

Bayer	( )	1932	*Seelöwe*
Lehmann	( )	1937	*Tümmler, Stör*

15 m² WANDERJOLLEN

Lehmann	( )	1937	*Aal, Hecht*

12 m² EINHEITSSCHARPIES

Krögerwerft	( )	1933	*Emil, Franz* (Warnemünde), *Piet, Max, Moritz, Hein*
Krögerwerft	( )	1934	*Barsch, Forelle, Lachs, Schlei*
Abeking & Rasmussen	(2862—2872)	1934	*Fiedje, Ikarus, Flieger, Blitz, Dädalus, Tetje*
Abeking & Rasmussen	(2879—2880)	1935	*Tünnes, Scheel*
Abeking & Rasmussen	(2952—2960)	1935	*Turn, Rolle, Korl, Klaas* (Kamp), *Jan, Jens, Brass, Harm, Hinnerk*
Krögerwerft	( )	1935	*Fiedje, Klaas* (Warnemünde), *Tedje, Timm*

Naglowerft	( )	1936	*Lotte, Helli, Donar, Frigga, Ulsnis, Arnis, Maasholm, Kappeln, Missunde, Holm, Slip, Looping*
Abeking & Rasmussen	(3130—3133)	1937	*Silbermöwe, Seeschwalbe, Milan, Erpel*
	(3183)	1937	*Barbara* (Flak Deep)
	(3193—3204)	1937	*Ask, Embla, Loki, Hödur, Hel, Ran, Rota, Wanadis, Hugin, Munin, Geri, Freki*
Lübecker Bootswerft	( )	1937	*Wali, Thrud, Tir, Sköll, Skirner, Skadi, Sigyn, Sif, Mani, Nanna, Bragi, Fenrir*
Abeking & Rasmussen	(3250)	1938	*Spatz*

10 m² – OLYMPIAJOLLEN

Lübecker Bootswerft	( )	1936	*Alke, Frauke, Wiebke*
Naglowerft	( )	1936	*Hector, Achilles, Helena, Primel, Anemone, Krokus, Stint, Stichling, Sprott, Aster, Kirsch, Grog, Bambu, Libelle, Fliege, Hummel, Horst, Hans, Krabbe, Dorsch*

Rambeck	( )	1937	*Diamant, Rubin, Saphir, Smaragd, Aquamarin, Türkis*
Steinlechner	( )	1937	*Amethyst, Topas, Jaspis, Heliotrop, Granat, Achat*
Abeking & Rasmussen	(3254)	1938	*Odin*

STARBOOTE

Abeking & Rasmussen	(3344—3345)	1939	*Albatros, Möwe*

12 Fuß – DINGIS

B. Wilke	( )	1933	*Funk*

AUSGLEICHER ÜBER 10 K.R.

Silberkondor, Seeräuber, Seeflieger, Jungflieger, Seedrache, Seewolf

AUSGLEICHER ZWISCHEN 8 UND 9,9 K.R.

Seeadler, Kormoran, Seestern, Rasmus III, Heimat, Irrwisch

AUSGLEICHER ZWISCHEN 6 UND 7,9 K.R.

Falke, Stör

KLASSENLOSE FAHRZEUGE

Seebär, Wels, Seehund (Norderney), *Haffstrolch, Hafftrine, Binsenpieper, Binsenbummler*

EISSEGELYACHTEN

Barbara (Königsberg), *Eisvogel, Eisbär, Alk, Pinguin, Eisblume*

Weitere Schulfahrzeuge im Luftwaffen-Dienst

Carin M/Y, Hermann Göring, Berlin, 1935 Engelbrecht, Bln.-Köpenick, 20 t, 16,2 üa/15,6 CWL × 3,6×1,3 ×2,1 m, 1 6-zyl. 4-takt DB-DM, 100 PSe, 11 kn, 1000 l Öl, 690 sm / 11 kn

(*Carin II* M/Y, Emmy Göring, Berlin, 1937 Heidtmann, Hamburg, 20 t, 27,5 üa ×4,9×1,3 m, 2 6-zyl. 4-takt-DB-

	DM, 340 PSe, 14 kn, 45 brit. *Royal Albert*, später *Prince Charles*, 60 re, 6. *Theresia*, 74 *Elisabeth)*
Lady Joan	M/Y, keine Daten verfügbar, 1940 † Großenbrode / Leck
Orion IV	M/Y, Joh. Elster, Berlin, 5.1894 Oscarshamm V., 100 t 80,3 BRT, 26,8×4,7×2,8 m, 1 Verbund-M., 1 Kessel, 9,5 kn, 1944 an Marine, *JBe 22*

Name	*Netze* x *Clio*	*Netze* x *Jessie*	*Obra* x *Jylland*	Dornbusch
Schiffstyp	*S/S*	*S/S*	*S/S*	*M/S*
Eigner	Finska Angf. Akt. Helsingfors	A/B Jessie (K. A. Jonhagen), Nyhamnslage	A/S Christiansand (L. Rosenkilde) Kristiansand	Genossensch. Reed. »Hiddensee«, Vitte
Bauwerft, Bau-Nr.	Caledon SB.Co. Dundee 132	Pearse & Co., Stockton 172	Burmeister & Wain, Kopenhagen 237	Gebr. Wiemann, Brandenburg
Stapellauf	. 3.1897	. 8.1879	1887	1938
BRT	1025	1325	551	129
Länge (m)	69,6 üa 66,5 üü	79,1 üa 76,2 pp	50,6 pp	28,0 üa 26,1 pp
Breite	9,8	10,7	7,2	6,0
Tiefgang	4,7	5,1		1.7
Seitenhöhe	5,0	5,5	5,4	2,5
Antriebsanlage	1 3-zyl. 3-fach Exp.-M. 1 Kessel 1 Schr.	1 Verbund-M. 2 Kessel / 14 atü 1 Schr.	1 3-zyl. 3-fach Exp.-M. 1 Kessel 1 Schr.	1 8-zyl. 4-takt-DWK-DM 1 Schr. 240 e
PS	650 i	600 i	550 i	9
kn	11	8,5	10	
Fahrstrecke	3000 sm	2800 sm	2050 sm	
Treibstoff	180 t Kohle	195 t Kohle	95 t Kohle	
Bewaffnung				1–4 Flak 1–2 Flak

Verbleib:

Netze x *Clio:*	14.10.40 vor Eggeroe (†) nach Gefecht am 13.10.40
Netze x *Jessie:*	40 *Brahe*, 5.6.42 re an Finnland, 3.1.45 † so. Karlskrona / Strandung
Obra:	22.4.44 † Greifswalder Oi / Mine, Kesselexplosion
Dornbusch:	45 niederl. *Doornbosch*, 7.48 *Doornbos*, 7.52 Wachboot *Hobein*, später Schulboot, 6.9.73 verkauft an v.d.Veldt, Amsterdam

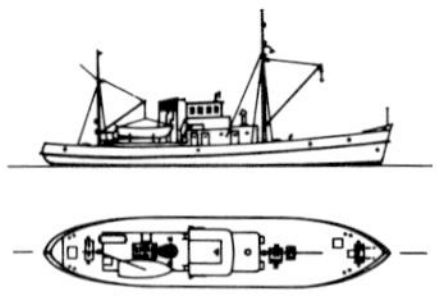

Taucherfahrzeug *Ente* (Klasse TF II) (Mrv)

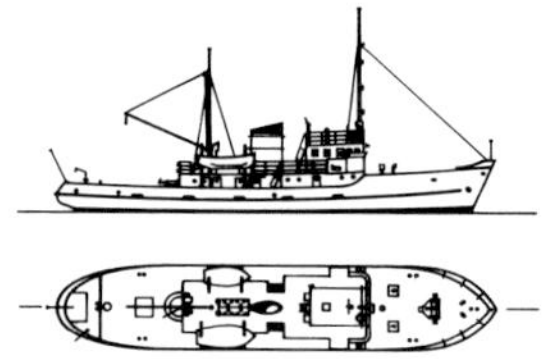

Taucherfahrzeug *Eisvogel, Albatros, Kormoran* (Klasse TF III) (Mrv)

Klasse	TaF I	TaF II	TaF 3
Name, Kennung	*Lumme = TF 11*	*Ente = TF 21*	*Eisvogel = TF 31* *Albatros = TF 32* *Kormoran = TF 33* *Pinguin = TF 34*
Bauwerft, Bau-Nr.	Pohl & Jozwiak, Hamburg, 35	Pohl & Jozwiak, Hamburg, 45	D.W. Kremer Sohn, Elmshorn, 860–863
Baujahr	1941	1942	1943/1944
BRT		90	
t	83,4	125	245 / 350
Länge (m)	27,6 üa 25,3 pp	29,3 üa 27,6 pp	35,2 üa 32,3 pp
Breite	5,0	5,7	6,8
Tiefgang	1,7	2,0	2,9
Seitenhöhe	2,3	2,5	3,2
Antriebsanlage	1 6-zyl. 4-takt- DWK-DM 1 3-flügl. Schr. ⌀ 1280 mm	1 6-zyl. 4-takt- MWM-DM 1 3-flügl. Schr. ⌀ 1320 mm	1 6-zyl. 2-takt- Schichau-Sulzer-DM 1 4-flügl. Schr. ⌀ 1750 mm
PS	180 e	240 e	600 e
kn	10	11	12
Fahrbereich			1200 sm / 12 kn
Treibstoff			18 t Öl
Besatzung	1,5		4,12

Verbleib:

Lumme: 9.45 MBSK, 1946 brit. *Clearwater*
Ente: 6.45 MBSK, 1948 Bugsier, Hbg., 1961 brit. *Max K.*, Collins Submarine Pipelines, London
Eisvogel: ?
Albatros: 1946 franz *Ingénieur Elie Monnier*, (†) 7.72 als Zielschiff
Kormoran: ?
Pinguin: 26.1.43 annulliert

Name	*Spongia*	*Nute* x *Dialian*	*Möwe I* x *Mewa I* = *GDY 7*	*Möwe 2* x *Mewa II* = *GDY 8*	*Möwe 8* x *Mewa VIII* = *GDY 126* *Möwe 12* x *Mewa XII* = *GDY 233*
Schiffstyp	*M/S*	*M/Y*-Neubau	*M/lg*	*M/lg*	*M/lg*
Eigner	Ludolfs, Hbg	Fothergill	»Mewa« spolka akcyjna, Gdynia		
Bauwerft	Janssen & Schmilinsky, Hamburg	Abeking & Rasmussen Lemwerder	de Jong, Gouderak	Jonker & Stans, Hendrik-Ido-Ambacht	van der Meer, Vlaardingen
Baujahr	1904	1939/40	1920	1914	1916
BRT	84	119	115	107	112
Länge (m)	19,3 pp	28,3 üa 26,6 CWL	24,4 pp	25,5 pp	25,2 pp
Breite	5,8	5,5	6,6	6,6	6,7
Tiefgang	2,3	2,3	2,0	2,0	2,0
Seitenhöhe		2,9			
Antriebsanlage	1 3-zyl. 4-takt DWK-DM 1 Schr.	2 6-zyl. ?-takt MWM-DM 2 Schr.	1 2-zyl. ?-takt-Brons-DM 1 Schr.	1 2-zyl. ?-takt-Brons-DM 1 Schr.	1 2-zyl. ?-takt-Brons-DM 1 Schr.
PS	90 e	200 e	70 e	70 e	50 e
kn			6	6	5
Treibstoff		1,2 t Öl			

Verbleib:

Spongia: 1945 MBSK, 194 . re, 1951 br.?
Nute: Rückgabe an Eigner sehr unwahrscheinlich
Möwe 1: ?
Möwe 2: ?
Möwe 8: 4.42 KM: *V 1249*, später *DB 55*, 24.2.43 † n. Borkum/Mine
Möwe 12: 47 niederl. *Dirk*, 65 *Kniertje Jacoba*, 74 noch im Dienst

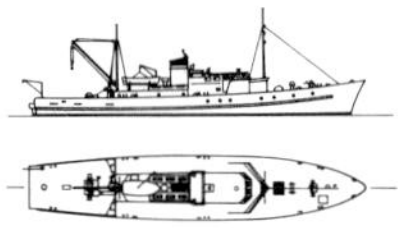

Torpedofangboote *Fl. T 401, 402* (Klasse Fl. T. IV) (Mrv)

Klasse	Fl. T I	Fl. T II	Fl. T IIa	Fl. T III	Fl. T IV
Name, Kennung	*Fl. T 11, 12*	*Fl. T 21, 22*	*Fl. T. 201–207* x *23–29* *Fl. T. 208–214* x *30–36*	*Fl. T. 301–316*	*Fl. T. 401–402*
Bauwerft, Bau-Nr.	Abeking & Rasmussen, 3265, 3266	Kröger, Warnemünde 652, 653	Schiffswerft Lilleö, Korsör 2001–2007 de Vries-Lentsch jr. Amsterdam, 873 A–G	C. Jastram, Hamburg 196–211	Kremer, Elmshorn, 874, 875
Baujahr	1938	1942/194.	1942/194.	1943	1944
t	30,5	38	34	15,5	66
Länge (m)	21,7 üa 21,1 CWL	24,4 üa	24,0 üa 22,8 CWL	17,1 üa 16,2 CWL	28,0 üa 26,6 CWL
Breite	4,2	4,6	4,4	3,1	5,0
Tiefgang	1,4	1,3	1,5	1,0	2,0
Seitenhöhe	1,8	2,3	2,5	1,7	3,0
Antriebsanlage	1 6-zyl. 4-takt Wumag-DM 1 Schr.	2 6-zyl. 4-takt MWM-DM 2 3-flügl. Schr. ⌀ 830 mm	1 6-zyl. 4-takt MWM-DM 1 3-flügl. Schr. ⌀ 1160 mm	1 6-zyl. 4-takt Jastram-DM 1 3-flügl. Schr.	1 12-zyl. 2-takt HD-DM 1 3-flügl. Schr. ⌀ 1280 mm
PS	300 e	800 e	400 e	120 e	1000 e
kn	14,9	18	14,9	10,3	
Fahrstrecke			426 sm / 15 kn	260 sm / 10 kn	
Besatzung	0,5	0,6	0,6	0,3	0,10

Technische Daten Torpedoprahm *Neptun* / T-Transporter *Delphin*

Neptun: Torpedoprahm, später Flugzeugprahm, Klasse HP I, Kennung *HP 11,* Werft Nobiskrug, Rendsburg, Bau-Nr. 499, 1940, 402 t, 49,2 m L üa, 48,0 m L CWL, 12,0 m Br., 1,6 m Tg, 2,5 m Sh, kein Antrieb, Lagerraum für 12 Torpedos, 1,14 Mann Besatzung

Delphin: Torpedotransporter, Klasse ToS I, Kennung *ToS 11,* Norderwerft Köser & Meyer, Hamburg, Bau-Nr. 729, 1941, 473 t, 52,8 L üa, 7,8 m Br, 2,7 m Tg, 4,0 m Sh, 1 MAN 9-zyl. 4-takt-DM, 1 vierflügl. Schraube ϕ 1820 mm, 2100 PSe, 16,5 kn, Fahrstrecke 1115 sm/16,5 kn, Lagerraum für 40 Torpedos, 2,13 Mann Besatzung

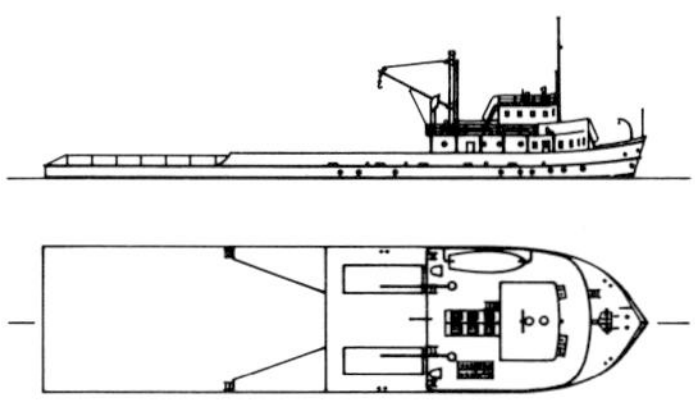

Flugzeughebeprahm *Neptun* (Klasse HP I) (Mrv)

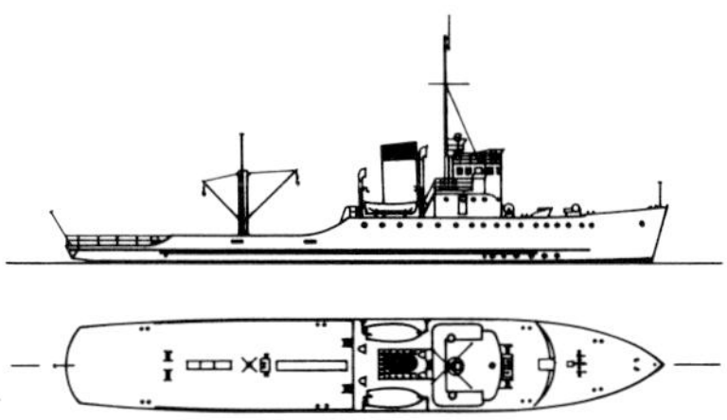

Torpedotransporter *Delphin* (Klasse ToS I) (Mrv)

Name	*Python*	*Eider*	*Damsterdijk*	*Oranjefontain*	*Hein Godenwind*
Schiffstyp	*M/S*	*M/S*	*M/S*	*M/S*	*Vollschiff*
Eigner	F. Laeisz, Hamburg	NDL, Bremen	Holland-Amerika-Lijn, Rotterdam	V.N.S.M., 's-Gravenhage	Deutsches Jugendherbergswesen
Bauwerft, Bau-Nr.	Deutsche Werft, Hamburg 170	Deschimag, AG Weser, Bremen, 925	Wilton-Fijenoord, Rotterdam, 322	P. Smit jr. Rotterdam 532	Chant. et At. de St. Nazaire Penhoet
Stapellauf	11.35	12.36	9.30	21.3.40	1902
BRT	3664	3288	10 353	10 547	2270
Länge (m)	110,5 pp	115,4 üa 109,4 pp	155,2 üa 149,6 pp	160,6 üa 158,5 pp	185,2 pp
Breite	14,4	15,3	19,7	19,1	12,4
Tiefgang	5,0		9,1	9,3	6,9
Seitenhöhe	8,8	6,9	12,2		7,3
Antriebsanlage	1 5-zyl. 2-takt MAN-DM 1 Schr.	2 6-zyl. 2-takt MAN-DM, 2 Schr.	2 ?-zyl. 4-takt DM, 2 Schr.	2 ?-zyl. 2-takt B&W-DM, 2 Schr.	–
PS	3050 e	3900 e	9000 e	11 800 e	–
kn	15,5	14,5	14,5	20,5	
Fahrstrecke	13 500 sm	15 400 sm	16 300 sm	10 560 sm	
Treibstoff	585 t Öl	832 t Öl	1682 t Öl	1515 t Öl	–
Besatzung	35		41	40	

Verbleib:

Python:	4.41 U-Boot-Versorger, 1.12.41 † s. St. Helena/*Dorsetshire*
Eider:	3.42 Transporter, 11.44 *Sperrbrecher 36,* 12.4.45 † Wilhelmshaven / Flibo, gehoben, 15.10.46 (†) Skagerrak/Gasmunition
Damsterdijk:	9.42 Zielschiff 27. U-Fl., 2.46 re, 48 niederl. *Dalerdijk,* 63 griech. *Presvia,* 8.63 br. Japan
Oranjefontain:	10.42 Zielschiff 27. U-Fl., 7.45 re, 8.65 *Fontain,* 8.65 br.
Hein Godenwind:	1944 (†) Kurisches Haff / als Zielhulk

LUFTABWEHR

Die Aufgaben der Luftabwehr lassen sich unterteilen in

a) direkte Luftabwehr

b) indirekte Luftabwehr

Zur direkten Luftabwehr zählen der Einsatz von Flak, Raketen und Jagdflugzeugen, zur indirekten Luftabwehr die Bereiche der Ortung, der Sperranlagen (Ballonsperren, Nebelanlagen) und des Luftschutzes.

A) DIREKTE LUFTABWEHR

Die Feststellung, daß die Luftwaffe fast keine schwimmenden Einheiten zum Einsatz von Flak und Raketen besaß, wird zunächst verwundern, da der Einsatz von Schwimmenden Flakbatterien etwa im Zusammenhang mit der Versenkung der *Tirpitz* nicht selten erwähnt wird. Diese Schwimmenden Flakbatterien — vor allem alte Kleine Kreuzer und Küstenpanzer wurden hierzu umgebaut — gehörten jedoch alle zur Marineartillerie. Nur bei dem Rhein-Motorschiff *Albert Leo Schlageter,* das 1944 noch zu diesem Zweck eingesetzt wurde, ist die Unterstellung bisher ungeklärt. Es ist jedoch wahrscheinlich, daß das Schiff mit Heeresflak besetzt war und möglicherweise den Pionieren unterstand.

So gab es nur ein einziges Schiff, das als Flakträger für die Luftwaffe entworfen und gebaut wurde, dessen Existenz aber noch 20 Jahre nach dem Kriege nur gerüchtweise bekannt war. Es wurde daher bis heute auch noch an keiner Stelle beschrieben und genannt. Einziger greifbarer Hinweis auf diese Einheit, die den Namen *»Krischan der Große«* geführt haben sollte, war eine persönliche Mitteilung des Obering. H. Docter, der im Schnellbootressort des Konstruktionsamtes der KM tätig war und das Schiff Ende 1943 in Antwerpen besichtigt hatte, als es dort von Otto- auf Diesel-Motoren umgebaut werden sollte. Nähere Angaben konnte aber

Backbordansicht des Flakträgers (amtliche, irreführende Bezeichnung: Flugsicherheitsboot) *Krischan der Große.* (Bundesarchiv/Militärarchiv)

Steuerbordansicht zum selben Zeitpunkt, vermutlich noch während der Erprobung. (Bundesarchiv/Militärarchiv)

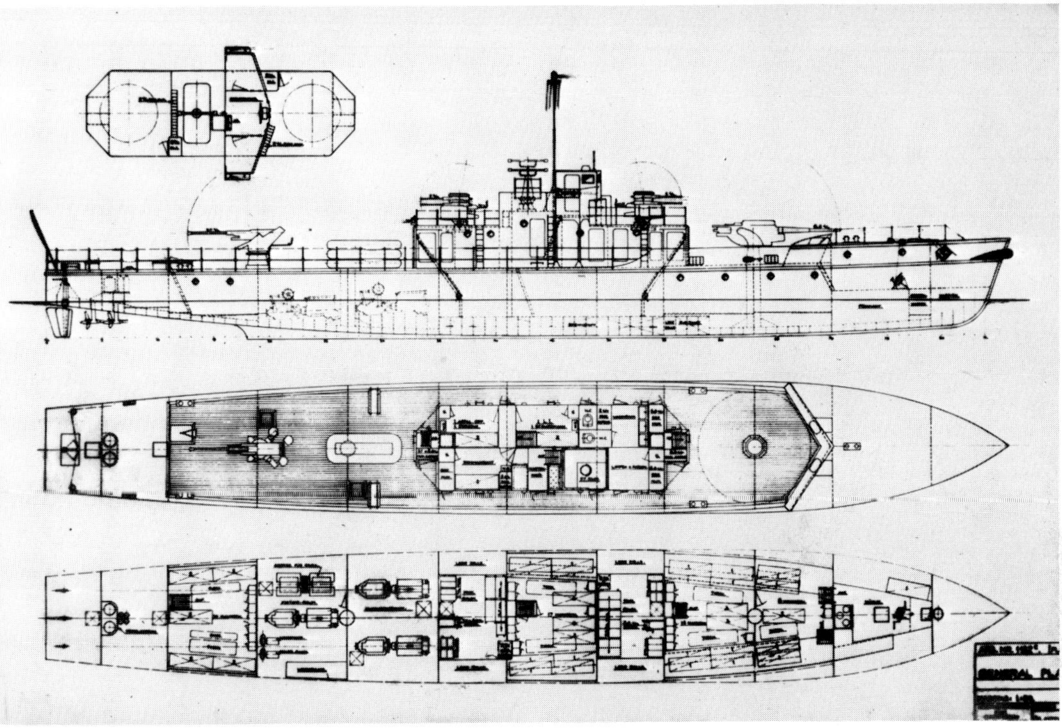

Flakträger (Flugsicherungsschiff) *Krischan der Große.* Der Plan zeigt vermutlich den Zustand der geplanten (und durchgeführten?) Motorenumrüstung, da er die Bezeichnung »Flusi 2« trägt.

Ein späteres Einsatzbild desselben Bootes. Der umstrittene Name *Krischan der Große* ist am Bug klar erkennbar. Der achtere 2-cm-Vierling ist durch ein 8,8-cm-Geschütz ersetzt. (Sammlung Mrva)

auch er nicht machen, so daß sich Erich Gröner bei seiner ersten Zusammenstellung der Luftwaffenschiffe 1953 dazu entschloß, diesen Namen als dubios nicht einmal zu erwähnen. Hierzu bewog ihn auch, daß er während des Krieges nichts von diesem Schiff gehört und gesehen hatte, obwohl er während der ganzen Zeit den Schiffserkennungsdienst für die Luftwaffe durchführte und die Unterlagen für die Schiffstypentafeln und -blätter durch seine Hände gegangen waren. Tatsächlich fehlt das Fahrzeug auch in allen Aufstellungen und Typenblättern der Luftwaffe, die erhalten blieben.
Ende der 60er Jahre bewiesen dann erste Fotos, daß dieser Flakträger tatsächlich, und unter dem angezweifelten Namen *Krischan der Große* existiert hat. Aufnahmeort und -datum der Fotos waren aber leider unbekannt. Die technischen Daten des Schiffes ließen sich etwas später aus dem abgebildeten Generalplan und Modellfotos, die im Bundesarchiv/Militärarchiv entdeckt wurden, entnehmen. Aufschluß über den Zeitpunkt der Konstruktion und die Absicht, die ihr zugrunde lag, fand sich jedoch erst 1974 im sogenannten Schriftwechsel »Haus«, einem Anlageband zu den Marineakten zum »Unternehmen Seelöwe« (Seelöwe I, 3/Bd. 2 + 3, GE 397/ PG 32 432 b—c). In einem Schreiben des Chefs des Stabes des Generalluftzeugmeisters vom September 1941 (LC 8 Nr. 1087/41) heißt es:

»Die Luftwaffe hat drei Fahrzeuge entwickelt, nämlich

a) Siebelfähre
b) Flugsicherungsschiff
c) I-Transporter . . .

. . . zu b) Der Reichsmarschall hat schwimmende Flak gefordert. Zweck: Verteidigung von Küsten und Häfen, insbesondere gegen Tiefangriffe. Der Forderung des Reichsmarschalls ist durch den Bau der Siebelfähre nur teilweise entsprochen, da die Treffsicherheit der Flak bei stärkerem Seegang erheblich absinkt, wenn die Geschütze nicht horizontiert sind.

Die Geschütze des Flugsicherungsschiffs sind horizontiert (2 cm, 3,7 cm, 5 cm — jedoch nicht 8,8, sofern eine solche zur Aufstellung gelangt). Das Flugsicherungsschiff ist damit in der Lage, den Flakschutz auch bei hohem Seegang zu übernehmen, Seefähigkeit unbeschränkt. (Handschriftliche Randbemerkung: na, na?!)

Im Falle ›Seelöwe‹ kann das Fahrzeug als Flankendeckung und zur Deckung des Landungsvorganges benutzt werden. (Handschriftliche Randbemerkung: Müßte aber der Marine unterstehen!) Ein Musterfahrzeug ist vorhanden. Die Ausführung des vom Reichsmarschall im Vorjahre erteilten Befehles, 100 Stück zu bauen, ist zunächst zurückgestellt. Zur Zeit wird der Bau von 30 Stück vorbereitet. Eine endgültige Entscheidung ist jedoch noch nicht gefallen.

Rohstoffaufwendung und Kapazität:

Schiffbaumaterial je Schiff

1. Eisen und Stahl:	100 t Walzeisen, 4 t Gußeisen
2. sonstige Metalle:	4 t Aluminium, 1,2 t Kupfer, 250 kg Zink, 110 kg Zinn, 600 kg Blei, 200 kg Bronze, 600 kg Gußbronze
3. Holz:	10 t Holzbeläge, Verschalung

Bauzeit etwa 4 Monate. Der Arbeitsaufwand ist etwa 4/5 des für einen MFP benötigten Arbeitsaufwandes.«

Damit ist das Schiff in den Zusammenhang mit den 1940 anlaufenden Entwicklungen für das Unternehmen »Seelöwe« gestellt. Die hier wiederum auftretende Verwendung des Begriffs »Flugsicherungsschiff« hat möglicherweise früher zur fälschlichen Deutung von Aktennotizen geführt, die sich nicht auf die allgemein bekannten Flugsicherungsschiffe (s. S. 105—127), sondern auf *Krischan den Großen* beziehen.

Aus der Tatsache, daß der für 100 Boote ergangene Baubefehl zunächst ausgesetzt, dann auf 30 Einheiten reduziert und schließlich überhaupt nicht ausgeführt wurde, kann man auf ernsthafte Mängel bei dem Prototyp schließen. Besonders der Antrieb des Bootes hat sich offenbar nicht bewährt. Die Vorstellung, nicht mehr flugtaugliche Flugmotoren hierfür aufbrauchen zu können, hat auch bei den Siebelfähren zu erheblichen Schwierigkeiten geführt. Man kann also wohl mit Recht annehmen, daß aus diesem Grunde schließlich das K-Amt der Marine um seine Erfahrungen und seinen Rat hinsichtlich eines weniger brandgefährdeten Dieselantriebs, wie er für die Schnellboote in der deutschen Marine schon 1933 eingeführt worden war, angesprochen wurde. So kam es offenbar zu der Besichtigung durch H. Docter in Antwerpen. Ob es Anfang 1944 noch zu einem Umbau des Fahrzeuges gekommen ist, konnte bisher nicht

ermittelt werden. Ebenso blieb bisher unbekannt, welche Werft den Prototyp gebaut hat. Das Boot sank am 24. 2. 1944 westlich Amsterdam nach Bombentreffer.
Auch der Bau von Flugzeugträgern zum Einsatz von Jagdflugzeugen in der Luftabwehr fiel nicht in den Aufgabenbereich der Luftwaffe. Die Entwicklung des Flugzeugträgers *Graf Zeppelin*, der als einziger Vertreter dieses Schiffstyps in Deutschland fast fertiggestellt wurde, und später angestellte Überlegungen zum behelfsmäßigen Umbau anderer Schiffe hat der Konstrukteur der *Graf Zeppelin*, Dipl.-Ing. W. Hadeler, so ausführlich dargestellt, daß auch aus diesem Grunde von einer Wiederholung hier abgesehen werden kann.

B) INDIREKTE LUFTABWEHR

Im Gegensatz zu dem bisher genannten Bereich hat die Luftwaffe in Zusammenarbeit mit der Marine auf dem Gebiet der Ortung bahnbrechend gewirkt und eine Entwicklung eingeleitet, die schließlich zu den heute in der Weltraumfahrt eingesetzten Ortungsschiffen geführt hat. Sie gehören mit ihren riesigen Antennen-Kalotten wohl zu den auffälligsten Schiffstypen überhaupt, die stets Interesse erregen, wo immer sie abgebildet werden. Da über die Anfänge dieses Schiffstyps und seine ersten Einsätze bisher nur wenig in Form kolportagehafter Berichte, die viele falsche Angaben enthalten, vorliegt, soll die Entwicklung dieser sogenannten »Jägerleitschiffe« hier ausführlich dargestellt werden.

I) Die Notwendigkeit von Jägerleitschiffen

Die Planung, der Entwurf und der Umbau von Jägerleitschiffen entstand aus mehreren durchaus unterschiedlichen Forderungen der Luftwaffe und Marine, die sich im Laufe der Kriegszeit durch die Weiterentwicklung des allgemeinen Luftkrieges ergaben.
Schon im Jahre 1942 stellte sich heraus, daß man die deutsch-italienischen Nachschubgeleite für das Afrikakorps in Libyen und die

eigenen Versorgungsgeleite in den Seegebieten des Mittelmeeres gegen die Luftüberlegenheit der Briten und Amerikaner besser schützen mußte, um die erheblichen Verluste an Frachtern und Tankern der Achsenmächte wieder zu senken. Das normale Konvoisystem genügte nicht mehr zum Schutz der Geleitzüge. Man benötigte eine durch Früherfassung anfliegender Feindmaschinen verbesserte Koordinierung der Schiffsabwehr und der Luftüberwachung durch eigene Jäger und Seeflugzeuge.

Aus diesem Grunde wurden die ersten Jägerleitschiffe für die Fernerfassung und die Frühabwehr für den spezifischen Geleitschutz im Mittelmeerraum konzipiert und entwickelt. Aber die Erfolgschancen der Jägerleitschiffe in diesem Seegebiet stellten sich als sehr gering heraus. Beide entwickelte Spezialschiffe wurden frühzeitig versenkt, wie noch im einzelnen darzustellen sein wird.

Der nächste Grund zur Weiterentwicklung des Schiffstyps war das Schließen einer Funkmeß-Überwachungslücke in den Seegebieten des dänischen Raumes gegen alliierte Minenflieger und Nachtbomberverbände (s. Karte p. 326). Es galt, feindliche Nachtbomber schon beim Einflug über See zu orten, noch vor Erreichen der eigenen Küsten in Flughöhe, Richtung und Marschgeschwindigkeit zu erfassen und rechtzeitig Nachtjäger zu ihrer Frühabwehr heranzuführen. Vor allem sollten Flugzeuge, die nachts in zunehmendem Maße die Küstenschiffahrtsrouten der westlichen Ostsee verminten, mit einem direkt vom Schiff geleiteten Nachtjäger daran gehindert und über See abgeschossen werden. Gerade in der Überwachungslücke über dem Großen Belt führten die vom Westen über Dänemark einfliegenden Bomberverbände und Minenstaffeln häufig ihre Kursänderungen durch. Kostbare Zeit verging, bevor sie von den landgebundenen Funkmeßstationen wieder erfaßt werden konnten. Durch Abwurf von Störmitteln versuchte der Gegner die Lage zusätzlich zu verwirren und zu erschweren. So flogen die angesetzten Nachtjäger oft in falsche Abfangräume oder kamen durch verspäteten Start nicht mehr rechtzeitig an die Hauptmasse der Bomber heran. Diese mißliche Situation sollte durch den Einsatz eines neu erstellten *Nachtjagd*leitschiffes schlagartig zur Verbesserung der allgemeinen nächtlichen Luftlage zugunsten der Bodenabwehr im Küstenvorfeld und im norddeutschen Raum geändert werden.

II) Jägerleitschiffe im Mittelmeer

Jägerleitschiff Odysseus

Entgegen unseren bisherigen Kenntnissen war das Jägerleitschiff *Kreta* x *Ile de Beauté* nicht das erste dieser Schiffe, dessen Umbau geplant wurde. Im Teil C XIV des KTB der 1. Seekriegsleitung fand sich folgender erster Planungshinweis:

»OB Süd/Führungsabt. I a — B. Nr. 17010/42 gKdos — Hauptquartier 31. 12. 42.

Nachtjagd an Schiffsgeleiten
Die gegenwärtige Lage im Geleitverkehr Italien — Nordafrika erfordert die Schaffung einer Möglichkeit der geleiteten Tag- und Nachtjagd zur unmittelbaren Unterstützung wichtiger Geleite in See. Hierzu ist durch OBS der Ausbau eines 1700-t-Motorschiffes als Jägerleitschiff für Tag- und Nachtjagd, ferner Ausrüstung mit WIM-Peilempfängern vorgesehen. Ein nach Besichtigung geeignetes Fahrzeug ist im französischen Raum für OBS sichergestellt und nach Genua überführt worden. In Zusammenarbeit mit dem XII. Fliegerkorps ist durch OBS die erforderliche Ausrüstung mit Geräten festgelegt und die Einbaumöglichkeit überprüft worden. Ferner ist der Einbau von leichten Flawaffen (Vierlingen 2 cm) sowie Geschützen zur U-Bootbekämpfung und weitere Maßnahmen zur Eigensicherung des Schiffes vorgesehen.

1. Übernahme der Schiffsführung und personelle Besetzung mit seemännischem Personal durch die Kriegsmarine.
2. Die Luftwaffe stellt sämtliche NA-Geräte und das Nachrichtenpersonal sowie Flakwaffen und deren Bedienungspersonal.
3. Einsatz erfolgt durch OBS — die Durchführung der Nacht- und Tagjagd am Geleit leitet verantwortlich der 1. Jägerleitoffizier.

Es wird gebeten, den Umbau und die Ausrüstung des Schiffes (wie folgt) mit allen Mitteln zu beschleunigen. —

Ausbau des Motorschiffes »Odysseus« (Flora 75)
Einsatz von NA-Gerät: 1 FREYA AN und WÜRZBURG D zur Jägerleitung, 2 WIM-Peilempfänger zur zusätzlichen Erfassung feindlicher Flugzeuge mit Bordsuchgeräten (ASV-Fühlungshalter). —

Funkgeräte: 1 EHRENMAL FuG XVI für die Tag- und Nachtjagdleitung, dient zur Verbindung des Jägerleitstandes mit dem Land (zur NJ-Anforderung und Einsatzführung) und einen 100-Watt-Sender für den taktischen Verkehr.
Betrifft Aufstellung der NA-Geräte: Auf dem Heck 1 FREYA AN, zerlegbar, Gewicht 7,5 t. Gehäuseaufbau Höhe 2,20 m. Gesamthöhe mit Antenne 8,0 m. Größte Breite der AN-Anlage 6,50 m. Einbau des WÜRZBURG D: Gewicht 2,6 t, Gesamthöhe 4,50 m (davon Unterbau 1,30 m), Spiegeldurchmesser 3,0 m. Das Gerät muß über dem Bootsdeck so hoch angebracht werden, daß von der Unterkante Spiegel nach Oberkante hochgestellte Fr-Antenne der Erhöhungswinkel nicht mehr als 3° beträgt.
Einbau der Sende- und Empfangsanlagen: 4 Sender und 7 Empfänger unter Deck. Funkgeräte und Empfänger stehen in der Jägerleitzentrale im vorderen Decksaufbau (zur Zeit Kühlanlage). Ferner Unterbringung des Maschinensatzes A in der Nähe des Geräteraumes 3 oder 4, um bei Ausfall der Hauptlichtmaschine eine Ausweichmöglichkeit zu besitzen. —
Einbau einer Bordverständigungsanlage mit Fernsprechern: WT- und Lautsprecheranlagen für NA-Nachtjagd und Flakeinsatz der Schiffsführung.
Artilleriebestückung: Eine 8,8-cm-Flak/36 (zum Seezielbeschuß) in Doppellafette (Stand: Bug über Ankerspill), zwei 8,8-cm-Flak/36 auf dem ausgebauten Geschützstand auf dem Heck, hinter dem FREYA-Gerät (Gewicht des Einzelgeschützes 6,2 t, der Doppellafette 10,5 t. Feuerhöhe 1,65 m, V_0 = 820 m/sec bei Geschoßgewicht 9 kg.)
Vierlingsaufstellung: Zwei Vierlinge vor dem Mast auf dem vorderen Kühlhaus, ein Vierling vor der Kommandobrücke auf dem Peildeck. Zwei weitere Vierlinge beiderseits des Bootsdecks in Höhe Schornstein. Vier Vierlinge auf dem achteren Decksaufbau (Kühlhaus). Gewicht Vierling ohne Fahrgestell 1100 kg, Feuerhöhe der oberen Rohre 1,20 m.
Sonstige zusätzliche Einbauten: 1. Kreiselkompaß, 2. S-Gerät, 3. Mineneigenschutzanlage (MES-Gerät), 4. Nebelanlage, 5. Wasserbombenwerfer.
Allgemeine bauliche Veränderungen: Am Vormast vorderes Ladegeschirr und vordere Winden entfernen, um Schußfeld für die vor-

deren leichten Waffen zu bekommen. Vordere Plattform und Geschützaufbau. Sämtliche Wanten müssen während der Fahrt ausgehängt werden können, um das Schußfeld zu verbessern. Ausbau des vorderen Deckshauses als Jägerleitstand und Funkraum. Verstärkung des Peildecks zur Unterbringung eines Geschützes Flakvierling. Ferner Ausbau eines Flakleitstandes oberhalb der Kommandobrücke (ehemaliger Funkraum — bisherige FU-Station). Aufbau auf dem Bootsdeck für die WÜRZBURG D, Unterbringung von zwei Flak-Vierlingen. Schaffung von Schußfeld durch Veränderungen der Reling und Unterbringung der R-Boote anderweitig. — Achterer Mast und dortige Winden sind abzunehmen, dafür der Aufbau von vier Flak-Vierlingen 2 cm. — Im achteren Deckshaus erfolgt die Unterbringung des Flakpersonals. — Achterer Aufbau des FREYA AN, sowie zwei Kanonen 8,8 cm. — Schaffung von Unterkunftsräumen für die Schiffsbesatzung, einschließlich der Bedienungsmannschaft der Marinesondergeräte. Unterkünfte für die etwa 70 Mann NA-Personal für die Nachtjagdleitgeräte, FU-Stände und Empfängeranlagen. Unterkünfte für 90 Mann Flakbedienungspersonal. Versorgungseinrichtungen (Küchenräume) und Rettungseinrichtungen müssen vergrößert werden. — Unterbringung der Flakmunition — an mehreren Orten verteilt, geschützt mit Fluteinrichtungen. Beachtet werden muß trotzdem schnelle Zuführungsmöglichkeiten aus den Muni-Kammern zu den einzelnen Waffenständen.
Die Erhöhung des Fahrbereichs des Schiffes durch zusätzliche Bunkeranlagen ist nicht erforderlich, jedoch ist Mitnahme von Dieselöl in einem Teil des Doppelbodens vorzusehen. Außer dem erforderlichen Ballast sind sämtliche freibleibenden Räume auszunutzen zur Erhöhung der Sinksicherheit mit Anbringung von weiteren Balkenlagen, Leerfässern usw. — Für die Artillerie-Leitstände, die Kommandobrücke und den Jägerleitstand (Funkraum) ist verstärkter Panzerschutz gegen Bordwaffenbeschuß von Feindflugzeugen vorzusehen. Der Umbau und die Sonderausrüstung ist mit allen zur Verfügung stehenden Mitteln vordringlich durchzuführen und maximal zu beschleunigen.«

Leider ging aus dieser Anweisung die Identität des Schiffes nicht hervor, an dessen Umbau gedacht wurde. Es ließen sich lediglich folgende Hinweise entnehmen:

— Es handelte sich um ein relativ großes Schiff, das außer den Ortungsgeräten noch je zwei 8,8 auf Back und Poop tragen konnte.
— Es war sehr wahrscheinlich ein Motorschiff.
— Es war ein Schiff, das aus französischem Bestand Ende 1942 übernommen wurde.

Da das Schiff später nie wieder erwähnt wird, ergab sich die Schlußfolgerung, daß das Schiff

— etwa um die Jahreswende 1942/43 versenkt oder so schwer beschädigt wurde, daß weitere Umbauerwägungen entfielen
— oder zu einem anderen, noch wichtigeren Zweck benötigt wurde. Hier kam nach der damaligen Lage im Mittelmeer ein Einsatz als Minenleger oder Transporter für Räumungsaufgaben in Frage.

Unter dem Namen *»Odysseus«* fand sich kein passendes Schiff in den Lloyds Registern. Die Schreibweise *»Odysseus«* (nicht *Ulysse* o. ä.) ließ außerdem vermuten, daß es sich dabei weder um einen französischen noch italienischen Namen handelte, sondern um die vorgesehene deutsche Bezeichnung als Jägerleitschiff (der Listenreiche!).

Der Schlüssel fand sich durch den Tarnnamen *Flora 7.* Derartige Tarnnamen wurden vom November 1942 bis Januar 1943 für die für eine Beschlagnahme vorgesehenen französischen Schiffe in den südfranzösischen Mittelmeerhäfen von deutscher Seite verwendet. Ein Zusammentragen aller bekannten Tarnnamen ergab dabei folgende Prinzipien:

Alle Tarnnamen für Passagierschiffe begannen mit P
Alle Tarnnamen für Tanker begannen mit T
Alle Tarnnamen für Frachter begannen mit F

In jeder dieser Gruppen wurde jeweils ein Tarnname für einen bestimmten Antriebstyp verwendet:

Paula	=	Passagierschiffe mit Kohlefeuerung
Peter	=	Passagierschiffe mit Ölfeuerung
Pluto	=	Passagier-Motorschiffe
Tempo	=	Tanker mit Ölfeuerung
Trapez	=	Tank-Motorschiffe
Felix	=	Frachter mit Kohlefeuerung

Frieda = Frachter mit Ölfeuerung
Flora = Fracht-Motorschiffe

Innerhalb einer Tarnnamengruppe wurden die laufenden Nummern den Schiffen *alphabetisch* zugeordnet.

In der Liste *Flora* war zunächst nur *Flora 1* = *Belain d'Esnambuc* aus den Akten zu entnehmen. Für *Flora 7* ließen sich aber die obengenannten Prämissen dahingehend erweitern, daß es sich mit Sicherheit um ein Motorschiff handeln mußte, dessen Namen mit einem Buchstaben aus der zweiten Hälfte des Alphabet beginnen mußte.

Die Durchsicht aller in diesem Zeitraum in Südfrankreich beschlagnahmter Schiffe unter Berücksichtigung der Tatsache, daß ein großer Teil davon durch Italien übernommen wurde, ergab 7 Motorschiffe in deutscher Hand, die in alphabetischer Reihenfolge angeordnet, folgende mögliche Flora-Liste ergaben:

Flora 1 = *Belain d'Esnambuc*
Flora 2 = *Benty,* † 2. 2. 1943 Neapel / Fliegerbombe
Flora 3 = *Esterel*
Flora 4 = *Guyane,* als *Aqui* später noch an Italien
Flora 5 = *Pierre Claude,* als *Maddaloni* später an Italien, † 9. 43
Flora 6 = *Sinfra*
Flora 7 = *St. Odette*

Bei dieser *St. Odette* handelt es sich um das 1938 von der Burntisland Shipbuilding Co. für die Rederiet Odfjell, Bergen, gebaute Motorschiff *Gran* von 4140 BRT. Das Schiff wurde am 19. 6. 41 von Vichy-Frankreich in Casablanca beschlagnahmt und als *St. Odette* in Dienst gestellt. Es wurde am 28. 12. 1942 12 sm vor Marettimo durch das britische U-Boot *Ursula* (Lt. Lakin) versenkt.

Eine Durchsicht der KMD-Kartei, Hamburg, erbrachte den ergänzenden Hinweis, daß das Schiff tatsächlich am 2. 12. 1942 dem Seetransportchef Italien für das Unternehmen Süd überstellt worden ist. Weitere Eintragungen über eine Verwendung fanden sich an dieser Stelle nicht.

Wir sind nach dem hier Gesagten der Ansicht, daß mit diesen Daten alle Prämissen erfüllt sind und damit eine eindeutige Identifizierung der *Odysseus* als M/S *St. Odette* x *Gran* erfolgt ist. Das

Das norwegische Motorschiff *Gran*, das Ende 1942 zum Umbau zum ersten Jägerleitschiff der Welt, *Odysseus*, vorgesehen war, aber vor Beginn des Umbaues versenkt wurde. (Archiv Rederiet Odfjell)

Versenkungsdatum erklärt, warum bereits Anfang 1943 von diesem Jägerleitschiff keine Rede mehr war und dann auf die *Ile de Beauté* zurückgegriffen wurde. Ein Foto, das uns die ursprüngliche norwegische Reederei freundlicherweise aus ihrem Archiv überließ, ermöglicht es, das Schiff auch im Bild vorzustellen. Die Typähnlichkeit mit der später in der Ostsee verwendeten *Togo* ist sehr groß und es kann auch von daher kein Zweifel bestehen, daß dieses moderne Schiff für den beabsichtigten Zweck sehr gut geeignet gewesen wäre.

Jägerleitschiff Kreta

Anfang des Jahres 1943 lag die *Ile de Beauté* im Hafen von Marseille. Dort wurde sie am 12. Januar für das OKM auf einer Schiffsliste erfaßt und unter dem Decknamen *»Paula 9«* eingetragen. Die endgültige Beschlagnahme des Schiffes durch die KM fand am 18. 1. 1943 statt. Es sollte möglichst bald umgebaut und einer völlig neuen Verwendung zugeführt werden.

Der Umbau zum 2. Jägerleitschiff nahm volle sechs Monate in Anspruch. Das erste Auslaufen des jetzt *Kreta* genannten Schiffes nach beendeter Umrüstung erfolgte zu einer Probefahrt im Seegebiet vor Marseille am 4. August 1943. Nach mehreren weiteren Versuchsfahrten wurde *Kreta* Anfang September 1943 kriegsbereit (KB) gemeldet und der 3. Geleitflottille der 7. Sicherungsdivision mit Gefechtsstand in Livorno zugewiesen. Heimathafen und Stützpunkt für *Kreta* zusammen mit *TA 9* und *SG 11* sollte der Hafen von Forte dei Marmi werden.
Durch den Abfall Italiens und die von General Eisenhower kurz darauf bekanntgegebene Kapitulation vor den Westalliierten ergab sich im Mittelmeerraum schlagartig eine völlig neue Lage für die im Lande stehende Heeresgruppe B unter Generalfeldmarschall Kesselring. Auf deutscher Seite liefen die vorbereiteten Gegenmaßnahmen (»Fall Achse«) an, die mit der Entwaffnung der Masse der Streitkräfte des nunmehr als Gegner eingestuften Italiens mit allen Mitteln eine operative Wende der verworrenen und gefährlichen Lage herbeiführen sollte. In wenigen Tagen wurden fast alle italienischen Heeres- und Luftwaffeneinheiten auf dem Festland von deutschen Truppen zur Kapitulation gezwungen. Natürlich versuchte man auch, mit den geringen zur Verfügung stehenden deutschen Seestreitkräften nach Besetzung der wichtigsten Häfen ein Entkommen italienischer Schiffe zu den Alliierten zu verhindern. Das Gros der italienischen Flotte lief indessen entsprechend den Waffenstillstandsbedingungen ungehindert aus La Spezia aus, um in die Internierung zu gehen. Dies löste einen verspäteten deutschen Luftangriff auf den schon in See stehenden Verband aus. Er wurde am 9. 9. 43 nachmittags westlich der Straße von Bonifacio von 11 Do–217 K–2 des III./KG 100, die von Istres bei Marseille gestartet waren, aus 6400 m Höhe mit Gleitbomben vom Typ SD 1400 X angegriffen. Dabei wurde das Schlachtschiff *Roma* versenkt und die *Italia* erheblich beschädigt. Alle übrigen schweren Einheiten liefen jedoch unbehindert durch die Seestraße zwischen Sardinien und Korsika und gelangten in allierte Hände. —
Am 9. 9. 43 begann die anglo-amerikanische Operation »Avalanche«, die Landung der 5. US-Armee unter Gen.lt. Clark mit dem VI. US- und dem X. britischen Armeekorps in der Bucht von Salerno. Den Alliierten gelang es, dort im Rücken der deutschen Ita-

lienfront, die quer über die Halbinsel verlief, einen gefährlichen Brückenkopf zu bilden. Nach einem Führerentscheid begann daher die Räumung Sardiniens durch deutsche Truppen, um weitere Kräfte für die Südfront freizubekommen. Von dieser Insel wurden 25 000 Mann mit sämtlichem Gerät über die Straße von Bonifacio zunächst nach Korsika übergesetzt. Nach Übereinkunft mit den dort noch stehenden italienischen Truppen konnten die deutschen Verbände ungehindert in den Raum des Hafens Bastia marschieren, um von hier aus auf dem Luft- und Seeweg über die Insel Elba nach Italien gebracht zu werden. Die alliierten Luft- und Seestreitkräfte versuchten, diese Absetzoperation zu verhindern.
Um die gefährlich offene Seeflanke gegen alliierte Flotteneinheiten zu sichern, blieb der deutschen Seekriegsleitung aus akutem Mangel an Seestreitkräften nur der Ausweg, die Straße von Bonifacio durch Minenoperationen zu sperren, zumal auch noch ein Landungsunternehmen freifranzösischer Truppen in Nordkorsika anlief. Die Verminung der Bonifaciostraße wurde daher von der 7. Sicherungsdivision in Livorno als vordringlichste und wichtigste Abwehroperation eingestuft.
Für die Räumung Korsikas, die mit Vorrang lief, war das Gruppenkommando Admiral westliches Mittelmeer zuständig, das eine sofortige Umgruppierung aller verfügbaren deutschen Seestreitkräfte in diesem Raum anordnete. Da ein starker Mangel an Truppentransportern bestand — es waren nur 15 Frachter und etwa 150 MFP's für diesen Einsatz verfügbar —, meldete das Deutsche Marine-Kdo. Italien auf Anfrage auch die *Kreta* und den Dampfer *Arrivabene* für das Räumungsunternehmen Korsika — Festland als tauglich und einsatzbereit.
Die im westlichen Mittelmeer bereitstehenden Minenschiffe liefen am 17. 9. 43 abends aus Toulon aus, um die geplanten Minensperren in der Bonifaciostraße zu legen. Die Minenschiffe *Brandenburg* und *Pommern* waren jedoch stark durch britische U-Boote gefährdet, die in dem zu durchquerenden Seegebiet gesichtet worden waren. Vier Arado-196 A der Seeaufklärerstaffel 2./128 des Lfl.-Kdo. 3 aus Berre meldeten am 17. und 18. 9. U-Bootsichtungen 85 sm westlich Gaeta und 85 sm ostwärts von La Maddalena. Bei Aufklärungsflügen am 20. 9. wurde um 09.30 Uhr im L-Quadrat 24 Ost 3038 ein weiteres U-Boot wegtauchend gesichtet. Am 21. 9. stand

ein britisches U-Boot 12 sm südlich Cap Teulada vor der Südküste Sardiniens. Nach Auffassung des Deutschen Marine-Kdo. Italien war die U-Bootgefahr im Ligurischen Meer bedrohlich angewachsen. Zu diesem Zeitpunkt standen in diesem Seegebiet fünf alliierte U-Boote: *Unseen* (Lt. Crawford), *Uproar* (Lt. Herrick), *Ultor* (Lt. Hunt), *Sibyl* (Lt. Turner) und das polnische Boot *Dzik* (Cdr. Romanowski).

Am 19. 9. 43 gelangten die letzten Teile der deutschen 90. leichten Division von Teresa nach Bonifacio auf Korsika. Vom 13. 9. bis 1. 10. transportierten die französischen U-Boote *Casablanca, Perle, Arethuse* und die Zerstörer *Le Fantasque, Tempète* und *L'Alcyon* sowie ab 20. 9. die Kreuzer *Jeanne d'Arc* und *Montcalm* in mehreren Fahrten 6600 französische Soldaten und 1276 t Material nach Ajaccio. Die italienischen Zerstörer *Legionario* und *Oriani* beförderten außerdem britische Kontingente von Malta nach Korsika. Schließlich lagen dem Deutschen Marine-Kdo. Italien noch Berichte der Abwehr vor, daß in tunesischen Häfen eine französische und eine US-Division zur Einschiffung nach Korsika bereitstünden. Die Gesamtlage hatte sich also weiter verschärft.

Nach abschließenden Übungsfahrten lief das Jägerleitschiff *Kreta* am 12. 9. zuerst zur Ausrüstung den Kriegshafen Toulon an. Ab 14. 9. befand sich das Schiff auf dem Marsch von Toulon nach Genua. Von dort ging es ab 17. 9. beschleunigt nach Livorno. Hier wurde *Kreta* der Luftflotte 2 unterstellt und erhielt die Anweisung, sich für eine wichtige Geleitaufgabe bereitzuhalten. Es handelte sich hierbei um die Führung der Luftsicherung für das Minenschiff *Brandenburg*.

Vom Oberbefehlshaber Süd, GFM Kesselring, war inzwischen folgende Anordnung hinausgegangen: »Der Führer hat die Räumung Korsikas befohlen. Die größte Zahl der verfügbaren Marineeinheiten im Mittelmeer sind zur Sicherung des Übersetzverkehrs Korsika — Festland einzusetzen.« Das Deutsche Marine-Kdo. Italien befahl daher: »Minenschiff *Brandenburg* hat am 19. 9. mit vier R-Booten Sicherung und NJL-*Kreta* um 15.00 von Livorno zur beabsichtigten Minenunternehmung in der Straße von Bonifacio auszulaufen.«

Am 19. 9. lagen *Brandenburg* und *R 189* ab 09.30 klar für die Minenaufgaben in Livorno. Sie warteten auf *R 201*, das mit einer

Spezialminenladung von La Spezia unterwegs war. Da die Besatzung des R-Bootes in Spezia keine Unterstützung für das Anbordnehmen der Minen fand, lief *R 201* mit starker Verzögerung erst um 18.17 Uhr in Livorno ein. Der Kommandant der *Brandenburg*, Eichenlaubträger K.Kpt. Brill, verschob daraufhin die Durchführung der befohlenen Aufgabe auf den nächsten Tag.
Am 20. 9. ging die *Brandenburg*, gesichert von *Kreta*, *R 189* und *R 201* gegen 15.00 Uhr in See. Der Verband war jedoch schon nach kurzer Zeit durch das sich stark verschlechternde Wetter zur Umkehr gezwungen. Um 15.45 machten die Schiffe wieder in Livorno fest.
Auf Frascati, das deutsche Befehlszentrum des Deutschen Marine-Kdo. Italien und der Luftflotte 2 (LF 2) südlich von Rom, erfolgte an diesem Tag ein starker Luftangriff mit anschließenden Jaboraids. Dadurch fielen am 20. 9. im gesamten Bereich alle Fernschreib- und Telefonverbindungen aus. Die Marinefunkzentrale mußte sich mit Kleinfunkgeräten mit ungenügender Reichweite behelfen. Die LF 2 verlegte noch am gleichen Tag mit ihrem gesamten Führungsstab nach Malcesine am Gardasee (Norditalien). Deshalb war die Verbindung der Marinestäbe mit der LF 2 vorerst unterbrochen, und eine Fühlungnahme wegen der größeren Entfernung nicht mehr so rasch wie bisher möglich. Dies wirkte sich vor allem auf die verzuglose Übermittlung der Seeaufklärungsergebnisse der ständigen U-Bootüberwachung im Mittelmeer sehr nachteilig aus.
Nach dem KTB des Chefs der 7. Sicherungsdivision, Kpt. z. See Bramsfeld, begannen am 21. 9. heftige Luftangriffe der Briten und Amerikaner auf die Einschiffungshäfen Bastia und Livorno und den Luftlandehafen des Transportgeschwaders TG 5 bei Pisa, die von 12.46 bis 13.16 Uhr in 3 Wellen von je 18—20 Viermots abliefen. Es waren drei Liberator-Bombergruppen von der 12. LF, die von Benina und 2 Flugfeldern um Bengasi (Libyen) gestartet waren. Die 44. BG griff Bahnhöfe und Docks in Livorno, die 93. BG das Areal von Pisa und die 389. BG den Hafen von Bastia an. An der Mole von Bastia wurde der deutsche Dampfer *Nikolaus* (x ital. *Nikolao Ourania* x brit. *York City*, 1920 / 6486 BRT) getroffen, und die beiden italienischen Schiffe *Tiberiade* (x franz. *Jacques Schiaffino*, 1909 / 2696 BRT) und *Giglio* (1339 BRT) brannten völlig aus. Der einzige vorhandene starke Schlepper, die *Gabes* der

französischen Marine (1931 / 333 ts / 600 PS), explodierte. Ferner wurden zwei Siebelfähren versenkt. Das Deutsche Marine-Kdo. Italien bat daher den OB Süd, verstärkten Flakschutz für Bastia zu entsenden.

Wenig später schoß das britische U-Boot *Uproar* (Lt. Herrick) zwei Torpedos in die Hafeneinfahrt von Bastia, wobei der schon beschädigte Dampfer *Nikolaus* zum Sinken gebracht wurde. Die angesetzte U-Jagd durch *UJ 2209* blieb ohne Erfolg und der Übersetzverkehr zum Festland geriet völlig ins Stocken. Da nun drei Schiffe im Hafen von Bastia gesunken waren und die Mole mehrere Bombentreffer erhalten hatte, konnten keine größeren Schiffe mehr einlaufen und der Hafen war nur noch für den mittleren und kleinen Schiffsverkehr frei. Die Räumungsoperationen waren damit noch stärker behindert.

Weit geringere Schäden erlitt der Hafen von Livorno. Bei erheblicher Flakabwehr sanken hier nur ein MFP und eine Peniche mit ihrer Torpedoladung, *Brandenburg* und *Kreta* wurden nicht beschädigt und waren für ihre Aufgabe weiterhin voll einsatzfähig.

Am 21. 9. lief der Minenverband um 14.00 Uhr, eine Stunde nach Ende des Luftangriffs, unter Führung des Kommandanten der *Brandenburg* mit *Kreta, R 189* (Lt. z. See Zeitler) und *R 201* (Lt. z. See Böttcher) aus. Es herrschte wolkenloses Wetter, die Sicht betrug 10 sm und im Gebiet zwischen Sardinien und Korsika war nur Seegang 2—3 gemeldet. Für den Nachmittag waren Bewölkungszunahme und auffrischende Winde aus Ost mit Stärke 4—5, die auch den Seegang bis Stärke 4 ansteigen lassen sollten, zu erwarten. Der Verband nahm die befohlene Marschformation ein und *Kreta* führte nach ihrer Ankunft zwei einmotorige Schwimmerflugzeuge vom Typ Arado-196 A als Luftsicherung gegen Feindmaschinen. Gegen 16.00 Uhr hatte es aufgebrist, die Windstärke aus Südwest betrug jetzt schon 4—5. Die ebenfalls Minen tragenden R-Boote hatten in der aufkommenden See keinen leichten Stand. Nach befohlener Formation lief *R 189* rund 500 m backbord querab von *Brandenburg, R 201* in gleicher Entfernung steuerbord querab von *Kreta.*

Um 16.31 Uhr wurde von der Luftaufklärung etwa 1000 m steuerbord der beiden großen Schiffe ein U-Boot erkannt und zur Standmarkierung ein weißer, kurz darauf ein zweiter weißer Stern ins

Das einzige bekannte Bild der *Ile de Beauté* nach Umrüstung zum Jägerleitschiff *Kreta* im September 1943. (Archiv Gröner)

Wasser geschossen. *Kreta* setzte beim Schießen der Sterne sofort die Flagge »ULLI« (U-Bootgefahr) und drehte hart nach Steuerbord ab. Bei *Brandenburg* hatte es den Anschein, als ob das Minenschiff ebenfalls, und zwar hart Backbord abdrehte. Zu dieser Zeit hatte sich das britische U-Boot *Unseen* (Lt. Crawford) schon in Schußposition gebracht. Fast zur gleichen Sekunde, um 17.05 Uhr, wurde erst *Kreta,* kurz danach *Brandenburg* von je zwei Torpedos eines Viererfächers getroffen. *R 201* bekam von *Kreta* den Befehl, sofort 1000 m nördlich der Schiffsposition (43° 06,5 N / 09° 01,2 O) Wasserbomben zu werfen. Das Räumboot kam aber nicht dazu, da die erkannte U-Bootposition schon von einer der beiden Arado-196 bombardiert wurde. Beide Räumboote fingen daher sofort an, Überlebende der beiden großen Schiffe zu bergen, die starke Schlagseite zeigten. Das Minenschiff *Brandenburg* sank schon nach 16 Minuten um 17.21, das Jägerleitschiff *Kreta* folgte um 17.40 Uhr. Alle Überlebenden, darunter die beiden Kommandanten, waren um diese Zeit schon aufgenommen. Die Besatzungsverluste beider Schiffe betrugen

zusammen 67 Mann. Die Aufnahme der letzten treibenden Schiffbrüchigen wurde von einer kreisenden Arado bestätigt.
Später stellte sich heraus, daß U-Boot und Torpedolaufbahnen von den beiden Räumbooten überhaupt nicht bemerkt worden waren. Der genaue Versenkungsort lag vor der Insel Caprera, einem Eiland des Maddalena-Archipels, das vor der Nordostspitze Sardiniens auf 41° 12 N/09° 30 O liegt. Erst um 19.30 Uhr erhielt der Chef der 7. Sicherungsdivision in Livorno vom Deutschen Marine-Kdo. Italien einen Anruf, daß *Brandenburg* und *Kreta* gesunken seien. Kpt. z. See Bramsfeld ließ nun *R 38* und *R 187* um 20.30 Uhr auslaufen. Diese Boote gehörten zur 6. R-Flottille und waren gerade greifbar, während alle Einheiten der 11. R-Flottille, der die Boote mit den Geretteten an Bord angehörten, sich auf Einsatzfahrten befanden. Als schließlich über FT die Meldung kam, daß inzwischen alle Überlebenden gerettet wären, wurde alle anderen einlaufenden R-Boote zurückgehalten.
Um 20.55 Uhr liefen *R 189* und *R 201* mit den Geretteten Livorno an. Diese wurden vorerst in der Akademie der Stadt, dem Standquartier der 7. Sicherungsdivision, untergebracht, verpflegt und betreut.
Etwas später meldete sich bei Kpt. Bramesfeld ein Leutnant Meier von der Bordfliegerstaffel 2./196 und erklärte, er habe das feindliche U-Boot anschließend kurz nach dem Angriff auf das Brandenburg-Geleit vernichtet. Als Beweis führte er an, nach seinem Wasserbombenwurf, der genau im Ziel gelegen habe, habe er eine hohe Wassersäule mit einem schwarzen Ölkern beobachtet. Kpt. Bramesfeld schrieb in das KTB der 7. Sicherungsdivision: »Wenn auch die begleitende Arado den Angriff des fdl. Ubootes erkannt hatten, habe ich an der Vernichtungsmeldung Zweifel«. Diese waren berechtigt, denn *Unseen* wurde weder versenkt noch ernsthaft beschädigt. Die Stellungnahme des Chefs der 11. R-Flottille lautete: »Bei der herrschenden Wetterlage von 4—5 war der unbemerkte Unterwasserangriff erklärlich. Die Luftaufklärung kam entschieden zu spät. Der Verlust beider Schiffe war daher unter den gegebenen Umständen sicher nicht zu vermeiden. Die Rettung der Überlebenden durch die beiden Räumboote bei Seegang 4—5, noch dazu mit Minen an Oberdeck — es wurden von *R 201* 228 und von *R 189* weitere 198 aufgenommen —, war eine seemännische Leistung, die äußerste Anerkennung verdient.«

An die Seekriegsleitung ging vom Deutschen Marine-Kdo. Italien folgender kurzer Funkspruch, der unrichtige Untergangszeiten enthielt: »Bei Minenoperation *›Brandenburg‹* im Geleit von *›Kreta‹* — Beide bei Insel Caprera um 16.31 Uhr durch U-Boot torpediert, *›B‹* um 17.21 — *›K‹* um 18.16 Uhr gesunken. Überlebende von zwei R-Booten geborgen. Vermißt 67 Mann. — Minensperrung der Bonifaciostraße muß vorläufig aufgeschoben werden.«
Konteradmiral Meendsen-Bohlken gab sofort den Befehl zur Indienststellung des erbeuteten italienischen Minenlegers *Aqui* durch die Restbesatzung der *Brandenburg,* da zu diesem Zeitpunkt im ganzen Mittelmeer nur noch *Pommern* als Minenschiff zur Verfügung stand. Die Sperrung der Straße von Bonifacio blieb weiterhin vordringlich, wurde aber nun nicht mehr konsequent durchgeführt.

3. Jägerleitschiff Premuda und Corsaro

Obwohl auch das zweite Jägerleitschiff nur knapp 2 Monate nach Vollendung des Umbaus vernichtet worden war, hielt man an dem einmal gefaßten Konzept fest. Allerdings wurden nun 2 Zerstörer als Jägerleitschiffe bestimmt. Für diese Wahl war die zunehmende alliierte U-Boot-Gefahr, aber sicher auch der ständig größer werdende Mangel an großen Transportern im Mittelmeer bestimmend. Ausgewählt wurden der jugoslawische Zerstörer *Dubrovnik,* der unter dem Namen *Premuda* in der italienischen Flotte Dienst getan und am 8. 9. 1943 in Reparatur in Genua liegend übernommen worden war, und der italienische Neubau *Corsaro* ex *Squadrista.* Dieser Zerstörer hatte unfertig in Livorno gelegen und wurde nun zur Umrüstung und Fertigstellung ebenfalls nach Genua geschleppt. Der Umbau beider Zerstörer erfolgte gleichzeitig, und beide wurden mit je einem Funkmeßgerät A 1 Freya ausgerüstet.
Nach der Kapitulation der letzten deutschen Streitkräfte in Nordafrika am 13. 5. 1943 und dem Verlust von Sizilien war die Verwendungsmöglichkeit für Jägerleitschiffe zum Schutz von Versorgungsgeleiten erheblich geringer geworden. Mit der zunehmenden alliierten Luftüberlegenheit wurden die Überlegungen, die zur Entwicklung dieses Schiffstyps im Mittelmeer geführt hatten, im Frühsommer 1944 ganz hinfällig. Beide Schiffe waren fertig ausgerüstet, und für *TA 33 x Corsaro* war auch bereits der Kommandant, Klt.

von Trotha, eingetroffen. Dennoch entschloß man sich, die Schiffe zu Zerstörern zurückzurüsten. Am 16. 6. 44 wurden *TA 32 x Premuda* und *TA 33 x Corsaro* der 10. T-Flottille zugewiesen. Nur *TA 32* kam jedoch als Zerstörer wieder in Dienst. *TA 33* machte nur einige Maschinenstandläufe im Hafen und wurde kurz vor der Indienststellung am 4. 9. 44 bei einem Luftangriff in Genua versenkt, wobei erhebliche Personalverluste eintraten. Auch *TA 32* wurde schließlich in Genua bei der Aufgabe des Hafens am 24. 4. 1945 gesprengt.

III) Nachtjagdleitschiffe in der Ostsee

Waren die ersten Versuche mit diesem neuen Schiffstyp im Mittelmeer auch ohne Erfolg geblieben, so wurde der Gedanke unter einem anderen Aspekt, nämlich dem der ständigen Schließung einer Ortungslücke im Luftüberwachungssystem, für die Ostsee weiterentwickelt. Nachdem man kurzzeitig erwogen hatte, den alten, schon 1920 gebauten Frachtdampfer *Westplein* der N.V. Stoombootmij. Millingen, Rotterdam, zum ersten Nachtjagdleitschiff umzubauen, wählte man dann das moderne Motorschiff *Togo* der Woermann-Linie dazu aus. Dieses Schiff hatte bereits sehr unterschiedliche Einsätze überdauert und sollte auch in der neuen Funktion nicht das schnelle Ende seiner Vorgänger teilen, sondern erfolgreich bis zum Kriegsende eingesetzt werden. Da die bisherigen Berichte über den wechselvollen Lebenslauf dieses Schiffes viele Ereignisse aus den verschiedenen Abschnitten miteinander vermengen und auch viele falsche Informationen enthalten, soll die Geschichte dieses ersten erfolgreichen Ortungsschiffes während des Krieges ausführlich dargestellt werden. Grundlage für diese Darstellung sind die KTB's, die — wenn auch z. T. an unvermuteter Stelle unter den Akten anderer Kommandos — erhalten geblieben sind.

EINSATZ VON 1939–1943

Das Motorschiff *Togo,* das die Woermann-Linie erst Ende September 1938 in Dienst gestellt hatte, war ein Jahr später als Stückgutfrachter im Liniendienst an der Westküste Afrikas eingesetzt. Die

Vorkriegsaufnahme des Motorschiffs *Togo* in Hamburg.

Nachricht QWA 9 des Reichsverkehrsministeriums, die Anweisung zum Einlaufen in neutrale Häfen, erreichte das Schiff am 27. 8. im französischen Hafen Duala. Kapitän Rousselet verließ daraufhin den Hafen ohne Lotsen mit der Nachttide nach Belgisch-Kongo, wo das Schiff nach einigen Zwischenstationen am 31. 8. in Roma festmachte. Wie auch andere deutsche Schiffe in einer Reihe von neutralen Häfen unterlag auch die Togo in Boma vielen Beschränkungen durch die Behörden, die in diesem Fall in dem modernen Schiff einen Hilfskreuzer vermuteten. Außerdem patrouillierten feindliche Einheiten außerhalb der Dreimeilenzone vor dem Hafen. Erst als diese als Geleit für zwei eigene Konvois abliefen, gelang das unbehinderte Auslaufen am Mittag des 25. 10. 1939. Da die Treibstoffvorräte knapp waren, mußte der Kapitän auf möglichst kurzem Wege südlich Island durchbrechen. Am 15. und 17. 11 gelang es zweimal, unter voller Ausnutzung der Geschwindigkeit des Schiffes gesichtete feindliche U-Boote abzuschütteln. Über Bergen erreichte das Schiff schließlich am Abend des 23. 11. 39 Hamburg.

Nachdem das Motorschiff *Ulm* während des Umbaus zum Minenschiff in Hamburg teilweise ausgebrannt war, wurde die *Togo* als

Ersatz am 1. 8. 40 erfaßt und in 12 Tagen bei Stülcken zum Minenschiff umgebaut. Die Indienststellung erfolgte am 18. 8. 40 um 11.30. Das Schiff wurde ab 6. 9. zusammen mit 6 weiteren Minenschiffen zum Auslegen offensiver Minensperren vor der holländisch-belgischen Küste eingesetzt, die als Deckung des Unternehmens »Seelöwe«, der Landung an der englischen Küste, gedacht waren.
Zu weiteren Einsätzen wurde das Schiff in einem Großgeleit zusammen mit 11 anderen Minenschiffen am 9. 9. 40 von Rotterdam nach Frankreich verlegt. In der vorangehenden Nacht war eine Serie von Luftangriffen des Coastal Command (CC) und des Bomber Command (BC) gegen die deutschen Schiffskonzentrationen in belgischen und französischen Kanalhäfen angelaufen. In diese Angriffsserie kam die *Togo* hinein. Sie entging aber allen gefährlichen Situationen mit viel Glück ohne Schäden, obwohl sie vom 11. — 19. 9. mit einer Ladung von 257 EMC-Minen im Hafen von Cherbourg festlag.
Nach Zurückstellung des Unternehmens »Seelöwe« wurden die in großem Maße geplanten Minenunternehmungen reduziert und ein Teil der Minenschiffe sofort in die Heimat entlassen. *Togo* blieb an der französischen Küste. Bereits vorbereitete Mineneinsätze des Schiffes Ende November 1940 und im Februar 1941 wurden nicht durchgeführt. Im April 1941 wurden Überlegungen über einen Einsatz für Aufklärungszwecke im Atlantik für den schweren deutschen Flottenverband in Brest angestellt. Auf Grund der zunehmenden Luftüberlegenheit der Engländer wurde dann aber auf diesen Spähschiff-Einsatz verzichtet und das Schiff am 15. 5. 41 nach Rotterdam beordert. Hier erfolgte am 16. 6. 41 um 14.15 die Außerdienststellung.
Nach den recht großen Erfolgen der deutschen Handelsstörkreuzer 1940 hatte man die Herrichtung weiterer schneller, moderner Motorschiffe zu diesem Zweck beschlossen und *Togo* war hierfür bestimmt worden. Die Droogdok Mij., Rotterdam, führte den langwierigen Grundumbau vom 17. 6. 41 — 30. 5. 42 durch. An diesem Tag wurde das Schiff in Rotterdam als Handelsstörkreuzer in Dienst gestellt. Es erhielt den Namen *Coronel.* Es wurde dann in die Ostsee verlegt, wo vom 16. 6 — 25. 10. 42 die Ausrüstung bei den Oderwerken, Stettin, erfolgte. Daran schlossen Einfahren und Ausbildung an. Die Vorbereitungen zum Durchbruch in das vorgesehene Operationsgebiet (Südatlantik, Indischer Ozean, Pazifik) be-

gannen mit dem Ummalen des Schiffes in Tarnanstrich in Swinemünde am 15. 1. 43. Das Schiff wurde zur Tarnung jedoch weiter als »Minenschiff *Togo*« bezeichnet. Kurzfristig mußte der geplante Marsch durch den Kanal verschoben werden, da es dem Gegner gelungen war, einen Teil der deutschen Minensperren zu räumen, die den Küstenweg schützen sollten. Erst am 31. 1. konnte die Ostsee durch den Großen Belt, Kattegatt und Skagerrak verlassen und der Topdalsfjord angelaufen werden. In einer neuen Tarnung als ehemaliger Seelöwetransporter *RO 21* (tatsächlich führte diese Bezeichnung das niederländische Motorschiff *IJssel,* 2262 BRT) ging das Schiff dann Anfang Februar nach Helgoland. Trotz des mehrfachen Tarnungswechsels war die *Coronel* aber bereits in der Ostsee als Handelsstörkreuzer erkannt und dem Gegner gemeldet worden, so daß man dort auf den Durchbruchversuch, der am 7. Februar begann, vorbereitet war. Da der Hilfskreuzer einen recht großen Tiefgang hatte (6,5 m), lief er am 9. 2. in schwierigem Fahrwasser vor Dünkirchen um 01.12 und dann noch einmal bei Hochwasser um 4.02 auf Grund. Er kam erst in der nächsten Nacht um 03.16 frei, nachdem ihn während des Tages schlechtes Wetter vor Luftangriffen bewahrt hatte. Nach einem Zwischenaufenthalt in Dünkirchen begann am 10. 2. um 18.00 der gefährlichste Teil der Reise, der Durchbruch durch die Doverenge. Während die britischen Fernkampfbatterien keinen Treffer erzielen konnten, gelang um 22.40 Flight-Officer E. L. Musgrave mit seiner Whirlwind P-7012 SF von der 137. R.A.F.-Staffel in Manton ein Treffer mit einer 100-kg-Bombe auf dem Vorschiff der *Coronel.* In Abt. VII entstand ein Brand, auf Grund dessen die Munitionskammer II später geflutet werden mußte. Generalanlasser und Kühlwasserpumpe der Hauptmaschine fielen aus, so daß zeitweilig gestoppt werden mußte. Nach diesen Beschädigungen mußte der Einsatz abgebrochen und Boulogne angelaufen werden. Obwohl das Bomber Command mit mehreren Circus-Operationen Boulogne angriff und das Schiff zu vernichten versuchte, konnte es am 14. 2. ohne weitere Beschädigungen den Rückmarsch antreten. Am 15. 2. wurde Dünkirchen erreicht, auf das das B.C. zwei weitere Angriffe flog. Außerdem wurde die 44. Bombardment Group der 8. US-Luftflotte eingesetzt, der erste Angriff amerikanischer Bomber gegen deutsche Schiffsziele überhaupt. In enger Formation überflogen 22 B-24 geführt von der 67. Bomberstaffel unter Major D. W. McDonald um 15.40 das Hafengebiet und klinkten fast gleichzeitig ihre Bomben aus. Der Führungsliberator Nr. 783 wurde fast im gleichen Augenblick von der Flak abgeschossen, 2 weitere Maschinen beschädigt. Trotz dieser Behinderung liefen die Bombeneinschläge jedoch aus Nordwesten bis auf 200 m an die *Coronel*, das eigentliche Ziel, heran. Direkte Treffer wurden nicht erzielt, doch fiel die Schleuse durch Beschädigung des E-Werkes aus, und *Coronel* mußte vorläufig in Dünkirchen bleiben. An den nächsten Tagen erfolgten weitere Luftangriffe. Hierbei konnte nun noch eine australische Ventura der 464. R.A.AF.-Squadron am 26. 2. einen Treffer mit einer 100-kg-Bombe erzielen, die das 7. Fla-Geschütz (achtere 2 cm) vernichtete und in den Ruderraum durchschlug. Das Ruder blieb jedoch klar, so daß das Schiff nach Reparatur des Schleusen-E-Werkes am 27. 2. in die Heimat auslaufen konnte. Obwohl britische Flugzeuge Fühlung hielten und MTB's heranzuführen suchten, gelangte das Schiff ohne weitere Angriffe am 28. 2. nach Cuxhaven. Am 20. 3. wurde es in der Kieler Förde außer Dienst gestellt, da nach den gemachten Erfahrungen an einen weiteren Einsatz als Handelsstörkreuzer nicht mehr zu denken war.

Als Schiff der Luftwaffe — Nachtjagdleitschiff Togo

Da die Luftüberlegenheit der Alliierten im Jahre 1943 langsam aber ständig zunahm und in vermehrtem Ausmaß jetzt auch die Städte im Reichsinneren durch die nächtlichen Bombereinflüge erheblich bedroht waren, mußte die deutsche Luftabwehr bei der Flak als auch bei der Jagdabwehr weiter vervollkommnet werden. Die berüchtigten Nachtangriffe auf deutsche Städte und Produktionsstätten mußten gestoppt werden, denn die Produktion der unterschiedlichsten wehrwirtschaftlichen Industriezweige drohte zu erliegen. In dieser Kriegsphase kam es zu einer ernsthafteren Zusammenarbeit zwischen Marine und Luftwaffe. Es sollte eine Früherkennung der feindlichen Bomberströme geschaffen werden, um eine koordinierte Nachtjagdabwehr zu ermöglichen, welche die anfliegenden Bomberverbände möglichst schon über See erfassen, früh genug angreifen und so eine höhere Abschußzahl gewährleisten sollte.
Besonders für die bewegliche Nachtjagd war eine Beobachtungsstation erforderlich geworden, die weit von der Küste entfernt die

Anflugroute über die Nordsee und den dänischen Luftraum abdekken sollte. Es mußte ein schnelles Schiff sein, mit dem man entsprechend rochieren konnte. Von der Seekriegsleitung wurde deshalb der Umbau des HSK *Coronel* vorgeschlagen. Unter der Geheimbezeichnung »Nachtjagdleitschiff« bekam der ehemalige Hilfskreuzer seinen alten Namen *Togo* zurück und wurde für die nötigen, recht langwierigen Umbauten in die Kriegsmarinewerft Kiel gebracht. Hier erhielt das Schiff, das danach zu den merkwürdigsten Fahrzeugen der Marine zählte, aber der Luftwaffe unterstellt war, seine charakteristische Silhouette. Zuerst wurden die Masten abgenommen und dafür an Deck 2 schornsteindicke, mastähnliche Türme aufgesetzt, die einen kugelförmigen Aufbau trugen. Diese enthielten in einer Kombination zwei »Y«-Linien- und Richtfunkantennen für »Michael«-Geräte. Diese Michaelgeräte waren außerdem mit sog. »Invertern« (heute: Scrambler) ausgerüstet, die durch Verzerrung der Sprachfrequenzen Befehle und Anweisungen so verstümmelten, daß sie erst im Gegengerät wieder entschlüsselt werden konnten. Die Kugelkuppeln erfüllten einen doppelten Zweck. Luftwaffen-Ing. Pfuhl hatte diese Kuppeln drehbar gelagert und durch ein ausgeklügeltes Kreiselgerät vollstabilisiert. So konnte unabhängig von allen Schiffsbewegungen eine bestimmte Nullrichtung eingehalten werden. Das war für die eingebaute Funkmeßeinrichtung besonders wichtig. Bis zu diesem Zeitpunkt waren die auf Kriegsschiffen verwendeten Kupelbauten nur für die Gefechtsstände optischer Flak- oder Artillerie- Richt- und Leitgeräte konstruiert worden. Auf der *Togo* trugen sie nun viele andere Einrichtungen, so z. B. die »Pfuhl'schen Ohren«, eine Sende- und Empfangsanlage für drahtlose Telefonie, die ebenfalls durch Luftwaffen-Ing. Pfuhl eingebaut und erprobt worden war. Über eine Landstation mit ähnlicher Anlage konnte mittels der Michaelgeräte, der Anzahl der einjustierten Kanäle entsprechend, zahlreiche gleichzeitige Gspräche vom Schiff zur Küste und umgekehrt geführt werden. Damit der hierfür benötigte Leitstrahl nicht vom Gegner angemessen und funktechnisch gestört werden konnte, waren Zerhacker eingebaut, die alle Gespräche auf der drahtlosen Strecke derartig verzerrten, daß kein Unbefugter die Durchgaben verstehen konnte. Das entsprechende Empfangsgerät entschlüsselte die Befehle in Sekundenschnelle. Das »Y«-Gerät in den Kuppeltürmen bestand aus sechs paarweise angeordneten Dipolantennen, die oben auf den Kuppeln thronten. Ein FuG 16 diente der Schiff-Flugzeugverbindung für die Anweisungen des Jägerleitoffiziers des zugewiesenen Nachtjagdverbandes. Ein spezieller »Ehrenmal«-Sender stellte zusätzliche Landverbindungen zu den Flakleitstellen der Küstenzone her. Funk- und Peil-Leuchtfeuer dienten navigatorischen Einweisungszwecken.

Außerdem erhielt das Schiff als Neuausrüstung 2 unterschiedliche Funkmeß- (= Radar-) systeme. Auf der Back stand ein FREYA-Gerät mit dem charakteristischen Merkmal, einem großen, in Querformat senkrecht stehenden, drehbaren Antennenrahmen mit der Tarnbezeichnung »Matratze«, weil eine Ähnlichkeit damit nicht von der Hand zu weisen war.

Das Achterschiff war mit dem größten deutschen Radargerät jener Zeit, einem WÜRZBURG-Riesen ausgerüstet, ebenfalls ein Antennenrahmen, der in der Horizontalen wie auch Vertikalen bewegt werden konnte und die äußere Form eines riesigen Hohlspiegels besaß. Die Anmeßweite des FREYA-Gerätes lag beim Auffassen feindlicher Flugzeuge in rund 120 km Entfernung, die des WÜRZBURG-Riesen bei 90 km. Der Nachteil der kürzeren Reichweite des größeren Gerätes wurde durch die Winkelstellung des Hohlspiegels ausgeglichen, mit der man die genaue Flughöhe anfliegender Einzelmaschinen und ganzer Verbände anmessen konnte. FREYA bestimmte nur horizontal die Richtung und Entfernung eines Flugobjektes und stellte sozusagen ein Vorwarngerät für den WÜRZBURG-Riesen dar. Später wurde auf Togo noch ein sog. »Düppel«-Gerät eingebaut, eine Apparatur zum Entstören der anderen Funkmeßanlagen gegen die »Window«-Abwürfe der Briten (Staniolstreifen, die beim Abwurf aus Flugzeugen auf bestimmten Wellenlängen den Zackenausschlag auf den Sichtröhren der FuG-Geräte verschleierte, so daß die Peilungen ungenau wurden. Diese Streifen wurden erstmalig von der R.A.F. bei dem Unternehmen »Gomorrha«, der Luftoperation gegen die Hansestadt Hamburg am 24./25. 7. 1943, eingesetzt).

Die Auswertungsabteilung aller dieser Funkmeßgeräte befand sich in einem Laderaum mittschiffs. Das über das Deck hinausragende Oberteil wurde mit einer leichten Panzerung versehen. In der Mitte des Auswertungsraumes stand der »Seeburg«-Tisch, eine starke Milchglasplatte von 5 m² Größe. Auf diese durchscheinende Platte

Freya-Gerät und Würzburg-Riese wie auch die paarweise angeordneten Dipol-Antennen des »Y«-Gerätes auf den beiden Kuppeltürmen sind auf dieser Aufnahme der *Togo* klar zu erkennen. (Archiv Gröner)

Achterer Kuppelturm und Würzburg-Riese der *Togo*. (Archiv Gröner)

Togo nach Umbau zum Nachtjagdleitschiff 1943 in der Kieler Förde. (Archiv Gröner)

wurden die Ergebnisse der verschiedenen an Oberdeck stehenden Geräte von unten her auf ein Gradnetz mit eingezeichneter Küstenlinie projiziert und durch verschiedenfarbige Lichtpünktchen in maßstäblichem Abstand zueinander dargestellt. Hier waren die Leitoffiziere mit Kehlkopfmikrophonen, die zur Verständigung mit den in der Luft befindlichen Funkern der Nachtjagdmaschinen dienten, postiert. Deren Antwort bei der Einweisung auf die schwarzgetarnten Bomber der R.A.F. wurden aus Lautsprechern hörbar, die an der Wand des Lagerraumes hingen. Dort befand sich auch ein großes uhrähnliches Zifferblatt, welches laufend die Korrekturen der Höhenanzeigen des WÜRZBURG-Riesen angab. Die Arbeitsweise war schematisch folgende: Das Horizontalmeßgerät FREYA suchte laufend in größerer Entfernung den Horizont nach feindlichen Verbänden ab. Wo sein Sichtsektor durch eigene Schiffsaufbauten abgedeckt war, übernahm das WÜRZBURG-Gerät die Messungen. Bei einem näherkommenden Feindziel übernahm das WÜRZBURG-Gerät dann stets die Anmessung und genaue Flughöhenbestimmung. Am Auswertungstisch wurden die Geschwindigkeiten der Bomber errechnet, während die Nachtjäger herangeführt wurden. Das FREYA-Gerät faßte indessen schon das nächste Ziel auf. Bei der Auswertung erschienen als Freund-Feindkennung die Gegner in unterschiedlichen Farben. Der Jägerleitoffizier stellte mit einem lineaähnlichen Meßstab auf der Glasplatte des Seeburgtisches Kurse, Flughöhen und Marschgeschwindigkeit des Feindverbandes fest und gab über Kehlkopfmikrophon dem Funker und Piloten des in der Nähe kreisenden Nachtjägers die Einweisung auf das nächste Luftziel in Steuerbefehlen, umgesetzt in Flughöhen und relative Entfernungen zueinander. Die Leitstelle führte also die Bf 110 oder Ju-88 solange an den Gegner heran, bis der Flugzeugführer den Bomber vor sich optisch erkannte oder ihn auf dem Eigenbildschirm hatte. Von diesem Augenblick an übernahm der Pilot des Nachtjägers den Angriff.

An den Wänden der Auswertung hingen große, mit Plexiglas verdeckte Land- und Seekarten des größeren Operationsgebietes, auf die man alle Luftlagemeldungen, die vom Luftwaffen-Funkraum telefonisch übermittelt wurden, einzeichnete. Der zuständige Jägerleitoffizier konnte sich daher jederzeit über die allgemeine Luftlage orientieren. Dies war allerdings nur für solche Luftareale möglich, die von eigenen Funkmeßstellen überwacht werden konnten.

Auf See war die *Togo* allein auf ihre eigenen Mittel angewiesen. Da man Luftangriffe auf das Schiff befürchtete, wenn sein Zweck erkannt war, erhielt es eine starke Flak-Bewaffnung, unter anderem die bewährte Marineflak mit 3 Geschützen 10,5 cm L/45, dazu 30 automatische Fla-Maschinenwaffen 3,7 cm und 2 cm, die in Einzel-, Zwillings- und Vierlingslafetten montiert wurden. Neben der seemännischen Besatzung waren also noch die Bedienungen für die Fla-Waffen und 74 Mann eines Luftnachrichten-Kommandos an Bord.

Als sich die Indienststellung der *Togo* am 18. 10. 1943 nachmittags unter dem neuen Kommandanten, Kptlt. Lück, auf der Marinewerft in Kiel vollzog, hatten sich die Mannschaften der unterschiedlichen Waffenzweige schon eingelebt. Zunächst wurden bis zum 25. 10 Probefahrten unternommen, dann folgte am nächsten Tag das Geschützeinschießen. Den ganzen November hindurch wurden bei den Deutschen Werken Restarbeiten, wie der Einbau von Scheinwerfern am 5. 11. und das Überholen der Motoren und E-Anlagen durchgeführt. Am 18. 11. fand die P-Geräteerprobung und vom 24.—26. 11. die Erprobung der Luftwaffengeräte in der Strander Bucht statt. Im Geleit eines Bootes der 1. Sicherungsflottille ging die Togo am 2. 12 früh in die westliche Ostsee und nahm hier die erste Funkbeschickung des »Y«-Peilers vor. Am 10. 12 wurden in der Nähe von Feuerschiff Kiel Nebelversuche unternommen.

Am 13. 12. 43 starteten in England insgesamt 1462 Flugzeuge der 8. und 9. US-Luftflotte zu einer Großoperation mit 4 sehr unterschiedlichen Zielen. Die Hauptangriffe der 3 Luftdivisionen der 8. Luftflotte galten den deutschen Hafenstädten Kiel, Bremen und Hamburg. 478 Viermotbomber der Typen B-17 und B-24, darunter 12 PFF-Markierer, griffen in 9 Geschwader aufgeteilt unter Dekkung von 45 P-51 Mustangs der 354. FG und einer P-38 Lightning-Jägergruppe die Docks und die Deutschen Werke in Kiel an. Dieser Angriff stellte den Beginn der Tagesbomberangriffe mit Ferneskortunterstützung bis tief in das Reichsgebiet dar. Die P-51 führten zum ersten Mal abwerfbare Flächentanks mit, die ihnen ermöglichten, die Distanz von rd. 1000 Meilen (1609 km) für den Hin- und Rückflug zu überwinden und außerdem noch genügend lange über dem Zielgebiet zu bleiben, um die Bomber vor den deutschen Jägern schützen zu können. Bei einem Verlust von nur 4 Bombern durch Flak wurden über Hafen und Docks 1600 t Spreng- und Brandmaterial abgeworfen und vor allem der U-Bootbau erheblich geschädigt. *Togo* erhielt in der Hafenmitte an Boje A 7 vor Anker liegend um 13.12 Uhr 12 Brandbombentreffer auf Deck (s. Skizzen p. 325). Durch schnelles, tatkräftiges Zugreifen der Besatzung wurden alle Brandbomben schnellstens gelöscht oder über Bord geworfen. Um 14.00 Uhr machte *Togo* von A 7 los und erreichte um 15.00 Uhr die Strander Bucht, wo das Schiff vorerst ankerte, bis es nach Kiel zurückkehren konnte.

DIE OPERATIVEN EINSÄTZE BIS ENDE 1944

Am 16. 12. 43 machte *Togo* um 07.30 Uhr von Boje A 7 los, passierte um 8.41 Uhr Kiel-Feuerschiff und wurde ab 9.00 Uhr von einem Boot der 1. Sicherungsfl. zur 1. Einsatzposition eskortiert. *Togo* ankerte um 14.52 Uhr auf befohlener Position im Langelandbelt. Dieses Seegebiet des Großen Belt nördlich von Langeland hatte

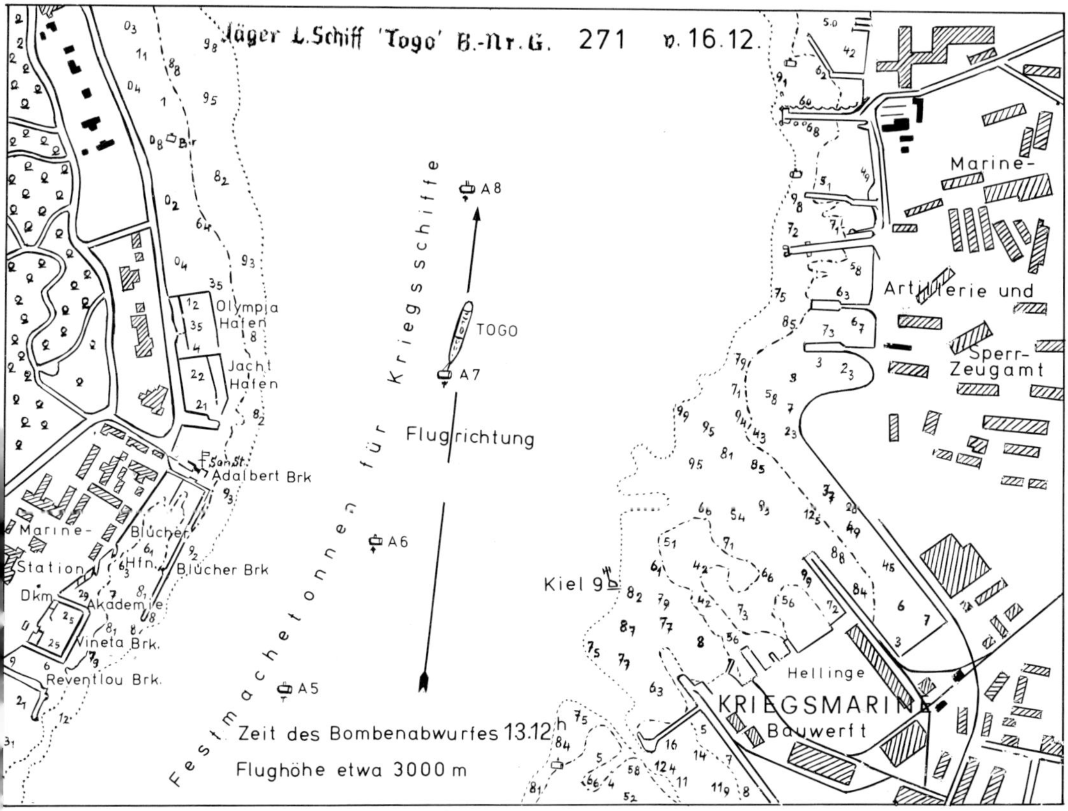

Liegeplatz der *Togo* beim Luftangriff auf Kiel am 13. Dezember 1943 und Trefferskizze auf dem Schiff.

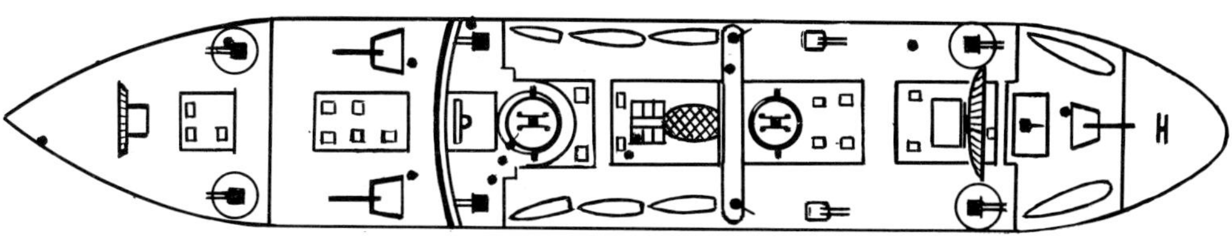

• = Brandbombentreffer

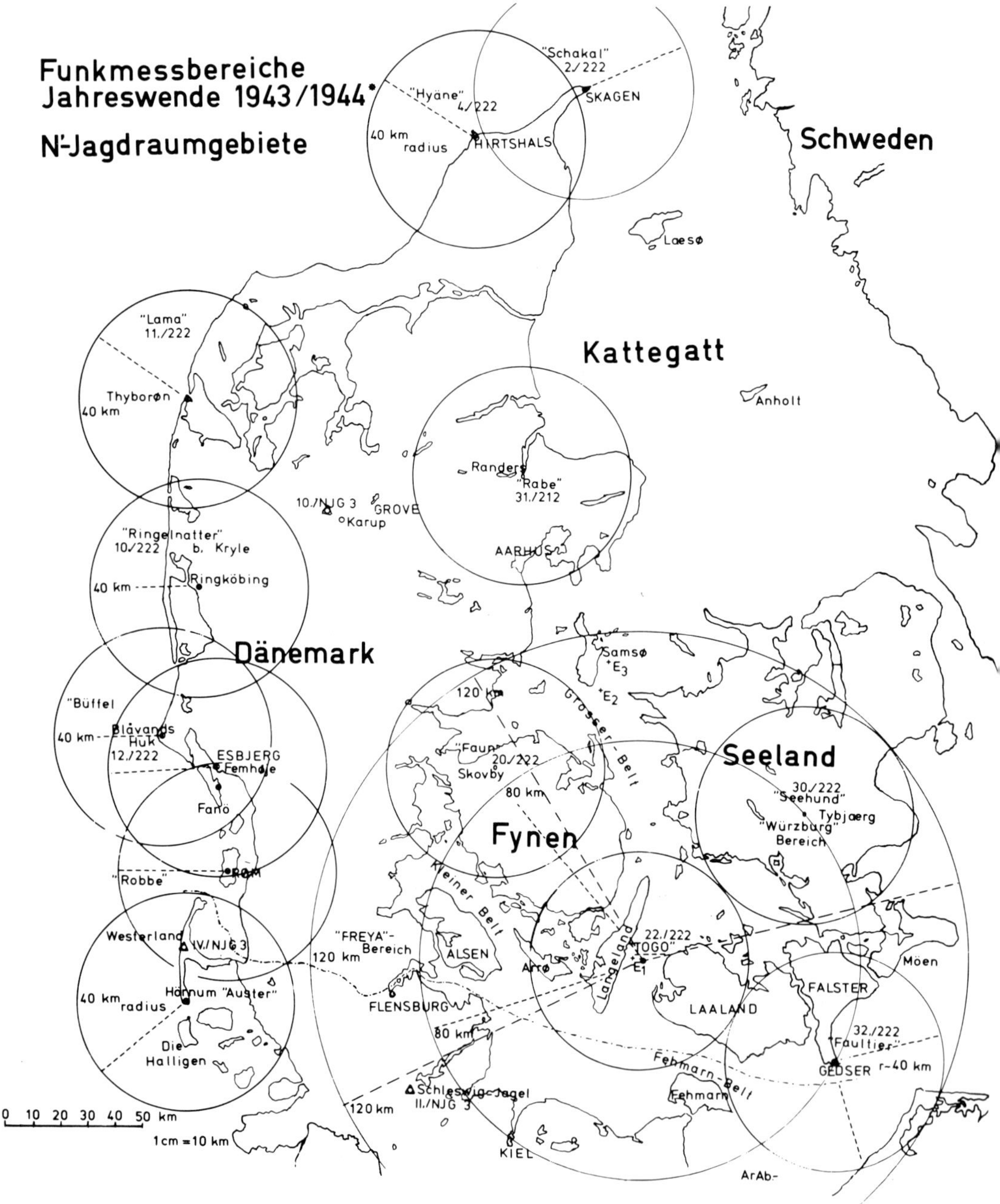

Funkmeßbereiche im Ostseeraum zur Jahreswende 1943/44.

man bisher durch die Funkmeßstellen an Land für Früherkennung und NJ-Einweisung nicht abdecken können. Aber gerade diese Überwachungslücke wurde von den Bombern der RAF häufig angeflogen. Auf der sog. Nordsee-Route nahmen die von Westen anfliegenden Verbände die Einflugschneise über Dänemark und drehten dann über dem Belt auf Südkurse ein, die sie zu ihren Zielen in Nord- und Mitteldeutschland führten. Dieser Kurswechsel fand häufig im Planquadrat »B« der deutschen Jägerleitkarte statt. Hier war jetzt die *Togo* stationiert, um die deutschen Nachtjäger des nördlichen Küstenbereiches schon auf den Einflug ansetzen zu können.

Das Nachtjagdleitschiff war einem Flugmelde-Leitsystem eingegliedert, welches operativ der 2. Jagddivision in Stade unterstellt, dem Bereich des Jagdabschnittsführers in Grove/Dänemark zufiel. Die Mannschaften der Funkmeßbesetzung und -auswertung gehörten zum Luftnachrichtenregiment 222, stationiert in Gedhus bei Grove, und bildeten zusammen mit 4 weiteren, landgebundenen Flugmeldeleitkompanien als sog. Flugmelde-Leitzug (See) 22./Ln. Rgt. 222 die erste Abteilung dieses Regimentes. Das Regiment bestand aus 4 Abteilungen, deren 1. in Fraeer lag. Chef und Zugführer des 22./Ln. Rgt. 222 mit 74 Luftnachrichtensoldaten war Oberleutnant Geert Rösler, sein Stellvertreter und Zugführer z.b.V. Leutnant Martin Kopsch. Olt. Rösler versah an Bord gleichzeitig den Dienst als 1. Jägerleitoffizier der Y-Bodenführungs-Nachtjagd für die zugewiesenen, um das Schiff kreisenden Nachtjäger, die während des 1. operativen Einsatzes meistens von der IV. Gruppe des NJG 3 gestellt wurden, deren 10. Staffel zu dieser Zeit in Grove stationiert war.

Für die Luftnachrichtentruppe, Heimatflak und Nachtjäger der deutschen Abwehr war die *Togo* in der Ansprache das Schiff 7/212, das bei Rufzeichen auf Welle 3023 lzr (Ersatz: 4275) funkte. Der Rufname war »Darlehen«, Ersatzrufname »Amadeus«. Das Stationsdeckwort war »Feuertaufe«. Das Leitschiff galt als anzufliegendes Funkfeuer mit der Kennung 237 Y. Tarnung und Geheimhaltung dieser neuartigen schwimmenden Funkmeßbasis galten als sehr wichtig, doch kann bezweifelt werden, daß die Funktion des Schiffes den Westalliierten lange verborgen blieb.

Zunächst sollte noch eine kriegsmäßige Erprobung der »Y«-Geräte erfolgen. Gegen Mittag des 17. 12 wurde ein Verkehrsboot ausgesetzt, um die Verbindung für die Luftwaffe an Bord mit den Landdienststellen herzustellen. Vor der Erprobung wurden aber am nächsten Tage um 12.20 Uhr schon 4 Whitleys als erste Gegner geortet, die in mittlerer Höhe mit Nordwestkurs Mineneinflüge unternahmen.

Die Geräteerprobung am 19. 12. brachte dann ein Fiasko für die Besatzung eines deutschen Bombers. Hierzu war eine He-111 mit Spezialausrüstung gestartet. Da Nebel über See lag, wurde der Start vom ursprünglich vereinbarten Zeitpunkt von der Luftwaffenführung auf einen bedeutend späteren verschoben, dies der Schiffsführung aber nicht mitgeteilt. Als sich nach 13.00 Uhr das Motorengeräusch einer schweren Maschine näherte, hielt man dies für einen Gegner und machte die Flak klar. Die Maschine lag im Tiefflug mit direktem Kurs auf die Steuerbordseite der *Togo* an. Der Kommandant ließ das vereinbarte Erkennungssignal schießen. Als es nicht erwidert wurde, ließ er um 13.07 Uhr das Feuer eröffnen. Dem vermeintlichen Gegner schlug ein Sperrfeuer detonierender Flakgeschosse aller Kaliber entgegen. Der Pilot riß die Maschine aus dem Anflugkurs und jetzt erst wurden die Balkenkreuze der Luftwaffe für die Besatzung der *Togo* sichtbar. Die He-111 drehte ab, Feuereinstellung erfolgte um 13.08 Uhr. Die He-111 verschwand in einer Nebelwand, war aber bereits so beschädigt, daß sie mit Mühe die Küste erreichte und dort eine Bauchlandung machen mußte. Die Besatzung konnte sich noch verletzt in Sicherheit bringen, bevor das brennende Wrack explodierte.

Der Rest des Jahres verging bis auf Kurzsichtungen eigener Maschinen am 26., 30. und 31. 12., die jedoch jedesmal Fliegeralarm auslösten, ohne besondere Vorkommnisse.

Am 3. 1. 1944 ging *Togo* im Geleit von *V 6108* von Kiel nach Aarhus. Das Schiff passierte um 21.17 Uhr *Wachschiff 28*, ankerte um 00.15 Uhr am 4. 1. in der Bucht von Aarhus und machte um 09.37 Uhr mit Schlepperhilfe an Kai 12 in der dänischen Hafenstadt fest. Am 7. 1. wurde eine Musterung der Besatzung durch den Fottillenchef durchgeführt. Am 10. 1. erfolgte die Übernahme von 80 m^3 Treiböl und 22,5 m^3 Speisewasser. Togo verließ am 19. 1. um 09.00 Uhr die Aarhuser Bucht, mußte aber schon um 17.30 in dichtem Nebel auf Ankerplatz »E« im Samsö-Belt liegenbleiben. Am Morgen des 20. 1. verließ das Schiff im Geleit von *M 4* diesen Ankerplatz, passierte um 13.07 Uhr Halskon-Feuerschiff und traf um 15.20 Uhr auf der alten Einsatzposition im Langelandbelt ein. Eine Woche lang geschah nichts; es tauchten nicht einmal britische Minenflieger auf.

Ab 28. 1. 44 setzte dann infolge einer Angriffsserie auf Berlin für mehrere Nächte ein Wirbel von Ereignissen ein. In der Nacht vom 27./28. 1. herrschten starke Nordwestwinde (7—9) und ein Seegang von 4—5. Um 21.15 Uhr lösten starke Motorengeräusche mit Kursen Südost auf Süd Alarm wegen akuter eigener Bedrohung des Schiffes aus. Im Westen, auf Langeland zu, fielen ständig Fallschirm-Leuchtbomben. Hier lag scheinbar der Eindrehpunkt eines Großangriffs von 530 Bombern, von denen 481 von 20.00 — 21.25 Uhr in 7 Gruppen Berlin erreichten und 1761 t Bomben warfen. Die RAF flog außerdem noch einen Diversionsangriff auf Helgoland. Auf *Togo* herrschte bis 23.30 Uhr Alarmzustand, als die letzten Feindmaschinen auf dem Rückflug geortet wurden. Es stellte sich später heraus, daß die Leuchtmarkierungen über Langeland von Mosquitoverbänden als falsche Routemarkierer zur Ablenkung der deutschen Nachtjagd geworfen worden waren. Die Masse der Bomber hatte zwar die Nordseeroute gewählt, war aber diesmal schon weit früher nach Süden eingedreht. Die *Togo* hatte also neben der eigentlichen Einflugroute gelegen und war nicht recht zum Zuge gekommen. Die meisten der 34 Abschüsse in dieser 16. Nachtluftschlacht wurden daher erst wieder direkt über Berlin vom NJG 5 erzielt.

In der Nacht vom 29./30. 1 herrschte wieder von 02.25 — 04.10 Uhr Daueralarm an Bord. Ständig wechselnde Horchpeilungen von Motorengeräuschen von Verbänden des RAF-Bomberkommandos auf nordwestlichen Kursen hielten die Besatzung in Atem. Die Nachtjagdleitung konnte jedoch wiederum keine Einweisungen vornehmen, weil die Route des Bomberstroms von der eigenen Position zu weit entfernt war.

In der nächsten Nacht (30./31. 1. 44) wurde auf der *Togo* Vollalarm gegeben, als zahlreiche Fallschirm-Leuchtbomben in Richtung West (Langeland) in 1—12 km Entfernung vom Schiff abgeworfen wurden. Kurz darauf näherten sich britische Bomberformationen mit direktem West-Ost-Kurs und drehten in Schiffsnähe auf Südostkurse ein. Bis 21.30 bestand diesmal für die *Togo* direkte Luftgefahr. Der starke Kampfverband des Gegners war um 17.45 Uhr im Norwich-Gebiet gestartet und mit stetem Nordostkurs in 5—7000 m Höhe in Richtung Jütland geflogen, um die Angriffsrichtung zu verschleiern und den deutschen Nachtjägern besser ausweichen zu können. Der inzwischen erkannte und gemeldete Einflug ging dann mit Kurs Ost über die südliche Ostsee bis in den Raum Fehmarn, wo die Maschinen auf Südostkurs in Richtung Berlin eindrehten. Gleichzeitig erfolgte der Einflug eines Mosquito-Kleinverbandes über die Zuiderzee/Holland mit direktem Ostkurs bis in den Berliner Raum.

Für die Abwehr waren insgesamt 179 eigene Zweimot-Nachtjäger bereitgestellt. Mit ihnen wurden zuerst die nördlichen »Himmelbetten« (Peilungsbereiche eigener FuM) bei der 3. Jagddivision besetzt. Die Versammlung der »Zahmen Säue« (Verfolgungsnachtjagd) dieser Division mit den einsatzbereiten Teilen der 2. Jagddivision, die am Nachmittag des 30. in diesen Bereich verlegt worden waren, erfolgte über dem Funkfeuer »Ludwig« (bei Bersenbrück). Im Bereich der 2. Jagddivision wurden die in Grove (10/NJG 3) und nach Wetterbesserung auch in Westerland/Sylt (IV./NJG 3) gestarteten »Zahmen Säue« über Schleswig-Holstein in den Bomberstrom eingeschleust, ferner die zum Funkfeuer »Quelle« (bei Warstade/Stade) weitergeleiteten Nachtjagdeinheiten der 3. Jagddivision im Raum nördlich Kiel. Die 1. Jagddivision sammelte bei den Funkfeuern »Hahn« und »Eichhörnchen« (genauer Ort?) und schleuste sich von dort aus in den Bomberstrom ein. Der Angriff der Nachtjäger erfolgte also am Rande des Wirkungsbereiches der *Togo*.

Außerdem wurden einzelne »Wilde Säue« (Objektnachtjagd der JG 300 und 301) der 3. Jagddivision und Teile der 7. Jagddivision, die zugeführt wurden, beim Funkfeuer »Gertrud« (bei Gardelegen) versammelt und über das Funkfeuer »Berta« (bei Brandenburg-Briest) zum »Wilden-Sau-Einsatz« direkt über Berlin geführt. Beim Rückflug des Gegners erfolgte die nochmalige Besetzung der »Himmelbetten« im Bereich der 3. Jagddivision.

Der Großangriff des Bombercommand war mit 540 Viermotbombern erfolgt, von denen 489 Berlin erreichten und 1792 t Bomben abwerfen konnten. 146 eigene Nachtjäger kamen zum Einsatz und hatten 47 Feindberührungen, von denen 41 sichere und 2 wahr-

scheinliche Abschüsse gemeldet wurden. Die eigenen Verluste betrugen 2 zerstörte und zwei beschädigte Maschinen, 4 Tote und 13 vermißte Besatzungsmitglieder, während der Gegner in dieser 20. Nachtluftschlacht im Großraum Berlin tatsächlich 33 Viermotbomber, darunter 5 Australier, verlor.
Dieses tatsächliche deutsche Abschußergebnis von 6,4 % oder 6 von 100 eingeflogenen Maschinen bildete die normale Ausfallrate, mit der die Briten rechneten. Für die deutsche Abwehr war dieses Ergebnis, das sich also gegenüber früheren nicht verbessert hatte, weiter völlig unbefriedigend. Derartige »Normalverluste« konnten das Angriffsvermögen eines potenten Gegners nicht entscheidend schwächen. Der Führer des britischen Bomber Command, Sir Arthur Harris, schrieb dazu nach dem Kriege in seinem Werk »Bomber-Offensive«:

»Es war uns klar geworden, daß die langen Flugrouten über heftig verteidigtes Reichsgebiet nach Berlin und noch weiter östlich liegende Ziele den feindlichen Jägerleitoffizieren genügend Zeit gaben, Nachtjäger aus allen Teilen des Reiches zusammenzuziehen, um sie in das gefährdete Gebiet zu leiten, in dem sie den voraussichtlichen Hauptangriff erwarteten. Deshalb entwarfen wir im Führungsstab eine neue Art der Flugroutenführung. Die Bomberverbände nahmen jetzt Kurse auf ein oder mehrere andere bedeutende Ziele und drehten erst im letztmöglichen Augenblick auf das wirklich angesetzte Planungsziel ein. Also gab der Gegner Mitte Februar 1944 das Führen seiner Nachtjäger in ein vorher bestimmtes Gebiet auf. Sie wurden jetzt vollends von »Funkfeuern« aus, die sie auf Wartepositionen umkreisten, direkt in den Bomberstrom eingeschleust, auch wenn er sich noch im Anflug über der Nordsee befand.«

Hieraus geht hervor, daß das Konzept, das zur Ausrüstung der *Togo* geführt hatte, bis zu einem gewissen Grade bereits überholt war, als das Schiff zum Einsatz kam. Es war noch immer nötig, um die Ortungslücke in der Ostsee zu schließen und Kurswechsel des Gegners festzustellen. Den direkten Einsatz eigener Jäger konnte man von Bord aus aber nur leiten, wenn das Schiff weder zu weit entfernt noch direkt unter der feindlichen Einflugroute lag, genügend Jäger im Schiffsbereich standen und der Einflugkurs des Geg-

ners längere Zeit beibehalten wurde, so daß weitere eigene NJ-Verbände herangeführt werden konnten. Nur selten konnten alle diese Voraussetzungen erfüllt sein, so daß ein durchschlagender Erfolg des Einsatzes dieses einen Schiffes kaum zu erwarten war.
Am 2. 2. sollte *Togo* von *M 5* zum Ankerplatz »E« im Samsö-Belt geleitet werden, mußte aber um 20.55 Uhr auf Platz »C« ankern, da das HF-Gerät des Minensuchers ausfiel. Erst um 06.00 Uhr am 3. 2. übernahm der *Sperrbrecher 22 x Zeus* (2500 BRT) die Geleitaufgabe. Da auf Platz »E« bis zum 8. 2. keine Überflüge zu melden waren, wurde am 9. 2. gegen 14.20 Uhr im Geleit von *M 383* der Rückmarsch nach Aarhus angetreten. Hier lag die *Togo* bis zum 15. 2. und ging dann nach Kiel zurück, wo sie vom 1. — 4. 3. am Liegeplatz 2 der Deutschen Werke überholt wurde. Damit war der erste operative Einsatz des Schiffes ohne durchschlagende Erfolge abgeschlossen.
Von der Nacht vom 6. zum 7. 2. an bombardierten sowjetische Zweimotbomber nachts immer häufiger die finnische Hauptstadt Helsinki. Die finnische Regierung wendete sich daraufhin auf diplomatischem Wege mit der Bitte um Hilfe an das Reich. Teile des NJG 100 wurden kurze Zeit danach auf den Flugplatz Helsinki/Malm verlegt: Finnlands Premier, Feldmarschall Mannerheim, hatte beim OKW die Einrichtung eines Jagdabschnittes »Reval-Helsinki« erreicht. Außerdem wurde die *Togo* am 5. 3. zu ihrer zweiten Einsatzoperation mit Ostkurs in Marsch gesetzt. Nach dem Passieren von Kiel-Feuerschiff stießen um 07.20 der *Sperrbrecher 172 x Ophelia* (1446 BRT) und *M 361* als Geleit zum Schiff. In der mittleren Ostsee erfolgte mehrfacher Geleitwechsel. Am 6. 3. fuhr *M 445* Flaksicherung, später *M 413, 453* und *459* U-Bootsicherung. Die *Togo* erreichte Reval-Reede am 7. 3. und ankerte in der Revalbucht bis 17.30 Uhr, um dann im Geleit von *M 453* den Weitermarsch zur neuen Einsatzposition im Finnischen Meerbusen auf 59°54,1' N — 25°45,1' O aufzunehmen. Diese Position »E« wurde um 21.52 Uhr erreicht und dort Anker geworfen. Damit hatte *Togo* die Nachtjagdführung gegen sowjetische Luftangriffe der Fernfliegerkräfte (ADD) des Luftmarschall Golovanov auf Reval und Helsinki übernommen, wie es mit Oblt. Rösler und dem Jagdabschnittleiter R/H festgelegt worden war.
Die neue Ankerposition lag östlich der Insel Suur Prangli (Groß-

Wrangel) knapp 4 Fahrtstunden von Reval-Hafen entfernt. Auf dem Flughafen Reval-Ulemiste war jetzt ebenfalls eine Staffel mit Ju-88 C-4 der I./NJG 100 stationiert. Die Nachtjagdleitung war mit den Nachtjägern übereingekommen, bei der Abwehr der sowjetischen Nachtbomber die gleiche Taktik anzuwenden wie gegen die nächtlichen Minenflieger der Briten, die immer wieder mit ihren Halifax, Lancaster und Liberator die Küstengewässer der westlichen Ostsee und der Deutschen Bucht verseuchten. Die Zweimotbomber des sowjetischen Strategischen Bomberkommandos flogen nicht in streng geordneten Verbänden oder Pulks wie die Westalliierten, sondern in weiten Abständen aufgelockert an — wie auf einer Perlenkette aufgezogen. Sie konnten also von den lauernden deutschen Nachtjägern nacheinander angegriffen werden, wenn ihre genauen Flughöhen und -kurse feststanden.

Ständig kreisten jetzt zwei Ju-88 C-4 um das Funkfeuer der *Togo* und standen in konstanter Sprechverbindung mit dem Leitoffizier im Einsatzraum. Alle 2—3 Stunden erfolgte eine Ablösung durch zwei neue Maschinen des I./NJG 100. Mitten in einer derartigen Ablösung, als dadurch mehrere Ju-88 im unmittelbaren Schiffsbereich standen, wurde eine sowjetische Bomberreihe mit Kurs auf Helsinki geortet. Die Togo führte ihre Nachtjäger an die Bomber heran und diese konnten 3 zweimotorige PE 2 nacheinander abschießen. Die übrigen Bomber gingen sofort auf Gegenkurs und verschwanden aus diesem gefährlichen Bereich.

Dieser Anfangserfolg in der Nacht vom 7. zum 8. März ließ sich nicht wiederholen. Die sowjetische Einsatzleitung hatte einen Direktangriff über offener See nicht erwartet und reagierte von jetzt an übervorsichtig. Nach dem ersten Erfolg wurde *Togo* von *M 413* und *M 453* am Morgen des 8. 3. nach Reval zurückgebracht.

Am nächsten Tag wurde die Einsatzposition schon um 16.30 Uhr erreicht. Von 18.30 — 19.10 Uhr erfolgte ein Luftangriff aus 20 sowjetischen Bombern aus 3—4000 m Höhe auf das Hafengebiet von Reval. *Togo* beteiligte sich an der Abwehr und beschoß eine über See abfliegende Douglas A-20 »Boston« in 2500 m Höhe von 19.10 —19.13 Uhr mit ihrer 3,7-cm-Bordflak. Die Boston entkam jedoch.

Am 11. 3. brachte das Schiff Luftwaffengerät nach Hangö-Hafen und lag dort bis zum 13. 3., ehe es in einem sechsstündigen Geleit von *M 453* und *V 310* nach Reval zurückgebracht wurde.

Am 14. 3. wurde das Schiff dem Führer der Minensuchverbände Ost, Konteradmiral Boehmer, unterstellt. Ab 18. 3. 44 übernahm die täglichen Geleite von und zur Einsatzposition, die schon zur Routine wurden, das R-Bootbegleitschiff *Nettelbeck (M 538).*

Zweimal — am 19. und 24. 3. — mußte in diesem Zeitraum wetterbedingt vom Chef der Luftflotte 1, General d. Flieger Pflugbeil, der Abbruch der nächtlichen Operationen befohlen werden. Erst am 25. 3. kam es zu neuen feindlichen Angriffen. Von 18.57—20.07 Uhr jagten sich an diesem Tag die Fliegeralarme im Bereich des Finnischen Meerbusens. Im Süden tauchten ständig Ortungen, Flakfeuer und Leuchtbomben auf und rissen nicht ab, aber der eingesetzte eigene Nachtjäger erhielt keine Feindberührung. Er wurde von 20.07—21.00 Uhr geführt und landete nach Abbruch des Einsatzes auf dem neuen Einsatzhafen Reval-Laksberg.

Gegen 23.15 Uhr kam aus Nordost der Reihenwurf von Leuchtbomben eines sowjetischen Aufklärers genau auf das Schiff zu. Die letzte Bombe lag nur 4500 m von der »E«-Position entfernt. Dann umkreiste die Maschine die *Togo* mehrmals in einem Abstand von 2500 m und flog darauf nach Osten ab. Die Schiffsführung befahl darauf um 23.30 das Lichten des Ankers und stand in der Nähe der Position »E« mit langsamer Fahrt auf und ab. Der Rückmarsch wurde in dieser Nacht schon um 02.45 angetreten. Bald darauf wurde eine sowjetische Zweimotstaffel in der Nähe der früheren Ankerposition geortet, die das Schiff zu suchen schien. Die Funkmeßgeräte machten außerdem eine einzelne, langsam und tief über See fliegende PE-2, wahrscheinlich einen Torpedobomber, aus, deren Kurs zuerst auf das Leitschiff zulief, die dann aber nach Osten wegdrehte. Die *Togo* war knapp entkommen. Als sie im Morgengrauen die Insel Wulf und die Halbinsel Viimsi (Wims) vor Reval umrundete, wurde aus dem Einsatzgebiet bekannt, daß noch immer etwa 10 sowjetische Zweimotbomber den ehemaligen Ankerplatz umkreisten. Zehn dieser Angreifer auf einmal hätte sich die *Togo* nicht erwehren können.

Am 26. 3. begann um 16.45 im Geleit von *Nettelbeck* der Rückmarsch ins Einsatzgebiet, wo jetzt jedoch nicht mehr geankert wurde. Das Schiff stand etwas versetzt zur Position »E« auf und ab, und zwei Ju-88 C-5 waren in der Luft — aber ein weiterer Angriffsversuch blieb aus. Um 22.15 wurde der jetzt beim Schiff stehende Nachtjäger auf eine einzelne feindliche Maschine angesetzt, der Anflug jedoch abgebrochen, da der Gegner in 15 km Entfernung wieder auf Gegenkurs nach Osten ging. Ein weiterer Angriff auf den Hafen von Reval wurde von Tagjägern Bf-109 G eines Einsatzkommandos der I./JG 54 vom Feldflugplatz Reval-Laksberg, Hafen- und Schiffsflak abgewehrt — alle abgeworfenen Bomben fielen ins Meer. In der nächsten Zeit erfolgte umschichtig Tag um Tag das Auslaufen von Reval-Reede und das Wiedereinlaufen ohne Erfolge. Teils herrschte ungünstiges Flugwetter, teils wurden die Nachtjäger angesetzt, verloren aber ihre Gegner wieder, teils konnten keine deutschen Nachtjäger von den verschlammten Plätzen starten. Die ständigen Einflüge der sowjetischen Fliegerkräfte der Balt-Flotte wurden aber in diesem Gebiet bald gänzlich eingestellt.

Im Einsatzmonat März hatte *Togo* 15 Tage auf Station verbracht. In 8 Nächten fand Jägerführung statt, die aber nur zu einer Feindberührung führte. Dennoch war offenbar eine Abschreckwirkung erzielt worden.

Am 2. April erfolgte eine Besichtigung durch den Führer der Minensuchboote Ost, Konteradmiral Boehmer, und den Chef der Luftflotte 1 aus Malplis. Danach sollte *Togo* nun ein neues Operationsgebiet in der Nähe der Koplibucht übernehmen. Nördlich von Reval waren häufiger einzelne Kuriermaschinen vom 4-motorigen Typ PE-8 auf dem Fluge nach England beobachtet worden. Diese Flugzeuge hatten eine Reichweite von 3720 Meilen (5900 km) und beförderten wichtige Kurierpost und Persönlichkeiten. Das Leitschiff versuchte, seine Nachtjäger an diese Maschinen heranzuführen, hatte aber damit kein Glück. Die sowjetischen Maschinen flogen in zu unregelmäßigen Zeitabständen und in zu großen Einsatzhöhen und nahmen dazu noch häufige Kursänderungen vor. Im Einsatzmonat April stand das Schiff 19 Tage im zugewiesenen Gebiet. Davon verliefen 9 Nächte mit Jägerführung, die zwar zu 2 Feindberührungen, aber zu keinem Abschuß führten.

Im Mai 1944 fanden 2 weitere Besichtigungen der *Togo* statt, eine am 4. 5. durch den Admiral Ostland, Vizeadmiral Burchardi, die nächste am 17. 5. durch den General der Luftnachrichtentruppen W. Martini (Gen.NAFÜ im OKL). Im Mai stand die *Togo* 18 Tage in See auf der E-Position. In 5 Nächten fand eine erfolglose Jägerführung statt. Nach diesen Mißerfolgen wurde die 2. Einsatzoperation des Schiffes am 28. 5. 44 um 02.54 beendet und das Schiff von der Luftflotte 1 zur Werftliegezeit entlassen. *Togo* ging zunächst nach Reval zurück und lag dort bis zum 31. 5, auf Reede. An diesem Tag verließ das Schiff im Geleit von *Nettelbeck* Reval mit dem Ziel Gotenhafen.

Am 1. 6. wurde um 20.05 Uhr Hela-Reede erreicht und die *Togo* dort von einem Hafenschutzboot mit dem Morsenamen HOPA (Identität bisher ungeklärt) übernommen und zur Gotenhafener Reede gebracht, wo geankert wurde. Am nächsten Tag verlegte die *Togo* gegen Mittag in das Hafenbecken 5 und wurde am 4. 6. im Schwimmdock C der Gotenhafener Werft der Deutschen Werke eingedockt. Am 24. 6. war die Generalüberholung beendet. Nach Ausdockung fanden am 26. 6. in der Danziger Bucht und vor der Halbinsel Hela hinter *M 598* die ersten Schleifenfahrten statt. Am 28. 6. wurden letzte Vorbereitungen für die 3. Einsatzoperation getroffen, die am 1. 7. 44 um 02.20 Uhr begann.

Togo wurde mit Grundminengeleit bis in die östliche Ostsee gebracht und dort um 03.45 Uhr zum Alleinmarsch nach Libau entlassen. Im Vorhafen von Libau ankerte das Leitschiff von 15.30—20.00 Uhr und wurde dann von *T 196* zum neu ausgebauten Marinestützpunkt im Bottnischen Meerbusen geleitet. Vor der Insel Utö wurde am 2. 7. um 12.15 Uhr geankert.

In den Schären dieser Insel wurde zu dieser Zeit ein Stützpunkt für die schweren Einheiten der KM zwischen der finnischen Küste und den Aalandinseln ausgebaut. Bis zur Errichtung von Funkmeßanlagen auf den umliegenden kleineren Inseln sollte die *Togo* hier zum Schutz von *Lützow, Admiral Scheer* und *Prinz Eugen* liegen und den Luftraum absichern. In den nächsten 18 Tagen fanden in diesem Gebiet jedoch weder Bombenangriffe statt, noch wurden sowjetische Aufklärer gesichtet. Die Konzentration starker deutscher Seestreitkräfte im Finnischen Meerbusen ohne genügenden Jagdschutz zwang die Marineleitung, den Flakkreuzer *Niobe* als gewissen Schutz nach Kotka zu überführen. Erst am 1. 3. 44 als Schwimmende Flakbatterie in Dienst gestellt, wurde die ehemalige niederländische *Gelderland* aber taktisch falsch vor der Einfahrt zum Kronstädter Meerbusen vor Anker gelegt und fiel schon am 16. 7. energischen Angriffen von 131 Flugzeugen der Seefliegerkräfte der

Baltflot (Gen.Lt.Samochin) zum Opfer. Auf der Position 60°28 N/ 26°57 O (Höhe von Kotka) trafen 20 Pe-2 des 12. Garde-Sturzkampfflieger-Rgt. unter Oberstlt. W. I. Rakow und 3 schwere Torpedobomber vom Typ DB-7 des 51. Minentorpedoflieger-Rgt. unter Führung von Major I. N. Ponomarenko das Schiff mit je 2 FAB-Bomben von 250 und 1000 kg. Es kenterte mit 400 Mann Besatzung auf 11 m Wassertiefe, wobei 225 Mann ums Leben kamen. Eigene Tagjäger der Jagdgeschwader 5 und 54 zur Abwehr dieses kombinierten Angriffs von Jagdbombern und Torpedojägern standen nicht zur Verfügung, da die Jagdfliegerverbände im Ostraum nur sehr knappen Ersatz an Flugzeugen und Piloten erhielten. Die immer größer werdenden Aufwendungen für die Reichsverteidigung waren vom OKL als erheblich dringender eingestuft worden. Am 20. 7. übernahm *Togo* gegen 16.50 Uhr vor Utö insgesamt 172 Gerettete der *Niobe* von *T 196* und lief um 17.05 Uhr hinter *T 196* als Geleit nach Libau. Dort wurde am 21. 7. um 09.05 Uhr im Vorhafen geankerte und die Schiffbrüchigen wieder auf *T 196* ausgeschifft.

Bis zum 30. 7. wurden 1000 t Lebensmittel des Heeresverpflegungsamtes Libau übernommen und dann mit 246 Verwundeten und 450 Flüchtlingen hinter *M 598* als Grundminengeleit der Marsch nach Gotenhafen angetreten. In der Frühe des 31. 7. lief das Schiff hier in Becken 4 ein und gab die Menschen und später den Proviant ab. Am 4. 8. wurde von hier aus von 15.20—15.25 Uhr ein britischer Aufklärer vom Typ Handley Page »Halifax« aufgefaßt, der jedoch bald aus dem Höhenerfassungsbereich der Funkmeßgeräte kam. Am 8. 8. lief die *Togo* zusammen mit dem Leichten Kreuzer *Emden* um 06.10 Uhr zum Flaküburgsschießen aus, wobei *Togo* von 15.00—16.00 Uhr 30 Schuß der schweren und 1042 Schuß der leichten Flak abgab. Um 18.50 Uhr liefen die Schiffe wieder in Gotenhafen ein.

Vom 22.—24. 8. dockte das Schiff zu einigen Reparaturen in Schwimmdock V. Dann folgten einige ruhige Tage im Hafenbecken VIII. In der Nacht vom 26./27. 8. gab das Schiff dann um 00.20 Uhr eine dringende Alarmmeldung. Man hatte mit den Funkmeßgeräten 5 britische Bomberverbände mit Ostkurs im Anflug auf Ostpreußen erfaßt. Die Höhe, Flugrichtung und Marschgeschwindigkeit der auf etwa 200 Viermots vom Typ Avro-Lancaster geschätz-

ten Verbände wurden sofort an die Flakleitstellen und Flugmeldekommandos gegeben. Im Anflug auf Königsberg befanden sich 13 Lancasterstaffeln der 5. Bombergroup unter Vice-Luftmarschall Sir Ralph Cochrane. Von den 174 Maschinen konnten 148 mit 460 t Bomben die Stadt angreifen, wobei nur 4 Bomber von der Flak abgeschossen wurden. Die übrigen Einheiten verminten den Hafen und den Königsberger Seekanal. Durch diesen Angriff gab es unter der Zivilbevölkerung 1000 Tote, etwa 10 000 Menschen wurden obdachlos und rund 5 % aller Gebäude der Stadt wurden völlig zerstört. Zur gleichen Zeit lief weiter westlich der Hauptangriff dieser Nacht mit 381 Lancaster-Bombern der Gruppen 1, 3, 6 und 8 (PFF), die 1921 t Bomben auf Kiel warfen. Hier konnten die Nachtjäger der Reichsverteidigung 17 Viermots abschießen.
In der Nacht vom 29./30. August flog die 5. Bombergroup erneut Königsberg an. Diesmal waren 195 Lancaster gestartet. Wieder warnte *Togo* um 00.32 rechtzeitig die deutschen Abwehrstellen. Der Terrorangriff, der sich von 01.07—01.52 über Königsberg entlud, brachte mit dem Abwurf von 492 t Bomben ein Inferno für die alte Stadt. Von 189 Angreifern führten 175 den Anflug zu Ende, wobei sie 16 Maschinen in Luftgefechten durch herangeführte Nachtjäger des NJG 100 und Flak verloren. Der Angriff entwickelte sich zu einer reinen Terroraktion besonders für die Innenstadt. Brandstrahlbomben erzeugten hier einen Feuersturm, der 48 % der Gebäude der Altstadt total vernichtete und unter der Zivilbevölkerung die hohe Zahl von 2400 Todesopfern forderte. Die Zahl der Obdachlosen lag in dieser Nacht bei 134 000; weitere 61 000 Bürger der Stadt bewohnten nur noch schwer beschädigte Häuser. Nur 8 % der Schäden wären innerhalb von 6 Monaten zu reparieren gewesen. Die Totalschäden betrafen nur Wohnviertel — es wurden weder militärische Anlagen noch wirtschaftliche oder industrielle Ziele getroffen. Die Absicht des Angriffs wird auch aus der Wahl des Bombenmaterials klar: neben 345 t Brandbomben kamen nur 135 t Sprengbomben zum Einsatz. Dieser Angriff zeigt, daß gegen derartige Terrorangriffe auch der Einsatz der *Togo* trotz rechtzeitiger Alarmmeldungen nichts auszurichten vermochte. Vielmehr bestand auch für das Schiff bei diesem Angriff wieder akute Gefahr, denn die Entfernung zwischen Gotenhafen und Königsberg beträgt nur etwa 250 km, war also für die Bomber in kurzer Zeit zurückzulegen. —

Der Hauptangriff dieser Nacht erfolgte wieder weiter westlich mit 403 Lancaster-Bombern der Gruppen 1, 3 und 6 sowie Pfadfindermaschinen der Gruppe 8, die 1341 t Spreng- und Brandmaterial auf Stettin warfen. Hierbei konnte die deutsche Abwehr 23 viermotorige Bomber vernichten.

Bis zum Auslaufen der *Togo* aus Gotenhafen zum 4. Einsatz am 14. 9. 44 früh um 8.00 Uhr ereignete sich nun nichts besonderes mehr. Von 10.00 bis 18.00 Uhr erfolgte die MES-Erprobung auf der MES-Strecke vor Hela. Dann wurde der Marsch zur neuen Einsatzposition in der mittleren Ostsee angetreten, die um 22.35 Uhr erreicht wurde. Das Schiff war hier gegen die Luftminenoffensive der RAF gegen die deutschen Schiffahrtswege in den Küstengewässern der westlichen Ostsee eingesetzt, die gleichzeitig auch gegen Skagerrak, Kattegat und Küstengewässer der Nordsee lief. In der Zeit vom 1. 6.—31. 12. 44 flog die RAF insgesamt 1910 derartige Flugzeugeinsätze, und zwar wurden im Juni 1778, im Juli 708, im August 1586, im September 748, im Oktober 1133, im November 750 und im Dezember 1160 Luftminen abgeworfen. Aus diesen Zahlen wird schon ersichtlich, daß der Einsatz der *Togo* wiederum keine Besserung der Situation herbeiführte. Im ganzen Zeitraum wurden nur 36 Bomber abgeschossen. Auf deutscher Seite sanken aber 124 Schiffe mit 75 545 BRT, weitere 66 mit 100 915 BRT wurden beschädigt und fielen als Transportraum aus. Tatsächlich konnte *Togo* auf der neuen Einsatzposition kein einziges Minenflugzeug orten, sondern nur mehrfach schwedische Caproni 313, die sich als sehr neugierig erwiesen und deshalb durch FT dem Ausbildungsverband Flotte gemeldet wurden. Während des Rückmarsches am 5. 10. wurde das Schiff um 23.15 Uhr durch einen Funkspruch des Jafü Ostpreußen, Oberstlt. K. Nordmann nach Gotenhafen beordert. Hier lag es vom 16.—23.10 auf Reede und ging am 24. 10. nach Pillau weiter, wo es in der Frühe am Kanaldalben I festmachte.

Am 29. 10. 44 ging es von hier aus um 15.30 Uhr über Heck zum 5. Einsatzplatz im Seekanal. Ab 17.40 Uhr verholte das Schiff an die Ostspitze des Camstigaller Hakens im Seekanal. Hier lag *Togo* anderthalb Monate bis zum 15. 12. 44 mit ständig eingeschalteten Geräten, ortete aber in der ganzen Zeit nicht einen Gegner. Das Schiff war hier zunächst der 10. Sicherungsdivision, später der Luftflotte 6 unterstellt und arbeitete mit dem Luftgaukommando I in

Königsberg zusammen. Als dieses am 21. 1. 45 aufgelöst wurde, befehligte Generalmajor Uebe die Reste des Tagjagdgeschwaders JG 51 unter Major Losigkeit, die 18. und 24. Flakdivision und den Flughafenbereich 1/I. Die 18. Flakdivision (Gen.Maj. Günther Sachs) war der 4. Armee unterstellt. Die Flakkampfgruppe Königsberg = Flak-Abt. 217 (Major Rokittke) und die RAD-Batterie 6/10 (Oberfeldmeister Zoller) unterstanden Gen.Major Ernst Uhl. Mit allen diesen Verbänden arbeitete die Schiffsführung der *Togo* bei den kommenden Einsätzen häufig zusammen.

KAMPFEINSATZ OSTPREUSSEN IM RAHMEN DER FLÜCHTLINGSRÜCKFÜHRUNG (JANUAR – MÄRZ 1945)

Der Kampf um die deutschen Ostseehäfen war inzwischen mit aller Härte entbrannt. Auch Pillau wurde bald hart bedrängt, der Königsberger Seekanal war vom Feind gesperrt und Königsberg dadurch vollkommen abgeschnitten. *Togo* sollte die Luftaufklärung für die schwere Kampfgruppe »Thiele« übernehmen, konnte jedoch nur noch auf stärkere Verbände achten, da sich kleinere Formationen, vor allem IL-2 Schlachtflugzeuge der sowjetischen Luftarmeen, zu jeder Tageszeit im Luftraum über Ostpreußen befanden. Starts deutscher Tagjäger waren wegen akuten Treibstoffmangels im eingekesselten Ostpreußen äußerst selten. Wenn Nachschub herankam, flog die I. und IV. Gruppe des JG 51 Einsätze und verjagte dann die sowjetischen Maschinen. Langrohrgeschütze 17,5 cm und 21 cm der sowjetischen 31. Schützenarmee beschossen nachts in unregelmäßigen Abständen Stadt und Seehafen Pillau mit ungezieltem Störfeuer.

Am 13. 1. 45 hatte der sowjetische Generalangriff auf Ostpreußen begonnen. Mitte Januar wurden in Pillau (1939: 12 400 Einwohner) die ersten Anzeichen einer nahenden Katastrophe spürbar. Von Tag zu Tag schwollen jetzt die Flüchtlingsströme an, die in die Stadt drängten. Erhebliche Beeinträchtigungen setzten durch nächtliche Luftangriffe ein. Der Jagdfliegerführer (Jafü) Ostpreußen, in Umgliederung zum Nachtjagdraumführer in Brüsterort, übernahm am 21. 1. mit der I./NJG 100, der I./NJG 5 und der III./JG 51 die Nachtjagd über Ostpreußen bis einschließlich Posen und den Seegeleitschutz für Kurland. Aus Nachschubgründen war zu diesem Zeitpunkt bereits eine völlige Herauslösung der NJ-Verbände aus dem ostpreußischen Raum vorgesehen worden.

Am Abend des 25. 1. verließen die 21. und die 26. U-Flottille mit ihren Wohn- und Zielschiffen ihren Heimathafen Pillau — die Räumung hatte begonnen. Am 27. 1. ereignete sich beim Verladen von Seeminen in Fort Stiehle im Hafenbezirk eine schwere Explosion, in deren Folge ein Munitionslager in die Luft flog, was den Stadtkern wie ein Erdbeben traf. Dabei wurden 300 Personen getötet und etwa doppelt soviele verwundet. Es entstanden so schwere Gebäudeschäden (2000 Obdachlose), daß die weitere Unterbringung von Flüchtlingen dadurch unmöglich wurde.

Anfang Februar 1945 stießen die Torpedoboote *T 23* und *T 28* nach Pillau und unterstützten die Kämpfe der 2. Armee an der Samlandfront teils bei Neukuhren, teils bei Peyse an Frischen Haff. Am 29. 1. war der Flugplatz Seerappen gefallen — jetzt gab es im Samland nur noch die beiden Plätze Brüsterort und Pillau-Neutief. Schon vom 6. 2. an lag Pillau unter dem Artilleriefeuer der bis in den Raum nördlich der Halbinsel Peyse vorgedrungenen 39. Schützenarmee. Der Munitionsmangel zwang die eigene Festungsartillerie jedoch zu großer Zurückhaltung.

Nach einer verhältnismäßig ruhigen Liegezeit im Januar 1945 erhielt *Togo* im Januar und Februar mehrmals die Order, in Pillau Flüchtlinge an Bord zu nehmen und nach Danzig bzw. Gotenhafen zu überführen. Die Strecke durch die Danziger Bucht konnte in rd. 5 Fahrtstunden bewältigt werden. Die Unterbrechung der Stromversorgung von Pillau durch die erwähnte Explosion hatte die schwerwiegende Folge, daß beim ersten größeren Luftangriff am 5. 2. gegen 14.00 Uhr kein Fliegeralarm gegeben werden konnte. So verursachten die rund 60 angreifenden Pe-2 Zweimotbomber der 1. und 6. Garde-Kampf-Fl.-Divisionen der ADD des Luftmarschall Golowanov, die in Bialysto und Bielsk gestartet waren, neben großen Materialschäden auch hohe Personalausfälle. *Togo* befand sich zur Angriffszeit in Gotenhafen. Dennoch wurden an diesem Tag etwa 50 000 Flüchtlinge nach Neutief auf die Nehrung übergesetzt. Diese Aufgabe wurde von kleineren Marinefahrzeugen bewältigt.

Am 7. 2. 45 ließ KORALLE (OKM und 1. Skl in Bernau bei Berlin) über Admiral ZBF und die 2. Jagddivision (Stade) an Meko

MOK Ost (Meldekopf des Marineoberkommandos Ost) durchgegeben, daß der derzeit laufende Einsatz von *Togo* für Transportaufgaben in der Danziger Bucht das Schiff seinen Spezialaufgaben entziehe und dies nicht der Absicht der KM entspräche. Bei der augenblicklichen Verwendung sei eine Dringlichkeit eines Einsatzes als Jagdleitschiff für den ostpreußischen Raum nicht mehr erkennbar. Im Dänischen Raum sei schon eine Organisation zum Einsatz von *Togo* aufgebaut und deshalb jetzt die Entscheidung notwendig, wo das Schiff endgültig verwendet werden solle.

Am 8. 2. rief Oberst Bischoff (MOK Ost/Kiel) den Marineverbindungsoffizier beim Lfl.Kdo. 6 an und teilte ihm mit, daß die *Togo* zur Zeit mit Verwundeten an Bord in Danzig läge. Das MOK Ost hätte die beabsichtigte Weiterleitung des Schiffes nach Westen noch einmal verhindern können. Man bäte das Luftflottenkommando jedoch dringend, *Togo* beschleunigt nur noch für den ursprünglichen Zweck einzusetzen. Eine Einmischung anderer Dienststellen bei der Verwendung von *Togo*, etwa zu Räumungszwecken, müsse unterbleiben und künftig unterbunden werden. Vor allem sei dies auch mit Rücksicht auf die schlechte Treibstofflage zu vermeiden, da sonst *Togo* wegen Treibstoffmangels bald in einem westlichen Hafen festliegen könnte. Entsprechend sollte *Togo* ab 18.45 Uhr an diesem Tag entladen und dann nach Pillau zurückgeleitet werden. Dies wurde vom Schiff bestätigt.

Um 19.10 Uhr ging eine Anweisung des Lfl.Kdo. 6 hinaus, daß für die Durchführung der Nachtjagd im Raum Ostpreußen ab sofort die 1. Jagddivision zuständig sei. Der Nachtjagdraumführer Ostpreußen wurde angewiesen, von Ende Büchsenlicht über 24.00 Uhr bis Beginn Büchsenlicht die Befehle der 1. Jagddivision entgegenzunehmen. Während der Restzeit sei er weiter dem Luftwaffen-Kdo. Ostpreußen unterstellt. Gegen feindliche Nachtangriffe seien vordringlich Königsberg, Danzig, Gotenhafen und Pillau zu schützen. Dies wäre allen Nachtjagdstellungen in Ostpreußen mitzuteilen und zu befehlen, daß bei Feindeinflügen eine laufende Reportage über die Gebietsnachtjagdwellen auf Kurzwelle und UKW auszustrahlen und alle Funkfeuer einzuschalten seien. Die Führung der Verbände bzw. Einzelflugzeuge sei durch Y-Linien oder FuMG — soweit Mittel noch vorhanden — sonst durch *Togo* vorzunehmen. Die Kennung der I./NJG 100 auf dem Feldflugplatz Vietzker Strand /

Pommern sei Ludwig. Die Gefechtsschaltungen zur 1. Jagddivision liefen über Stolp.

Nachdem *Togo*, wie befohlen, von Danzig ausgelaufen war, funkte sie um 19.00 Uhr an den Chef des Stabes des Lfl.Kdo. 6: »Wer stellt Jagdschutz für Geleite von Gotenhafen nach Westen? Die 1. Fliegerdivision lehnt den Objektschutz ab.« Da das Schiff am 9. 2. noch nicht in Pillau eingetroffen war, griff der Führungsstab des OKL (ROBINSON) in die Kompetenzstreitigkeiten mit einem Fernschreiben ein, das von Gen.Major Christian abgezeichnet war: »Betrifft Einsatz des Jägerleitschiffes *Togo* — Lagebedingter Ausfall des Flugmeldevorfeldes im Osten erfordert den Einsatz des NJL-*Togo* in der Danziger Bucht für Flugmelde- und Jägerleitaufgaben zum Schutze des gesamten Räumungsverkehrs. Der hierdurch mögliche Schutz bedeutet eine bessere Unterstützung, als ein Einsatz des Schiffes für den Räumtransport.« Gleichzeitig ging der Befehl des Luftwaffenorganisationsstabes des Gen.Quartiermeisters 2. Abt. ein, mit dem die Auflösung des Jafü Ostpreußen dem Lfl.Kdo. »Reich« übertragen wurde. Als in dieser unübersichtlichen Situation unklarer Zuständigkeiten *Togo* am 10. 2. noch immer nicht in Pillau eingetroffen war, ließ der Chef des Generalstabes des Lw.Kdo. Ostpreußen, Oberst Brasser, um 16.00 Uhr folgenden Funkspruch an *Togo* absetzen: »Unter Aufhebung aller anderslautenden Befehle — sofort nach Pillau zurückkehren!«

In der Frühe des 11. 2. lief das Schiff in den Hafen von Pillau ein. Zwei Tage später erhielt es vom Lfl.Kdo. 6 um 13.15 Uhr den endgültigen Befehl: »*Togo* verbleibt für den Nachtjagdeinsatz im ost- und westpreußischen Raum ständig im Hafen von Pillau. Der Gefechtsstand des Nachtjagdraumführers Ostpreußen liegt auf *Togo*, ausgestattet mit den zur Bildung der Eigen- und Feindlage notwendigen Nachrichtenverbindungen ebenso einer sicheren Verbindung mit der Marineflak Pillau, Funkverbindung mit der I./100 mit schwerem Sender zur Führung eigener Nachtjäger über dem Hauptschutzobjekt Pillau. Befehl zur sofortigen Aufstellung eines Nachtjagdeinsatzleiters an Bord.«

Oblt. Roesler, Komp.-Chef der 22./222 (NJL-*Togo*) blieb Einsatzleiter beim Nachtjagdraumführer Ostpreußen. Für den Gefechtsstand der I./100 war von der 1. Jagddivision die Stellung »Star« vorgesehen, von der eine Fernsprechverbindung zu »Atlantis«

(= *Togo)* noch zu schaffen war. Weitere Anweisungen betrafen die Abstellung eines Horchverbindungsoffiziers mit einem Funkempfangstrupp zum Abhören und Überwachen des Funkverkehrs der sowjetischen Fernkampffliegertruppe (ADD) und ihres Peilkommandoverkehrs. Nach Möglichkeit sollte dafür Leutnant Drust vom ZAF-Meldekopf West abgestellt werden. Führungsmöglichkeiten für Nachtjäger sollten unter Ausnutzung der Gebietsnachtjagdstellungen Hirsch, Makrele, Pirol, Atlantis (= *Togo*) und Brachvogel hergestellt werden. Die Y-Linie verlief über Station Stoppelrübe und *Togo*. Die hierfür notwendige Funkregelung für die 1. Jagddivision war bereits festgelegt worden. Alle diese Einzelheiten wurden mit dem Befehl Nr. 207/45 des Gen.d.Jgfl., Inspizient für Tagjagd/Ost festgelegt, der von Oberstlt. Karl-Gottfried Nordmann unterzeichnet war.

Ab Mitte Februar wurde die Gesamtlage zusehends ernster und bedrohlicher. Rund 1400 sowjetische Einsatzmaschinen aller Typen, die Masse der 3. Luftarmee, befand sich seit dem 12. 2. im Kampf gegen die ostpreußische Ostflanke der Front. Am 16. 2. flog sie die ersten ernsthaften Luftangriffe mit Verbänden von jeweils 20 Boston III oder Pe-2 unter starker Jägerdeckung gegen Marienburg, Heiligenbeil und den Hafen von Pillau. Bereits am 14. 2. hatte Gen. Major Sachs, Kommandeur der 18. Flakdivision, funken lassen: »Die Nehrung braucht unbedingt Flakschutz. Trecks werden immer häufiger durch Il-2 und nachts durch U-2 angegriffen.«

Als die *Togo* am 15. 2. ihre befohlene Position einnehmen und mit Schlepperhilfe an der Stadtpier von Pillau festmachen wollte, geriet sie bei dem sehr stürmischen Wetter mit dem Heck auf Grund. Die ganze Nacht hindurch bemühte sich der Schlepper, das Schiff wieder freizubekommen, hatte aber erst im Morgengrauen Erfolg. Da sich der Flüchtlingsstrom nach Pillau weiter verstärkt hatte, blieb nur der Ausweg, das Schiff trotz aller anderslautenden Befehle noch einmal zu einem kurzfristigen Flüchtlingstransport nach Danzig einzusetzen. Während Verwundete und Flüchtlinge an Bord genommen wurden, sollte ein Taucher feststellen, ob Schraube, Ruder und Unterwasserhorchgeräte zur U-Abwehr bei der Grundberührung Schaden genommen hätten. Als das Schiff bis an die Grenze der Aufnahmefähigkeit mit Flüchtlingen besetzt war, griffen ein gemischter Bomberverband von 20 Boston III und Pe-2 und ein Schlachtverband von 12 Il-2 ab 9.00 Uhr den Hafen an. Da der Gegner sehr tief im Ortungsschatten hoher Häuser anflog, war eine rechtzeitige Erfassung durch eigene Meßgeräte nicht möglich und *Togo* wurde überrascht. Sofort nach Erkennen der Gefahr setzte aus allen Flakständen des Schiffes heftiges Abwehrfeuer ein. Die Marineflak des Hafens und die Schiffsflak der im Hafen liegenden Frachter versuchte, einen Sperrvorhang über den Hafen zu legen. Trotzdem kamen die Einschläge eines Reihenwurfes bis in die Nähe der *Togo.* Die Pumpenbedienung der *Togo* lag rücklings an Deck, da sie dem im Wasser befindlichen Taucher weiterhin Atemluft zuführen und die Pumpe bedienen mußte. Nur mit Mühe konnte durch die Besatzung eine unter den Flüchtlingen an Bord ausbrechende Panik verhindert werden. Der Angriff ging glücklicherweise schnell vorüber, und es waren nur einige Splitterschäden an Bord und einige Verwundete zu beklagen. Am meisten hatte der Taucher gelitten, der durch die Druckwellen der nacheinander im Wasser detonierenden Bomben voll erfaßt wurde und dabei fast ums Leben gekommen wäre.

Am Vormittag des 17. Februar lief die *Togo* nach Beseitigung der Schäden nach Gotenhafen aus und gab dort die Verwundeten und Flüchtlinge ab. Danach kehrte sie zu einer letzten Wiederholung der Rettungsaufgabe nach Pillau zurück.

In der Dunkelheit des späten Abends des 17. 2. glitt der Schwere Kreuzer *Admiral Scheer,* begleitet von den Zerstörern *Z 38, Z 43* und den Torpedobooten *T 28* und *T 35* an der *Togo* vorbei. Oberhalb der *Togo* machte er mit dem Heck fest, während 2 Schlepper den Bug des Kreuzers quer zum Königsberger Seekanal hielten. Dann beschoß die *Admiral Scheer* mit ihren 28-cm-Türmen und der 15-cm-Mittelartillerie die ganze Nacht hindurch erkannte sowjetische Landstellungen und Artilleriekonzentrationen. In den Morgenstunden des 18. Februars setzte dann der geplante Heeresangriff mit dem operativen Ziel, das gesamte Samland zurückzugewinnen und den Landweg nach Königsberg wieder zu öffnen, ein. Gleichzeitig fuhren die Zerstörer und Torpedoboote den Seekanal aufwärts und kämpften dort den Widerstand der am weitesten vorgestoßenen Sowjets nieder. Die Landverbindung nach Königsberg wurde wiederhergestellt, doch lief sich die deutsche Offensive durch Kräftemangel bald fest. Kurz nach Tagesanbruch verschwand die

Admiral Scheer mit der Kampfgruppe 1 wieder. Darauf angesetzte Zweimotbomber suchten den Schiffsverband vergeblich. Vom Auslaufen des Schiffsverbandes aus Pillau übernahm die 1. Jagddivision ab 10.00 Uhr bis zum Einlaufen in Gotenhafen um 14.00 Uhr den Jagdschutz, da die Jagdkräfte des Lw-Kdo. Ostpreußen auf dem Gefechtsfeld gebunden waren. Das JG 51 erzielte an diesem Tag 10 Abschüsse. Nach dem Geleit hatten 47 Bf-109 G-14 der I. und III./JG 51 aus Neutief am 20. 2. freie Jagd und konnten aus einem gemischten Verband von 14 Boston-III und 30 Il-2, die von 30 Jak-9 gedeckt wurden, 5 Abschüsse erzielen.

Mit dem deutschen Gegenangriff im Samland stellten die Sowjets die Beschießung von Pillau bis zum 12. März ein. Nach Beginn ihrer Offensive gegen die Reste der 4. Armee am Südostufer des Frischen Haffs, die zur Bildung des Kessels von Heiligenbeil führte, lebte die sowjetische Artillerietätigkeit gegen die Festung vom 13. März an wieder auf. Am 23. März übernahm der Kommandierende General des LV. Armeekorps, Gen.lt. Kurt Chill als Festungskommandant den Befehl über Pillau.

Am 21. 2. ging ein Funkspruch des Luftflotten-Kdo. »Reich« mit dem Auftrag an das 9. Fliegerkorps hinaus, einige FW-189 A für die Nachtjagd zum Schutz eigener Rückführungen im Frischen Haff gegen U-2-Nachtangriffe zusammenzufassen. Außerdem wurden Jabo- und Bordwaffenangriffe von Nachtschlächtern gegen die erkannten U-2-Horste gefordert. 3 FW-189 der I./NJG 100 sollten daher zum Schutz der Kurischen Nehrung nach Neutief zurückverlegen und von *Togo* geführt werden. In der Nacht vom 21./22. 2. griffen wieder 14 U-2 die Samlandküste an und warfen als Störflieger Bomben auf Königsberg und die Frische Nehrung. Inzwischen waren 2 weitere sowjetische Fliegerregimenter mit 49 Po-2/U-2 der 213. Nachtkampf-Fliegerdivision auf dem Flugplatz Ibersbach festgestellt worden. Dem gegenüber besaß die I./NJG 100 in Vietzker Strand/Pommern nur noch 30 Ju-88 G-1 und 5 Fw-189 A-3. Von letzteren verlegte zunächst zur Probe eine Maschine nach Danzig-Langfuhr. Die doppelrümpfige Fw-189 A war ursprünglich nur als Nahaufklärer vorgesehen. Die Polikarpov Po-2/U-2 war dagegen ein langsamer zweisitziger Doppeldecker mit feststehendem Fahrwerk, holzverkleidet und mit offenen Pilotensitzen. Die üblichen Nachtjäger waren für diese »Nähmaschinen« viel zu schnell und jagten beim Ansatz auf das langsame Ziel regelmäßig daran vorbei. Nunmehr sollte die Bekämpfung mit der langsameren Fw-189 erfolgen.

Als erste Nachtaufgabe erhielt die *Togo* die Jagdleitung gegen die U-2, die mit je 2 kleinen Bomben die Eisdecke des Frischen Haffs aufzureißen suchten, über die seit Wochen ein Strom von Flüchtlingstrecks in Richtung Danzig zog. Sorgfältig führte man auf der *Togo* nach der Auswertung auf dem Seeburgtisch die Fw-189 A an die langsamen sowjetischen Maschinen heran, aber auch diese langsamste deutsche Maschine stieß immer wieder vorbei. Der deutsche Pilot versuchte seine Maschine weiter zu bremsen, indem er mit offener Kanzel und ausgefahrenem Fahrgestell flog und so den Luftwiderstand erhöhte. Beim 5. Angriffsversuch sackte die Fw-189 jedoch durch und machte im Seekanal Bruch. Ein von *Togo* ausgesetzter Kutter rettete die Besatzung. Der erste Bekämpfungsversuch war ein voller Mißerfolg geworden. Die bisherigen Erfahrungen mit der Jägerleitung mußten dahin erweitert werden, daß Erfolg nur erwartet werden konnte, wenn dem Zielobjekt entsprechende eigene Jäger zur Verfügung standen.

Am 25. 2. griffen 92 Il-2 in mehreren Verbänden unter Jägerdekkung bis 16.30 Uhr den Flugplatz Brüsterort an. In der letzten Februarwoche beteiligte sich *Togo* fast täglich an der Abwehr von Tieffliegerangriffen und Aufklärungsvorstößen bis nach Hela.

Am 27. 2. wurde der Jafü Ostpreußen, Oberstlt. Karl-Gottfried Nordmann, nach Treuenbrietzen in Marsch gesetzt. Er nahm dort weiterhin die Geschäfte als Inspizient der Tagjäger/Ost wahr und stellte für kurze Zeit einen Stab Jafü/Ost auf. Ein Befehl des Gen. Kdo. des II. Fliegerkorps (Kdr. General d. Flieger Martin Fiebig) forderte mit Wirkung vom 3. 3. die Aufstellung eines Gefechtsverbandes »Weiß« mit Gefechtsstand auf dem Fliegerhorst Praust. Führer des Verbandes sollte Oberst Otto Weiß mit der Disziplinarbefugnis eines Brigadekommandeurs sein. Zur Koordinierung der Luftabwehr wurden hier folgende Verbände mit Unterstellung unter das II. Fliegerkorps zusammengefaßt:

— der Stab der Nahaufklärergruppe 4 mit der I./NAG 4 und der II./NAG 12 in Praust
— der Stab des Schlachtgeschwaders 1 mit der III./SG 1 in Hexengrund

— der Stab des Jagdgeschwaders 51 mit der I. und III. Gruppe in Danzig-Langfuhr
— das 12. Ln.Rgt. 262 und alle im Bereich des AOK 2 eingesetzten Luftnachrichtenverbände und Jägerleittruppen, — unter anderem also auch die Einheit auf der *Togo.*

Die Aufgaben des neuen Gefechtsverbandes waren das Unterstützen des Abwehrkampfes der 2. Armee und der Jagdschutz für alle Schiffsgeleite und Kriegsschiffe in der Danziger Bucht. Die Einsatzbefehle sollten über das II. Fliegerkorps und die 1. Fliegerdivision laufen.
Mit Beginn des 4. 3. wurde die 1. Garde-Marineflieger-Division der Baltischen Rotbannerflotte aus dem Raum von Reval nach Polangen verlegt. 2 Fliegerregimenter dieser Division waren mit ihrer Masse im Raum von Memel eingetroffen. Nach Luftaufklärungsergebnissen standen ferner Großteile der 303. Jagdfliegerdivision der 1. Luftarmee nur 30 km südlich Königsberg, das bekannte französische Fliegerregiment »Normandie-Njemen« seit dem 17. 2. in Labiau. Die 1. Garde-Schlachtflieger-Division (1. Luftarmee) hatte von Kowno in den Raum von Rastenburg verlegt, und die 3. Luftarmee wurde durch den Einsatz der 113. Kampffliegerdivision verstärkt. Teile der 335. Schlachtfliegerdivision dieser Armee waren auf dem Flugplatz Saalau festgestellt worden. Diese Division befand sich insgesamt seit dem 20. 2. in Verlegung von der Kurlandfront nach Tauroggen. Somit standen also gegen den Gefechtsverband »Weiß« zahlenmäßig weit überlegene Kräfte zweier sowjetischer Luftarmeen, gegen die die Deutschen den Kampf nur mit dem Mut der Verzweiflung aufnehmen konnten.
Am 3. März 1945 lag die *Togo* in Pillau-Hafen, beteiligte sich an der Flakabwehr eines Il-2 Aufklärungsvorstoßes und sollte der in Königsberg eingesetzten Flakkampfgruppe (Flakrgt. 87 (o) der 11. Flakbrigade) unter Oberst Schreder die dringend erforderlichen Luftlagemeldungen für diesen Raum liefern. Die notwendige Flugmelde-Reportageleitung wurde in Königsberg auf der Sternwarte durch einen RV-Trupp der 1./Ln-RV-Abt. (mot) z.b.V.1 am 4. 3. 45 hergestellt.
Am 5. 3. erhielt der Gefechtsstand »Weiß« vom Befehlshaber der Luftflotte 6, Gen.oberst Ritter von Greim, die Sofortanweisung,

alle Kampfeinsätze wegen Treibstoffmangels auf das unerläßliche Mindestmaß zu beschränken. Dagegen konnte der sowjetische Gegner am 6. 3. gegen die Heeresgruppe Nord insgesamt 375 Flugzeuge (170 Il-2, 143 Jäger Jak-Typen, 56 PE-2 u. a.) und gegen die Armeeabt. Samland weitere 118 Maschinen (darunter 4 Il-2, 79 Jäger, 18 PE-2 und 9 Boston III) einsetzen. Von 07.00—07.17 erkundeten 4 Il-2 Schiffsziele 40 km nördlich Brüsterort. Am Nachmittag erfolgten ernsthafte Luftangriffe gegen die Verladehäfen Rosenberg und Pillau. In Rosenberg fielen Bomben auf Munitionslager und Leichter, wobei 120 t Munition und 3 Leichter vernichtet wurden. Der Angriff auf Pillau erfolgte in zwei Wellen von 16.08—16.38 Uhr. In der ersten warfen 9 PE-2 und 9 Boston III, in der zweiten 24 PE-2 unter starkem Jagdschutz zahlreiche Bomben auf das Hafengebiet, wobei zahlreiche Brände entstanden. Vom Gefechtsverband »Weiß« flog die III./51 mit 23 Bf-109 G-14 Eskorte für einen Schlachtfliegereinsatz des SG 1 und erzielte anschließend bei freier Jagd im Raum Rummelsburg-Bütow 3 Abschüsse bei 2 Eigenverlusten. Der Stabsstaffel des JG 51 mit 24 Fw-190-A-8 gelang bei Brüsterort ein weiterer Abschuß.

Ab 7. 3. wurden dann durch die 1. Luftarmee auch Verbände der 3. Luftarmee in Richtung Königsberg eingesetzt. In der Folgezeit wurden immer häufiger Formationen dieser 3. Luftarmee über dem Samland und Pillau festgestellt. Am 7. 3. schossen 12 Bf-109 G-14 der III./51 »Mölders« bei freier Jagd im Raum Braunsberg geführt durch *Togo* 6 Pe-2 und 1 Jak-9 ab. Bei den harten Luftkämpfen, die sich von 14.15 bis 14.35 Uhr abspielten, erzielte Hauptmann Joachim Brendel, der Kommandeur der III./51 seinen 176. Abschuß. Uffz. Lückel wurde abgeschossen. Auch in den nächsten beiden Tagen waren durch Frühortungen die Abschußerfolge mit der Bodenführung von Bord der *Togo* verbunden. Am 8. 3. konnten 14 Bf-109 G-14 der III./51 im gleichen Luftraum von 12.05—12.12 Uhr aus einem Großverband von 42 Pe-2 und 40 Jak-9 eine Jak-9 und 5 Pe-2 abschießen. Darunter war der 177. und 178. Erfolg von Hptm. Brendel. Die beidenen eigenen Bf-109 der Uffz. Kürbis und Löst gingen verloren.

Am 9. 3. schoß die Stabsstaffel nach Alarmstart mit 12 Fw-190 A–8 aus einem gegnerischen Verband von 27 Maschinen eine Jak-9 und eine La-5 ab. In der Mittagszeit gerieten 22 Bf-109, die Seegeleit-

schutz im Raum der Danziger Bucht flogen, an einen gemischten Kampfverband der 3. Luftarmee mit 30 Kampf-, 28 Schlachtflugzeugen und 8 Jägern. Der III./JG 51 gelangen in der Zeit von 12.15—12.48 Uhr die Abschüsse von 2 Boston III, 1 Il-2, 1 Lagg-3 und von 2 Aircobras Typ Bell P-39 N + Q, letztere aus einer Lendlease-Lieferung der USA an die UdSSR von 4924 Stück. Hierbei erzielten Oblt. Günther Osten seinen 154.—156., Lt. Kurt Dombacher seinen 61. Luftsieg. Vermißt wurde Fw. Hüttner. In den gleichen Mittagsstunden griffen mehrere Kampfverbände des ADD mit 60 Pe-2 unter starkem Jagdschutz den Hafen von Pillau und den Fliegerhorst Pillau-Neutief an. Möglicherweise hatten Meldungen von Aufklärern des 72. Garde-Flieger-Rgt., die am 7. 3. Pillau bei der Wettererkundung überflogen und 18 Schiffe festgestellt hatten, wie die deutsche Funkentschlüsselung festgestellt hatte, diese Angriffe ausgelöst. Dicht neben der *Togo* wurde das Lazarettschiff *Meteor* (3717 BRT) mehrmals von Bomben getroffen und kenterte, obwohl die *Togo* Flaksperren zu schießen versuchte.
Schon am 8. 3. war durch den Oberquartiermeister der Luftflotte 6 eine Warnung an den Gefechtsverband »Weiß« gegangen, daß bis zum Eintreffen weiterer Betriebsstoffvorräte die Aufklärung vorrangig vor jedem Kampfeinsatz sei und der Sperrbestand laut Befehl des Luftflotten-Kdo. 6 nicht angerissen werden dürfe. Der Verband verfügte am 7. 3. noch über im voraus eingelagerte Bestände von 22 m^3 B 4 und 32 m^3 C 3 und hatte um 17.45 Uhr angefragt, ob dieser Bestand im Einsatz verbraucht werden könnte und gleichzeitig mitgeteilt, daß auf Grund der Betriebsstofflage ein Betanken landender Nachtjäger der I./NJG 100 völlig unmöglich sei. Am 8. 3. wurde nun gemeldet, daß auf einem Motorsegler 21 m^3 B 4 und 29 m^3 C 3 eingeflogen würden.
Am 10. 3. forderte die 2. Armee und der Kommandierende Admiral östliche Ostsee vom Gefechtsverband »Weiß« schwerpunktmäßige Aufklärung vor der Front, Schutz von Gotenhafen und Danzig sowie Schutz für die Flotteneinheiten. Oberst Weiß konnte nur noch lakonisch melden, daß über den befohlenen Sperrbestand hinaus nur noch 8 m^3 B 4 und 30 m^3 C 3 zur Verfügung ständen und anfragen, ob damit Jagdschultz für Gotenhafen oder Flottenschutz erfolgen solle.
Am 11. 3. wurden zur einheitlichen Führung der Luftverteidigung

die Marineflakgruppen des Kdo. Pillau einsatzmäßig der 18. Flakdivision und Gen.major Sachs unterstellt. Am gleichen Tag verließ die *Togo,* mit Flüchtlingen beladen, den Hafen von Pillau und ging nach Gotenhafen. Es war sinnlos geworden, das Leitschiff noch länger in Pillau liegen zu lassen. Noch war die *Togo* unversehrt, konnte aber schon in den nächsten Stunden von der roten Luftflotte in ein Wrack verwandelt werden. Das sowjetische Luftflottenkdo. wußte längst, was für ein wichtiges Ziel das Schiff darstellte. Die Dechiffrierstelle des Seekommandanten von Pillau, Kpt. z. See Strobel, entschlüsselte häufig genug Funksprüche sowjetischer Aufklärer und Leitstellen und gab die, in denen die *Togo* erwähnt wurde, sofort an die Jägerleitstelle an Bord des Schiffes weiter. Dies erfolgte in der letzten Zeit immer häufiger — immer dringender forderten sowjetische Kommandostellen die sofortige Vernichtung des Schiffes. Aber nicht allein aus diesem Grunde wurde die Schiffsleitung der *Togo* mit einigen Flüchtlingstransporten nach Gotenhafen beauftragt. Ab 15. 3. blieb das Schiff ganz dort, um mit seiner starken Flakbewaffnung den Schutz der Einschiffungen auf den vielen dort ankernden Transportern zu verstärken. In Pillau lagen noch 24 300 Verwundete und es stand kein Lazarettschiff mehr zur Verfügung. Am 17. 3. bekam *Togo* Order, nach Danzig-Neufahrwasser zu gehen, dort möglichst viele Verwundete der 2. deutschen Armee an Bord zu nehmen und nach Westen zu überführen.
Am 18. 3. wurde gegen Mittag damit begonnen, etwa 2000 Verwundete aus einem der 7 Danziger Lazarette zu übernehmen. Mitten in der Übernahme erfolgte ein Il-2 Tieffliegerangriff, der aber nach heftigem Abwehrfeuer der Marineflak und der Bordflak der *Togo* abgebrochen wurde. Als die Verladungen am 19. 3. beendet waren, ging das Schiff auf die Reede, um das Zusammenstellen eines Minen- und U-Geleites abzuwarten.
Am 20. 3. meldete die Heeresgruppe Nord als Schwerpunkt feindlicher Luftangriffe von 06.48—17.30 Uhr den Raum von Danzig. Hier waren 108 Il-2 und 56 Begleitjäger, meist Jak-9, eingesetzt, die immer wieder in Verbänden bis zu 30 Il-2 über dem Brückenkopf Gotenhafen-Danzig auftauchten und vor allem die Einschiffungen im Tiefflug angriffen. Rund um den Brückenkopf lagen nunmehr Teile von 2 Schlachtflieger- und einer Jagdfliegerdivision. Die 277. Schl.Fl.Div. war auf dem Flugplatz Wormditt festgestellt wor-

den. Außerdem hatte das sowjetische Oberkommando Teile der 250. Schl.Fl.Div. der 4. Luftarmee in den Danziger Raum geworfen. Seit ein paar Tagen war schließlich die 320. Jagdfl.Div. der 3. Luftarmee in diesem Bereich erkannt worden.
Glücklicherweise war *Togo* am 20. 3. jedoch auf Hela-Reede ausgewichen und wurde nicht mehr angegriffen. Noch am gleichen Tage wurde das Schiff im Minengeleit um 18.00 Uhr mit Ziel »Anholt« (dänische Insel, aber auch Deckname für »Luftflotte Reich«) nach Westen in Marsch gesetzt. Mit der *Togo* verlegten auch 14 Flugzeugführer des JG 51, die nach Berlin-Döberitz kommen sollten, die 1. und 2. Abt. des Flugmelde-Rgt. 61 und Teile der I./NJG 100, die nach Wittstock kommen sollten. Gemeinsam mit der *Togo* lief das Linienschiff *Schlesien,* das 1000 Verwundete an Bord hatte. In der Abendlage des Admiral östliche Ostsee um 23.07 Uhr heißt es: »Geleit läuft planmäßig — 2. Kampfgruppe ›Rogge‹ hat mit *Prinz Eugen* und 3 Zerstörern in die schweren Landkämpfe um Gotenhafen und Zoppot eingegriffen.« An diesem Tage kam es noch zum Räumungsschluß für die Bevölkerung von Zoppot.
Das Geleit von *Togo* und *Schlesien* wurde von Torpedobooten und U-Jägern begleitet. Die Besatzung der *Togo* hatte unter Deck fast keinen Platz mehr und bemannte ständig sämtliche Fla-Waffen, denn kurz nach dem Auslaufen von Hela-Reede hatte ein sowjetischer Aufklärer vom Typ Il-2 das Geleit umkreist. So befürchtete man das baldige Auftauchen eines Bomber- bzw. Torpedobomberverbandes der Baltflot. — nicht zu Unrecht, denn vom 6. 3.—25. 4. flog die sowjetische Marineluftwaffe, besonders die 9. Rotbanner-Schlachtflieger-Division unter Oberstlt. B. S. Slepenko mit Il-2 und die 8. Minentorpedoflieger-Division des Obersten M. A. Kurockin mit Pe-2 und DB-7, insgesamt 2033 Einsätze gegen deutsche Schiffziele.
Aber wieder wurde *Togo* von ihrem Glück nicht verlassen. Die Wetterlage verschlechterte sich zusehends, es wurde diesig und schwere See kam auf. Die 2000 Verwundeten wurden seekrank, die zur Pflege mit an Bord gekommenen Ärzte und RK-Schwestern waren selbst nicht mehr fähig, eine Hand zu rühren. Freiwillige der Besatzung übernahmen daher unter der Leitung des Schiffsarztes die notwendige Pflege. Nach zwei Tagen langsamer, stürmischer Fahrt auf den Zwangswegen entlang der pommerschen Küste traf das

Geleit in Swinemünde ein. Dort war jedoch keine Möglichkeit vorhanden, die Verwundeten auszuschiffen, da alle Lazarette der Stadt mit Verwundeten der Pommernfront restlos überbelegt waren. *Togo* und *Schlesien* mußten also weiter nach Westen. Am 23. 3. wurde allein für *Togo* von der Hafenkommandantur ein Minengeleit zusammengestellt.

Im ehemaligen Einsatzgebiet der *Togo* hatte sich die Lage inzwischen folgendermaßen entwickelt: Mit dem Ausfall von Pillau-Neutief wurde gerechnet. Deshalb wurden zur baldigen Verlegung nach Westen vorgeschlagen: die Stabsstaffel und die III./JG 51, die I./NAG 4 mit dem Nachtschwarm der 11./NAG 12 und einer Kette JU-52 der 6. Ms.Gr. 1. Der verbleibende Platz Bürsterort war dann mit 200 Flugzeugen noch immer stark überbelegt. Entsprechend liefen am 23. 3. um 21.45 Uhr die *Eberhard Essberger* (5064 BRT) mit 32 Mann des NAG 4, 32 Mann der 11./NAG 12, 43 Mann der Ln.kompanie des JG 51 und 41 Mann vom Flzg.-Werkstattzug (mot) 62, und um 22.30 Uhr die *Albert Jensen* aus Flensburg (5446 BRT) mit Verwundeten, 34 Mann vom Stab des JG 51 und 278 Mann der IV./JG 51 von Danzig nach Warnemünde aus. Auch diese Luftwaffeneinheiten sollten nach Döberitz.

Am 24. 3. besaßen Stab-, I. und IV. Gruppe des JG 51 noch 38 Einsatzflugzeuge. An diesem Tage war Danzig-Langfuhr nicht mehr anfliegbar und wurde geräumt. Die IV./JG 51 ging nach Brüsterort, weitere Teile des Bodenpersonals im Schiffstransport nach Westen, ebenso der Kommodore des JG 51, Major Fritz Losigkeit mit Teilen seines Stabes und der gesamten Nachrichtenkompanie. Am 25. 3. 45 war die Dislozierung der restlichen fliegenden Verbände in Ostpreußen folgende: Teile der I. und IV./JG 51 und die 2./SG 3 in Brüsterort; die III./JG 51 unter Hauptmann Brendel in Pillau-Neutief.

Inzwischen befand sich die *Togo* mit langsamster Fahrt hinter ihren Minensuchbooten auf dem Wege nach Kiel. Jeder an Bord wurde durch die Minengefahr aufs Äußerste beansprucht — immer häufiger ragten Masten und Aufbauten der in den flachen Küstengewässern gesunkenen Transporter aus dem Wasser. Grüne Bojen bezeichneten die auf Grund liegenden Wracks, die von der Schiffsführung ausmanöveriert werden mußten. Wieder hatte das Geleit Glück. Ohne von den Beaufightern des Coastal Commands, die

dieses Seegebiet überwachten, angegriffen zu werden, gelangte es in die Kieler Förde.
Am 24. 3. machte die *Togo* am Kaiser-Wilhelm-Kanal unweit der Holtenauer Brücke im Hafeneinzugsgebiet von Kiel fest. Hier standen die angeforderten Lazarettzüge, Kranken-Lkw's und genügend Sanitätspersonal bereit. Die Ausschiffung der Verwundeten und ihre Übergabe in bessere Pflege verlief reibungslos.
In der Planung des Fliegerführers 6, Oberst Stockmann, und der Führungsverbindungsstelle Luftwaffe-Marine war die *Togo* eigentlich schon ab 11. 4. 45 für die Zusammenarbeit mit einer Jagdgruppe auf Bornholm vorgesehen, die eine Jägerführung in 60 km Umkreis auf allen Seegeleitwegen nach Kolberg und Swinemünde gewährleisten sollte. Diese letzte Aufgabe konnte das Schiff wegen akuten Treibstoffmangels nicht mehr übernehmen.
Nach der Verlegung in den Kieler Hafen am 25. 4, war die dringlichste Aufgabe der Schiffsleitung das Nachbunkern von Dieselöl. Aber alle Bemühungen um den notwendigen Treibstoff schlugen fehl, die Ölbunker der *Togo* blieben leer. So wurde das Nachtjagdleitschiff *Togo* vom Flottenkommando aufgelegt, und die Besatzung verließ am 28. März das völlig intakte Schiff. Ab 9. 4. mußte die 1. Skl. aus demselben Grunde dann sogar Teile der Flotte, und zwar *Leipzig, Lützow* und *Admiral Hipper,* stillegen. Nur *Nürnberg* und *Admiral Scheer* blieben auf Grund ihrer Munitionsvorräte, *Schlesien* und *Prinz Eugen* wegen des guten Ausbildungsstandes in beschränktem Einsatz.
In Kiel wurden Marine-Infanterie-Ersatzabteilungen zusammengestellt, die angeblich noch zum Endkampf in Berlin eingesetzt werden sollten. Auch die Besatzung der *Togo* wurde hier eingereiht und kam vorerst in die Festung Swinemünde, wo durch Umgliederung ab 1. April in Pommern bis in den Raum Waren die 3. Marine-Infanterie-Division entstand. Sie erhielt Teile der 163. ID des Heeres, die im März 1945 bei der 3. Panzerarmee in Pommern zerschlagen worden war. Nach Verfügung des Wehrmachtsführungsstabes war sie durch Marineeinheiten aufzufrischen und am 1. 4. 1945 in die Kriegsmarine zu überführen. Diese sog. 3. Mar.Inf.Div. hatte aber nur Brigadestärke und umfaßte angeblich die Mar.Inf.-Regimenter 8, 9, 10 und Teile eines Mar.Art.Rgt. ohne Nummer. Bei dieser Division werden auch die Marine-Schützen-Btl. 126 und

128 genannt. Die Division unterstand der 3. Panzerarmee und der Heeresgruppe Weichsel mit Sitz in Swinemünde. Die *Togo*-Besatzung könnte zum Mar.Inf.Rgt. 8 gehört haben, das Ende März/Anfang April in Swinemünde zusammengestellt worden ist, oder eine eigene Marinekampfgruppe gebildet haben.
Die 3. Mar.Inf.Div. kam auch zu einem Einsatz: am 19. April war die Verbindung zwischen der 9. Armee und der 3. Panzerarmee an der Oderfront zerrissen. Jetzt sollte das Generalkommando den Stab einer Armeegruppe bilden, deren Kern die neue 11. Panzerarmee abgeben sollte. Diese sollte mit zugeführten Truppen über den Finowkanal gegen Marschall Gregori Shukows Nordflanke angreifen und die Lücke zwischen 9. Armee und 3. Panzerarmee östlich Berlin wieder schließen. SS-Obergruppenführer Felix Steiner, der diese imaginäre 11. Panzerarmee führen sollte, wartete auf Truppen und erhielt die auf Hela völlig zerschlagene, zurückgeführte und wiederaufgefrischte 4. SS-Panzergrenadierdivision. Sie war nötig, um nur den Finowkanal zu verteidigen. Einen Tag später wurde ihm die völlig kampfunerfahrene 3. Mar.Inf.Div. zugeführt. Steiner und das Gen.Kdo. lehnten daher den vorgeschlagenen Angriff am 18. April gegenüber der Heeresgruppe als unmöglich ab. Ein kurzer Aufklärungsvorstoß der 4. PGD (SS) stellte feindliche gepanzerte Vorhuten schon bei Basdorf nördlich von Berlin fest. Am 20. 4. erhielt das Korps »Steiner«, das nunmehr als »Armeegruppe« bezeichnet wurde, in Liebenwalde noch die »Verstärkung« von rd. 5000 Fliegern und Feldsoldaten der Luftwaffe und 1000 HJ-Angehörigen aus Holstein, die alle nur mit Infanteriewaffen ausgerüstet waren —, dazu aber den endgültigen Angriffsbefehl aus Berlin, den Steiner verweigerte. Eine weitere Marinekampfgruppe stand im Grenzbereich an der Nahtstelle der 12. Armee des Generals Wenck und der imaginären 11. Panzerarmee Steiners. Ein letzter Entsatzvorstoß auf Berlin scheiterte schließlich in Höhe des Ruppiner Kanals. Dies ist geographisch dem Gebiet um Friesack am nächsten, wo viele Besatzungsangehörige der *Togo* am 2. Mai 1945 den Waffenstillstand erlebten — sie dürften also an diesen letzten Verzweiflungseinsätzen teilgenommen haben.
Bei der Kapitulation fiel die *Togo* zuerst als Beute in die Hände der Engländer, deren 2. britische Armee in Kiel einrückte. Da die *Togo* als eine der wenigen großen Marineeinheiten den Krieg heil über-

standen hatte, wurde sie als eines der ersten Schiffe nach Überführung am 13. August 1945 wieder in Dienst gestellt. Unter dem Kommando von Kapitän Otto Reuter fuhr sie im Auftrage der britischen Militärregierung über Kiel nach Oslo und Drammen und holte 1200 deutsche Soldaten der 7. Gebirgsdiv. nach Bremerhaven zurück. Anschließend wurde das Schiff bei der Deutschen Werft in Hamburg zum Transporter für UNRRA-Polen umgebaut, die als »displaced persons« in mehreren Reisen von Lübeck nach Gotenhafen, nunmehr wieder in Gdingen rückbenannt, in ihre Heimat zurückgebracht wurden.
Am 15. 1. 1946 übernahm die US-Navy das Schiff kurzfristig in Bremerhaven und übergab es am 15. März dieses Jahres als Reparationsleistung an Norwegen. Die Norweger tauften den Transporter in *Svalbard* um und setzten ihn weiterhin zur Repatriierung deutscher Soldaten von Oslo nach Cuxhaven ein. Nach Beendigung dieser Transporte diente das Schiff ab 1947 in der norwegischen Marine als Hilfsschiff.
Im Jahre 1954 begann bei den Nordseewerken, Emden, der Rückbau zum Frachtmotorschiff. Es wurde am 8. Juli 1954 unter dem neuen Namen *Stella Marina* von der Skips A/S Tilthorn in Kjöpsvik bei Narvik erneut in Dienst gestellt. 1956 erfolgte der Rückkauf und die Rücktaufe durch die ehemalige Woermann-Linie, zu diesem Zeitpunkt Deutsch-Afrikanische Schiffahrts-G.m.b.H. in Hamburg-Altona. Am 22. März 1968 verkaufte die inzwischen als DAL = *D*eutsche *A*frika-*L*inien firmierende GmbH die *Togo* nach Panama. Ihr neuer Name lautet jetzt *Lacasiella* und sie fährt für die Taboga Enterprises, Panama.
Die vorstehende umfangreiche Einsatzgeschichte stellt bisher den einzigen Lebenslauf eines Luftwaffenschiffes dar, der in so minutiöser Form praktisch lückenlos rekonstruiert werden konnte und steht hier stellvertretend für die oftmals sicher nicht weniger mannigfaltigen Einsätze aller übrigen Luftwaffenschiffe. Da die Rekonstruktion vorwiegend auf Marineakten aufbauen mußte und von den Luftwaffenkommandos an Bord des Schiffes keine KTB's vorlagen, läßt sich die Frage, ob sich dieses neuartige Schiff nun bewährt hat, schwer beantworten. Über technische »Kinderkrankheiten« ist nichts bekannt, ihre möglichen Einwirkungen auf den Einsatz daher nicht zu beurteilen. Aus den beschriebenen unter-

Die *Togo* nach Umbau zum Truppentransporter *Svalbard* unter norwegischer Flagge in Kristiansand. (Sammlung L. Dunn)

Nach Rückbau zum Frachter fährt die *Togo* jetzt als *Lacasiella* unter der Flagge Panamas. (Foto Jedrlinic)

schiedlichsten Einsätzen wird aber wohl klar, daß der Erfolg des Einsatzes von so vielen Variablen abhing, daß nur eine größere Zahl derartiger Schiffe einen nachhaltigen Einfluß auf die Luftabwehr gehabt hätten. Bei den Einsätzen in der östlichen Ostsee hat sich die Wirkung des Schiffes gegen einen zunächst vorsichtigeren Gegner stärker bemerkbar gemacht als bei den Einflügen der Westalliierten, gegen die das Leitschiff zunächst konzipiert worden war.

Jägerleitschiff *Kreta* x *Ile de Beauté* (Grö)

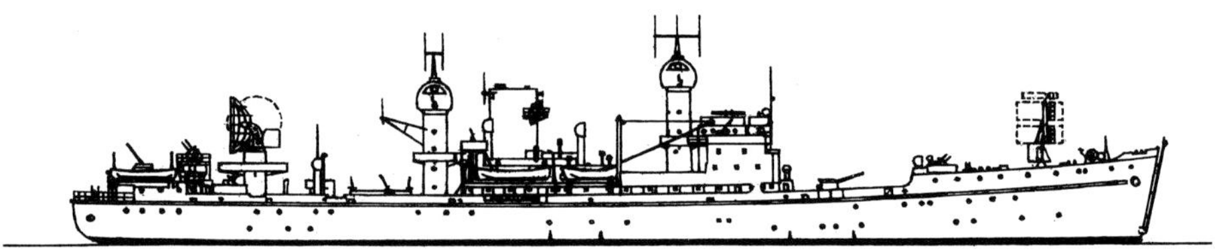

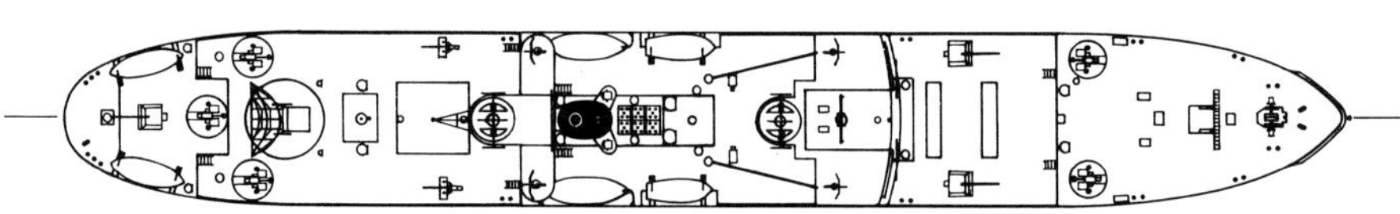

Nachtjagdleitschiff *Togo* (Grö/Mrv)

Name	*Odysseus* x *Gran*	*Kreta* x *Ile de Beauté*	*Westplein*	*Togo*
Schiffstyp, Bauart	*M/S,* Luken Decks	*T/P,* 2 Decks	*S/S,* Luken Decks	*M/S,* 5 Luken 2 Decks
Eigner	A/S Nye Kristianborg (A/S Rederiet Odfjell) Bergen	Co. de Nav. Fraissinet, Marseille	N.V. SMy. Millingen, (G. A. Spliethoff) Rotterdam	Woermann Linie AG, Hamburg
Bauwerft, Bau-Nr.	Burntisland SB. Co. Ltd., Burntisland, 220	Deschimag/A. G. Weser, Bremen, 882	Deutsche Werft, Hamburg 32	Bremer Vulkan B.-Vegesack 754
Stapellauf	. 12.38	14.1.30	. . 20	. . 38
Umbauwerft	–	Toulon	–	KM-Werft, Kiel
Umbauzeit	–	1943	–	bis 18.10.43
BRT	4140	2600	4370	5042
t		3100		12 700
Länge (m)	120,4 üa 115,7 pp	97,0 üa 93,0 pp	118,9 pp	134 üa 127 pp
Breite	16,4	13,2	15,3	17,9
Tiefgang	7,8	5,2	8,2	7,9
Seitenhöhe	8,2	8,4	9,0	8,1
Antriebs-anlage	1 3-zyl. 2-takt-Doxford-DM 1 Schr.	2 Satz Getriebe-Turbinen 4 Prudhon-Capus-Kessel 16 atü 2 3-flügl. Schr. ⌀ 3500 mm	1 steh. 3-zyl. 3-fach Exp.-M., 1 Schr.	1 8-zyl. 2-takt DM 1 4-flügl. Schr.
PS		5700 w	3200 i	5100 e
kn	11	20,1	11	16
Fahrstrecke			7000 sm	13 600 sm / 10 kn
Treibstoff	304 t Öl	300 t Öl	773 t Kohle	781 t Öl
Bewaffnung	3–8,8 Flak 36–2 Flak Wabo	2–10,5 Flak 2–7,5 Flak 28–2 Flak 30 Wabo		3–10,5 Flak 30–3,7 Flak 4 RAK-Werfer
Besatzung	ca. 250	230	ca. 300	283 + 74

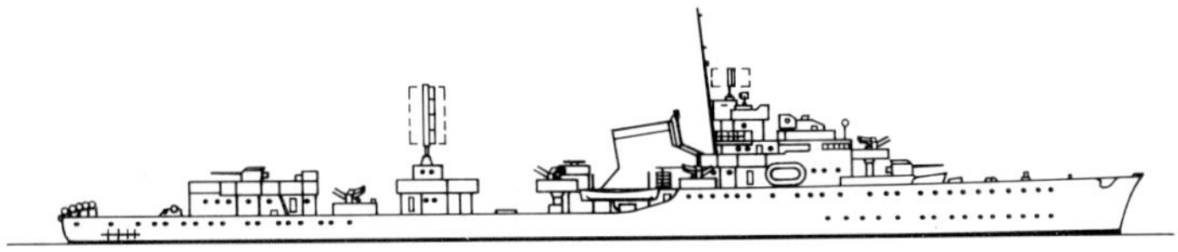

Jägerleitschiff *Corsaro (II)* (Mrv)

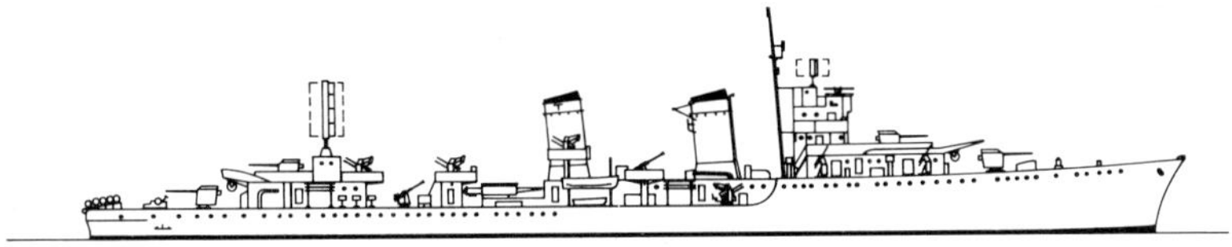

Jägerleitschiff *Premuda* x *Dubrovnik* (Mrv)

Name	*Corsaro*	*Premuda*
Typ		Destroyerleader
Bauwerft	Odero – Terni – Orlando, Legnano	Yarrow, Scotstown
Stapellauf	12.9.42	11.10.31
Umbau	Genua, 1943	Genua, 1943
t max.	2550	2884
Länge (m)	106,7 üa	113,2 üa
Breite	10,2	10,7
Tiefgang	4,4	4,1
Antriebsanlage	2 Parsons Rädergetriebe-Turbinen 3 Yarrow-Kessel 2 Schr.	2 Parsons-Turbinen, 1 Curtiss Marsch-Turbine 3 Yarrow-Kessel 2 Schr.
PS	52 000 w	48 000 + 900 w
kn	39	37
Fahrstrecke	2200 sm / 20 kn	1700 sm / 20 kn
Treibstoff	525 t Öl	590 t Öl
Bewaffnung	3–10,5 c/32 4–3,7 Flak 16–2 Flak 6 RAG-Werfer –8,6 (Stand 27.7.44)	4–10,5 L/45 8–3,7 Flak 48–2 Flak
Besatzung	207	ca. 200

Technische Daten *Krischan der Große*
Klasse FLUSI I, (Kennung *FLUSI 11* ??), Werft ?, 1940, 112 t, 38,5 Lüa, 5,9 m Br, 1,5 m Tg, 2,8 m Sh, 3 BMW-Otto, 1800–2000 PSe, 20 kn, 860 sm/20 kn, Bewaffnung 2–8,8 Flak, 4–4 Flak, 1–3,7 Flak oder 1–8,8 Flak, 8–4 Flak, 1–3,7 Flak

Sonstige Flugmeldeschiffe

Außer den hochtechnisierten Jägerleitschiffen hatte es seit Kriegsbeginn auch noch einfache Flugmeldeboote gegeben, einfache Fischkutter, die nach dem Prinzip »Auge und Ohr« auf vorgeschobenen Positionen auf See den Einflug feindlicher Flugzeuge beobachten sollten. Von August 1939 bis 1942/43 unterstanden z. B. zu diesem Zweck der Flugmeldekompanie des Fliegerhorstes Varel-Jever die *Mfk Kehrewieder = NOR 8* und *Nordsee = FRI 128.*
Gegen Ende des Krieges wurde dieser Gedanke noch einmal aufgegriffen. Größere Schiffe sollten, mit Flak bestückt, eine ähnliche Aufgabe in der Ostsee übernehmen. Zunächst war dafür das isländische Schiff *Gulfoss* vorgesehen, dann das neue dänische Motorfährschiff *Marsk Stig,* das bereits 1942 als Sicherheitsschiff für die Fährverbindung Gjedser — Warnemünde gechartert worden war. Es war am 23. 6. 44 beim Löschen gekentert und sollte nach der Hebung mit 1—8,8 Sk/35, 2—3,7 Flak (vollautomat.) und 8—2 Flak in Vierlingslafetten ausgerüstet werden. Doch kam es dazu nicht mehr.

Nebelträger

Ab 1943 ging auch die Luftwaffe dazu über, eigene Nebelträgerverbände in verschiedenen Häfen aufzustellen, die neben die Nebelträger-Flottillen der KM traten und die Vernebelung wichtiger Hafenobjekte bei Luftangriffen übernehmen sollten. Folgende Gruppen und Boote konnten bisher ermittelt werden:

Nebelabt. (z.b.V.) Hamburg
Barkassen Adolf IV, Elbtunnel, E.R., Friedel, Fritz, Hedwig, Henry, Rambow V, Schwentine, Seydlitz, Sojablume, Suhr & Cons, Suhr & Cons 2, W. Grützmann, Zukunft

Heimatnebelabt. Bremen:
Motorschiffe Anna Meta, Elisabeth, Helene, Rotily
Mfk Margaretha, Minna

24. Nebelkomp. Kiel
Mfk CAMST 24, FREE 7

54. Nebelkomp. Großstettin
Mfk KOL 91, KOL 97, LEBA 22, LEBA 37 = Elisabeth

. Nebelkomp. Peenemünde
Mfk KW 193 = Elizabeth, ZZ 4 = Op Goods Vertrouwen

. Nebelkomp. Danzig
Mfk GRÖ 11, PIL 28 = Möwe

Luftschutz

Zur indirekten Luftverteidigung ist schließlich noch eine Abteilung von Luftschutzbooten zu rechnen, die vom Luftgaukdo. XI/Hamburg für das weitverzweigte Gebiet des Hamburger Hafens 1943 aufgestellt wurde. Hierzu wurden eine Anzahl von Hadag-Fähren, und Barkassen zum Abtransport von Personen sowie einige Schlepper als Feuerlöschboote herangezogen:

Hadag-Fähren:	*Alardus, Brunshausen, Buchheister, Eiffe, Jenisch*
Barkassen:	*BMES CMPL III, BMES CMPL 183, Marie, Marius*
Schlepper:	*Argo, Elegant, Jupiter*
Motorschiff:	*Kehrwieder* (als Feuerlöschboot)

Die Verwendung von Luftwaffenschiffen nach 1945

Es mag verwundern, daß diesem Thema ein eigenes Kapitel gewidmet wird, da bereits in den vorangegangenen Abschnitten immer wieder die Endschicksale der jeweiligen Einheiten erwähnt wurden. Überall da, wo in einer Klasse eine große Zahl gleicher Einheiten auftreten, die keine eigenen Namen trugen, sondern nur durchnummeriert sind, macht jedoch die Feststellung und Zuordnung späterer Schicksale große Schwierigkeiten. In vielen Fällen wird man sich damit begnügen müssen, Boote einer Klasse aufzuspüren und ihren Lebensweg über eine Reihe späterer Jahre zu verfolgen, ohne dieses Teilschicksal einer bestimmten ursprünglichen Bootsnummer zuordnen zu können.

Im Bereich der Luftwaffenfahrzeuge sind es die Flugbetriebsboote, die TF-Boote und in geringerem Maße die Bergungsprähme, für die dies gilt. Besonders schwierig wird die Arbeit hier dadurch, daß viele dieser Fahrzeuge nicht mehr in Registern auftauchen, weil sie zu klein sind, als Privatyachten o. ä. Verwendung fanden oder in die Reihe der Dienstfahrzeuge übernommen wurden, über die Daten nur schwer zu bekommen sind. Wir verdanken es zum einen der verständnisvollen Hilfe vieler Wasserschutzpolizei- und Zollbehörden und zum anderen der Unterstützung des Bremer Staatsarchives, wo wir Einsicht in umfangreiche OMGUS-Akten nehmen konnten, daß wir für die Flugbetriebsboote die frühere Formulierung »Endschicksal z. Zt. nicht nachweisbar« nicht wiederholen müssen. Allerdings gestatten auch die OMGUS-Akten in etlichen Fällen nicht, den in ihnen aufgezeichneten Verbleib einer Bootsnummer zuzuordnen, da in ihnen als früheste Bezeichnung nur die angegeben wird, die die Boote nach der Übernahme durch die Alliierten erhielten. Auch Bau-Nr. und häufig sogar Bauwerft fehlen. So ist es auch in den

Schiffspapieren vieler noch heute existierender Boote. In allen diesen Fällen, die nachstehend genannt werden sollen, muß man sich damit abfinden, daß eine lückenlose Zuordnung der Schiffsschicksale nicht mehr möglich ist und bleiben wird.
Nur für ein einziges Flugbetriebsboot konnte auch nach dem Kriege die Weiterverwendung in der Aufgabe festgestellt werden, für die es entworfen wurde: *Fl. B 501* wurde 1945 norwegische Beute und tat noch 1952 unter dem Namen *Black Prince* (Traditionsname der norwegischen Reederei F. Olsen) Dienst auf dem Wasserflugplatz Stavanger. In einigen Flottenjahrbüchern ist in den 50er Jahren eine Gruppe von 4 Booten der Klasse Fl. B V für die norwegische Marine verzeichnet. Da sie jedoch stets ohne norwegischen Namen oder Nummer angeführt werden, ist es möglich, daß es sich hierbei um *Black Prince* und 3 weitere Boote gehandelt hat und daß diese Boote gar nicht zur norwegischen Marine gehörten.
In militärischen Diensten standen noch eine größere Zahl von Booten, von denen sich bisher folgende Fälle nicht zuordnen lassen:

Klasse Fl. B II

Fl. B. 2 . .: 1945 brit. Beute, *RN 56;* 13. 5. 46 in Kiel an USA, 382nd MP-Comp. »C«, 1947 † Fischereihafen Bremen, 19. 8. 47 geborgen, 19. 7. 48 an US Army Transportation Supply Depot, Bremerhaven . . .

Klasse Fl. B. V

Fl. B. 5 . .: 1945 brit. Beute, *RN 98;* 194. umbenannt in *Hazel . . .*

Zwei Boote aus dieser Klasse waren bis Mitte der 60er Jahre in Spanien als Wachtboote *V 20* und *V 21* eingesetzt. Es handelte sich um Boote, die sich nach der Invasion 1944 auf Anweisung zusammen mit anderen Hilfsschiffen in Spanien hatten internieren lassen (s. S. 122). Bei den Wachbooten *V 1 — V 19* handelt es sich dagegen trotz mancher Vermutungen offenbar nicht um ehemalige deutsche Boote. In der englischen Rhein- und Elbflottille waren Boote dieser Klasse unter den Bezeichnungen *ML 6009—6014, 6022, 6023, 6025, 6031, 6033, 6034* und *6039* eingesetzt. Einige dieser Boote wurden später an die Bundesmarine abgegeben.

Auch in den ersten Flottillen der Seepolizei der DDR waren ehemalige Flugbetriebsboote eingesetzt, über die keine näheren Angaben vorliegen. Eines dieser Boote wurde am 10. 10. 56 von den Nationalen Seestreitkräften der GST übergeben. Nach den Abmessungen müßte es ein Boot des Musters Fl. B V gewesen sein.
Im Dienste deutscher Behörden und der Bundeswehr finden sich etliche Boote. Die Tatsache, daß einige von ihnen nach 20 und mehr Jahren in diesem Einsatz noch zur weiteren Verwendung in Privathand verkauft werden konnten, spricht für die solide Konstruktion der Boote.
Sehr viele Boote fanden sich im Dienst von Zoll und Polizei wieder. Der besseren Übersicht wegen sollen auch die Boote kurz mit aufgeführt werden, deren Identifikation gelungen ist und die daher in der Aufstellung auf den pp. 214—222 mit enthalten sind:

Zolldienst (OFD = Oberfinanzdirektion; HZA = Hauptzollamt; ZA = Zollamt; ZGS = Zollgrenzschutz)

Klasse Fl. A. IV

Fl. A 404: 1946 — 12.53 Zolldienst, *Herta*

Klasse Fl. B II

Fl. B 2 . .: 1945 brit. Beute, *RN 100*; 7. 6. 46 in Kiel an US-Navy, 8. 7. 47 OMGUS, 28. 3. 47 *Albatros,* ZA Bremen; 21. 7. 50 re an US-Navy . . .

Klasse Fl. B IV

Fl. B 419: 1946 — 6.52 Zolldienst, *Tiger*
Fl. B 4 : 1945 brit. Beute, 1946 ZGS/Inspektion See, *Leopard;* 1. 4. 50 OFD Kiel/HZA Husum, 23. 7. 53 re an British TNC-Craft, Hamburg; 1954 Wachboot brit. Rheinfl. . .
Fl. B 4 : 1945 brit. Beute, *RN 177; Lion;* 1946 *Löwe,* ZGS/Inspektion See, 1. 4. 50 OFD Kiel/HZA Flensburg, später Husum; 15. 9. 53 re an British TNC-Craft, Hbg . . .

Klasse Fl. B V

Fl. B 505: 1946 — ? (vor 1951) Zolldienst, *Helga*
Fl. B 517: 11.46—8.52 Zolldienst, *Hanna*
Fl. B 518: 1946 *Honour,* ZGS/Inspektion See, . . .
Fl. B 527: 1946 — ? (vor 1951) Zolldienst, *Hildegard*
Fl. B 542: 1946 — 1.53 Zolldienst, *Helene*
Fl. B 545: 1946 — 1.53 Zolldienst, *Hermine*
Fl. B 55. : 1945 brit. Beute, *RN 7;* 1946 *Halcyon,* RN Boatpool, Kiel; 9. 10. 47 *Hedwig,* ZGS/Inspektion See, 1. 4. 50 OFD Hamburg/HZA Hbg.-Grenze, 1. 4. 54 re an British TNC-Craft, Hamburg, . . .

Klasse Fl. B VI

Fl. B 60. : 1945 brit. Beute, *Rose;* 1946 *Rose,* ZGS/Inspektion See; 1. 4. 50 OFD Hamburg/HZA Hbg.-Grenze, 5. 1. 54 re an British TNC-Craft, Hamburg . . .

Klasse Fl. T II

Fl. T 211: 1946 — 4. 54 Zolldienst, *Jaguar*
Fl. T 20. : 1945 brit. Beute, *RN 118;* 1946 *Panther,* ZGS/Inspektion See; 1. 4. 50 OFD Kiel/HZA Husum, dann Kiel; 23. 3. 54 re an British TNC-Craft, Hamburg . . .

Klasse Fl. T IV

Fl. T 401: 1946 — 4. 54 Zolldienst, *Heike*

Wasserschutzpolizei (WSP)
Klasse Fl. A. IV

Fl. A 40. : 1955 bei der WSP Schleswig-Holstein in Laboe als *Neptun* im Einsatz. Evtl. das ehemalige Zollboot *Herta* x *Fl. A. 404* ?

Klasse Fl. B II

Fl. B. 210: 4. 46 — 5. 50 *WSP 26,* WSP Schleswig-Holstein

Klasse Fl. B IV

Fl. B 4. . : 1945 brit. Beute, *RN 90; 7.* 6. 46 in Kiel an US-Navy, 46 — 6. 48 WSP Bremerhaven, 1952 Taucherboot, Erich Heure, Taucher- & Bergungsunternehmen, Bremerhaven; 2. 1. 53 an Fritz Schubert; Wilhelmshaven; 8. 54 re an US-Navy . . .

Klasse Fl. B V

Fl. B 526: 2. 48 — 5. 50 *WS 29,* WSP Bremerhaven/Bremen
Fl. B 537: 11. 46 *WS 28,* WSP Bremen; 5. 54 *WSP Bremen 3*
Fl. B 5052: 5. 45 — 4. 46 *WSP 1,* WSP Schleswig-Holstein
Fl. B 5505: 2. 47 *WS 30,* WSP Bremen; 5. 54 *WSP Bremen 2*

Klasse Fl. B VI

Fl. B 602: 11. 46 — 8. 47 WSP Bremen

Klasse Fl. C I

Fl. C 10. . : 1945 *Sperber,* WSP Schleswig-Holstein; 1968 an Privat verkauft

Klasse Fl. C III

Fl. C 347: 3. 48 *A 6,* WSP Hamburg
Fl. C 3. . : 1945 brit. Beute, *RN 268;* 31. 3. 48 *A 5,* WSP Hamburg . . .
Fl. C 3. . : 1945 brit. Beute, *RN 5;* 31. 3. 48 *A 4,* WSP Hamburg, 194. *WSP 34* . . .
Fl. C 3. . : 1945 brit. Beute, *RN . .;* 31. 3. 48 WSP Hamburg, 194. *WSP 35;* 2. 66 zum Verkauf ausgeschrieben . . .
Fl. C 3. . : 1946 *Stichling,* WSP Schleswig-Holstein; 1968 an Privat verkauft

Klasse Fl. D I

Fl. D 10. . : 1945 *Hecht,* WSP Schleswig-Holstein, 1966 verkauft . . .

Klasse Fl. T II

Fl. T 22: 1946: *Saturn,* WSP Schleswig-Holstein

Sonstige Dienstfahrzeuge

Fl. A 40 : Fischereiaufsichtsboot *Präsident Herwig*, Fischereiamt Büsum, 8. 69 noch im Dienst

Fl. T (11 oder *12)*: 1945 brit. Beute, *RN 4;* 3. 46 Peilboot Schiffahrts- und Wasserstraßenamt Bremerhaven; 2. 2. 49 umbenannt in *Körte;* 9. 56 umbenannt in *Ebbe* . . .

Fl. T. 101?:27. 2. 46 US-Navy, *TF 101;* 3. 5. 46 WSA Bremerhaven, Vermessungsboot *Gauss;* 11. 49 umgetauft in *Kepler*, 1. 4. 50 Lotsenboot *Kepler*, Dampfer »Böschlotse«-GmbH, 1962 br.

Fl. B 60. : . . . 19 . . *Süderoog* (Verwendung und Eigner ?), 19 . . Erprobungsboot *EF 1*, Bundesmarine

Konnten die Angaben über die Verwendung als Dienstfahrzeuge noch relativ gezielt bei den betreffenden Behörden ermittelt werden, so waren wir für die Verwendung im Privatbesitz auf Zufallsfunde angewiesen. Die folgende Aufstellung muß also ständig weiter ergänzt werden:

Schlepper

Fl. B 21. : 1945 brit. Beute, *RN 85;* 16. 5. 46 in Kiel an US-Navy; 9. 11. 48 Werftverkehrsboot Bremer Vulkan; 24. 10. 49 Hilfsschlepper *Margarethe I*, Erich Ploog, Duisburg; 5. 3. 51 *M/tg Vesa*, Louis Velter & Adolf Saffert, Duisburg; 5. 45 vermutlich nach Holland verkauft . . .

Fl. C 3. . : 1955 *M/tg H.K.W. 7*, Hanseatische Kieswerke GmbH, Hamburg . . .

Fl. C 3. . : 1945 brit. Beute, *RN. .;* † Elbe, gehoben von WSD Hamburg, von CCG anstelle Bergungskosten übereignet, 1949—51 Wiederherstellung im Eigenbetrieb, *M/tg Seeschwalbe*; 2. 6. 55 über K. H. Krogmann an K. Werner, Bln.-Spandau, 1957 noch in Betrieb . . .

Motorboote, Yachten u. ä.

Fl. A 40. : 1945 brit. Beute, *RN 61;* 19 . . *M/P Senior von Sonnekamp*, Kaus & Steinhausen K.G., Hamburg, 1957 br. ?

Die Motoryacht *Möwe*, ein Boot der Klasse Fl. B II, fährt seit 1973 unter dem Namen *Josephine* für den Club »Aquatörn« Hofe & Strehlau in Freiburg und steht Sporttauchern von Ajaccio/Korsika aus als Basis zur Verfügung. (Foto Strehlau & Hofe oHG)

Auch zu Ausflugsschiffen wurden Flugbetriebsboote umgebaut – hier ein Boot des Musters B V im Mai 1966 in Travemünde. (Foto Arnold Kludas)

Fl. B 2. . : . . . noch 1965 *M/P Muschco,* Peter Würfel, Osten; 19 . . *Möwe,* Lübecker Fahrgastschiffahrt Manfred Quandt, Lübeck; 1973 interimistisch *Octopus;* 1974 Taucherschiff *Josephine,* Club Aquatörn Hofe & Strehlau, Freiburg/Br.

Fl. B 4. . : . . . 5. 61 in Hamburg als *M/Y Takarako II* . . .

Fl. B 5004 oder *5504:* 1945 bei 13. R-Fl./II. MRD als Flugsicherungsboot *Otter,* 23. 3. 46 an US-Navy, Cuxhaven; 1949 von OMGUS an norweg. Botschafter verkauft . . .

Fl. B 5. . : 9. 73 als *M/P Peter 1* in Travemünde . . .

Fl. B 5. . : . . . 5. 66 als *M/P Travemünde* in Travemünde, wahrscheinlich früher *M/P Hanseat,* Kpt. W. Johannsen, Travemünde

Fl. B 5. . : . . . 1955 in Kiel als *M/Y Onabe,* 19 . . *M/Y Hanseat,* HYS, 1974 Taucherboot *Bon Ventura,* Tauchtechnik Seafari Club, Eckernförde

Die Marinefliegerverbände nach 1945

Nach dem II. Weltkrieg hörte die eigene »Luftwaffen-Marine« praktisch auf zu existieren. Bereits 1951 wurden im Amt Blank Überlegungen zur Aufstellung von Marinefliegerverbänden im Rahmen einer Wiederbewaffnung des westlichen Teils Deutschlands angestellt.
Diese Konzeption wurde dann im Oktober 1954, ein halbes Jahr vor dem Eintritt der Bundesrepublik Deutschland in die NATO (5. Mai 1955), auf der NATO-Ministerkonferenz in Paris beschlossen.
Der erste deutsche Flottenplan nach 1945 enthielt dann auch ein Aufstellungssoll von 204 Flugzeugen, von denen dann aber 1955 lediglich 58 bewilligt wurden.
Fast gleichzeitig mit dem Eintritt in die NATO liefen die ersten Ausbildungslehrgänge für Marineflugzeugführer und Beobachter sowie für Spezialpersonal in den USA und in England an.
1957 wurde dann das Kommando der Marineflieger geschaffen, und die schon seit 1951 gesammelten und auf ihre Tätigkeit vorbereiteten Kommandeure und Stabsoffiziere wurden in ihre Funktion eingesetzt. Damit war die 1. Etappe des Aufbaus der Marineflieger nach 1945 abgeschlossen.
Gleichzeitig übergaben die NATO-Partner USA und Großbritannien schrittweise die im Norddeutschen Raum befindlichen Fliegerhorste. Als Erstausstattung an Kampfflugzeugen stellte die britische Marine 68 Jagdbomber des Typs Armstrong Whitworth »Sea Hawk« MK 100 und MK 101 sowie 16 U-Jagd- und Aufklärungsflugzeuge Fairey »Gannet« (15 Einsatzmaschinen der Version A.S.4 und ein Schulflugzeug T 5) zur Verfügung. Aus den USA wurden acht Amphibienflugboote Grumman HU-16D »Albatros« ange-

kauft. Transport-, Verbindungs- und Schulflugzeuge sowie Hubschrauber lieferten britische, französische, italienische und deutsche Firmen.

Die zweite Etappe, der Aufbau der neuen Waffengattung der Bundesmarine und die Formierung der Staffeln und Geschwader bzw. Gruppen, vollzog sich gleichfalls rasch. Am 19. und 20. Mai 1958 wurden die ersten beiden Einsatzstaffeln gebildet: die 1. mit 12 »Sea Hawk« in Lessiemouth/Schottland, die 2. mit 10 Fairey »Gannet« in Eglinton/Nordirland. Nach Überführung der beiden Staffeln mit 300 Mann Personal in die Bundesrepublik Deutschland wurde am 1. August 1958 in Schleswig/Jagel die 1. Marinefliegergruppe »Ostsee« als Grundstock der taktischen Verbände aufgestellt. Bereits im Januar 1958 war in Kiel die Seenot- und Mehrzweckstaffel gebildet worden, der schrittweise die Albatros-Flugboote, drei Hunting Percival »Pembroke« Transportflugzeuge sowie jeweils vier Hubschrauber der Typen Bristol B 171 »Sycamore« und Saunders-Roe A.O.P. 12 »Skeeter« zugeführt wurden.

Am 1. März 1961 unterstellte die Bundesmarine ihren ersten inzwischen zum Marinefliegergeschwader (MFG) 1 ausgebauten Einsatzverband in Schleswig-Jagel der NATO. Ein zweiter Verband dieser Art, das Marinefliegergeschwader (MFG) 2, ebenfalls in Jagel aufgestellt, verlegte später nach Nordholz und im April 1963 endgültig nach Eggebek-Tarp bei Flensburg.

In Nordholz wurde der dritte Verband speziell für Fernaufklärung, U-Boot-Abwehr und elektronische Kampfführung aufgestellt, das MFG 3 »Graf Zeppelin«, das diesen Namen seit dem 9. Juli 1967 trägt. Ein viertes und fünftes Geschwader sollten in Kiel-Holtenau aufgestellt werden. Das MFG 4 kam nur bis zur Aufstellung einer Versuchsgruppe für Minenleg- und Räumaufgaben sowie zur U-Jagd vom Hubschrauber aus. Ob dieses Geschwader je zur vollen Aufstellung gelangt, steht bis zum heutigen Tag nicht fest. Das MFG 5 dagegen ist aus dem Marine-Dienst- und Seenotgeschwader hervorgegangen.

Anfang der sechziger Jahre gliederte sich das Marine-Dienst- und Seenotgeschwader folgendermaßen:

1 Dienststaffel	—	Hunting Percival »Pembroke«, DO-27
1 Seenotstaffel	—	5 Grumman HU-16D »Albatros«
		9 Bristol B 171 »Sycamore«

Seenotgruppe — 4 Boote: *Fl 5 — Fl 8*
3 Boote: *Fl 9 — Fl 11*

Die vier »Skeeter«-Hubschrauber hatten sich nicht bewährt und wurden zunächst durch 9 Sikorsky SH-34 G (S-58) abgelöst. Sehr bald danach wurden auch die Bristol B 171 »Sycamore« durch weitere Sikorsky SH-34 J (S-58) bei den Marinefliegern abgelöst.
Die Umrüstung der Marineflieger auf modernere Flugzeugtypen lief im Herbst 1963 an. Als erstes Geschwader wurde das MFG 1 auf den Jagdbomber und Aufklärer Lockheed F-104 G »Starfighter« umgerüstet. Die Umrüstung der Marineflieger dauerte etwa bis 1968. Das MFG 3 begann im Herbst 1965 mit der Übernahme von 20 Breguet »Atlantic« und sonderte nach und nach die veralteten Fairey »Gannet« aus. Ende 1966 betrug die Mannschaftsstärke der Marineflieger bereits 5800 Mann und war mit 15,8 % des personellen Gesamtbestandes die stärkste Waffengattung der Bundesmarine.
Nach der Umgliederung der Marineflieger, die mittlerweile in einer Marinefliegerdivision zusammengefaßt waren, gliederte sich diese Division folgendermaßen:

MFG 1 in Schleswig-Jagel mit zwei Staffeln Jagdbombern des Typs Lockheed F-104 G »Starfighter«
MFG 2 in Eggebek mit je einer Staffel Jagdbomber und Aufklärer des Typs F-104 G und RF-104 G »Starfighter«
MFG 3 »Graf Zeppelin« in Nordholz mit zwei Staffeln Fernaufklärern und U-Jägern des Typs Breguet 1150 »Atlantic«
MFG 5 in Kiel-Holtenau mit drei Staffeln:
1. Staffel: 8 Amphibienflugboote Grumman HU-16 D »Albatros«
2. Staffel: mit Hunting Percival »Pembroke« und Dornier Do 27
3. Staffel: 22 Hubschrauber Sikorky SH-34 G / J (S 58)

Zum MFG 5 gehören alle Mehrzweck-, Spezial-, Hilfs- und Schulflugzeuge sowie Hubschrauber der Marineflieger (ca. 40 Maschinen) und die sieben Flugsicherheitsboote *FL 5—8* und *FL 9—11*.
Ab 1970 wurde ein drittes Umrüstungsprogramm in Angriff genommen, das vom Bundestag 1969 bewilligt wurde. Als erste Maß-

nahme wurde das Marinefliegergeschwader 5 neu ausgerüstet. Für die veralteten Do 27 und Pembroke's der 2. Staffel wurden bis 1973 20 Dornier Do-28D »Skyservant« Mehrzweckflugzeuge beschafft. Für die acht Albatros Flugboote, 22 Sikorsky-Hubschrauber und 7 Flugsicherheitsboote wurden in Großbritannien 22 Amphibienhubschrauber Sikorsky/Westland MK. 41 »Sea King« bestellt.

Die letzten fünf Flugboote des Typs Grumman HU-16D »Albatross« wurden im Rahmen dieser Modernisierungsmaßnahmen am 30. September 1971 a.D. gestellt. Von nun an versahen nur noch die Sikorsky SH-34 G/J Hubschrauber den Seenotdienst. Es war auch in dieser Zeit geplant, zu den Hubschraubern zusätzlich 14 Flugboote eines von Dornier neuentwickelten Amphibienflugbootes Do 324 / Do 24—72 zu beschaffen, jedoch machten die guten Eigenschaften des unterdessen eingeführten Hubschraubers Westland MK. 41 »Sea King« dieses Vorhaben überflüssig. Die letzten fünf Sikorky SH-34 G des MFG 5 sind am 15. 7. 1975 in Kiel-Holtenau, die letzten Flugsicherheitsboote am 1. 10. 75 außer Dienst gestellt worden. 1975 konnte die Umrüstung des Marinefliegergeschwaders 5 (MFG 5) abgeschlossen werden. Mit den 22 Amphibienhubschraubern Westland MK. 41 »Sea King« verfügt das Geschwader über wirksames Gerät für den Seenoteinsatz über See.

ORGANISATION DES SEENOTDIENSTES DER BUNDESMARINE

Der Such- und Rettungsdienst über See (SAR)

Für das Gebiet der Bundesrepublik Deutschland wird der Such- und Rettungsdienst (SAR) in Zusammenwirken von Dienststellen des Bundesministers der Verteidigung und des Bundesministers für Verkehr durchgeführt. Das Bundesgebiet mit seinen drei Fluginformationsgebieten (Flight Information Region — FIR) ist zum Zweck einer übersichtlichen und straffen Organisation in zwei Such- und Rettungsbereiche (Search And Rescue — SAR-Regionen) unterteilt.

Im Süden der BRD ist es der SAR-Bereich Frankfurt, der die FIR's München und Frankfurt/M. umfaßt, und im Norden der SAR-Bereich Hannover, der mit der FIR Hannover identisch ist. In beiden Bereichen ist für die Einleitung, Koordinierung und Überwachung von Such- und Rettungsmaßnahmen eine SAR-Leitstelle (Rescue Coordination Center — RCC) verantwortlich. Im Süden ist es das RCC-Ramstein, das dort eng mit dem Atlantic Air Rescue Center (AARC) und der US Air Force zusammen arbeitet, sowie das RCC-Porz-Wahn bei Köln für den gesamten westdeutschen SAR-Bereich Land, und im Norden das RCC-Hannover. Die SAR-Leitstellen unterstehen militärisch den zuständigen Kommandos der Luftwaffengruppe Süd bzw. Nord.

Wegen der Besonderheiten, die mit SAR-Einsätzen über See verbunden sind, ist innerhalb des SAR-Bereiches Hannover ein SAR-Unterbereich See eingerichtet worden, der das Gebiet des Landes Schleswig-Holstein und der Freien und Hansestadt Hamburg, die Küstengewässer des Landes Niedersachsen sowie innerhalb der FIR-Hannover liegenden Seegebiete der Nord- und Ostsee umfaßt. Genau umfaßt der deutsche SAR-Bereich See die Deutsche Bucht bis 55 Grad Nord, 6 Grad 30 Bogenminuten Ost sowie die westliche Ostsee bis jeweils zur Seemitte zwischen der BRD und Dänemark beziehungsweise der Bundesrepublik und der DDR. Der östliche Punkt des westdeutschen SAR-Bereiches See liegt südlich Gedser auf der Position 54 Grad 30 Bogenminuten Nord und 12 Grad Ost.

Für diesen Unterbereich ist, unter der Gesamtleitung des RCC-Hannover, die SAR-Unterleitstelle (Rescue Sub Center — RSC) Kiel-Holtenau zuständig, die gleichzeitig »Gefechtsstand« des Marinefliegergeschwaders 5 ist. Angegliedert ist der SAR-Unterbereich See dem Flottenkommando in Flensburg-Meierwik, das damit gleichzeitig die Funktion eines Rescue Coordination Centers — RCC für den Bereich See einnimmt.

Das Marinefliegergeschwader 5 begann seinen Weg im Januar 1958, aufbauend auf den Erfahrungen der Seenotverbände der Deutschen Luftwaffe im II. Weltkrieg und der Seenotstaffeln der US Air Force, als Seenot- und Verbindungsstaffel. Da der personelle und organisatorische Rahmen sich für die gestellten Aufgaben bald als zu eng erwies, wurde zunächst im April 1958 die Marine Dienst- und Seenotgruppe und später das Marine Dienst- und Seenotgeschwader geschaffen, das heute den Namen Marinefliegergeschwader 5 (MFG 5) trägt.

Die SAR-Mittel 1. Grades des MFG 5 sind auf verschiedene Stützpunkte verteilt: je zwei Rettungshubschrauber in Kiel-Holtenau, Westerland, Borkum sowie ein Hubschrauber in Nordholz, Husum und in der Planung Helgoland. Amphibienflugboote in Kiel-Holtenau und bislang je ein Flugsicherheitsboot in List/Sylt, Helgoland und Kiel-Holtenau. Außerdem verfügte Kiel-Holtenau grundsätzlich neben einem sofort verfügbaren Wach-FL-Boot noch über ein in Bereitschaft liegendes Pikett-Boot, das zusätzlich herangezogen werden konnte.

Diese Stützpunkte, als SAR-Kommandos bezeichnet, sind entlang der Nord- und Ostseeküste verteilt. Neben den SAR-Kommandos existieren noch reguläre zivile und militärische Hubschrauberplätze (Heliporten — auf der Karte . . . als Dreieck) und Hubschrauber-Behelfslandeplätze (auf der Karte . . . als schwarzer Punkt), die von den Hubschraubern des MFG 5 angeflogen werden und zumeist in der Nähe von Unfallkrankenhäusern liegen. Auf den Nord- und Ostfriesischen Inseln sowie den Halligen dienen die Behelfslandeplätze vor allem der Abholung von Schwerkranken und Schwerverletzten oder aber zur Luftversorgung der Inseln bei schwerem Eisgang.

Ein Teil der Kommandos ist permanent besetzt, während ein anderer Teil der Kommandos durch Abordnung von Personal und Material je nach Bedarf besetzt werden.

Folgende SAR-Kommandos wurden besetzt (Stand 1966):

A) durch permanente Abstellung von Personal und Material:

1. Kiel-Holtenau

1 Amphibienflugboot und ein Flugsicherungsboot in Tag- und Nachtbereitschaft

1 Hubschrauber in Tages-Sofortbereitschaft

2. List-Sylt

1 Flugsicherungsboot in Tag- und Nachtbereitschaft

3. Westerland-Sylt

1 Hubschrauber in Tages-Sofortbereitschaft

4. Borkum
1 Hubschrauber in Tages-Sofortbereitschaft

B) durch Abordnung (Montag — Freitag) von Personal und Material:

1. Husum
1 Hubschrauber in Sofortbereitschaft (8.00—17.00 Uhr)

2. Nordholz
1 Hubschrauber in Sofortbereitschaft (8.00—17.00 Uhr)

3. Seegebiet um Helgoland
1 Flugsicherungsboot in Tag- und Nachtbereitschaft

Außerdem bestehen noch die Marine-Landfunkstellen Sengwarden (Wesermündung) und Meierwik bei Flensburg.
Die Einsatzleitung für alle SAR-Kommandos liegt in der Regel bei der SAR-Unterleitstelle Kiel-Holtenau.
Außer den für derartige Einsätze gerade verfügbaren Seestreitkräften der Bundesmarine sind Seenotkreuzer und Motorrettungsboote der Deutschen Gesellschaft zur Rettung Schiffbrüchiger (D.G.z.R. Sch.) in zahlreichen Häfen an der Ost- und Nordseeküste oder auf Seepositionen ständig einsatzbereit. Die Fahrzeuge dieser Gesellschaft werden von der Seenotleitung Bremen, die im Rahmen der ICAO-Organisation zugleich zivile Bereichssuchstelle 8 — See — für die Luftfahrt ist, eingesetzt und zentral geleitet.
Bei zahlreichen gemeinsamen Einsätzen und Übungen hat sich zwischen dieser Bereichssuchstelle und der SAR-Unterleitstelle Kiel-Holtenau eine verständnisvolle, reibungslose Zusammenarbeit entwickelt.
Durch die Unterstützung der zuständigen Wasser- und Schiffahrtsbehörde war es möglich, über die Zusammenarbeit der zivilen- und militärischen Such- und Rettungsorganisation hinaus, eine wesentliche Verbesserung der Flugsicherung im Unterbereich See zu erzielen. Die Ausrüstung des Feuerschiffs P 8 mit einem UHF-Gerät, das den Empfang von Notrufen auf der Frequenz 243,0 MHz ermöglicht, bedeutet, daß unter normalen Funkbedingungen Notrufe empfangen werden können, die aus Höhen über 400 Meter innerhalb des über der Nordsee liegenden Luftraumes der FIR-Hannover

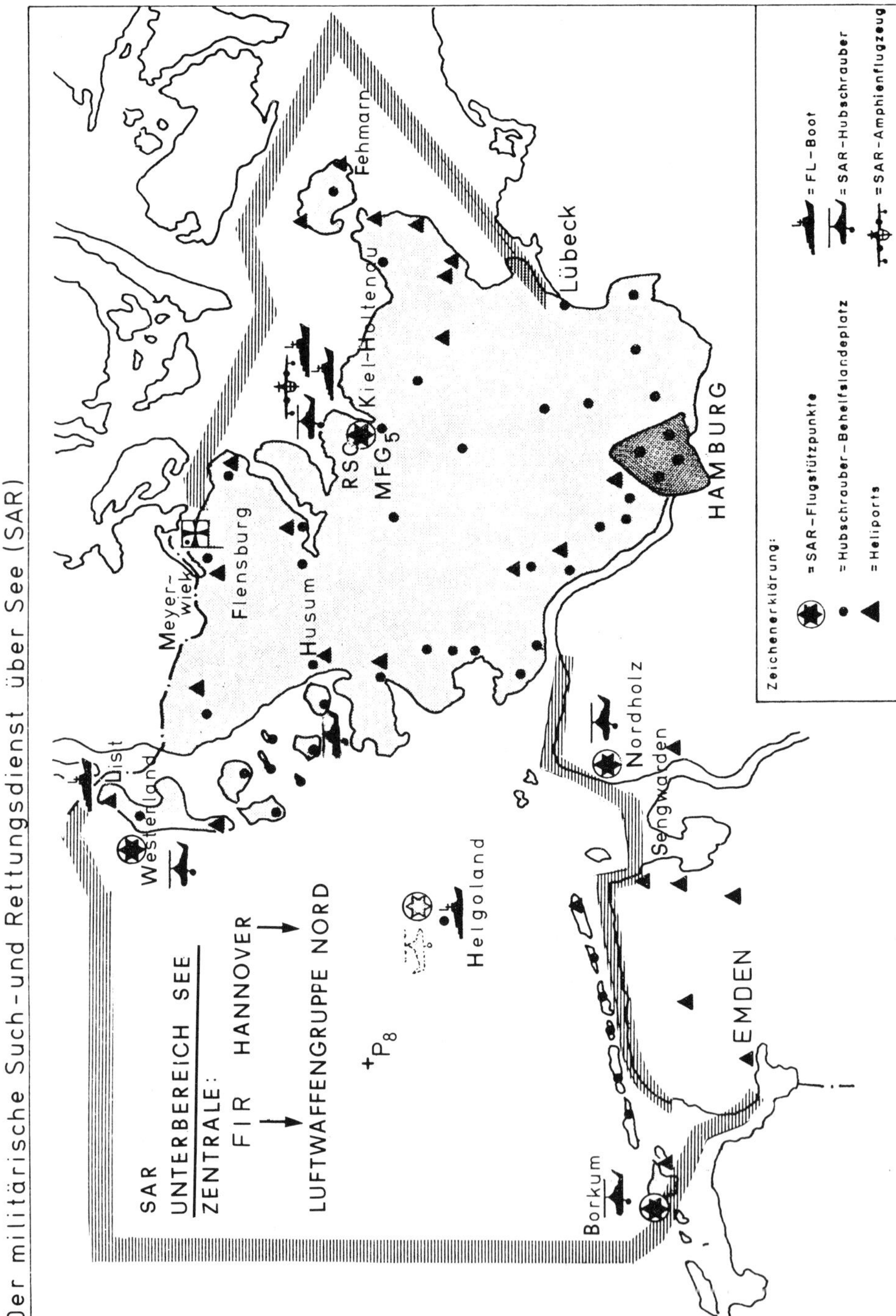

Der militärische Such- und Rettungsdienst über See (SAR).
(Verändert nach Marinerundschau)

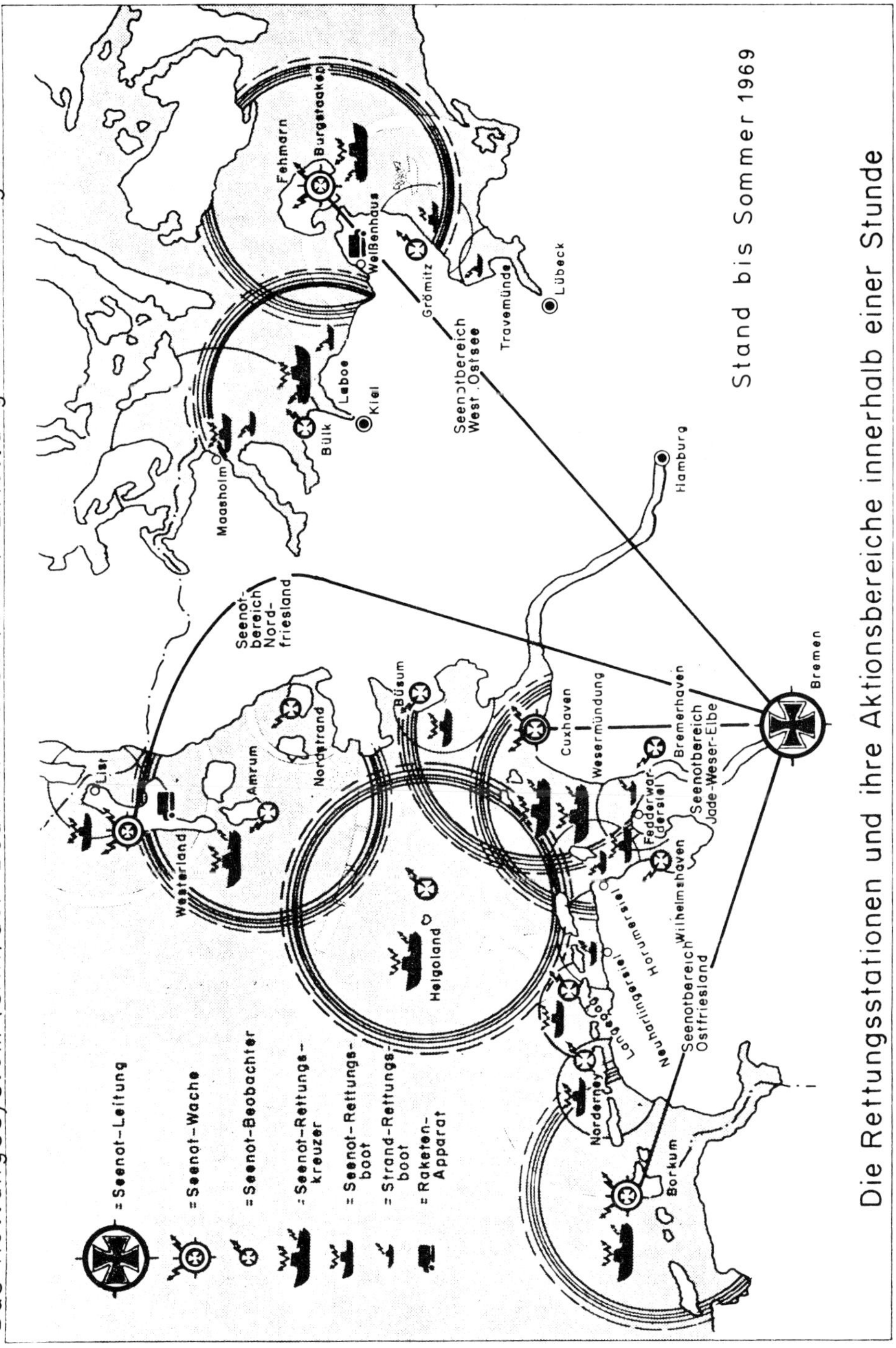

Das Rettungssystem (SAR) der Deutschen Gesellschaft zur Rettung Schiffbrüchiger. (Verändert nach Marinerundschau)

abgegeben werden. Darüber hinaus ist diese Notfrequenz von den in See stehenden Flugsicherungsbooten sowie den Marinesignalstellen Borkum, Wangerooge, Wilhelmshaven, Cuxhaven und Helgoland im Nordseebereich und Falshöft, Kiel-Friedrichsort und Marineleuchte im Ostseebereich besetzt.

Die Flugsicherheitsboote

Die Flugsicherheitsboote der Seenotgruppe des MFG 5 traten, wenn auch in einem bescheidenen Umfang und der Marine unterstellt, nach 1945 die Nachfolge der Schiffe und Boote der Luftwaffe an. Die ersten drei Flugsicherheitsboote der Bundesmarine waren dann auch ehemalige Flugsicherungsboote der Luftwaffe der Serie *Fl. B. 5 . . .*

Drei dieser Boote übernahm 1945 die US-Navy. Diese Boote wurden bei der Gründung der LSU (B) im Februar 1951 der Weserpatrol in Bremerhaven angegliedert. Sie kamen dort als *USN 51, USN 52* und *USN 53* in Dienst. Am 1. 9. 1957 übernahm die neugegründete Bundesmarine die Boote und stellte sie als *FL 1 x USN 51, FL 2 x USN 52* und *FL 3 x USN 53* für das Kommando der Schulen in Flensburg-Mürwik in Dienst. Sie wurden als Flugsicherheitsboote Klasse 907 geführt.

FL 1 wurde dann am 11. 4. 1962 außer Dienst gestellt. Über den weiteren Verbleib liegt z. Zt. nichts vor.

FL 2 kam am 1. 8. 1963 außer Dienst. Nach der Aussonderung wurde das Boot erst leihweise der Marinejugend in Wilhelmshaven überlassen und diente dort als schwimmendes Heim. 1966 sank das Boot an der Pier von Wilhelmshaven. Das Fahrzeug wurde geborgen und wieder instandgesetzt. 1971 wurde das Boot dann über die VEBEG verkauft. Nach Umbau und Maschinenerneuerung kam *FL 2* als Privatyacht *Ingrid* wieder in Fahrt. 1973 soll das Boot wieder zum Verkauf angeboten worden sein.

FL 3 kam ebenfalls am 1. 8. 1963 außer Dienst. Nach der Aussonderung kam das Boot unter dem Namen *Neuland* zur Schießplatzsicherung Todendorf im WBK I.

Über die Bauwerften gibt es unterschiedliche Hinweise. Einige Quellen sprechen von Kröger-Rendsburg und einige von Kröger-Warnemünde. Wahrscheinlich ist aber das *FL 1* 1941 bei Kröger-Rendsburg, *FL 2* 1941 ebenfalls bei Kröger-Rendsburg und *FL 3* 1941 bei Kröger-Warnemünde gebaut worden.

Als viertes Flugsicherheitsboot übernahm die Bundesmarine bei ihrer Gründung ebenfalls ein altes Luftwaffenboot. Das Boot wurde 1935/36 bei Kröger-Warnemünde als Flugsicherungsboot der Serie FL. B. II für die Luftwaffe erbaut. 1945 wurde das Boot wahrscheinlich alliierte Beute. Im November 1951 kam das Boot zum neuaufgestellten Bundesgrenzschutz-See. Es wurde anschließend bei der Werft O. Böhme, Cuxhaven für den BGS-See umgebaut. Am 18. 7. 1952 wurde das Boot dann als *Falke* i. D. gestellt. Es diente beim BGS-See erst als Verkehrsboot, später dann als Schulboot für die Ausbildung von technischem Personal in Neustadt/Holstein.

Am 2. 7. 1956 wurde das Boot dann als Schulboot *Falke* für das Kommando der Schulen in Flensburg-Mürwik in Dienst gestellt. Am 1. 1. 1957 erhielt *Falke* den Namen *FL 4* und wurde bei der Bundesmarine als Flugsicherheitsboot — Klasse 908 geführt.

Am 22. 5. 1962 wurde das Schulboot *FL 4* beim Kommando der Schulen außer Dienst gestellt.

Am 2. Juli 1956 übernahm die Bundesmarine vom Bundesgrenzschutz-See die Wachtboote *P 1 — 4* und stellte sie als Hafenschutzboote *H 11—14* für das 3. Hafenschutzgeschwader in Dienst. Nach der Umbenennung des 3. Hafenschutzgeschwaders in 3. Küstenwachtgeschwader erhielten die Boote die Namen *KW 11 — 14* (Kennung: W 11 — 14).

Nach der Aufstellung des Marine Dienst- und Seenotgeschwaders im April 1958 und der Formierung der ersten Marinefliegergruppe am 1. 8. 1958 kamen die vier Boote als *FL 5—8* zur Seenotgruppe. Ihre Bezeichnung lautete Flugsicherheitsboote — Klasse 909.

P 1 lief 1952 bei Lürssen, Vegesack von Stapel und wurde am 12. 7. 52 vom BGS-See in Dienst gestellt.

Am 2. 7. 1956 bei der Bundesmarine i. D. als *H 11.* Anschließend *KW 11* und nach Übernahme bei den Marinefliegern *FL 5.*

P 2 lief 1952 bei Abeking & Rasmussen, Lemwerder von Stapel und wurde am 26. 8. 1952 vom BGS-See in Dienst gestellt.

Am 2. 7. 1956 bei der Bundesmarine i. D. als *H 12,* dann als *KW 12* und nach Übernahme bei den Marinefliegern *FL 6.*

Eines der Luftwaffen-Flugbetriebsboote der Klasse B V als Flugsicherheitsboot *Fl. 3* im Dienste der Bundesmarine. (Foto J. Friese 1960)

Fl. 3 nach Außerdienststellung als Flugsicherheitsboot unter dem Namen *Neuland* bei der Schießplatzsicherung Todendorf. (Foto E. Fröhling)

Die Wachboote *P 1 – 4* des Bundesgrenzschutz-See, die ab 1958 als *Fl. 5 – 8* bei der Seenotgruppe eingesetzt wurden. (Foto Drüppel 1953)

Das Wachboot *P 1* als *KW 11* beim 3. Küstenwachgeschwader 1957.

Fl. 6 x *KW 12* x *H 12* x *P 2* im grauen Anstrich mit blauen Buchstaben und weißer Kennung. Das Boot wurde als erstes dieser Gruppe am 1. 12. 1970 außer Dienst gestellt. (Foto J. Friese 22. 6. 68)

FL. 9, das erste der drei Flugsicherheitsboote, die die Bundesmarine 1961 von der R.A.F. kaufte, auf seinem Liegeplatz List/Sylt. Auch bei diesen Booten handelt es sich wieder um Bauten der bewährten Krögerwerft.
(Foto M. Maass 20. 6. 73)

P 3 lief 1952 bei Burmester, Br.-Burg von Stapel und stellte am 25. 11. 1952 beim BGS-See in Dienst.
Am 2. 7. 1956 bei der Bundesmarine i. D. als *H 13*, dann als *KW 13* und anschließend bei den Marinefliegern *FL 7*.
P 4 lief 1952 bei Schlichting, Travemünde von Stapel und stellte am 20. 12. 1952 beim BGS-See in Dienst.
Am 2. 7. 1956 von der Bundesmarine übernommen und als *H 14* in Dienst. Anschließend dann *KW 14* und nach Übernahme bei den Marinefliegern *FL 8*.
Die vier Boote wurden als Patrouillenboote Typ P-Boote 52 (sehr ähnlich Typ WRP — *KW 15—20*) des BGS-See erbaut. Die Aufträge wurden durch das Bundesministerium des Innern am 14. 8. 1951 an Lürssen, Vegesack als Vorbauwerft erteilt.
Die Motorenausrüstung bei den Booten ist unterschiedlich.
FL 5 x H 11 x P 1 und *FL 6 x H 12 x P 2* besitzen 2 Mercedes-Benz-Dieselmotoren mit einer Leistung von 1500 PS.
FL 7 x H 13 x P 3 und *FL 8 x H 14 x P 4* dagegen besitzen zwei Maybach-Dieselmotoren mit einer Leistung von 1800 PS.
Bewaffnet waren die vier Boote beim BGS-See mit 1—2-cm-Einzel-, und 1—2-cm-Doppellafette von Hispano-Suiza.
Bei der Bundesmarine wurden die Boote Flugsicherheitsboote genannt und fuhren unbewaffnet.
Anfangs führten die vier Boote einen weißen Anstrich mit dem Roten Kreuz. Zum Schluß führten die Fahrzeuge einen grauen Anstrich mit einem breiten orangefarbenen Streifen und in blauen Lettern die international übliche Bezeichnung SAR an den Bordwänden (siehe Foto p. 383).
FL 6 wurde am 1. Dezember 1970 außer Dienst gestellt. Der Rumpf wurde im November 1971 verkauft und abgebrochen.
Beim Marinefliegergeschwader (MFG)) versahen die Flugsicherheitsboote *FL 5*, *FL 7* und *FL 8* noch bis zum 1. Oktober 1975 ihren Dienst.
Als vorläufig letzte Flugsicherheitsboote stellte die Bundesmarine am 1. 9. 1961 *FL 9—11* in Dienst (Klasse 906).
Diese Boote gehörten zu einer Serie von fünf Flugsicherheitsbooten, die 1954 vom British Mandatory Procurement Office, Herford, für den Flugsicherungsdienst der Royal Air Force als *D 2762 — 2766* bei der Krögerwerft, Rendsburg in Auftrag gegeben worden waren.

Fl. 10 während des Umbaus in Husum am 20. 7. 1963. (Foto M. Maass)

Fl. 11 ebenfalls im Umbau in Husum am 14. 7. 1962. (Foto M. Maass)

Fl. 9 und *Fl. 11* im letzten Aussehen mit grauem Rumpf und zusätzlichem geschlossenen Beobachtungsstand über der Brücke. (Foto M. Maass 4. 6. 1974)

Eines der Verkehrsboote des MFG 5 in List. (Foto M. Maass 22. 6. 1973)

Die Royal Air Force stellte *D 2762* am 9. 6. 1955 i. D., *D 2763* am 1. 9. 1955, *D 2764* am 19. 10. 1955, *D 2765* am 24. 11. 1955 und *D 2766* am 17. 1. 1956.

1961 kaufte die Bundesmarine drei Boote dann von der britischen Regierung. *D 2763* kam als *FL 9, D 2765* als *FL 10* und *D 2766* als *FL 11* in Dienst.

D 2762 und *D 2764* sind offensichtlich bei der Royal Air Force verblieben.

Die Boote verfügen über zwei Maybach-Viertakt-Dieselmotoren mit einer Leistung von je 1600 PS.

Die Boote versahen mit Zivilbesatzung ihren Dienst im Rahmen des MFG 5. FL 9 wurde am 18. Dezember 1974, die übrigen Boote am 1. Oktober 1975 ausgemustert.

Die drei Flugsicherheitsboote führten einen schwarzen Anstrich am Rumpf und die Aufbauten waren hellgrau gehalten, am Bug und achtern am Heck führten sie die Kennung FL 9 — 11.

Neben den Flugsicherheitsbooten verfügte das MFG 5 noch über eine Anzahl Verkehrsboote. Hierbei handelt es sich zumeist um handelsübliche Motorboote (siehe Foto p. 386).

Anfang der sechziger Jahre bestanden Überlegungen, die Reichweite der Flugsicherungsboote durch Zuführung von Flugsicherungsschiffen zu erhöhen. Die verwendeten Boote waren für zahlreiche Aufgaben viel zu klein. Sie konnten einem durch starke Unterkühlung verletzten Piloten nur unzureichend Hilfe leisten.

1963 bewilligte der Haushaltsausschuß des Bundestages den Neubau von zwei Flugsicherungsschiffen mit Hubschrauberplattform bei der Rolandwerft Bremen. Als Vorbild für diese beiden Schiffe diente das Torpedofangboot Typ A (*Thetis*-Klasse) derselben Werft. Der Bau der beiden Schiffe ist nie begonnen worden.

Mitte der sechziger Jahre stellte man dann neue Überlegungen an, die Reichweite der Seenotverbände zu vergrößern.

Die beiden 1958 von Großbritannien gekauften und bis Mitte 1964 als Schulschiffe eingesetzten Fregatten *Hipper* und *Graf Spee* der Bundesmarine sollten als Flugsicherungsschiffe umgebaut werden. Als Stützpunkt war Wilhelmshaven vorgesehen. Man rechnete mit einer Umbauzeit von zwei Jahren. Anschließend sollten die beiden Schiffe dann unter Bundesdienstflagge und mit Zivilbesatzung in der Nordsee ihren Dienst aufnehmen. Sie sollten ständig in Seege-

bieten auf Position stehen, die als Übungszonen für die Geschwader der Luftwaffe und der Marineflieger vorgesehen waren. Beide Schiffe sollten sich im regelmäßigen Turnus ablösen; ein Seetörn sollte von Montag — Freitag reichen, so daß immer eines der Schiffe in diesem Zeitraum bei Flugübungen auf seiner Position stehen konnte. Das ehemalige Kadettendeck sollte zu einem Hubschrauberlandeplatz mit Hangar umgebaut werden, so daß ständig zwei Rettungshubschrauber auf jedem Schiff hätten stationiert werden können. Eine besondere Fangvorrichtung hätte auch ein Landen bei rauher See ermöglicht. Außerdem war an den Einbau starker Sende- und Empfangsanlagen sowie modernster elektronischer Navigationsgeräte gedacht. Darüber hinaus sollte ein leistungsfähiges Lazarett eingerichtet werden, in dem vor allem Unterkühlungen sofort fachgerecht behandelt werden konnten.
Die Umbaukosten der beiden Schiffe wären geringer gekommen, als der beabsichtigte Neubau der zwei Flugsicherungsschiffe.
Die beiden britischen Fregatten scheinen jedoch vom Zustand her nicht mehr für diese Aufgaben geeignet gewesen zu sein.
Zur gleichen Zeit wurden dann Überlegungen angestellt, zwei modernere Schiffe für diese Aufgabe herzurichten. Die Wahl fiel auf die beiden Tender-Neubauten *Mosel* und *Saar*. Sie sollten Hubschrauberdeck, Lazarett und eine verbesserte und umfangreichere Fernmeldeausrüstung erhalten. Diese Planung fiel mit dem Beschluß zusammen, für das deutsche Heer und die Luftwaffe den mittleren Transporthubschrauber Bell UH-1D zu beschaffen. 1967 wurden auch drei Exemplare dieses Musters mit Schwimmern beim MFG 5 erprobt. Es sollten zu diesem Zeitpunkt 27 Maschinen für die Marineflieger beschafft werden, die u. a. für den Einsatz auf den Flugsicherungsschiffen *Mosel* und *Saar* vorgesehen waren.
Ein weiterer Plan, der nicht zur Ausführung kam, bestand darin, die Flugsicherheitsboote *FL 5—8* und *FL 9—11* durch sechs den zivilen Seenot-Rettungskreuzern der Deutschen Gesellschaft zur Rettung Schiffbrüchiger gleiche Fahrzeuge zu ersetzen.
Die große Reichweite und die guten Flug- und Seeigenschaften des Amphibienhubschraubers Westland MK. 41 »Sea King« macht wohl in Zukunft die Beschaffung neuer Flugsicherheitsboote überflüssig. Als vorläufig letzte Überlegung jedoch steht eine noch engere Zusammenarbeit mit der Deutschen Gesellschaft zur Rettung Schiff-

brüchiger zur Debatte. Die Gesellschaft beschafft neue Seenotkreuzer, deren erster, die *John T. Essberger,* Ende 1975 i. D. kam, die mit einem Hubschrauberlandedeck ausgerüstet sind. Es ist in der Diskussion, daß die Marineflieger für diese neuen Schiffe die Rettungshubschrauber stellen sollen.

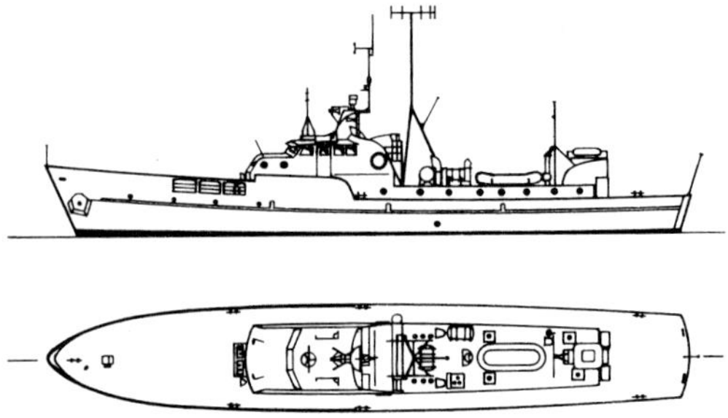

Maßstab 1 : 500

Flugsicherheitsboote *Fl. 5–8* (Mrv)

Name/ Klasse	*FL 1—3* 907	*FL 4* 908	*FL 5—8* 909	*FL 9—11* 906
Stapellauf	1941	1935/36	1952	1955/56
i. D. /	1.9.1957	2.7.1956	2.7.1956	1.9.1961
a. D.	1962/63	22.5.1962	(1.12.70)*	18.12.74/1.10.75
Wasser-verdrängung ts	56/65	28/30	60/70	60/70
Bauwerft	1)	2)	3)	4)
Länge (m)	27,4	18,1	28,9	29,0
Breite (m)	4,57	3,1	4,68	5,0
Tiefgang (m)	1,5	1,1	1,5	1,3
Geschwindig-keit kn	23/28	12,0/12,4	26**–29***	25/30
Antriebs-anlage	5)	6)	7)	8)
Leistung PS	1500/1650	6600/ ·	9)	3200/ ·
Brennstoff ts	6 Ö	Ö	Ö	Ö
Fahrstrecke Sm / kn	580/26	200/12,4	.	600/25
Besatzung	4–5	4–4,5	14	4–5

* *FL 6* stellte am 1.12.1970 a.D., die übrigen am 1.10.1975

** *FL 5–6* = 26 kn

*** *FL 7–8* = 29 kn

1) *FL 1–2* bei Krögerwerft, Rendsburg; *FL 3* bei Krögerwerft, Warnemünde

2) *FL 4* bei Krögerwerft, Warnemünde

3) *FL 5* bei Lürssenwerft, Vegesack
FL 6 bei Abeking & Rasmussen, Lemwerder
FL 7 bei Burmeister, Bremen-Burg
FL 8 bei Schlichtingwerft, Travemünde

4) *FL 9–11* bei Krögerwerft, Rendsburg

5) Zwei MWM-Viertakt-6-zyl-DM; 2 Schrauben 0,80 $\varnothing$; 850 min^{-1}

6) Zwei MWM-Viertakt-?-zyl-DM; 2 Schrauben

7) *FL 5–6:* Zwei DB-Viertakt-12-zyl.-DM } 2 Schrauben
FL 7–8: Zwei Maybach-Viertakt-?-zyl.-DM }

8) Zwei Maybach-Viertakt-?-zyl.-DM; 2 Schrauben

9) *FL 5–6:* 1500 PS (je 750 PS)
FL 7–8: 1800 PS (je 900 PS)

Schlußbetrachtung

Aus ersten Anfängen während des 1. Weltkrieges wurde in Deutschland in den Jahren 1935—1945 von der Luftwaffe eine Vielzahl von Schiffs- und Bootstypen und -klassen für die Seeflieger entwickelt. Die Ursache für diese intensiven Bemühungen ist sicher in den oft erörterten Autarkiebestrebungen der Luftwaffe gegenüber der Marine zu suchen, und der Entwurf einiger Typen wurde sicher nur dadurch ausgelöst. Für die Mehrzahl der behandelten Klassen gilt dies jedoch nicht — sie entstanden in Wechselwirkung mit der Seeflugzeugentwicklung und entsprechen den sich daraus ergebenden Anforderungen. Als die Schwimmerflugzeuge und Flugboote nach dem 2. Weltkrieg durch andere Einrichtungen (Landflugzeuge mit großem Aktionsradius, Hubschrauber, Satelliten) abgelöst wurden, verloren auch fast alle schwimmenden Einheiten ihren eigentlichen Aufgabenbereich. Übrig blieb für etwa 20 Jahre der Einsatz im Seenotrettungsdienst. Die Entwicklung der letzten Zeit geht dahin, daß auch diese Aufgabe vollständig von Hubschraubern übernommen wird. Damit konnte der ganze Themenkreis als abgeschlossene Entwicklung dargestellt werden. Ob die periodisch wiederkehrenden Planungen von Großflugbooten einmal verwirklicht werden und eine Auswirkung auf Schiffsentwicklungen haben werden, bleibt abzuwarten.

Das Seekampfabzeichen der Luftwaffe wurde vom Ob.d.L. am 27. 11. 1944 gestiftet und die Stiftungsurkunde mit einem Foto des Abzeichens im Luftwaffenverordnungsblatt vom 8. Januar 1945 veröffentlicht. Das Abzeichen konnte an das seemännische Personal der Luftwaffe verliehen werden, das entweder 60 Seetage in Gewässern der Nord- bzw. Ostsee zwischen dem 5. und 20. Grad östlicher Länge und südlich des 60. Breitengrades, oder 20 Seetage in Mittelmeer, Ägäis und Schwarzem Meer, oder im Seenoteinsatz 10 Seetage bzw. 20 Seetage mit mindestens einem Bergungsversuch und dreistündigem Einsatz pro Tag aufzuweisen hatte. Es war offenbar als Anerkennung für die Leistungen bei der Rückführung in der Ostsee gedacht, oder doch dadurch ausgelöst worden. Nach pers. Mitteilung von Oberstlt. Carl Heß, dem letzten Seenotdienstführer für Nord- und Ostsee, hatte die 2. Jagddivision, in deren Zentral-Bunker auch der Seenotdienst seinen Gefechtsstand hatte, Anfang 1945 nach Nordschleswig verlegt. Vom Seefliegerhorst Schleswig wurden jetzt die Einsätze der Seenot-Gruppe 80 (Nordsee) und 81 (Ostsee) geleitet. Die Verbindung zur Luftflotte Reich, die auch von Berlin aus verlegt hatte, war zu diesem Zeitpunkt bereits so lückenhaft und unsicher geworden, daß nicht einmal Verleihungsvorschläge für EK I und EK II entsprechend der Leistungen im Ostseebereich durchgegeben werden konnte. Vom Seekampfabzeichen wurde daher in Schleswig nichts mehr bekannt. Gleiches bestätigte auch Hpt. Born, der letzte Chef der Seenotgr. 81. Eine tatsächliche Verleihung dieses Abzeichens läßt sich daher nicht nachweisen. Das abgebildete Abzeichen wurde nach dem Kriege gefertigt. Die Vorlage stellte freundlicherweise Herr Dr. Klietmann, Institut f. wissenschaftl. Ordenskunde, Berlin, zur Verfügung.

Anhang 1

KURZBIOGRAPHIEN DER FÜHRENDEN OFFIZIERE DER DEUTSCHEN SEEFLIEGER

(Die Angaben stellen zum größten Teil Auszüge aus dem unveröffentlichten Manuskript »Kurzbiographien der Generale der deutschen Luftwaffe« von Kurt Bertram, Freiburg, dar, dem wir für die Überlassung herzlich danken.)

Kranzbühler, Otto

*17. 1. 1871	†
1. 4. 1888	Diensteintritt, Seekadett
11. 11. 1911	Kapitän z. See, Kommandant *Kaiser Wilhelm II.*
7. 1915	Reichsmarineamt, Abt. f. Luftfahrwesen, und Verbindungsoffizier im Großen Hauptquartier
3. 1917	Marineflugchef
29. 11. 1919	chargiert als Konteradmiral
4. 3. 1920	Ausscheiden

Herr, Hans

*16. 9. 1871	†
1. 4. 1889	Diensteintritt, Seekadett
22. 3. 1914	Kapitän z. See
10. 1914	Kommandeur des Luftfahrwesens des Marinekorps (mit Unterbrechung bis 11. 1917)
24. 11. 1919	Ausscheiden
26. 1. 1920	chargiert als Konteradmiral

Gygas, Hans

*25. 5. 1872	† 31. 5. 1963
1. 4. 1890	Diensteintritt, Seekadett
17. 10. 1915	Kapitän z. See
1. 6. 1916	Kommandeur des Luftfahrwesens des Marinekorps

Schantz, Hermann

*28. 11. 1880	† 10. 12. 1954
10. 4. 1899	Diensteintritt, Seekadett
13. 7. 1916	Korvettenkapitän, I.O. Kleiner Kreuzer *Karlsruhe*
22. 11. 1919	Ausscheiden
1. 9. 1936	Wiedereintritt, ab 1. 11. Oberstleutnant (Lw)
26. 8. 1939	stellv. Kdr. Luftzeuggruppe See, LK VI
1. 10. 1940	Oberst
18. 4. 1941	Kdr. der Schiffe und Boote der Luftwaffe
1. 1. 1945	Generalmajor

Goltz, Konrad

* 8. 10. 1881	† 1. 1957
10. 4. 1899	Diensteintritt, Seekadett
12. 12. 1908	Kapitänleutnant, Kommandant *V 155*
7. 1917	Kommandeur der Seeflieger in der Türkei
15. 2. 1918	chargiert als Korvettenkapitän, Inspekteur des türkischen Luftfahrwesens
6. 1925	Leiter Fliegerschule Warnemünde
1. 4. 1933	Leiter Deutsche Verkehrsflieger-Schule GmbH
1. 3. 1935	Oberstleutnant (Lw), R.L.M. und beim LK VI (See)
1. 4. 1941	Generalmajor, Inspekteur des Seenotdienstes
1. 11. 1942	Generalleutnant

Zander, Konrad

* 9. 3. 1883	† 4. 2. 1947 in der USSR/Leschnewo
10. 4. 1901	Diensteintritt, Seekadett
25. 4. 1912	Kapitänleutnant, Chef 2. Zerstörer-Halbfl. Flandern

8. 3. 1920	Korvettenkapitän, Chef 1. Torpedoboot-Flottille
10. 1929	Marineleitung, Luftschutzgruppe
1. 10. 1932	Konteradmiral, Inspektion des Torpedo- und Minenwesens
1934	Vizeadmiral
1. 10. 1934	Generalleutnant (Lw), Komm. General LK VI
1. 10. 1936	General der Flieger
28. 2. 1939	Ausscheiden, Präsident Aero-Klub
28. 3. 1941	Wiederverwendung
10. 9. 1942	Fliegerführer Krim
16. 3. 1943	Reichsluftfahrtministerium
2. 5. 1945	russische Gefangenschaft

Moll, Hermann

*30. 3. 1890	† 8. 7. 1959
1. 4. 1908	Diensteintritt, Seekadett
1. 4. 1918	Kapitänleutnant, Reichsmarineamt/Seeflieger
1. 10. 1933	Oberstleutnant (Lw), Kommandeur E-Stelle Travemünde
1. 10. 1937	Oberst, ab 26. 8. 1939 Kdr. Luftzeuggruppe See, Kiel
1. 4. 1940	Generalmajor, ab 1941 Inspektion See/RLM Berlin
1. 4. 1942	Generalleutnant
26. 4. 1945 bis 7. 10. 1955	russische Kriegsgefangenschaft

Geisler, Hans

*19. 4. 1891	† 25. 6. 1966
1. 4. 1909	Diensteintritt, Seekadett
1915	Oberleutnant, Seeflieger
1. 9. 1933	Abteilungsleiter Reichsluftfahrtministerium
1. 9. 1934	Kapitän z. See
1. 10. 1935	Führer der Marineluftstreitkräfte
1. 4. 1937	Generalmajor (Lw)
1. 4. 1939	Generalleutnant (Lw)

Ritter, Hans

* 2. 3. 1893	
1. 4. 1912	Diensteintritt, Seekadett
25. 12. 1917	Oberleutnant z. See, Seefrontstaffel Flandern
1. 4. 1922	Kapitänleutnant, Kommandant Tender *Hela*
26. 3. 1923	Marineleitung, Luftschutzgruppe
1. 10. 1935	Oberstleutnant (Lw), Kdr. Flieger-Waffenschule (See) Parow
1. 4. 1936	Oberst, Höh. Ausb. Kdr. Flieger-Schulen LK VI (See)
1. 1. 1939	Generalmajor, General der Luftwaffe beim Ob.d.M., Befehlshaber der Marineflieger-Verbände, Inspekteur der Seeflieger
19. 4. 1942	General der Flieger
31. 1. 1945	Ausscheiden
3. 7. 1945 bis 9. 10. 1955	russische Kriegsgefangenschaft

Lech, Eduard

*10. 4. 1892	† 3. 10. 1953
1. 4. 1912	Diensteintritt, Seekadett
1. 8. 1916	Leutnant z. See, Riesenflugzeug-Ersatzabt.
1. 10. 1934	Fregattenkapitän, Kdr. V.Marine-Art.-Abt. Pillau
1. 10. 1936	Oberst (Lw)
1. 10. 1937	Kdr. Luftpark Holtenau
1. 8. 1938	Kdr. Fliegerhorst und Waffenschule Parow
5. 1939	Kdr. Luftzeuggruppe See / Warnemünde
1. 11. 1940	Generalleutnant
12. 1945	bis Sommer 1946 Kriegsgefangenschaft

Becker, Hermann

* 9. 8. 1893	† Frühjahr 1945 (hingerichtet)
1. 4. 1912	Diensteintritt, Seekadett
25. 12. 1917	Oberleutnant z. See, Seeflugstation Zeebrügge

1. 3. 1938	Oberst, Kdr. Luftdienstverbände LK VI
1939	Inspekteur der Luftdienstverbände
1. 11. 1940	Generalmajor
1. 11. 1942	Generalleutnat, Führerreserve
31. 7. 1944	Ausscheiden

Virchow, Hans

*18. 6. 1893	† vor 1968
1. 4. 1913	Diensteintritt, Seekadett
18. 9. 1915	Leutnant z. See, I. Seeflg.Abt./Flugzeugmutterschiff *Glydwr*
12. 1915	französische Kriegsgefangenschaft bis Kriegsende
20. 7. 1920	ausgeschieden als Oberleutnant z. See
	Wiedereintritt
8. 1944	Oberst (Lw), General des Seewesens der Lw.

Schroeder-Zollinger, Otto

*25. 8. 1899	
1. 10. 1917	Diensteintritt, Seekadett
1. 1. 1932	Kapitänleutnant, 1. Torp. O. *Königsberg*
1. 10. 1933	Hauptmann (Lw), Kdo. der Waffenschule See
1. 10. 1937	Oberstleutnant, Gruppenleiter II / LK VI See
1. 4. 1940	Oberst, Kdr. Kampffliegerschule 5 See, Parow
1. 3. 1945	Generalmajor

Anhang 2

ERLÄUTERUNG DER NAMEN DER FLUGSICHERUNGSSCHIFFE

FRIEDRICH CHRISTIANSEN, General der Flieger
12. 12. 1879 — 3. 12. 1972
Stationsleiter der Seeflugstation Flandern, Pour le Merite, 1929 Kommandant DO X, später Wehrmachtsbefehlshaber in den Niederlanden.

GUNTHER PLÜSCHOW, Kapitänleutnant
8. 2. 1886 — 28. 1. 1931
Vorsteher der Marinefliegerstation in Tsingtau

BERNHARD VON TSCHIRSCHKY, Kapitänleutnant
7. 10. 1888 — 16. 10. 1918
Kommandeur der Seeflieger beim Marine-Korps Flandern

HANS ROLSHOVEN, Leutnant z. See
23. 12. 1894 — 6. 5. 1918
Führer der Seekampfstaffel Zeebrügge

KARL MEYER, Oberflugmeister
gefallen 31. 12. 1917
Seefrontstaffel Flandern

MAX STINSKY, Leutnant z. See
27. 5. 1895 — 14. 10. 1918
Führer einer Torpedostaffel in Flandern

MAX IMMELMANN, Hauptmann
21. 11. 1890 — 18. 7. 1916
Kampfflieger, Pour le Merite, 18 Luftsiege

OSWALD BOELCKE, Hauptmann
19. 5. 1891 — 28. 10. 1916
Führer Jagdstaffel 2, Pour le Merite, 40 Luftsiege

HANS ALBRECHT WEDEL, Oberleutnant z. See
30. 11. 1888 — 30. 9. 1917
Führer der 2. Torpedostaffel der 1. Seeflieger-Abt.

WERNER MÖLDERS, Oberst
18. 3. 1913 — 22. 11. 1941
General der Jagdflieger, Ritterkreuz des Eisernen Kreuzes mit Schwertern und Brillianten, über 115 Luftsiege

MANFRED FREIHERR VON RICHTHOFEN, Rittmeister
2. 5. 1892 — 21. 4. 1918
Kommodore Jagdgeschwader 1, Pour le Merite, 80 Luftsiege

Dr. h.c. HERMANN KÖHL, Hauptmann
15. 4. 1888 — 7. 10. 1938
Kommandeur des Bombengeschwaders 7, Pour le Merite
12. 4. 1928 1. Ost-Westflug nach Nordamerika mit Ju W 33 »Bremen« D-1167 gemeinsam mit v. Hünefeld und dem irischen Oberst Fitzmaurice in 36 Stunden und 2 Minuten

Anhang 3

DIE WICHTIGSTEN FLUGZEUGTYPEN DER SEEFLIEGER

Das erste Seeflugzeug der Marine

Das erste Flugzeug der deutschen Marine war der Fritsche-Eindekker, den der flugbegeisterte Oberleutnant zur See Fritsche der kaiserlichen Marine im Jahre 1911 geschenkt hatte. Das Flugzeug war eigentlich ein Landflugzeug und wurde für Schwimmversuche mit sogenannten Schwimmkästen ausgerüstet. Diese Kombination Räder — Schwimmer war damals eine Forderung der Marine an das Marineflugzeug. Diese Kombination wurde nach zahlreichen Fehlschlägen zugunsten des reinen Schwimmerflugzeuges fallengelassen. Die Bundesmarine der BRD feierte im Juni 1963 das fünfzigjährige Bestehen der Marineflieger, aus Anlaß der zum 1. Juni 1913 befohlenen Aufstellung einer Marineluftschiff- und Marinefliegerabteilung.

Flugzeugtypen der Kaiserlichen Marine

Die von den kaiserlichen Marinefliegern meist eingesetzten Flugzeugtypen waren die Seeaufklärer Friedrichshafen (u. a. FF 29, FF 33, FF 49) und die von Ernst Heinkel konstruierten Hansa-Brandenburg Seeaufklärer und Seekampfflugzeuge (u. a. W 12, W 19, W 29, W 33). Die Hansa-Brandenburg W 29 und W 33 wurden nach dem 1. Weltkrieg richtungsweisend in der Konstruktion von Schwimmerflugzeugen. Ernst Heinkel entwickelte diese Typen nach dem Krieg weiter. Die Typen fanden in zahlreichen Marinen viele Jahre nach dem Krieg noch Verwendung, so u. a. in Finnland, Lettland, Dänemark, Niederlande, Frankreich und Japan.

Dornier Do 24

1934 übermittelte das RLM (Technisches Amt) den Firmen Dornier und Blohm & Voss die Forderungen für ein »seefähiges Fernaufklärungsflugboot«. Für den darauf beruhenden Entwurf erhielt die Firma Blohm & Voss einen Entwicklungsauftrag. Im Sommer 1936 ging das erste Muster V 1 der Ha 139 (später BV 138) »Holzpantoffel« in die Flugerprobung. Für das Konkurrenzmuster der BV 138, die ebenfalls dreimotorige Dornier Do 24, zeigte das RLM kein Interesse. Darauf wurde das ursprünglich mit Dieselmotoren ausgerüstete Flugboot der niederländischen Marine angeboten. Die beiden Prototypen fanden im Kriege Verwendung als Transporter beim Norwegen-Unternehmen. Die Do 24 - V 3 war das erste Flugboot, das die von der niederländischen Marine geforderten Wright Cyclone GR — 1820 G — Sternmotoren mit 3 × 760 PS Leistung besaß. Es wurde 1937 unter der Zulassung X - 1 der niederländischen Marine überlassen. Die erste Serie für die Niederlande wurde noch bei Dornier in Altenrhein unter der Bezeichnung Do 24 K-1 und K-2 gefertigt (insgesamt 11 Stück). Gleichzeitig lief bei Aviolanda in den Niederlanden die Lizenzfertigung an. Die Flügel wurden bei De Schelde gebaut. 25 Maschinen wurden aufgelegt. 1940 waren die ersten Maschinen nahezu fertiggestellt, als der Einmarsch der deutschen Truppen in den Niederlanden erfolgte. Die in der Fertigung befindlichen Maschinen wurden, nach eingehender Erprobung in Travemünde, weitergebaut und der Luftwaffe als Do 24 N-1 für den Seenotdienst zur Verfügung gestellt. Die Do 24 erwies sich in der folgenden Zeit in jeder Beziehung als ein besonders leistungsfähiges Flugboot mit guten See-Eigenschaften.

Dornier Do 18

Neben der Dornier Do 24 gehörte noch ein anderes Dornier Flugboot zu den Arbeitspferden der Seeflieger im II. Weltkrieg, die Dornier Do 18. Die Do 18 ist eine direkte Weiterentwicklung der Dornier-Wal-Flugboote, die ab 1935 die Bezeichnung Dornier Do 15 Wal führten. Die Lufthansa stellte nach ihren guten Erfahrungen mit den Wal-Flugbooten 1934 den Entwicklungsauftrag für ein leistungsfähigeres, katapultfähiges Postflugzeug. Ebenfalls bekundete die Marine ihr Interesse an einen Hochseeaufklärer größerer Reichweite. 1935 startete die Do 18 V-1 (D-AHIS *Monsum*) mit 2 ×

540 PS Jumo 5 Dieselmotoren zum Erstflug. 1936 wurden der Lufthansa zwei weitere Flugzeuge, die Do 18 V-2 (D-AANE *Zephyr*) und V-3 (D-ABYM *Aeolus*) der Lufthansa übergeben. Von dieser Dornier Do 18 E - Reihe wurden der Lufthansa dann noch 1937 zwei weitere Flugboote abgeliefert. Die sechste und letzte Zivilausführung der Do 18 gelangte ebenfalls 1937 als Do 18 F (D-ANHR) zur Auslieferung an die Lufthansa. Ende 1939 wurde die Do 18 F (D-ANHR) versuchsweise mit zwei luftgekühlten Neunzylinder-Sternmotoren BMW 132 N mit 2 × 880 PS Leistung ausgerüstet. Diese Version erhielt die Bezeichnung Do 18. Die ersten Flugboote für die Luftwaffe wurden 1937 unter der Bezeichnung Do 18 D-1 und D-2 gebaut. Sie dienten als Fernaufklärer und besaßen im Bug und auf dem Rumpf hinter dem Flügel je einen Schützenstand mit je einem 7,9 mm MG 15 auf offenen Drehkränzen. Ab 1938 wurde die D-Reihe durch die verbesserte Do 18 G abgelöst. Sie unterschied sich von der D-Reihe durch stärkere Jumo 205 D Dieselmotoren mit 2 × 700 PS und durch einen Kreuzerbug, im Gegensatz zum Rundbug der D-Reihe. Die Fertigung lief bis 1940. Insgesamt wurden 71 Flugboote der Do 18 G gefertigt. In den Jahren 1941 und 1942 wurden eine Reihe Do 18 G als Seenotflugzeuge umgerüstet. Diese Version war unbewaffnet und erhielt die Bezeichnung Dornier Do 18 N.

Blohm & Voss Ha 138 (später BV 138)

Das Arbeitspferd bei den Fernaufklärern war die Blohm & Voss Ha 138 (später BV 138). Dieses Flugboot wurde als Konkurrenz zur Do 24 als Hochsee- und katapultfähiges Fernaufklärungsflugboot für die deutsche Luftwaffe entwickelt. Der Erstflug erfolgte am 15. Juli 1937. Die Ha 138 gewann die Ausschreibung. Die Auslieferung der ersten Serienmaschinen erfolgte im Mai 1940. Trotz schwerwiegender konstruktiver Mängel, die sich beim Einsatz herausstellten und nie völlig behoben werden konnten, erreichte dieses Flugboot von allen Flugboottypen, die während des II. Weltkrieges in Deutschland gebaut wurden, die höchsten Stückzahlen. Von 1937 bis 1943 wurden insgesamt 281 Maschinen hergestellt, davon 273 Exemplare der Hauptversionen BV 138 A, B und C. Einige B- und C-Maschinen erhielten einen Magnetring zur Räumung von Magnetfernzündungsminen (Mausi-Flugzeuge). Haupteinsatzgebiete der

BV 138 waren die Nord- und Ostsee, das Schwarze Meer, der Nordatlantik und die Barentssee.
Die normale Einsatzreichweite betrug 1250 km, die normale Flugdauer 6,5 Stunden. Zur Vermeidung langer Wasserstarts bei Überlast, die außerdem durch Spritzwasser Leitwerk und Leitwerksträger stark beanspruchten, wurden ca. 70 Flugboote für den Katapultstart eingerichtet. Bei maximaler Zuladung, durch im Bootsrumpf untergebrachte Kraftstoffbehälter, erreichten die eingesetzten BV 138 C Flugboote eine Flugdauer von 18 Stunden, entsprechend einer Reichweite von 3900 km. Ausgerüstet war die BV 138 C mit drei Jumo 205 D Zweitakt-Dieselmotoren von je 880 PS Startleistung.

Arado Ar 196, Heinkel He 115, Heinkel He 59

Zu den meisteingesetzten Schwimmerflugzeugen der Luftwaffe während des II. Weltkrieges gehörten die Arado Ar 196 und die Heinkel He 115. Mit 435 gebauten Einheiten war die Arado Ar 196 das erfolgreichste deutsche Seeflugzeug. Es diente vorwiegend als Seeaufklärer und zur U-Boot-Jagd und stellte darüber hinaus das Standard-Bordflugzeug der Kriegsmarine dar. Das Flugzeug war von 1939 bis 1943 im Serienbau und war mit einem 960 PS BMW 132 K Sternmotor ausgerüstet. Das Flugzeug besaß die übliche Zweischwimmer-Anordnung.
Die Heinkel He 115 war ein zweimotoriges See-Mehrzweckflugzeug mit Zweischwimmer-Anordnung. Das Flugzeug war ausgerüstet mit zwei BMW 132 N luftgekühlten Neunzylinder-Sternmotoren von je 865 PS. Der Erstflug der He 115 V-1 erfolgte 1937. Am 20. März 1938 stellte das Flugzeug mehrere Geschwindigkeitsweltrekorde auf. Die erste Serienausführung erhielt die Bezeichnung He 115 A-1 und wurde nach Norwegen und Schweden exportiert. Für die Luftwaffe entstand die Version Heinkel He 115 B-1. Zwischen 1939 und 1944 wurden insgesamt 269 Exemplare gefertigt. Eingesetzt wurde die He 115 von der Luftwaffe hauptsächlich als See-Fernaufklärer und Torpedobomber.
Ein schon damals veraltetes Flugzeug war die Heinkel He 59. Dieser zweimotorige Doppeldecker, mit zwei BMW VI 6,0 ZU flüssigkeitsgekühlten Zwölfzylinder-V-Motoren von 660 PS Startleistung, wurde 1930 als Land- oder See-Mehrzweckflugzeug von

Reinhold Mewes entworfen. Obwohl diese Konstruktion bereits 1933 als veraltet galt, übernahm sie die neue Luftwaffe in der Zweischwimmer-Ausführung als Fernaufklärer und später als Seenotflugzeug. Für die Seenot-Aufgaben bewährte sich das Flugzeug so ausgezeichnet, daß es auf Wunsch der Seeflieger bis in den II. Weltkrieg hinein gebaut wurde. Die Serienproduktion lief bei der Firma Bachmann im mecklenburgischen Ribnitz. Die Maschine wurde als He 59 W bis 1942 gefertigt. In dem Werk in Ribnitz erfolgte der Serienbau und die Reparatur aller He 51 B- und C-Versionen. Man kann die Heinkel He 59 W (Sammelbegriff aller Versionen) als *das* Seenot-Flugzeug überhaupt bezeichnen.

BIBLIOGRAPHIE

I. Ungedruckte Quellen und Dienstschriften

( ) = Signaturen des Bundesarchiv/Militärarchiv, Freiburg

Kaiserliche Marine

KTB Answald (F 3921 / PG 63 445 — 47)
KTB Santa Elena (F 3920 / PG 63 520 — 25)
KTB Oswald (F 3927 / PG 63 499)
KTB Ösel-Unternehmen (F 4015 / PG 64 362)
KTB Glydwr (F 3924 / PG 63 469 — 70)
KTB Stuttgart (F 3913 / PG 63 374)
Planungen Stuttgart und Flugzeugmutterschiffe (RM 3 / v. 3504, 3505)
KTB Führer der Troßschiffe (F 1755 / PG 92 714)
Akten Reichsmarineamt/Flugzeugmutterschiffe (F 753 / PG 65 885 — 886)
Akten Admiralstab d. Marine / Flugzeuge u. Flugzeugmutterschiffe (F 411 — 415 / PG 76 864 — 881)

Luftwaffe bis 1945

Seeflugzeuge — Entwicklungen (TS 25 / PG 27 496)
Organisation 62-Staffel-Programm (Case GE 1797)
Briefwechsel Raeder — Göring (Case GE 975)
diverse Marinefliegerakten: Organisation, fliegende Verbände (RL 2 / 1558, 1560, 1562—63, 1591, 1612, 1626—29, 1685, 1691—93; RL 12 / 253)
KTB's der Seenotflieger-Kdo's (RL 10 / 391—92; 533—34, 502, 401—02)
KTB's der Seenotverbände (RL 29 / 1—21)
Organisation Seenotdienst (RL 2 — III / 249, 256, 259, 248, 260)
Luftzeugämter — Akten (RL 2-III / 420)
Kreisluftpark — Akten (RL 2-III / 421)
Luftzeugpark — Akten (RL 2-III / 495)
Geräteausgabestelle (GAST) Schiffe und Boote (RL 2-III / 499)
Dislozierung Luftverteidigungsverbände 1944 (KART 40 / 9—33, 212—217)

Übersichtskarte zum Jägermeldenetz (TR 15 / PG 52 282)
Einsatzbereitschaft flieg. Verbände 8.43—11.44 (RL 2 / v. 1768)
Kommandobehörden Luftflotte 6, JAFÜ Ostpreußen (RL 7 / Band 2)
Entwicklung im Raum Ostpreußen 12.44 — 4.1945 (RL 7 / 523—524, 528—546)
Kdo. d. Schiffe u. Boote / Lzgr. See: Einteilung der Seefahrzeuge der Luftwaffe und Register-Nummern, Stand 1. 10. 1940
GL/C = E 8 VI, Seegehende Schiffe und Boote der Luftwaffe, Stand 1. 11. 42
Gruppe E 8, Typenblatt Flugsicherungsschiffe, Stand 12. 6. 1942
Luftzeuggruppe See, Jahresbericht 1939 (8a — 216)
Luftzeuggruppe See, Jahresbericht 1940 (38410 — gelb)
D (Luft) T 8801/2, Schiffe und Boote — Kennblätter
Teil 1: Schiffe / Teil 2: Boote, Stand 1942
D (Luft) T 8642, Transportwagen für Fl. C IV-Boote
D (Luft) 1208, Rettungsboje Generalluftzeugmeister
L.Dv. 92/1, Der Seenotdienst der Luftwaffe Teil 1
(Ausgabe 1939, berichtigt auf den 10. 9. 1941)

Kriegsmarine bis 1945

1. Skl/Eigene Schiffsverluste 1.42—11.44 (Case GE 521 / PG 32 595, Case GE 522 / PG 32596)
KTB Gruppe West, 8.42 (Geleit Schwabenland) (M . . . / PG 37910)
1. Skl/D, C XIV — Lage Mittelmeer 1—12.1943 (GE 265 / PG 32 215 / GE 266 / PG 32216, GE 315 / PG 32 285
KTB Befehlshaber Marine-Kdo. Italien, 1.9.—31.10.43 (M 634 / PG 39 998)
KTB 7. Sicherungs-Div. 3.—12.43 (M 1012 / PG 81 147)
KTB Admiral franz. Südküste 1943 (M 1682 / PG 31 981)
KTB Seekdt. Ital. Riviera 10.43—11.44 (M 643 / PG 45 069 — 092)
KTB Seekdt. Westadria 10.43—1.45 (M 727 / PG 46 510, 552—555)
Bericht Heimkehr TOGO 1939 (Case 1468)
KTB Minenschiff / NJL Togo (M 1215 / PG 84 664—669)
KTB HSK Coronel x Togo (M 1253 / PG 70 849—850)
KTB Sperrbrecher 17 1943 (RM 71 / 50)

Funkmeßstandorte Bereich Dänemark (M 762 / PG 46 813)
KTB Seekdt. Südjütland — Flakunterstellungen, Nachtjagdraumgebiete (M 775 / 46 843, 46 698—703)
Seelöwe-Akten I-3 / Bd. 2 + 3 (GE 397 / PG 32 432 b-c)
Ministry of Economic Warfare, Objectives/Sea, London, u.a.: Ships available to the enemy in northern waters, Sept. 1st, 1939 — May 8th, 1945

II. Bücher

Bagramjan, I. Ch.: Geschichte der Kriegskunst. Berlin 1973
Bekker, Cajus: Ostsee — deutsches Schicksal 1944/45. Herford, 1970
Bidlingmeier, Ingrid: Ostsee-Brückenköpfe 1945. Neckargemünd, 1962
Birdsall, Steve: Log of the Liberators. History of the B-24 Bomber in WW 2. New York, 1973
Bowyer, Michael J. F.: 2. Group RAF (Complete history 1936—1945) London, 1974
Brereton: The Brereton Diaries. Personal record of US Air Force general. New York, 1946
Brustat-Naval, Fritz: Unternehmen Rettung. Herford, 1970
Craven, W. F., Cate, J. L.: The Army Air Force in World War II. vol. 3: Argument to V-E Day (I.1944 — V.1945). 3. Aufl. Chicago, 1965
E-Stelle See. Hrsg. von Heinrich Wollé u.a. Steinbach/Wörthsee, 1974
Fredmann, E.: Sie kamen übers Meer. Köln, 1971
Geschichte des großen vaterländischen Krieges der Sowjetunion. Berlin, 1962—1968
Goulding u. Garbett: The Lancaster at War — RAF-bombers in action. London, 1971
Green, William: Warplanes of the Third Reich. London, 1972
Gröner, Erich: Die Schiffe der deutschen Kriegsmarine und Luftwaffe 1939—1945 und ihr Verbleib. 8. Auflage München, 1976
Gröner, Erich: Die deutschen Kriegsschiffe 1815—1945. München, 1965—1968
Hadeler, Wilhelm: Der Flugzeugträger. München, 1968
Herrington, John: Australia in the War 1939—1945

Vol. 1: Air war against Germany and Italy 1939—1945
Vol. 2: Air power over Europe 1944—1945
Canberra, Reprint 1965
Hoffman, Karl O.: Geschichte der Luftnachrichtentruppe. 3 Bände. Neckargemünd, 1968
Israel, Ulrich: Flugboote des Zweiten Weltkrieges. Berlin, 1972
Kutzleben, K., Schroeder, W., Brennecke, J.: Minenschiffe 1939 — 1945. Herford, 1974
Lawrence, W. J.: No. 5 Bomber Group RAF 1939—1945. Portway Bath, 1970
Munson, Kenneth: Kampfflugzeuge 1914—1919. Zürich, 1968
Nowarra, Heinz: Die Entwicklung der Flugzeuge 1914 — 1918. München, 1959
Prager, Hans Georg: Retter ohne Ruhm. Gütersloh, 1970
Prochnow, Günter: Die Deutsche Marine, Jahrgang 1963 und 1964/65. Preetz/Holstein
Schliephake, L. H.: Wie die Luftwaffe wirklich entstand. Stuttgart, 1972
Sharp, M., Bowyer, M. F.: Mosquito — History of outstanding WW II wood plane. London, 1967
Shores, Christopher: Second Tactical AF.RAF
Reeding, Berkshire, 1972
Webster, Ch., Frankland, N.: The Strategic Air Offensive against Germany 1939—1945. Vol. I—IV London, 1961
Zuerl, Walter: Schwimmende Inseln, Flughilfsschiffe, Zwillingsflugzeuge. München, ca. 1938

III. Zeitschriften und Periodica

Flugrevue, Stuttgart
Köhlers Flottenkalender, Herford:
Lloyd's Register of Shipping, London
Marine-Kalender der DDR, Berlin
Marinerundschau, München
Nautilus — Magazin f. Schiffahrtsfreunde, Bad Segeberg; 1973 — 1974

REGISTER